U0000079

The OPEN SOCIETY And Its ENEMIES

Karl R. Popper

|上|

目錄

上冊

編輯人語 i
專文推薦：在二十一世紀讀《開放社會及其敵人》 陳瑞麟 iii
專文推薦：以理性持續走向啟蒙與開放的社會 吳豐維 x
專文導讀：關於《開放社會及其敵人》出版緣起的個人回憶 宮布利希 xvii
致謝 xxxv
第一版序 xxxvii
第二版序 xxxviii
緒論 xli

第一部 柏拉圖的符咒

宇宙起源和命定的神話 …… 5

第一章　歷史定論主義和命定的神話　7
第二章　赫拉克里圖斯　15
第三章　柏拉圖的理型論　35

柏拉圖的描述社會學　79

第四章　變動與靜止　81
第五章　自然與約定　143

柏拉圖的政治方案　207

第六章　極權主義的正義　209
第七章　領袖的原理　287
第八章　哲人王　323
第九章　唯美主義、完美主義與烏托邦主義　377

柏拉圖的抨擊的時代背景　409

第十章　開放社會及其敵人　411

附錄……503

一、柏拉圖和幾何學（一九五七年） 504
二、〈泰阿泰德篇〉的年代問題（一九六一年） 506
三、答辯（一九六一年） 509
四、一九六五年增補 535

下冊

第二部　預言的高潮：黑格爾、馬克思及其餘波

神諭哲學的興起

第十一章　黑格爾主義的亞里士多德根基 549
第十二章　黑格爾與新部落主義 627
第十三章　馬克思的社會學決定論 725
第十四章　社會學的自主性 749
第十五章　經濟的歷史定論主義 769

第十六章　階級　789
第十七章　法律和社會系統　801

馬克思的預言……835
第十八章　社會主義的來臨　837
第十九章　社會革命　863
第二十章　資本主義及其命運　903
第二十一章　對馬克思預言的評估　951

馬克思的倫理學……961
第二十二章　歷史定論主義的道德理論　963

餘論……985
第二十三章　知識社會學　987
第二十四章　神諭哲學及反理性　1007

結論……1073

第二十五章　歷史有意義嗎？　1075

附錄……1117

一、事實、標準與真理：再評相對主義（一九六一年）　1119
二、評註史瓦茨雪德論馬克思的著作（一九六五年）　1161
桂冠版代譯序：論「理性與開放的社會」　莊文瑞　1164
桂冠本修訂版序：卡爾·波普的細部社會工程學說　莊文瑞　1177
桂冠版謝辭　莊文瑞、李英明　1193

—編輯人語—

商周出版編輯　梁燕樵

《開放社會及其敵人》乃是二十世紀大哲學家卡爾・波普政治哲學的代表作。首次出版於一九四五年，隨即在西方學界引起轟動。這部作品以充滿激情的筆調，力斥極權主義與當時流行的馬克思主義，擁護自由民主與理性思想。雖然書中對柏拉圖、黑格爾的詮釋與抨擊，引發了諸多爭議，但仍無損其地位，深刻影響了西方的自由主義與民主思想。

波普的思想不只震動西方學界，也飄洋過海影響了一九五〇年代的台灣知識份子。如戒嚴時期的自由主義代表殷海光先生，便深受波普思想的感召，而波普大聲疾呼的民主自由、個人主義、開放社會等思想，也成為當時知識份子對抗專制政權的重要武器與精神支持。直到一九八四年，這本巨著終於由莊文瑞、李英明翻譯出版，一時洛陽紙貴，可惜隨年深月久，逐漸從台灣市面絕跡。

在西方，《開放社會及其敵人》經歷數次修訂增補，影響力始終不衰。二〇一三年，普林斯頓大學出版社（Princeton University Press）以一卷本的形式將其重新出版，並加上了新的導讀與宮布利希教授的回憶文字。二〇一五年，美國現代圖書公司（Modern Library）將《開放社會及其敵人》選為二十世紀的百大非文學類作品（100 best non-fiction）之一。漫長的七十年過去了，波普所抨擊的極權政體並未消失，民主、自由與理性卻面臨了前所未有的動搖與威脅。或許正是這樣的原因，促使人們必須重新回望這些理想的原初起點，而這也正是經典必須持續存在的原因。

基於這樣的想法，在二〇一八年，我們與在東吳大學哲學系任教的莊文瑞教授取得聯繫，他欣然同意我們重新出版此書的計畫，並全權授權我們根據新版重新校訂譯文。由於當年的政治氛圍，某些較為敏感的文字，不得不加以隱諱、修飾，本次校訂則一一還其原貌。書中的譯名、哲學用語與注釋格式，也都依據新的研究成果與出版品，加以斟酌更新。此外，我們也保留了桂冠版的兩篇代譯序〈論「理性與開放的社會」〉及〈波普的細部工程學說〉，它們對於想理解波普思想的讀者，仍極具參考價值。

過程中，莊教授提供了我們許多重要而寶貴的建議，在此謹致上最深的謝忱。而中興大學歷史系的周樑楷教授，亦在史學方面給予協助，在此一併致謝。此外，也非常感謝宮布利希教授的孫女萊奧妮（Leonie Gombrich）慷慨授權我們翻譯其祖父的回憶文字，以饗讀者。

最後，我們也將此書獻給已故的桂冠圖書公司負責人賴阿勝先生。沒有他的熱心與無私，不會有《開放社會及其敵人》的第一版問世，更不會有今日的全新版本。在此謹以出版人的身份致上最高的敬意。

一專文推薦一

在二十一世紀讀《開放社會及其敵人》

中正大學哲學系講座教授　陳瑞麟

對科學新聞感興趣的人，也許會看過某些大科學家談做科學的目的，在於「否證」或「推翻」一個理論假設；對金融經濟感興趣的人，也許會關注索羅斯（G. Soros）和「開放社會基金會」的新聞[1]。「否證」與「開放社會」看似毫不相關，其實都是二十世紀大哲學家卡爾·波普最重要的思想遺產：前者是一個科學哲學理論的核心[2]；後者是一個社會哲學與政治哲學理論的核心。兩者可以說都是波普同一個哲學觀點在自然科學領域和社會政治科學領域的展現。

《開放社會及其敵人》是一本批判極權主義的經典，成書於第二次世界大戰期間，其時，極權主義右翼的法西斯主義國家德國和義大利，正發動第二次世界大戰，令知識份子感到深惡痛絕。相反地，標榜左翼的馬克思主義與共產主義，從《資本論》出版以來，吸引全球大量知識份子追隨，其時更在蘇聯的帶頭之下對抗法西斯主義。這樣看來，馬克思主義似乎屬於反極權主義的陣營？然而，《開放社會及其敵人》批判的標靶之一，卻正是馬克思主義！為什麼？馬克思主義為什麼是開放社會的敵人？

二戰之後，全球陷入自由世界與共產世界壁壘分明的冷戰年代，波普和其他反對極權主義的思想家如海耶克（Hayek），成為二十世紀自由主義的最佳辯護士，他們的思想一起遠渡重洋，深深影響了台灣的自由主義思想家殷海光[3]，以及殷海光以降的知識份子，催生了日後的台灣民主化運動。這是《開放社會及其敵人》一書對台灣的實質貢獻。可惜，在威權統治之下，即使批判馬克思主義，波普這本巨著直到一九八四年才被莊文瑞教授和李英明教授合譯成中文，由桂冠出版社出版，並馬上成為當時人們推崇的自由主義寶典。然而，一九八〇年代末起，由於解嚴之故，台灣慢慢步入波普所言「開放社會」，各種新奇的西方思想大量湧入台灣，曾為禁忌的左翼馬克思主義，搖身變成吸引文青的新思潮，強烈批判馬克思主義的《開放社會及其敵人》反而逐漸淡出知識份子的視野。

二十一世紀已過二十年了。從一九八〇年代到今天約莫四十年之間，我們經歷了全球局勢的巨大變動。最重要的事件要數中國自一九七九年起的改革開放和資本主義化，經過三十年，中國憑藉其龐大的勞動力而變成「世界工廠」。遺憾的是，中國並沒有像其他東亞國家一樣，在現代化之後進一步走向民主化，執政的中國共產黨反而以長期累積的工業與國家資本的力量，加上當代的數位科技，把中國打造成一個嶄新的數位極權國家，並自豪於中國已經創造了一個「中國模式」，足以與「西方模式」並駕其驅、甚至取而代之。中國已經蛻變成二十一世紀新極權主義的領頭狼，它所威脅的不僅是台灣，也包括全世界其他自由民主的國家。在二十一世紀的新局勢之下，商周出版把桂冠當年的《開放社會及其敵人》加以修訂重出，顯得特別應景。

現在，擺在我們眼前的問題是：該如何重新閱讀、使用這本一九四〇年代批判極權主義的經典？讓我們回到之前的問題：為什麼當年對抗法西斯極權主義的馬克思主義本身也是另一種極權主義？關鍵在於「歷史定論主義」（historicism）這個概念。

波普認為「開放社會」的敵人是政治哲學上的極權主義思想，代表性人物是兩位西方哲學與思想史上影響最宏大又深遠的哲學家：古希臘的柏拉圖和十九世紀的馬克思。兩人的年代相差極遠，思想系統也大相逕庭。可是，在波普看來，共同點在於他們的社會科學理論，都滲滿「歷史定論主義」的錯誤。歷史定論主義是關於人類社會發展過程的理論，主張所有人類社會都會循著一條歷史發展的法則，註定（必然地）走到預定（言）的目標或終點。這條法則，主要是由於經濟力量與政治力量交織而成的，因此透過政治與經濟的研究，找出歷史法則，就可以預測社會的未來或預知歷史的最終目的。從預定目的的註定會實現這一點來看，歷史定論主義又可稱為「歷史目的論」（historical teleology）（波普自己沒有使用這個詞）。歷史定論主義預設社會科學研究的集體主義（collectivism）和全體主義（holism），也預設歷史法則必是政治經濟法則，這兩個預設共同為政治的極權主義（totalitarianism）搭建了溫床。

今天中國政府的思維和論述，是不是充斥著「歷史定論主義」的氣味？中華人民共和國把「鬥爭」和「集體」寫入其憲法中，在官方文件裡充斥「國家」、「秩序」、「神聖」、「必然」、「絕對」、「堅定」、「偉大」、「統一」、「齊一」、「犧牲奉獻」這些「強大有力」的字眼，中國政府動輒「統一是必然的」、「社會主義是唯一歷史正確的道路」等宣稱，在在迴響著「歷史定論主義」與「極權主義」的泛音。

當然，《開放社會及其敵人》不只是批判對手，也積極正面地建立能營造出「開放社會」的理論架構：事實與規範（決定）的二元論、方法學的個人主義、漸次的社會工程學、社會變遷的體制主義（或「制度主義」）等。對於前幾個觀念，讀者可以參看附錄莊文瑞教授的兩篇序文，我在此簡單談一點莊教授沒談到的「體制主義」。

波普駁斥存在一種朝向特定目的歷史法則的論點，但是他並未否認國際貿易理論、景氣循環理論等等重要的社會學法則，波普認為它們是社會體制的功能。「社會體制的建構基本上是遵守若干規範，而後者是人為了某種目的而設計的，特別是刻意創設的體制。」（第五章）人為的社會體制的維繫或改變產生了社會變遷，這表示人類可以掌握自己的未來，而不是遵循什麼必然且不可變易的歷史法則。基於這樣的觀點，波普也批判馬克思的「經濟歷史定論主義」，其主張一切政治或法律制度，都不再具有根本的重要性，只是生產力決定的結果。波普反過來論證：好的政治制度（如民主制度）才有可能產生良好的經濟成果——這種觀點，得到二十一世紀經濟學家的實證研究的強烈支持[4]。從這裡也可以看出《開放社會及其敵人》持續邁入二十一世紀的歷史意義！

對於西方哲學和政治社會哲學有所接觸的讀者，可能會對波普貼在柏拉圖和馬克思哲學上的標籤感到些許困惑：柏拉圖的「理想國」和「哲人王」（philosopher king）不是倍受稱道嗎？馬克思哲學的「勞動異化」概念不是深具人道關懷嗎[5]？如果你有類似困惑，這正好可當成你閱讀本書的動機。甚至，你可能在投入閱讀之後，發現波普其實非常稱讚柏拉圖的天才和馬克思的人道情懷啊！那為什麼又強烈地批判他們的理論呢？這正是波普從他的「批判理性主義」思想風格中體現的著作風格：批判不是一味否定，而是給予對手最合理、最堅實的詮釋，再以更周全、更敏銳的分析和論證來駁倒對手。是不是如此，我只能請讀者親身印證。

最後一個問題：誰應該讀這本書？如果你對科學哲學有興趣，而且已接觸過波普的科哲理論，那麼透過《開放社會及其敵人》可以看到波普如何在政治社會領域中鋪陳思路、滔滔雄辯、力駁群哲；如果你對社會政治領域、相關哲學、民主理論與各種政治上的主義（社會主義、自由主義、極權主義等等）有興趣，當然更不該錯過這本巨著。

注釋

注1：索羅斯是一位爭議性人物，他靠股市與金融投資累積財富，得以位列全球富豪排行榜之內。他曾師事波普，深受波普「開放社會」思想的影響，因此成立「開放社會基金會」，推動自由、民主、人權、開放社會等理念，曾介入多國政治、經濟事務，引發一些國家的金融問題，而被相關國家政府指責。但他也是一位慈善家，持續捐出大筆款項以扶助弱勢與貧困，這兩種看似矛盾的行為，其實都是在身體力行地實踐波普的「開放社會」理念。

注2：對波普的科學哲學「否證論」內涵有興趣的讀者，可以參見「線上華文哲學百科」林正弘（二〇二〇），〈卡爾・波柏〉一文；另見陳瑞麟（二〇一〇），《科學哲學：理論與歷史》第三章。

注3：參看殷海光在一九六六年發表的《中國文化的展望》第十二章〈民主與自由〉的論述。見二〇一一年台大版「殷海光全集」第二冊。

注4：例如二〇一二年出版，在二〇一三年被譯成中文的《國家為什麼失敗：權力、富裕與貧困的根源》（衛城）這本書。兩位政治經濟學家艾塞魯默和羅賓森使用大量的具體案例，辯護一種「制

度主義」的立論，主張正是不同的制度使得不同的國家變得富裕或貧困。他們最新的著作《自由的窄廊》則是一本回答波普所謂「自由的詭論」的問題，即「自由」如何可能與強大的國家機器共存的實證研究，這兩本書都可以看成「認可」（corroborate）《開放社會及其敵人》的社會與政治理論。

注5：對很多當代馬克思主義的研究者而言，馬克思主義最值得稱道之處正在於他的人道情懷，例如他的早期著作《一八四四年經濟學與哲學手稿》。至於《資本論》一書有三巨冊，非專業研究者大概不容易消化。讀者可對照著看萬毓澤教授的詮釋《你不知道的馬克思》（木馬文化）和《資本論——完全使用手冊》（聯經）。

—專文推薦—

以理性持續走向啟蒙與開放的社會

文化大學哲學系副教授　吳豐維

出生於奧地利的猶太裔哲學家卡爾．波普，是二十世紀科學哲學最重要的奠基人物，一九三四年即以《研究的邏輯》（*Logik der Forschung*）一書在德語世界獲得相當的成功（一九五九年的英文版改以 *The Logic of Scientific Discovery* 的書名出版），得到維也納學派與海耶克的注意。然而，他在學院生涯的發展並非一帆風順，一九三七年到一九四五年間他遠走到南半球的紐西蘭任教。直到一九四五年出版了《開放社會及其敵人》，不僅成為他最廣為世人傳誦的著作，也為他爭取到了倫敦政經學院的教職，將他一舉推向哲學世界的中心。

波普以自視甚高、難以相處聞名，讀者若翻開《開放社會》一書，不僅可以看到他上下縱橫、評點古今哲學大家，也可以讀到他對同期哲學家維根斯坦、海德格、雅斯培等人不客氣的針砭。《開放社會》的文氣壯志凌雲，但此書的寫作過程卻是波普學術生涯中相對低潮的時期。他在坎特伯雷大學（University of Canterbury）教學負擔繁重，而且校方（尤其是系主任）並不支持他的研究。他心中夢想的去處是海耶克任教的倫敦政經學院，但是他的出版份量不足，不利他爭取教職，《開放社會》是四十二歲的他的最後一搏。[1]最後，《開放社會》獲得海耶克的高度讚賞與協助出版，波普也在其力薦下前往倫敦任教。

此外，他在書序裡稱自己的寫作是受到一九三八年三月納粹德國入侵奧地利的刺激，是對極權主義及其思想底蘊的挑戰。然而，《開放社會》的孕育卻是無心插柳的結果，是波普寫作《歷史定論主義的貧困》（*The Poverty of Historicism*）一書的副產品。波普在自傳裡提到，他一九三六年受邀到海耶克的討論課上演講歷史定論主義的貧困，之後著手改寫，結果篇幅越寫越大，只得切割出來另外成書，就成了《開放社會》一書的雛形。因此，《開放社會》其實是《歷史定論主義的貧困》的姐妹作。《開放社會》的洛陽紙貴，有部分因素是與二戰後反法西斯的時代氛圍相契，甚至波普對共產制度的批評也剛好對準了冷戰下西方世界的主旋律，然而，嚴謹的學術根底與宏觀的史識，更是此書成功的關鍵。

《開放社會》是一本大部頭的著作，英文版七百多頁中就有三分之一的篇幅是密密麻麻的注釋，展現了波普資料搜集的認真與嚴謹。除此之外，這是一本論戰性格十足的哲學著作，針對性極強，批判的對象就是二次大戰期間肆虐歐洲的極權主義與法西斯主義。波普認為，在這個民主國家面臨存亡危機的時刻，自身的敵人不是門外來的陌生人，而是內在於歐洲文明的思想傳統，尤其是柏拉圖、黑格爾以及馬克思這三位哲學史的偉人。他認為，柏拉圖與黑格爾成為了歐洲法西斯政權的共同思想根源，而馬克思則啟發了俄國史達林錯誤的規劃經濟，他們三人的思想將導致歐洲社會的閉鎖與部落化，因此他在序言直言「偉人可能會犯大錯」，為了使我們的文明持續下去，世人「必須拋棄順從偉人的習慣」。

為何波普將柏拉圖、黑格爾與馬克思三人視為當代民主社會的敵人？原因就在於他們共同的思想特色：歷史定論主義。必須注意的是，波普所謂的歷史定論主義有其限定的意義，是指「相信人類歷史具有如自然一般的法則，只要發現這些法則，我們就可以預言人的命運」的學說。波普身為科學哲學家，同時也對社會科學的哲學與方法論感到興趣，他的問題是：歷史定論主義可以成為自然科學般的方法論嗎？他的答案是否定的。他認為，在自然現象上，我們發現不因人類意志而左右的自然法則，但是在人文與社會現象裡，我們所形成的規範則是人為而變動的。因此，波普反對人類歷史有任何既定的規律與法則，他認為「未來操之在我們，而我們並不依賴任何歷史的必然性」，若我們相信歷史有必然的發展軌跡，將會把人類社會導向他所謂的封閉社會（closed society）。在波普看來，柏拉圖所建構的「理想國」、黑格爾談的「精神」與「辯證」、馬克思談的人類社會的演化，都具備如此的封閉性。

在三人之中，波普對柏拉圖的批判最為嚴苛，他幾乎將柏拉圖視為是蘇格拉底的「猶大」（Judas），背叛了蘇格拉底的批判性與對民主雅典的信念，而走向嚴格階級制度、思想審查、阻止政治變動的極權主義制度。波普也視黑格爾為康德批判哲學的叛徒，將原本被康德貶為「幻象的邏輯」的辯證概念，轉變成精神發展的內在邏輯，並積極地為普魯士王國的官方意識形態服務，成為德國國家主義的思想根源。不過，波普卻對馬克思相同情與欣賞，他肯定馬克思對人道與自由的追求，他對馬克思的批評主要是方法論，尤其是馬克思視之為科學的歷史唯物論。波普認為，這三位哲學偉人自以為作出了如同自然法則一般的科學預測（scientific prediction），其實給出的是神諭般的歷史預言（historic prophecy），前者可以促進知識的增長，後者則對人類社會的發展有害。在波普看來，他們三人都懷有某種理想社會的設定，採取的是一種他所謂的「烏托邦社會工程」（utopian social engineering），試圖將原本不完美的人類社會改造成完善的版本，實質上則是將人類社會推向不再變動的封閉社會，當代的法西斯主義與極權主義正是他們思想影響下的產物。

身為科學哲學家的波普認為，人類知識的增長過程是透過無數次的試錯（trial and error），我們無法設定知識與真理的最終樣貌，只能努力否證自身的猜測與假設，因此，知識的探索過程是無窮無盡、沒有終點的。波普將這套科學哲學放在自己的政治哲學，提出了「細部社會工程」（piecemeal social engineering）的主張，認為一個開放社會（open society）應當採取局部與有限的社會改良，並經過不斷的嘗試與偵錯，不應當預設最終的理想面貌，而與柏拉圖等人的「烏托邦社會工程」大相逕庭。在波普所設想的開放社會中，人們抱持的是一種「批判態度」或「理性態度」，勇於自我批判、自我挑戰，從不預設自己的觀點是不可錯的真理，他將之稱為「批判的理性主義」（critical rationalism）。這就是波普對於受極權主義肆虐的歐洲文明的解方：以自由、開放、民主、批判的態度重建自身的文明。

從《開放社會》一書不難看出，波普的思想典範是康德這樣的理性主義者，他所嚮往的精神遺產正是啟蒙時代的思想。因此他在書序裡就表達了，自己的聲音就像是十七、十八世紀的啟蒙運動的推動者，自己的志業如同三百年的運動一樣，「努力使自己的心靈免除權威與成見的束縛，努力建立一個拒絕絕對權威的開放社會，使其符合自由、人道與理性批評的標準」。身為啟蒙理性的繼承人，波普認為自己在柏拉圖與黑格爾身上看到了反理性的部落主義（tribalism）的傾向——凸顯規範的神秘與禁忌、訴諸集體主義而貶抑個人的獨特性，甚至將國家視為是神聖的有機整體。

儘管如此，有許多學者指出波普對於柏拉圖與黑格爾的詮釋過度武斷與不公。例如，波普在自傳裡便承認，自己在撰寫《開放社會》一書時，正是二次大戰打得熾熱之際，遠在紐西蘭的他在搜集資料上有不少困難，例如，在閱讀柏拉圖的著作時往往找不到最佳的譯本，必須自己辛苦地在古希臘文原典裡摸索。儘管如此，波普不僅是第一流的科學哲學家，他也發揮了驚人的哲學史洞察力，在古希臘哲學、德國觀念論與十九世紀社會科學哲學的發展中找出彼此的親緣性與內在關聯，並進一步提出他對二十世紀極權主義發展的診斷與解方。在閱讀《開放社會》的時候，讀者站在波普的肩膀上，看到的不只是個別與斷裂的哲學理論，而是縱貫兩千多年政治哲學與社會哲學歷史的史識。

《開放社會》出版迄今已經七十五年，人類已經走過二次大戰後的凋敝，走過了冷戰，走入全球化的二十一世紀，然後又面臨排外與民粹浪潮的世界格局。波普這部反思二十世紀極權主義的巨作，時至今日是否仍有意義？答案是肯定的。極權主義與法西斯主義並非只拘泥於某個特定的政權與國家，它所內蘊的反理性、反個人、崇尚部落主義、迷信禁忌與權威的幽靈，仍舊徘徊在我們的世界。如同康德在兩百多年前對啟蒙運動的總結，啟蒙的精神就是「走出自我導致的蒙昧狀態」，唯有仰賴眾人的理性運用，人類才能走出權威的桎梏與束縛。不過，康德也提醒，切莫以為人類已經到達啟蒙的完成階段，我們仍在啟蒙的道路上。同樣地，波普也相信，開放社會沒有完成式，它總是在與封閉社會與部落主義的搏鬥中體現自身，理性是我們的武器，開放則是人們永恆追隨而沒有終點的理念。

注釋

注1：關於此書出版的曲折歷程，有興趣的讀者可以參考波普本人的自傳《無盡探索》（*Unended Quest: An Intellectual Autobiography*, Routledge, 1992）以及其好友宮布利希寫的個人回憶（"Personal Recollections of the Publication of The Open Society"，收錄在*Popper's Open Society After Fifty Years: The Continuing Relevance of Karl Popper*, Routledge, 1999）。

一專文導讀一

關於《開放社會及其敵人》出版緣起的個人回憶

宮布利希（E. H. Gombrich）

・本文收錄於：*Popper's Open Society After Fifty Years: The Continuing Relevance of Karl Popper*, edited by Ian Jarvie and Sandra Pralong, Routledge, 1999

波普上下兩冊的作品《開放社會及其敵人》於五十年前出版。這椿盛事經歷了很長一段準備和不確定的時間，那不是沒有道理的。其實，從他自紐西蘭把手稿寄到戰時的英國，一直到出版，整整花了兩年半的時間，當時他們賢伉儷正搭船到英國開始他們在這裡的倫敦政治經濟學院的新生活。

世事滄桑，那已經是很久以前的事了，所幸我不必倚賴我對於該事件的記憶，因為我個人也參與其中，自然也留存了收到的每一封信。在大戰期間，這些來自海外的航空信箋為了節省空間和重量而縮小篇幅，除了在這裡的倫敦政經學院和他的工作有關的通訊之外，我至少收到了九十五封這種航空郵簡。得以展信閱讀直是人生一大樂事，而我也可以和你們分享這些保存下來的文件。

但是我得大概提一下故事的背景。波普比我年長七歲，雖然我在家鄉維也納就久聞大名，我們卻只有匆匆一面之緣。我父親是個事務律師，依法律規定在波普父親的法律事務所實習了幾年，他們應該是過從甚密，因為波普在一封信裡提到我父親在波普的父親過世之後一直在幫助他們家。

無論如何，我們的往來應該是始自一九三六年春天，當時我在瓦堡學院（Warburg Institute）擔任初級講師，而他則應蘇珊・史提賓（Susan Stebbing）之邀來到這個國家。我們一個共同的朋友應該是把我的地址給了他。我們都住在派丁頓區裡悲摧的小套房，見面的次數日益頻繁。我還記得有一回我很鹵莽地提到我讀了卡納普（Rudolf Carnap）探討「他心」（other mind）問題的一本小書，覺得很有意思。波普面有慍色地說：「你居然會覺得那東西有意思，真是令我失望。」自此以後，我和他說話時就知道要有所保留了。

一九三六年，我二十七歲，波普時年三十四。拙荊和我剛好在維也納，於是去看他和他的太太荷妮（Hennie），而他們於一九三七年搭船去紐西蘭，途中造訪倫敦數日，我們也去看看他們，荷妮有一次寫道，那趟旅程就像是「到月球的半路上」。

一九三九年大戰爆發之後，我在英國廣播公司的監聽站工作。我記得大概在任職前寫信給波普，但是沒有收到任何回信。

接著就到了一九四三年五月，當時英國廣播公司遷至雷丁（Reading），我收到他九十五封信的第一封，日期是四月十六日；原來波普不知道我住哪裡，後來才無意間從一位共同的朋友那裡知道我的地址。自此便開始了這部作品的傳奇故事，其中更穿插了海耶克替他申請教授職位的事。

「親愛的恩斯特，」信的開頭這麼寫著：

> 我很久沒有你的消息了，很開心和你聯絡上。我衷心希望府上闔家平安。你們也一直沒有我們的消息，那是因為我正在寫一本書。手稿已經完成了；書名是「寫給一般人的社會哲學」（大概有七百頁，二十八萬字）。我相信這本書是當前的熱門話題，有出版的迫切性，雖然在戰時唯一重要的事應該是打勝仗。這本書是新的政治哲學和歷史哲學，也是對於民主重建原則的審視。這本書也試圖理解極權主義對於文明的反叛，並且證明它和我們的民主文明本身一樣源遠流長。

我想暫停一下，好讓你們完全明白波普對於他的書的描述：**極權主義對於文明的反叛和我們的民主文明本身一樣源遠流長**。

我想有太多讀者在讀了這本書連篇累牘的論戰之後卻不得要領，應該會既困惑而又惱怒。這部作品就對於開放社會持續不斷的憎惡提出了一個解釋性的假設。極權主義的意識形態可以詮釋為對於所謂文明壓力的反動，或者是因為從以往的封閉部落社會轉型到源自西元前五世紀雅典的個人主義文明而產生的動盪不安感覺。

你們可以說它是個心理診斷，儘管馬克思不會無條件接受這個說法。無論如何，我們再來看看他的信：

由於郵遞或其他困難，我不可能從這裡把書稿寄給出版社，而要求他們如果退稿的話必須寄還給我；因為那意味著每一次退稿往返就要拖個一整年的時間。所以我需要在英國有個人可以替我把手稿寄給各家出版社……

在我回信同意之後，四月二十八日，他就把手稿寄給我，連同一封信和其他資料。

我很慚愧我這麼久沒有寫信給你……你願意替我處理手稿，令我感激莫名。你不知道這個情況下的我有多麼無助和孤立……但是我必須對你說自從我在十月（一九四二年）完成手稿至今發生了什麼事。我聽說美國的紙張短缺沒有那麼吃緊；而且距離也近了許多。於是我寄了一份手稿給麥克米倫出版社（MacMillan）（據我所知，他們和英國的麥克米倫是兩家不同的出版社）。我也寫信給我在美國唯一認識的朋友，請他代為接洽。麥克米倫連讀一下都沒有就退稿了。而且我是六個多月以後才知道的！雖然我跟我朋友說得很清楚了，但是他什麼也沒做。他一直到了二月十六日才回信告訴我說他十二月收到我的手稿了！而且信裡隻字不提他怎麼處理它（因為他什麼也沒做，而且也不打算處理）。他只是恭喜我費力寫了這麼厚的一本書。我不怎麼埋怨他，這畢竟不是他的書，但是你知道枯等了六個月才看到這麼一封虛應故事的信是什麼意思！這整件事實在糟糕透頂了。我覺得如果有人寫了一本書，他沒有理由淪落到必須央求人們閱讀並且出版它。

當然，在後來的交談中，我知道了他的那個朋友是誰，但是我姑隱其名。他其實並不是什麼事都沒有做。由於他對於這個領域很不熟，不知道該怎麼處理，於是寫信給常春藤盟校的一位政治學教授。隔了好一陣子，手稿被退回來，裡頭夾了一張便箋說，他沒辦法推薦出版一本如此詆毀柏拉圖的書。

在我收到的包裹裡，除了手稿以外，還附了一封悉心草擬的信，是波普要我寄給出版社的。另外還有一封整整三頁令我頭疼的信，信封上寫著：「請查照辦理見復。」依據優先順序羅列了十七家出版社。裡頭還有十八點指示，若干指示甚至有（一）、（二）、（三）之類的子標題，茲舉第五條為例：「我附了兩張書名頁：『寫給一般人的社會哲學』以及『政治哲學批判』……我之所以列了兩個書名，是因為兩個我都不很滿意。你覺得『寫給我們這個時代的社會哲學』如何？（會不會太狂妄自大了？）」

五月四日，波普又寫了一封滔滔滾滾的長信，修改了出版社的投遞順序。在這之前，我們一直不知道波普一家人在紐西蘭生活如何，但是荷妮在七月二十九日寄給我們一封整整三頁饒富興味的信，我想摘引一兩段：

> 我們住在郊區山上，可以眺望基督城和坎特伯利平原的旖旎風光。這裡的氣候真是再好不過了，夏天很長，陽光充足……不過乾燥得嚇人……蔬菜不怎麼好種。我利用有限的時間費心栽種，從十月到三月，我們都只吃「自家種的」蔬菜，主要是豌豆、扁豆、馬鈴薯、胡蘿蔔、菠菜、牛皮菜、萵苣和番茄。東西實在不夠吃，我們必須省著點。由於經濟因素，一年裡其他的日子主要吃胡蘿蔔和米食。卡爾的薪水總是入不敷出，現在又更少了……學期中的時候，卡爾只能在周末寫作，但是到了暑假，他簡直是二十四小時在工作。到了緊鑼密鼓的最後三、四個月，他差不多氣力放盡了；他幾乎沒有上床睡覺，因為他睡不著……卡爾一直到了開學前兩天才脫稿。剩下兩天「假期」，我們跑到海邊

盡情吃冰淇淋（我好久以前就計畫要大吃特吃冰淇淋以慶祝完成書稿）。

可憐的荷妮！她信裡沒有提到她為了這本書以及通信花了多少心力，差不多是夜以繼日。很久以後（一九四四年十月二十四日），她寫信給我們說：「這封信真的很不得體，我幾乎是在打字機上亂敲一通……當然，『亂敲一通』是太誇張了。我是天底下最差勁的打字員，距離那幾年打字的夢魘歲月越遠，我就越加難以想像我到底是怎麼辦到的。」順道解釋一下，波普一直是手寫稿子，他的筆跡像學校老師一樣流暢優美。有一次我看到蘇富比拍賣型錄上的一張照片，上頭寫著「波普的打字機」，不由得會心一笑。他把它留給了荷妮，在她所謂夢魘的歲月裡不斷地用打字機修改各個版本。波普並不是不疼惜她，她纏綿病榻的時候，他痛苦至極。但是相較於他的作品，他、荷妮或者是（後來證明）我自己的生活安適於否，就沒有那麼重要了。

在那期間，我在八月十九日收到一封長信，他鼓勵我在閱讀手稿時不吝批評，例如說：「我完全同意你的批評，認為西方的人道主義民主信條在歷史和情緒上都是奠基於基督教。但是就我所知，這個事實和我的理論無關，不是嗎？」我忍不住抗議他說，他竭力嘲諷黑格爾，卻對叔本華隻字不提，結果他回答說：

雖然叔本華是個反動派，自私自利，只關心他自己的投資的安全性（他公開承認這點），但是他的知識誠實是毋庸置疑的。當然，他的「意志」沒有比黑格爾的「精神」好到哪裡去。但是叔本華所說的以及他的闡述方式，充分證明了他是個誠實的思想家；他盡己所能地讓人理解他。黑格爾並不想讓人了解他自己；他只想讓他的讀者目眩神馳，對他刮目相看。叔本華寫的東西總是合情入理，有時候甚至鞭辟入裡；他對於康德哲學的批判是德語世界裡最明白曉暢而有價值的哲學作品。一個反動派也可能是很誠實的。但是黑格爾就不誠實。

然而我無意讓你們覺得我們的信裡老是在哲學問題上面抬槓。或許只有一次，我寄了一本韋利（**Arthur Waley**）的《古代中國三家思想》（*The Three Ways of Thought in Ancient China*）給他，因為我很驚訝他對於古希臘情況的分析和韋利的作品有異曲同工之妙。波普回信說他「中國人一直令我悠然神往，但是想到雖然柏拉圖的思想和說法對我們影響那麼大，卻一直被誤解，我始終沒有自信能夠合理地詮釋他們。」這一直是他的態度。他對於其他文明的觀念興趣缺缺，因為他覺得自己對於他們的背景所知有限。

接下來我要說說這首交響曲的其他主題。一九四三年九月九日，他來信說：「幾天前我收到海耶克的縮影航空信，讓我久久不能自已，他對我的深情厚誼幾乎改變了我人生的道路。」他寫信請海耶克代為詢問是否可以到倫敦政經學院擔任高級講師。由於該職缺必須公告招聘，海耶克建議說「當刊登公告時，你就請你的朋友代你申請，並且提供他所有相關資訊……」「現在我可憐的朋友已經替我申請了，」波普寫道：「你看得出來我別無他法：我必須再次麻煩你，雖然我不想一直打擾你。」四天後，波普寫道：

我們當然興奮莫名，海耶克關於倫敦政經學院的電報嚇了我們一大跳。由於我的著作不多，所以我不認為可以得到那個職位；但是如果我們沒有獲聘，當然會很失望，畢竟我們堅持了這麼久了。我的一篇關於或然率的論文進行得很順利，可是現在「我方寸大亂，我心事重重。」（譯按：歌德語。）不要以為我不知感恩。沒人知道我有多麼感激海耶克。他不辭辛勞，替我到處奔走，對我的大恩大德沒齒難忘。

接著，我收到卡爾的更多指示，以及他的履歷表、介紹人名單、書面資料和他以前的證書。沒有多久，我又收到他的著作長達兩頁半的注釋。波普當然很清楚這些注釋既冗長又複雜，我也提出若干建議。不用說，他試圖證明他的做法是唯一可行之道：

我寫作的時候很謹慎，對於任何讀過書但沒有科學研究意圖的讀者而言，它的正文都是可以獨立閱讀的。就算沒有注釋，文中也沒有任何難懂的地方。我為此花了很大的工夫。

波普的話語裡透露了他對這本書的重視程度：

我當然反對任何刪夷繁亂……我相信這本書的價值，即使可能有若干枝辭蔓語，也是值得的。我不知道有哪部作品敢像我這麼執意抗言的。這本書的寫作罕見地謹慎；我不知道有誰像我這麼在每個細節上推敲琢磨；誰都會同意它的流暢易懂無可匹敵；尤其是一本你必須承認處處是機鋒的作品。我拒絕接受有任何必須刊落陳言的內在理由。至於說這本書太厚了，這個外在理由我承認。但是如果說一般讀者都可以在一個周末裡就讀完正文，那應該也不算太厚吧。至於大部頭的書的銷售市場而言，一般讀者應該不想被當作文盲或低能兒吧。他們應該很願意，甚至很驕傲地買一部大部頭著作……我知道書裡沒有一頁不是咳珠唾玉。沒有多少書敢於如此自況的。

他當然是對的。接著就是他不斷寄來他對於其手稿的修訂。他對於書名仍然取決不下，在二十二日的信裡又說：「你覺得『開放社會及其敵人』或『寫給我們這個時代的社會哲學』如何？後者當然是太狂妄自大了。」

在一九四三年到四四年的冬天和春天裡，我不得不向他報告許多失望的回音，許多出版社退了他的手稿。我知道許多重要著作都是一樣命運多舛，但是我想還是可以在這裡記上一筆。然而，在一九四四年二月，我收到當時羅特里吉（Routledge）出版社的負責人赫伯・里德（Herbert Read）的來信說，海耶克把波普的手稿寄給他。「我深深為之驚豔，但是在拿給我的同事看之前，我想請你多給我一點關於他的資訊。」於是我立即回覆他，里德也回信致謝。

一九四四年，波普收到羅特里吉的合約，但是他馬上擔心起美國方面的著作權。接著他就著手改寫該書，而我則負責把修訂的部分謄在手稿上。而我也的確在他的同意之下請人幫忙，畢竟我也有自己的工作。例如說，他說他「隨信附上十一頁關於**修訂部分**的縮影航空信。它們看起來比實際的要多。」波普寫道，但是對我而言，它們似乎已經夠多了。他說他希望不要讓別人碰他的內文，證實了我以前的經驗：「我一直覺得那些校訂只是治絲益棼。當然，任何校訂的建議都只是證明有**哪裡**不對勁；但是校正的地方往往比原來的錯誤更等而下之。」九月四日，他又說他改寫了第十七章，而且如期寄達。我想在這裡更完整地引述這類如雪片般飛來的信件：

> 在我今天打字完成的縮影航空信裡，我提到第十二章的部分只有章節編號的校訂是第一

> 優先的。現在我想增補一點：還有一個引文錯誤務必改掉。那是手稿第二百八十一頁的引文，從第五行的「於是」一直到第七行的段末，我建議根據第四封縮影航空信的「第十二章修訂」予以改正。然而這意味著第二百八十一頁會多出兩行來。如果會造成困擾的話，那麼我建議以下面同等長度的句子「它們（國家）彼此訂約，但同時凌駕於這些約定之上（也就是毀約）」取代「於是……」以下的段落。如此一來，在增補對應的注72的時候，只要在第三行以「330」取代「336」就行了。然而，如果有足夠的空間插入我原來在第二百八十一頁上的修訂，那麼「336」就必須改成「330以及333」。當然，如果縮影航空信第一到第十一張的修訂都可以用的話，那麼注72就必須根據第九封信去修訂。

難怪他會寫道：「對於每個相關的人而言，那會是個艱巨的工作。在我這裡是如此，而且我在工作中久病不癒。醫師千叮嚀萬交代說我不可以工作，而我現在當然又生病了。」

當時有個插曲是魚雁往返中不曾提及的，我會從記憶裡把它叫出來。羅特里吉決定以上下兩冊出版這部作品，這個主意當然讓波普忿忿不平；尤有甚者，他們還提議說，由於紙張短缺，下冊必須過一陣子才能出版。在討論期間，我從我們村子的郵局發了一封電報給波普說：「羅特里吉出版社要把第十章以後拆開（division）。」幾個小時後，我被叫去郵局解釋我的電報是什麼意思。「division」這個詞讓審查員警覺起來，他以為那是部隊番號。幸好他相信我的話。

另外一個糾紛是波普收到紐西蘭和澳洲若干大學的聘任信，他當然也不想放棄英國的機會，但是他亟需做決定。十月的時候，他來信提到：

> 兩篇重要的論文……〈私人價值和公共價值〉以及〈對於決定論的反駁〉。第三篇題為「自由的邏輯」，篇幅可能會太長了，在假期間沒辦法動筆。這三篇都完成以後，我想要放棄政治哲學，回到實務上的方法學，特別是自然科學。去年我完成了若干關於數理邏輯的論文，因為它們的長度問題，我至今沒有出版。如果可能的話，我應該刪節它們。這是我的工作計劃。除此之外，我還想要玩一點音樂。我們在這裡買不起鋼琴；我在維也納有一架很漂亮的貝森朵夫（Boesendorfer）鋼琴，我沒辦法說服自己買一架劣質鋼琴。於是我花了3-10-0英鎊買了一架腳踏式風琴；我把它修理好，它不算太差，可是我渴望有一架鋼琴。我一直抽不出多少時間彈鋼琴。

在那期間，羅特里吉約定的出版日期承諾令他漸感不耐。而各式各樣的職缺也讓他心煩意亂。他在一封信裡寫道：

你好心建議我捨伯斯（Perth）而就奧塔哥（Otago），雖然那裡有一大堆袋鼠。可是我想你對澳洲可能所知不多：那裡最和善的（而且最可愛的）動物是無尾熊。袋鼠也許很和善，但是只要有機會看到無尾熊，什麼事都可以忍受，如果我選擇去澳洲，那無疑是我最強烈的動機。

一九四五年四月，地平線上又出現一團烏雲。我必須寫信告訴他說，海耶克要到美國待一陣子，波普一如往常地回信說，「誠如你所說的，整個事情烏煙瘴氣，你寄信十八天後，倫敦大學的教務主任居然還沒有回信。」他很想離開坎特伯利，雖然他在同儕間有許多仰慕者和朋友，他的系主任卻一直在打壓他。波普聽說他有一次說：「我們知道這裡的小廟容不下他這位大菩薩。我們也愛莫能助；如果他要離開，誰也留不住他。」「主要的事實是，」波普在四月九日的信裡說：

有個人宵衣旰食，因而危害了若干既有的標準。我是說因循泄沓的標準（所有教席都是「安樂椅」）。因為寫了一部作品，更因為遲遲沒有出版，使得處境更加尷尬。聽到你說你疲於奔命，我深感歉疚。但是我完全理解你的心情。我很想聽你說說你的經歷，以及你這幾年的心得。（有可能嗎？我現在快要四十三歲了，如果我沒辦法在四十五歲前見你一面，或許永遠不會有機會了：我不認為有人過了四十五歲還能到英國擔任講師……）

儘管我知道時間快要到了，但是我真的必須為你們引述關於波普如何知道他獲聘的故事，那是他在一九四五年六月十二日寫來的信：

整個四月，我又病倒了。我老是在傷風感冒，一開始是喉嚨痛，接著就全身不對勁。我非常虛弱。醫生囑咐我在五月的假期一定要到山裡住一陣子，於是我們兩人就到庫克山（這裡最高的山）山腳的隱修院寄住。起初我的狀況狼狽不堪，但是兩天後，我居然很神奇地康復了；我們上山到一間小屋（波爾小屋，請看題為「庫克山及冰川」的照片），感到心曠神怡。五月二十一日，我們從隱修院搭公車回家，經過第一座村子（叫作費里村），女郵差上車遞了一封電報給我。收件人寫著「卡爾・波普，請由隱修院到費里的公車轉交」，上頭寫道：「恭喜獲聘倫敦教職，並感謝海耶克惠賜卓越論文。」那是五月十六日來自倫敦的電報。那是我們一開始聽到的消息。我早就放棄到倫敦的念頭了，雖然下意識裡仍然抱著一絲希望。我們都被這個消息嚇到了，主要是因為我的健康欠佳，尤其是我這具臭皮囊對於惡劣天氣的荒唐反應。我厭倦生病，你或許會認為我有嚴重的慮病症。我也覺得自己有這個問題，但是我的醫生（很親切和善的人，也是個優秀的醫生）說，我的病很遺憾地都是真的。不管怎樣，我只得身不由己。

荷妮也說過：「一想到要去倫敦，我就害怕得要命：我討厭認識新朋友，還有茶會。但願那裡的茶葉又少又貴，好讓茶會不再流行！」

海耶克提議說要替他的作品寫一篇序，讓他又煩惱起來了。「不用說，我無論如何都不會接受的，一、因為我知道我自己太恃才傲物了，不會折腰接受這種提議（就算是杜魯門總統、杜威〔John Dewey〕或是秀蘭・鄧波兒〔Shirley Temple〕）。二、因為那會替這部作品以及我自己烙下一個印記。」自此以後，我們的通信轉移到英國之旅的問題，他們很友善地詢問到戰時的英國要攜帶多少盤纏，以及應該帶什麼禮物。我們建議說，如果可以替我們的兒子買一隻板球拍，我們會感激不盡。於是波普「找到我們共同朋友的兒子幫忙，他既乖巧又剛好懂板球。」不過他的抱怨還沒完。八月二十五日，他來信寫道：

> 我們的啓程問題重重（不過請不要跟羅特里吉出版社說），我們可能沒辦法在十二月初以前到達英國：我們還沒有獲准入境大不列顛，我擔心無法得到許可。當然，我也持續

和海耶克聯繫這件事，他說倫敦大學的行政部分完全失靈了。

那麼，讓我完整引述最後一封信。那是十一月十六日寄自奧克蘭：

親愛的恩斯特，這次我想我們真的要上路了，我們被分配到「紐西蘭之星」商船上的臥鋪（雖然是在兩個不同的四人客艙裡），從奧克蘭出航，時間大約是在十一月二十八日到十二月五日之間（根據空襲狀況），它是屬於藍星輪船公司的一艘貨船，原本一個客艙可以容納十二個乘客，現在卻塞了三十個人。我們心不甘情不願地付了三百英鎊，要和陌生人共處五到六個禮拜。我很擔心自己得在海上忍受香煙味而不致於生病，而且我必須習慣它。一旦我們航經合恩角（Cape Horn），航程會越來越艱難，或許是七海當中最艱辛的。紐西蘭之星預計在一月八日左右把我們的屍體載到目的地。麻煩來接我們。如果有什麼重要的消息，我想可以發電報到船上。我會讓你知道它們確切的到達時間，如果你在哪一棟公寓或旅館發現它們（也許它們又復活了），我們會很感激的。但是我知道那是絕對不可能的事：所以如果你沒有打聽到什麼房間，那就請你不要浪費時間，找個地方把它們埋了吧。說真的，我很開心不到兩個月之後就可以見到你，那是很短的時間（對我的年紀而言）。你永遠的朋友，卡爾。

他們到達時，我們在碼頭上相遇，我很開心可以把印好的《開放社會及其敵人》拿給他，在前往我們位於布蘭特（Brent）半獨立式小屋的火車和公車上，他興沖沖地仔細翻閱。由於他孱弱的健康，我們當時作夢都不敢想像他剛要開始的新生活居然持續了半個世紀之久，更不敢想到他才思敏捷的心靈在這些年裡使我們每個人獲益良多。

（林宏濤譯）

致謝

對於使我能完成這本書的所有朋友們，我由衷表達個人的謝忱。席姆金（C. G. F. Simkin）教授不但在初稿時幫助我，而且使我有機會在將近四年的詳細討論歲月中，釐清許多問題。馬格麗特（Margaret Dalziel）小姐幫助我整理了許多草稿以及最後的定稿，她不辭辛勞的幫助一直是無價的。拉爾森（H. Larsen）博士對於歷史定論主義的問題感興趣，是對我的一大鼓勵。艾威爾（T. K. Ewer）教授曾閱讀原稿，並且提出了許多改進意見。

我深深感激海耶克教授。如果不是他的關心與支持，本書就不會有出版之日。宮布利希教授負責校閱本書，再加上英國與紐西蘭兩地之間通訊的辛勞，對他是個很大的負擔。他的幫助，使我幾乎不知該如何表達我的謝意。

一九四四年四月於紐西蘭基督城

在進行第二版修訂時，韋納爾教授（Professor Jacob Viner）和馬伯特（J. D. Mabbott）先生對我原著的善意批評和詳細註解，使我獲益良多，謹此誌謝。

一九五一年八月於倫敦

在第三版中，阿格西博士（Dr. J. Agassi）幫我增加了名詞索引及柏拉圖的資料索引；他同時也提醒我改正了許多小錯誤，我非常感激他的協助。關於引用柏拉圖的著作方面，羅賓遜（Richard Robinson）先生的書評（發表於《哲學評論》〔*The Philosophical Review*〕第六十卷），促使我在六個地方做了改進和修正。

一九五七年五月於加州史丹佛

第四版大部份的修正工作得力於巴特萊（William W. Bartley）博士和馬基（Bryan Magee）先生二人，謹此誌謝。

一九六一年五月於巴金漢郡潘恩鎮

本書第五版增加了許多新的歷史資料（尤其是第十章的注解，以及上冊的附錄），並且分別在上、下冊各增加一篇簡短的附錄。其他的參考資料，可在我的《猜想與反駁》（*Conjectures and Refutations*）第二版中找到。此外，米勒爾（David Miller）先生也幫我指正了許多錯誤。

一九六五年七月於巴金漢郡潘恩鎮

——卡爾・波普

第一版序

如果在這本書中，對於一些人類最偉大的思想領導者，有什麼嚴厲的批評，但願讀者了解我的動機並不是想要貶低他們。而是因為我深信：如果我們的文明要持續下去，我們就必須拋棄順從偉人的習慣。偉人可能犯大錯；而且就像本書試著要指出的，過去有些偉大的領導者就贊同不斷攻擊自由與理性。他們的影響力很少受到挑戰，因此仍不斷地在誤導與分化那些捍衛文明的人。如果我們在批評公認的思想傳統時有所忌諱，那麼這種悲劇性且可能後果不堪設想的分化，我們就難辭其咎了。因為我們如果不願意批評其中的某一部分，我們可能反而使其整個毀滅。

本書是政治哲學與歷史哲學的批判性導論，也是對某些社會重建原則的檢討。其目標與研究途徑在「緒論」中會加以敘述。在本書中，即使是回顧過去的部分，其問題也還是我們這個時代的問題；為了澄清大家所關切的問題，我盡可能提綱挈領地陳述問題。

雖然本書只能假定讀者都擁有開放的胸襟，但是其目的，與其說是在把問題通俗化，不如說是在解決問題。然而，為了達成這兩個目的，所有比較專門性的問題，我都會放在各章的注釋裡。

卡爾・波普

一九四三年

第二版序

雖然本書大部分的內容很早以前即已成形，但是最後決定要寫這本書，則是在一九三八年三月，也就是我獲知納粹入侵奧地利那一天。寫作一直持續到一九四三年；大部分的內容是在戰爭結果尚未確定的危及存亡之秋寫就，這個事實或許可以說明，為什麼現在的我會覺得，書中的一些批評在語氣上比我所設想的還要情緒化且嚴厲。但是，那不是說話拐彎抹角的時候——至少我當時覺得如此。書中沒有明確提及戰爭或其他當時的事件；但本書試圖瞭解那些事件及其背景，並分析戰勝之後可能發生的一些問題。預料馬克思主義將會成為一大問題，是本書花了相當篇幅在探討馬克思主義的理由。

依照目前世界情勢的黑暗看來，對於馬克思主義的批判很容易突出為本書的重點。雖然本書的目標更為廣泛得多；但這種觀點並不是完全錯誤，而且或許也是無法避免的。馬克思主義只是一個插曲——是在不斷冒險要建立一個更好與更自由的世界的奮鬥中，我們所曾犯下的許多錯誤之一。

有些人譴責我對馬克思的論述太過嚴厲；另外有些人則認為我對柏拉圖猛烈抨擊，卻對馬克思過於寬容，這些都是意料中的事。但是，正因為一般人對於柏拉圖這個「神聖的哲學家」之景仰，實際上是基於他令人五體投地的思想成就，因此我還是認為有必要以高度批判的眼光來看待柏拉圖。另一方面，馬克思時常受到人格與道德方面的攻擊，所以在嚴厲而合理地批判其理論時，有必要對其理論驚人的道德與思想魅力抱以同情的理解。無論對或錯，我認為我的批判是破壞性的，因而我才能尋找出馬克思真正的貢獻，並且信任他的動機。無論如何，如果我們想要克敵致勝，顯然就必須試著正確的評估對手的實力。

沒有任何一本書可以說是寫完了的。我們在寫作時，總是會覺得脫稿的時機還不成熟。至於我對柏拉圖與馬克思的批判。這種不可避免的經驗對我的困擾並不大。但是我所提出的大多數積極性建議，尤其是充滿全書的強烈樂觀主義情感，隨著戰後一年一年的過去，使我日益感到自己的天真。我漸漸覺得自己的聲音像是來自遙遠的過去的聲音——就像十八世紀，甚或十七世紀一個滿懷希望的社會改革者的聲音。

但是，訪問美國的結果，我頹喪的心情已經大致消失；我慶幸在修訂本書時，我限定自己在增補新材料，以及改正內容與文體上的錯誤；並且也慶幸並未改變書中的語調。因為不管目前的世界情勢如何，我感到仍和以前一樣充滿希望。

現在我比以前看得更清楚的是，即使是我們最大的困境，也都是源自某種值得嘉許的、合理的、卻又很危險的心理，亦即迫不及待要改善同胞的命運。因為這些困境都是歷史上所有道德與精神革命（最偉大的一次革命或許是從三個世紀前開始）的副產品。這是無數沒沒無聞的人士熱望從權威與偏見的桎梏中解放他們自身及其心靈的運動。他們試圖建立一個開放的社會，排斥既存的、傳統的絕對權威，並試圖維護、發展與建立符合其自由、人道和理性批判的標準的新、舊傳統，這是他們不願袖手旁觀，不願將整個統治世界的全部責任都留給人類或超人類的權威，他們敢於為「避免不幸」這件事承擔一切責任，並為此責任而努力。這種革命已創造了驚人的破壞性力量；但是這些力量還是可以被克服的。

一九五〇年七月十四日於倫敦

緒論

我不想隱瞞一項事實，那就是：對於時下流行的，那些自詡為充滿智慧的書籍，我只能投以鄙夷的眼光。因為我深信……眾所公認的方法，必定會不斷增加它們的愚蠢與錯誤，即使完全禁絕所有這些空想的成就，也不會像這種假科學及其可憎的繁殖力那樣有害[1]。

——康德

本書所提出的問題，從目錄上或許看不出來。

它概述了我們的文明所面臨的種種困難。我們的文明或許可以形容為不斷追求仁慈、合理性、平等和自由的歷程；這個文明可以說仍在嬰兒期，而且儘管事實上常有許多人類思想的領導者背叛它，它仍將繼續成長。本書試圖指出：這個文明尚未完全從其出生的震盪中恢復過來——尚未從屈服於巫術力量的部落或「封閉社會」轉型到解放人類批判力量的「開放社會」[2]。本書要指出，這種轉型過程的震盪，乃是反動力量得以產生的因素之一，這種反動力量一直想推翻文明，重返部落文化。同時，本書也指出：現在我們所謂的極權主義

（totalitarianism），它的傳統和人類文明一樣的久遠。

因此，本書也試著增進我們對極權主義的了解，以及不斷反抗極權主義的重要性。

本書也進而試圖檢視如何以批判和理性的科學方法應用在開放社會的問題上，並分析民主社會的重建原則，我稱之為「細部社會工程學」，而有別於「烏托邦社會工程學」（詳見第九章）的原則。同時，本書也試著清除一些阻礙合理的研究社會重建問題的障礙。它是由批判一些社會哲學來清除障礙的，它認為若干反對民主改革的偏見之所以普遍流行，這些社會哲學實難辭其咎。其中最有力的一種，就是我所謂的「歷史定論主義」。幾種重要的歷史定論主義的興起和影響的歷史，就是本書的主題之一，因而本書甚至可以說是對於某些歷史定論主義哲學發展的旁註集。本書開頭的一些說明，將可顯示歷史定論主義的意義，及其如何與上述的問題連結在一起。

雖然我主要是對物理學方法感興趣（以及和本書論旨沒有什麼關連的技術問題），但是多年來，對於社會科學（尤其是社會哲學）中令人不太滿意的一些問題，我也一直感到興趣。當然也會質疑它們的方法問題。我對於這個問題的興趣，大多是因為極權主義的興起，而各種社會科學與社會哲學卻不能明白其意義所激發的。

就此而言，我認為有個論點尤為迫切。

我們時常聽到有人會認為某種形態的極權主義是不可避免的。那些人既聰明又有學養，

xliii

卻主張說那是在所難免的事，實在是難辭其咎。他們懷疑說，我們是否真的天真到相信民主政治可以永久；我們是否真的看不出來它只是在歷史過程中反覆出現的許多政府形式之一。他們辯稱：為了打擊極權主義，民主政治勢必仿照極權主義的方法，而變成極權主義本身。他們或者斷言：我們的工業體系若不採用集體主義的計劃方法就難以為繼；他們甚至基於集體主義經濟體系的不可避免性，推論說採取極權主義的社會生活方式也是不可避免的。

這些論證聽起來似乎非常可信。但是在這些問題上，可信度並不是可靠的指南。事實上，在未考慮下述方法問題之前，任何人都不應提出這種似是而非的論證：做這種全面的歷史預言是在任何社會科學的能力範圍內嗎？如果我們一個人說人類未來要面臨什麼事，除了有如卜筮者一般不負責任的回答之外，我們還能期望什麼呢？

這是一個社會科學方法上的問題。而這個問題，顯然要比對於支持任何歷史預言的任何特定論證的批判更為根本。

對這個問題的深入探討，使我深信：這種全面的歷史預言完全超出科學方法的範圍。未來操之在我們，而我們並不依賴任何歷史的必然性。然而，有些深具影響力的社會哲學卻抱持相反的觀點。這些哲學宣稱：每個人都試著運用他的腦筋去預測即將面臨的事件；對戰略家而言，試圖預見一場戰役的結果，是理所當然的事；而這種預測和更全面的歷史預言之間並沒有固定的界線。它們主張說，科學的任務，一般而言，是在預測，或更正確的說，是在改進我們日常的預測，並且為預測找到更可靠的基礎；而社會科學的任務則特別是為我們提供長期的歷史預言。它們也相信自己發現了歷史法則，這使得它們能夠預言歷史事件的發展過程。提出這類聲明的各種社會哲學，我統稱之為「歷史定論主義」。在《歷史定論主義的貧困》中，我已試著駁斥這些主張，並且指出：儘管它們似乎言之成理，卻是基於科學方法的許多誤解，尤其是忽略了「科學預測」（**scientific prediction**）與「歷史預言」（**historical prophecy**）之間的差別。在我對歷史定論主義的主張進行有系統的分析與批判的同時，我也試著蒐集資料以描述它的發展。為了這個目的而搜羅的注解與說明，也變成了這本書的基礎。

有系統的分析歷史定論主義，是要追求像科學之類的東西，但本書並不是如此。書中所表達的意見，有許多都是我個人的意見。它借助於科學方法之處，主要是要了解科學方法的限制：在無法證明時，它就不提供證明，在所能提供的只是個人觀點時，它也未自稱自己的觀點是科學的觀點。它並不想以新的體系來取代舊的哲學體系。它也不想躋身於「充滿智慧」的書籍之列，成為時下流行的關於歷史與命運的形上學作品。相反的，它試圖指出：這種預言式的智慧是有害的，歷史的形上學使科學的細部方法不被用於社會改革的問題上。它也想進一步指出：當我們不再自詡為命運的先知時，就有可能成為自己命運的創造者。

xliv

在追溯歷史定論主義的發展時，我發現歷史預言的危險習性普遍存在於我們的知識領袖之間，也產生各式各樣的作用。有這種習性的人會吹噓自己屬於有識之士的核心圈子，具有預測歷史進程的卓越能力。此外，還有個傳統看法認為：知識領袖天生具有這種能力，而不具備這種能力，便可能喪失社會地位。另一方面，他們被揭穿面具、淪為江湖術士的危險性很小，因為他們總是能夠指出：做範圍較小的預測當然是可以容許的；而在這些預測與占卜之間並沒有固定的界限。

但是有時候，抱持歷史定論主義信念還有進一步或說更深層的動機。主張千禧年即將來臨的預言者，可能是在表達深藏心底的不滿情緒，而他們的夢想也的確可能為那些沒有夢想就幾乎不能做事的人帶來希望和鼓勵。但是我們不可忽視：他們的影響很容易使我們無法面對社會生活的日常事務。而那些宣稱某些事件（諸如墮入極權主義或墮入「買辦主義」（**managerialism**））必定會發生的小先知，無論他們喜歡與否，都可能是促使這些事件發生的工具。他們杜撰故事，說民主政治不會永遠存在，並斷言人類理性不會永遠存在，這些話都是真的，但也都是不著邊際的空話；因為只有民主政治才能提供一套制度架構，容許非暴力的改革，因而也容許在政治問題上運用理性。但是，他們的故事易使那些打擊極權主義的人感到沮喪；杜撰故事的動機其實是在支持對文明的反叛。如果我們想到歷史定論主義形上學可以讓人類擺脫責任的壓力，似乎就可以發現更進一步的動機。如果你知道無論你做什麼，事情都必定發生，你就會覺得，不再反抗也無所謂，更不會想去遏阻那些多數人認為是「惡」的事情。諸如戰爭；或者不是很起眼卻同樣重要的事：官僚專制。

我無意主張說，歷史定論主義必定會有這些結果。有些歷史定論主義者——尤其是馬克思主義者——他們並不想免除人的責任壓力。另一方面，有些社會哲學也不一定是歷史定論主義，但他們卻主張理性在社會生活中的無能，並且以反理性主義的方式來宣傳一種態度：「要麼就追隨領袖或大政治家，要不然就自己成為領袖」；這種態度對大多數人而言，必定意指被動的服從統治社會的潛在勢力或個人勢力。

於是，我們可以發現一件有趣的事：有些人之所以排斥理性，甚至為了我們這個時代的社會罪惡而責難理性，一方面是因為他們了解到歷史預言逾越了理性能力的範圍，另一方面是因為他們沒有想到，社會科學或社會中的理性雖然沒有歷史預言的功能，卻具有另一種功能。換言之，他們是失望的歷史定論主義者；他們雖然了解到歷史定論主義的貧困，卻不知道自己就有歷史定論主義的基本偏見，亦即認為：社會科學如果要有任何用途的話，就必須是預言式的。顯然，這種態度必定使人反對將科學與理性應用到社會生活的問題上——終究也無法把科學和理性應用到權力學說，以及支配和臣服的學說上。

為什麼所有這些社會哲學都支持對於文明的反叛呢？而它們受歡迎的箇中緣由又是什麼呢？為何它們吸引並迷惑如此多的知識份子呢？我認為：這些社會哲學都是對我們這個沒有或不能實現道德理想和完美夢想的世界表達強烈的不滿。歷史定論主義（以及相關的論點）之所以會傾向於支持反叛文明，可能是由於事實上歷史定論主義本身主要就是對於我們文明的壓力以及它對個人要求的責任的反彈。

最後的這些影射有點含混，但是對於一篇緒論來說也已足夠。在後文中，尤其是在〈開放社會及其敵人〉中，我將以歷史材料加以補充。我本想以那一章作為本書的首章；就標題來看，它的確是一篇很吸引人的導論。但是我覺得，如果不把它擺在討論歷史材料的章節之後，便無法感受到其歷史性解釋的完整份量。很可能在讀者還沒有感受到解釋這些材料的必要之前，就已經被裡頭主張柏拉圖的正義理論和現代極權主義的理論和實踐的相似性搞得一頭霧水了。

注釋

注1：見本書第二十四章注41。

注2：就我所知，「開放社會」和「封閉社會」是柏格森（Henri Bergson）在《道德與宗教的兩個根源》（*Two Sources of Morality and Religion*, Engl. ed. 1935）中最先使用。他的用法和我固然有相當大的差異（幾乎在所有哲學問題的研究取徑上，都有根本的差異），但畢竟還是有一些我要

承認的共通點（他將「封閉社會」形容為「人類初次脫離自然之控制所形成的社會」，見前揭書：p. 229）。而最主要的差異是：我用這兩個詞，可以說是一種理性主義的區分（rationalist distinction）；「封閉社會」的主要特徵是信仰巫術的禁忌，而「開放社會」則是一個人們已經懂得批判禁忌，懂得依靠自己的知性權威（經過討論）來做抉擇的社會。反之，柏格森的區分則是屬於一種宗教性的區分（religious distinction）。這足以說明他為何能將「開放社會」視為某種神秘直觀的產物；而我卻認為（第十章和第二十四章），神祕主義（Mysticism）或可解釋為「對封閉社會早已失落的統一性長期渴望」的表現，也因此是對於「開放社會」的理性主義的反動。我在第十章所說的「開放社會」，就是依照這種方式；這種用法也跟華勒斯（Graham Wallas）所謂的「大社會」（great society）有近似之處；不過，我的用法還涵蓋了伯里克里斯統治下的雅典那種「小社會」（small society），只不過我們仍可設想，一個「大社會」還是有可能停滯不進，甚而變成封閉社會。此外，我的「開放社會」也可能和李普曼（Walter Lippmann）廣受推崇的鉅著《美好社會》（*The Good Society*, 1937）的書名有相似處。請參閱第十章注59（二）和第二十四章注29、32、58以及正文。

第一部
柏拉圖的符咒

人們會看到……烏有之鄉的人民（Erewhoian）是個馴服而長期受苦的民族，很容易被牽著鼻子走，很容易在邏輯的神殿上犧牲他們的常識，當一個哲學家站出來告訴他們說，他們現存的體制並不是基於最嚴格的道德原則，就會動搖他們的心志。

——撒母耳·巴特勒（Samuel Butler）

在我一生中，我認識許多大人物也和他們共事過：我還沒有見過有哪個計畫沒有因為那些見識遠遜於主事者的人們的評論而東改西改的。

——艾德蒙·柏克（Edmund Burke）

贊成開放社會（大約西元前四百三十年）：

雖然只有少數人能夠創制政策，但是我們大家都能判斷它。

——雅典的伯里克里斯（Pericles）

反對開放社會（大約八十年後）：

最重大的原則是，無論男女，人人都應有領袖。而且任何人都不應放縱自己為所欲為：出於野心不行，出於兒戲更不行。不論在戰時或和平時期，他的眼睛都要注視其領袖，並且忠實追隨領袖。即使是在最微小的問題上，他也應接受領導。例如：只有在他被告知如何做時，他才應照著起床、動作、洗滌、或用餐……。簡言之，他應依長久的習慣來教導自己的靈魂，永遠不應夢想獨立行動，終而變成完全不能獨立行動。

——雅典的柏拉圖

宇宙起源和命定的神話

第一章

歷史定論主義和命定的神話

7 很多人相信，研究政治學真正科學的或哲學的態度，以及對一般社會生活的深層理解，都必須奠基在對於人類歷史的思考和詮釋上。儘管一般人對自己的生活環境、個人經驗和瑣事的重要性都視為當然而不加反省，卻會說社會科學家或哲學家必須從更高的層面來考察事物。社會科學家或哲學家把個人看成是無足輕重的東西，看成在人類整個發展中微不足道的工具；他們更認為在歷史舞台上，真正重要的演員是偉大的國家、偉大的領袖、或是偉大的階級、偉大的理型。不論是什麼，他都要理解在歷史舞台上演的戲劇的意義，以及歷史發展的種種法則。如果在這方面成功了，他當然就能預測未來的發展。這樣，他就能為政治找到穩固的基礎，給我們實踐上的忠告，告訴我們什麼樣的政治行動會成功或者失敗。

上面是對於我所謂的**歷史定論主義**的態度的簡短描述。歷史定論主義是個古老的觀念，更恰當地說，是由許多觀念籠統組成的大雜燴；不幸的是，我們幾乎不曾質疑過這些觀念，反而理所當然地接受它們，而在我們精神領域裡佔據一大部分。

我在他處試圖指出，社會科學的歷史定論主義研究方法成果相當貧乏。我也試圖概述一種研究成果更豐碩的方法。

8 但是，如果歷史定論主義是錯誤的方法，由這種方法所產生的結果是沒有價值的話，那麼理解歷史定論主義是如何產生的，以及何以如此盛行於世，也許是有益的。依此目的而作的歷史概述，可以用來分析逐漸凝聚在歷史定論主義學說周遭的形形色色的觀念：該學說認為歷史是由特殊的歷史（或演化）法則所控制，只要發現這些法則，我們就可以預言人的命運。

目前，我只能很抽象地形容歷史定論主義，以一個最簡單的、最古老的形式去說明它，也就是選民（chosen people）的理論。這種理論試圖以有神論的詮釋去理解歷史，也就是認為神是在歷史舞台上演的戲劇的作者。更確切地說，選民理論認定神揀擇祂的子民，作為履行神意的特選工具，而這些族類會繼承這個世界。

在這種理論中，歷史發展的法則是由「神的意志」訂定的。這是有神論歷史定論主義和其他形式的歷史定論主義特別不同的地方。例如自然主義的歷史定論主義，就可能認為發展的法則是個自然法則；精神的歷史定論主義可能認為那是精神發展的法則；而經濟的歷史定論主義則可能視之為經濟發展的法則。有神論的歷史定論主義和其他形式的歷史定論主義一樣，都認為可以發現特定的歷史法則，而我們可以根據這些法則預言人類的未來。

毫無疑問的，選民理論是源自部落形式的社會生活。強調部落至上、沒有部落個人就沒有意義的部落主義，是可見於許多形式的歷史定論主義中的一個元素。其他不再是部落主義形式的，則仍然可能保留**集體主義**（**collectivism**）的元素[1]：他們可能仍舊強調某些團體或集體（例如某個階級）的重要性，認為沒有該團體，個人就什麼也不是。選民理論的另一個面向，就是它所提出的終點遙遙無期。因為，雖然它可能相當明確地描繪那個終點，但在達之前，我們還有一大段路要走，甚至道阻且長，坎坷崎嶇。這樣一來，我們就可以把任何想像得到的歷史事件都放到這個詮釋架構裡。沒有任何可想像得到的經驗能反駁它[2]。但對相信的人來說，關於人類歷史的終局，就能得到一個**確定性**。

本書最後一章會評論對於歷史的有神論詮釋，也會指出一些偉大的基督教思想家早已放[9]棄這種理論，認為那是一種偶像崇拜。抨擊這種形式的歷史定論主義，因而不算是詆毀宗教。在該章中，選民理論只是個例證。歷史定論主義最重要的兩個現代翻版，也就是右派的種族主義或法西斯主義的歷史哲學，以及左派的馬克思主義歷史哲學，都具有這種理論特徵[3]，對兩種歷史定論主義的分析也會是本書的主要部分，而這種選民理論的價值也可見一斑。種族主義以選民（哥比諾選擇〔Gobineau's choice〕），代替被揀選的族類，作為命定的工具，最終要繼承這個世界。馬克思的歷史哲學則以被揀選的階級取代它，成為創造無階級社會的工具，這個階級則註定要繼承這個世界。這兩種理論都將他們的歷史預言奠基在一種歷史詮釋上，而它則會推論出歷史發展法則的發現。種族主義認為那是一種自然法則，以被選擇的種族在血統上的生物優越性來解釋現在、過去和未來的歷史進程；認為歷史進程只不過是種族爭取統治權的鬥爭。而在馬克思的歷史哲學中，歷史的法則是經濟的；所有歷史都應該被詮釋為各階級間爭取經濟優勢的鬥爭。

上述兩種運動之歷史定論主義特性，是我們所要研討的主題。我們會在本書後面的章節討論它們。兩者都可直接上溯到黑格爾哲學，因此，我們就必須連帶處理黑格爾哲學[4]。又因為黑格爾哲學主要踵武若干古代哲學家，因此在回頭談論現代的歷史定論主義，必須先討論赫拉克里圖斯（Heraclitus）、柏拉圖以及亞里士多德等人的理論。

注釋

514
關於伯里克里斯的題詞，見第十章注31及正文。柏拉圖的題詞在第六章注33、34以及正文中有更詳細的討論。

注1：我用「集體主義」一詞，僅指一種反對個人的重要性、強調某些集團或團體的重要性的理論，例如強調「國家」（或某個國家、民族、階級）。關於集體主義與個人主義的問題，在第六章將有較完整的說明；請特別參考該章注26至28以及正文。關於「部落主義」（tribalism），請與第十章比較，特別是第十章的注38（畢達哥拉斯部落禁忌表）。

注2：這點是說，詮釋並不傳達任何經驗的資訊，我在一九三五年出版的《科學發現的邏輯》指出了

這點。

注3：被揀選的人民、被揀選的種族、被揀選的階級等理論的共同特色之一是，它們都是源於對某種壓迫的反動，其重要性亦因而產生。選民理論在猶太教初期，亦即在巴比倫被擄期，變得很重要。哥比諾的雅利安主人種族理論（Gobineau's theory of the Aryan master race），是貴族移民對主張法國大革命已驅逐條頓民族主人的反動。馬克思預言無產階級的勝利，則是對近代史上最殘忍的壓迫和剝削時期的答覆。關於這些問題，請比較第十章，特別是該章注39，及第十七章，特別是第十七章注13至15和正文。

補註：關於歷史定論主義，最簡要、最好的總論之一，可在激進的歷史定論主義的小冊中看到，本書第九章注12末尾會對該小冊有較多的摘引；這本小冊子的書名是《階級鬥爭中的基督徒》（*Christians in the Class Struggle*），為戈比（Gilbert Cope）所著，布拉福德主教（Bishop of Bradford）作序。在這本小冊子的五至六頁中，我們讀到：「這些觀點的共通點是指『不可避免性加上自由』的某種性質。生物上的演化、階級衝突的相續不斷、聖靈的作為，它們的特徵是：均為朝向一個目標的確定運動。人的慎重行動，或可使這運動暫時受到阻礙或偏離，但其總運動量卻不會稍減；雖然只是模糊地把握到該運動的最後階段……但我們卻可以充分知道如何去促進或阻滯流動。換句話說，我們所觀察到的『進展』的自然法則，是我們足以理解的……，這樣就可以努力於禁止或改變主流；雖然種種的努力可能成功於一時，但事實上卻是預先就註定要失敗的。」

注4：黑格爾說，在他的《邏輯學》裡，他保存了赫拉克里圖斯的整個學說。他也說，他將一切都歸功於柏拉圖。值得一提的是，德國社會民主運動創始人之一（和馬克思一樣，為黑格爾學派人士之一）的拉薩爾（Ferdinand von Lassalle），就曾寫過兩卷有關赫拉克里圖斯哲學的書。

第二章

赫拉克里圖斯

我們發現，希臘的各種理論中，在歷史定論主義的特性方面，可與選民理論相提並論的，[10]其實始自赫拉克里圖斯（Heraclitus）。在荷馬的有神論（或者說多神論）的詮釋中，歷史是神意的產物。不過荷馬筆下的諸神，並沒有為歷史的發展定下普遍的法則。荷馬所要強調和解釋的，並非歷史的統一，而是指出歷史缺少這種統一。在歷史舞台上，戲劇的作者不是一個神；而是由各類各樣的神共同參與的。荷馬的詮釋與猶太教共通的是，他們都隱隱然感覺到命運的存在，認為幕後有主宰的力量。但荷馬並沒有揭露人類最終的命運（不像與其相對的猶太教那樣），認為人類最終的命運始終是個奧祕。

第一個提出比較顯著的歷史定論主義理論的希臘人是赫希奧德（Hesiod），他可能受到東方思想影響，使用過「歷中發展的普遍趨勢或傾向」的觀念。他對歷史的詮釋是悲觀主義的。他相信人類自從黃金時代以來每況愈下，在形體和道德上都註定要**墮落**。早期希臘哲學家提出的各種歷史定論主義觀念，由柏拉圖集大成。柏拉圖在試圖詮釋希臘各部落（特別是雅典）的歷史和社會生活時，為世界畫了一幅富麗堂皇的哲學圖像。柏拉圖的歷史定論主義，深受許多先驅（特別是赫希奧德）的影響；不過最重要的影響則來自赫拉克里圖斯。[11]

赫拉克里圖斯是發現「變」的觀念的哲學家。在赫拉克里圖斯的時代，受東方觀念影響的希臘哲學家一直把這個世界看成一個大廈，物質性的事物是大廈的建築材料[1]。世界是一切事物的全體——「有秩序的宇宙」（cosmos）（它原本似乎是一種東方的帳篷或斗篷的意思）。這些哲學家問自己的問題是：「構成世界的材料是什麼？」或者「世界是如何構成的？世界真正的基礎計畫是什麼？」他們把哲學或物理學視為探討「自然」的學問（物理學和哲學在以前有很長時期是密不可分的），亦即探討構成這個世界大廈的原質。至於**歷程**，他們認為，一切歷程或是在世界大廈內進行，或者是為了建構（或維持）此大廈，這些歷程固然會破壞和重建某個結構的穩定或平衡，但是結構基本上是靜態的。它們都是循環的歷程（除了與大廈起源相關的歷程外；至於「這個世界是誰創造的？」的問題，則有些東方人、赫希奧德和其他人探討過）。這種非常自然的探討進路（即使對我們今日許多人來說，這種研究進路仍是很自然的），被赫拉克里圖斯的天才取代了。赫拉克里圖斯提出的觀點是：並沒有這種大廈，沒有固定的結構，也沒有所謂有秩序的宇宙。他說：「宇宙充其量只像是一堆隨機散佈的垃圾而已」[2]。在他看來，世界並不是一座大廈，而是個碩大無朋的歷程，不是所有事物的總和，而是一切事件、變化或**事實**的整體。赫拉克里圖斯哲學的座右銘是：「一切皆流，無物常住。」（**按：以下引文中譯引自：《古希臘羅馬哲學資料選輯》**。）

赫拉克里圖斯的發現影響希臘哲學的發展很長的時間。諸如巴門尼德（Parmenides）、德謨克里圖斯（Democritus）、柏拉圖、亞里士多德等人的哲學，都可以說是企圖解決赫拉克里圖斯所發現的變動世界的種種問題。這個發現的偉大成就不容小覷。它曾被描述為一種可怕的發現，被形容成「地震……，搖撼了所有事物」[3]。同時我也相信，赫拉克里圖斯之所以

12

會有這項發現，應該是有感於當時社會和政治的動盪紛亂。他生在一個社會革命的時代，是第一個不僅處理「自然」問題、更關心倫理政治問題的哲學家；當時民主政治的新興勢力正逐漸取代希臘部落的貴族政治。

要理解這個革命的結果，我們就必須記住，部落貴族政治的社會生活是相當穩定而嚴格的：社會和宗教的各種禁忌決定了社會生活；個人在整個社會結構內都被分派了一個地位；每個人都覺得他的地位是統治世界的力量指派給他的，是一種適當的、「自然的」地位；每個人都「知道他的地位」。

依據傳說，赫拉克里圖斯自己的地位是以弗所（Ephesus）祭司貴族的王室繼承人，但他把王位讓給他的兄弟。雖然他傲然拒絕參與城邦政治，卻支持貴族的目標，他們試圖負隅頑抗，阻止新興革命勢力的浪潮。在赫拉克里圖斯的著作斷片中，反映了這些社會或政治生活的經驗[4]。當時赫拉克里圖斯的一位貴族友人海謨多魯斯（Hermodorus）被人民決定放逐時，他憤怒地說：「如果以弗所的成年人都吊死，把他們的城邦讓未成年的少年去治理，那就對了。」他對於人民的議決的詮釋極為有趣，因為它正好說明自有民主政治以來，反民主論證的伎倆一直沒有多大改變。赫拉克里圖斯說道：「他們說：我們中間不要優秀的人，要是有的話，就讓他上別處去和別人在一起吧！」這種對民主政治的敵意，在其殘存的斷片中到處可見，又如：「……多數人像畜牲一樣狼吞虎嚥……他們相信街頭賣唱的人，以庸眾為師。」

因為他們不知道多數人是壞的，只有少數人是好的。……條達梅（Teutames）的兒子比亞斯（Bias）曾在普列尼（Prine），他的聲望超過其他人（他說多數人是壞的）……多數人對自己所遇到的事情不加思索，即便受到教訓之後也還不了解，雖然他們自以為了解。」赫拉克里圖斯又以同樣的語氣說：「法律也就是服從一個唯一的人的意志。」他另一句保守而反民主的措詞卻意外地在民主派中間大受歡迎，雖然不是他的本意：「人民應為法律而戰鬥，就像為自己的城垣而戰。」

但赫拉克里圖斯為其城邦的古老法律所作的奮鬥並沒有成功，而一切事物的無常則深深印入他的心裡。他的萬物流轉理論表現了這種感受，他說：「一切皆流，我們不能兩次走下同一條河。」[5]為了反對「現存的社會秩序永遠不變」的信念，他說：「不可像父母膝下的兒童那樣行事，就是說，不要一味單純地仿效。」

強調變動，特別強調是社會生活中的變動，不僅是赫拉克里圖斯哲學的重要特徵，也是一般歷史定論主義的特徵。一切事物，甚至國王，都會改變，這是個真理，那些認為自己的社會環境是理所當然的人，尤其需要認識這個真理。但在赫拉克里圖斯的哲學中，卻表現出更難令人信服的歷史定論主義的特徵，那就是過份強調變動，且深信有個固定不變的**命運法則**。[13]

在這種信念中，我們面對了一種態度，它乍看下似乎與歷史定論主義者對於變動的重視互相矛盾，但其實是大多數歷史定論主義者的共同特徵。如果我們把歷史定論主義者對於變動的重視解釋為象徵著企圖在潛意識裡抗拒變動的觀念，也許就能說明這種態度。這也可以說明其情緒上的緊張，它使得許多歷史定論主義者強調他們那種空前的啟示的創新性。這個思考也暗示著，這些歷史定論主義者可能害怕變動，無法坦然接受變動的觀念。他們往往認為變是由不變的法則控制，在面對安定世界之不復存在時稍感寬慰。（在巴門尼德和柏拉圖的哲學中，我們更可以發現一種理論，那就是認為我們寓居的變動世界是一種幻象，另外存在著一個不變的、更為實在的世界。）

赫拉克里圖斯的哲學中，由於強調變動，使他產生一種理論，認為一切物質，不論是固體、液體或氣體都是像火焰一樣——它們與其說是事物，倒不如說是歷程；所有事物都是火的轉化；表面上固體的地（由「灰」組成）僅只是火的轉化，甚至液體（水、海）也是轉化的火（很多變成燃料，如石油的形式）。他說：「火的轉化是，首先成為海，海的一半成為土，另一半成為旋風。」[6]因此，所有其他「元素」（地、水、氣）都是轉化了的火。「一切都換成火，火也換成一切事物；正像貨物換成黃金，黃金換成貨物一樣。」

不過赫拉克里圖斯把一切都比擬為燃燒，化約為火焰、歷程之後，卻又在歷程中找出法則、理性、智慧和準則；他毀壞了被他視為大廈的有序宇宙，宣稱它是一堆垃圾之後，又說這就是事件在世界歷程中命定的秩序。

世界上的每一種歷程，特別是火的自身，都是遵循著一個確定的法則，也就是它的「尺度」[7]。它是不可更改的、不可抗拒的法則；就此法則的外延來說，它很像近代的自然律概念，以及近代歷史定論主義者所說的歷史法則（或演化法則）。可是它又與上述近代觀念不同，因為它是以懲罰去執行的理性律令，就像國家的法律一樣。這種把律法（或規範）和自然律（或規律）混為一談，是部落的禁忌主義（tribal tabooism）的特徵：它認為兩者都是巫術，而使人不但無法以理性去批判種種人為的禁忌，也難以增進關於自然世界的法則或規律的究竟 14 智慧和理性。因為：「一切都是依照命運而來，命運就是必然性……。太陽不會越出它的限度；否則那愛林尼神，正義之神的女使，就會把它找出來。」不過太陽不僅是服從法則；那化身為太陽以及宙斯的電戟的「火」，它會監視著法則，並據此做出審判。「太陽是時間的管理者和監守者，它建立、管理、規定並且揭示出變遷和帶來一切的季節。……這個世界對一切存在物都是同一的，它不是任何神所創造的，也不是任何人所創造的；它過去、現在和未來永遠是一團永恆的『活火』，在一定的分寸上燃燒，在一定的分寸上熄滅……。一切變成火，火燒上來執行審判和處罰。」

我們在歷史定論主義者「無情的命運」的觀念裡往往會發現神祕主義的成分。本書第二十四章會對神祕主義提出批判性的解析。在此我只是要指出反理性主義和神祕主義在赫拉克里圖斯的哲學中扮演的角色。「自然喜歡躲藏起來。」他又說：「那位在德爾斐（Delphi）

神廟發神讖的大神不說話、也不掩飾，只是暗示。」[8]對於重視經驗的科學家，赫拉克里圖斯尤其嗤之以鼻，他說：「博學並不能使人有智慧。否則它就已經使赫希奧德和畢達哥拉斯（Pythagoras）以及贊諾芬（Xenophanes）更有智慧了……畢達哥拉斯是所有騙徒之父。」他除了輕視科學家外，還有一種關於直觀理解的神祕理論。他的「理性」理論的起點是認為，如果我們覺醒，我們就生活在一個共同的世界中；我們可以互相溝通、控制和監視；這樣就能確保我們不是幻想的犧牲者。不過他的理論還有另一種象徵性且神祕的意義。那就是只有那清醒的，具有看、聽、說的能力的人，才具有神祕的直觀。他說：「不可以像睡著的人那樣行事和說話。……清醒的人們有著一個共同的世界；然而在睡夢中，人人各有自己的世界……。人們既不懂得怎樣去聽，也不懂得怎樣說話……。他們即便聽見了它（**按：指邏各斯**），也不了解它，像聾子一樣。關於他們有諺語為證：人在場而卻又不在場……。智慧只在於一件事，就是認識那善於駕馭一切的思想。」清醒的人共同經驗到的「世界」是一種神祕的統一體，是唯有理性才能把握到的一切事物的「一」。他說：「因此應當遵從那人人共有的東西。……邏各斯是人人共有的：從一切生一，從一生一切……只有一個人是唯一智慧的人，他既不願意又願意接受『宙斯』的稱號。……雷霆支配著一切。」

15

以上是赫拉克里圖斯關於萬物流轉和隱藏的命運的哲學的一般特徵。從他的哲學中又可推論出一個關於在一切變化背後的推動力的理論。這種理論強調和「社會靜力學」（social statics）相對的「社會動力學」（social dynamics），因而透露了其歷史定論主義的特性。赫拉克里圖斯所說的整個自然甚或社會生活的動力，證實了他的哲學其實是有感於社會和政治的動盪不安。因為他宣稱鬥爭（或戰爭）是一切變動的動力和創造原理，特別是造成人與人之間的一切差異的動力和創造原理。身為典型的歷史定論主義者，他認為歷史的審判是一種道德審判[9]，因為他認戰爭的結果永遠是正當的[10]。他說：「戰爭是萬物之父，也是萬物之王。它使一些人成為神，使一些人成為人，使一些人成為奴隸，使一些人成為自由人。……應當知道，戰爭是普遍的，正義就是鬥爭，一切都是通過鬥爭和必然性而產生的。」

但是，如果正義即是鬥爭或戰爭；如果「命運女神」同時就是「正義的婢女」；如果歷史，或者更正確的說，如果「成功」（即戰爭的成功）是功業的標準：那麼這功業的標準本身一定也是「流轉」的。赫拉克里圖斯以其相對主義及其「對立之統一」理論來面對這個問題；而「對立之統一」乃是從他的「萬物流轉」理論所產生的（變動理論也是柏拉圖、更是亞里士多德的理論基礎）。一個變動的事物必定要放棄某些性質而獲得對立的性質。但是，與其說是一個事物，不如說是從一種狀態轉變為另一種對立狀態的歷程，因而是對立狀態的統一。他說：「冷變熱，熱變冷；濕變乾，乾變濕……。疾病使健康舒服……。生與死，醒與睡，少與老，都始終是同一的東西；後者變化了，就成為前者，前者再變化，又成為後者……。他們不了解如何相反者相成：對立造成和諧，如弓與六絃琴……。互相排斥的東西結合在一起，不同的音調造成最美的和諧，一切都是鬥爭所產生的。上升的路和下降的路是同一條路……。壓榨器裡面的直紋路和彎曲的紋路是同一條紋路……。對於神，一切都是美的、善的和公正的；人們則認為一些東西公正，另一些東西不公正……。善惡是一回事。」[11]

但是，赫拉克里圖斯最後斷片中所表現的價值相對主義（甚至可以說是一種倫理學的相對主義），並沒有阻止他從其「戰爭的正義」及「歷史的判決」等理論背景，就名譽、命運、「偉人」的優越性，開展出部落主義的、浪漫主義的倫理學，而和某些近代觀念有異曲同工

16

之妙。他說：「神和人都崇敬戰爭中陣亡的人……更偉大的死獲得更偉大的獎賞……。最優秀的人寧願取一件東西而不要其他的一切，就是寧取永恆的光榮而不要變滅的事物。一個人如果是最優秀的人，在我看來就抵得上一萬人。」[12]

從西元前五世紀這些早期的斷片，竟發現這麼多近代歷史定論主義和反民主傾向的特徵，真是令人驚訝。但是，姑且不論事實上赫拉克里圖斯是個能力卓越的原創思想家，他的許多觀念（透過柏拉圖的媒介）更成為哲學傳統主幹的一部分；在某種程度上，各時代理論的相似，或許可由社會條件的相似來解釋。在社會遭逢巨大變動的時代，歷史定論主義的觀念似乎都很容易得勢。在希臘的部落生活瓦解時，以及巴比倫的征服使猶太民族離散時，都曾出現歷史定論主義的觀念[13]。而赫拉克里圖斯的哲學，也無疑是一種流離失所的境遇感表

現，這種感受似乎是古代部落社會生活形式瓦解的典型反應。在近代歐洲，歷史定論主義的觀念在工業革命期間，特別是因受到法國與美國的政治革命的影響，則又死灰復燃[14]。大量吸收赫拉克里圖斯思想、並注入近代一切歷史定論主義運動中的黑格爾，所以會成為法國大革命反動的代言人，實非偶然。

515

注釋

注1：「世界是由什麼構成？」一般都被認為是早期愛奧尼亞哲學家（Ionian philosophers）的基本問題。如果我們設想他們將世界看成一座大廈，則世界的「平面圖」就成為其建築材料問題的附帶問題。事實上，我們知道泰利斯（Thales）不僅對構成世界的材料問題感到興趣，他對記述的天文學和地理學也有興趣。安納西曼德（Anaximander）是第一位草擬「平面圖」，亦即地球圖表的人。關於愛奧尼亞學派，本書第十章有進一步的說明（特別會談到赫拉克里圖斯之前的安納西曼德），請比較第十章注38至注40，特別是注39。

補註：依據艾斯萊（R. Eisler）《地表與天幕》（*Weltenmantel und Himmelszelt*, p. 693），荷馬對於「命運」

（moira）的感受可追溯到東方的星象的神祕主義，這種神祕主義將時間、空間與命運都奉為神明。據同作者探索的另一部書記載（*Revue de Synthèse Historique*, 41, app., pp.16f.），赫希奧德的父親是小亞細亞人；他的「黃金年代」的觀念以及人體中的金屬元素的觀念，都是來自東方。關於這方面問題，另見艾斯萊遺稿對柏拉圖的研究（Oxford, 1950.）。艾斯萊（*Jesus Basileus*, vol. II, 618f.）也指出，將世界當作全體事物（cosmos）的觀念，可溯及巴比倫的政治理論。在他的《地表與天幕》中，曾處理視世界為大廈（房子或天幕）的觀念。

注2：見：Diels, *Die Vorsokratker*, 5th ed., 1934（以下簡稱為D5）：fragment 124; cp. also D5, vol. II, p. 423, lines 21f。（我認為竄改、否定別人的著作，正猶如某些作者認定整個文獻不足取信一樣，在方法學上都是不健全的。在此，我採用呂斯托夫〔Rüstow〕的校訂本。）另外兩段摘引見：Plato, *Cratylus*, , 401d, 402a/b。

我對赫拉克里圖斯學說的解釋，也許與時下一般所認定者不同，例如巴奈特（Burnet）。我的註解，特別是本處及注6、注7、注11，都是處理赫拉克里圖斯的自然哲學，有疑問的讀者可以參照；在正文中，我著眼於他學說中的歷史定論主義側面以及他的社會哲學。在第四章至第九章，我進一步提到這些證據。特別在第十章中，我以這些證據來說明赫拉克里圖斯的哲學，而認為他的哲學是對其所看到的社會革命的某種典型反應。另見我在該章注39及注59以及注56中對巴奈特和泰勒（Taylor）的方法的一般性批評。

如正文中所指出，我認為萬物流轉的學說是赫拉克里圖斯的中心理論（許多其他學者，例如齊勒爾和葛洛特也持同樣看法）。與我的看法相反，巴奈特認為萬物流轉說「很難作為赫拉克里圖斯哲學系統的中心論點」（*Early Greek Philosophy*, 2nd ed., 163）。但是，仔細研究巴奈特的論證之後，使我十分不相信他所說的：赫拉克里圖斯的主要發現是抽象的形上學理論。他說：「智慧並不是對許多事物的知識，而是看到各種鬥爭之間的一種統一。」「對立的統一」當然是赫拉克里圖斯學說的重要部分，不過這可從更具體的、更直觀的萬物流轉說引伸出來（關於這種說法見本章注11及相關的正文）；赫拉克里圖斯有關「火」的學說亦復如是（見本章注7）。

有些人和巴奈特一樣，認為萬物流轉說不是新的學說，而在早期愛奧尼亞學派早已有之，我認為他們並沒有理解赫拉克里圖斯的原創性；在二千四百年以後的今天，這些人還不能抓住他的主要論點。他們沒有看到在容器、宇宙架構或大廈中的流動或循環，亦即在一切事物整體中的流動或循環（赫拉克里圖斯理論的一部分，的確可以用此種方式來了解，不過這部分並非很有原創性），以及容攝一切事物、甚至容攝容器和架構自身的流動或循環，兩者之間的不同。（Diels, *Die Vorsokratiker*, I. p. 190）赫拉克里圖斯甚至否定任何固定事物的存在。（在某方面來說，安納西曼德已開始解除宇宙架構，不過從這裡到萬物流轉說，還有很長的一段路程；另見第三章注15（4）。

萬物流轉的理論使赫拉克里圖斯努力要解釋世界萬物在表面上的穩定性，以及其他種種典型的規律，因而開展出附屬的理論，特別是「火」的理論（見：本章注7）和自然法則的理論（見：本章注6）。他充分利用前人的理論，將他們有關膨脹和收縮以及天體運行的理論，開展為事物的循環和週期性的一般性理論，用以解釋世界表面的穩定性。不過我認為這部分理論是他學說的次要部分，不是中心部分。站在辯護的立場來說，這是因為他想將新的、革命性的變動理論，與一般經驗及前人的學說相調和。因此，我相信他不是宣揚質量與能量守恆的機械唯物論者：他對種種法則的神祕態度，以及強調其神祕主義的「對立之統一」理論，使我認為他不可能是機械唯物論者。

我相信，我主張「萬物流轉說為赫拉克里圖斯的中心理論」這個論點，可由柏拉圖的著作中得到證實。柏拉圖明明白白引用了一大堆赫拉克里圖斯的學說（*Crat.*, 401d, 402a/b, 411, 437 ff., 440; *Theaet.*, 153c/d, 160d, 177c, 179d f., 182a ff., 183a ff., cp. also *Symp.*, 207d, *Phil.*, 43a; cp. also Aristotle's *Metaphysics*, 987a33, 1010a 13, 1078b13），充分說明他的中心學說深深影響那個時代的思想家。這些直接而明白引用的赫拉克里圖斯的學說，比起不提及赫拉克里圖斯之名，而實際採用與他相關的內容部分，要強力得多。（見：*Soph.*, 242d f.。烏伯維格（Ueberweg）和齊勒爾在談到赫拉克里圖斯時曾引用這段。）巴奈特企圖以該段落作為他的解釋基礎（他的另一位見證人斐羅〔Philo Judaeus〕不能算是柏拉圖和亞里士多德的反證）。不過，即使是上述段落，也完全符合我們的解釋（關於巴奈特對於該文價值的搖擺評斷，見第十章注56（7））。赫拉克里圖斯認為世界並非事物（things）的全體，而是事件（events）或事實（facts）的全體，這個發現不容小覷。維根斯坦（Wittgenstein）最近提到，重申這種發現是必要的；他說：「世界是事實的全體，而非事物的全體。」（*Tractatus Logico-Philosophicus*, 1921/22, sentence 1.1）

總結說來，我認為萬物流轉說是赫拉克里圖斯的基本思想，是從他的社會經驗領域產生的。他的其他理論都是該理論的衍生物。有關「火」的學說，則是他的自然哲學核心（見：Aristotle, *Metaphysics*, 984-a7, 1067a2; 989a2, 996a9, 1001a15; *Physics*, 205a3）；這學說企圖調和萬物流轉說和我們對於穩定事物的經驗，以便連結過去的循環理論，因而產生關於法則的理論。至於他的「對立之統一」的理論，我則當作是比較不重要而抽象的理論，是一種方法學的和邏輯學理論的先驅（使亞里士多德產生矛盾律的公式），並和他的神祕主義關連在一起。

注3：見：W. Nestle, *Die Vorsokratiker*, 1905, 35。

注4：為了與所引的資料一致，我將貝瓦特（Bywater）的編號（Burnet, *Early Greek Philosophy*）以及迪爾斯（Diels）的編號（以D5代表之）均詳列出來。

本段所引的八句話，其中（1）和（2）是引自B (= Bywater and Burnet)114, D5 (=Diels, 5th edition) 121。其他引文見：（3）：B111, D5 29; cp. Plato's *Republic* 586a/b。（4）：B111, D5 104。（5）：B112, D5 39 (cp. D5, vol. p. 65, Bias, 1)。（6）：B5, D5 17。（7）：B110, D5 33。（8）：B100, D5 44。

注5：本段引自斷片(1),(2); cp. B41, D5 91。關於斷片（1），另見本章注2。（3）：D5 74。

注6：出自：B21, D5 31; B22, D5 90。

注7：關於赫拉克里圖斯的「尺度」（法則或「週期」），見B20, 21, 23, 29; D5 30, 31, 94（D31又將「尺度」和「法則」〔logos〕放在一起）。

本段後面所引的五節資料分別出自斷片：（1）：D5, vol. 1, p. 141, line 10 (cp. *Diog. Laert.*, IX., 7)。

（2）：B29, D5 94（見第五注2）。（3）：D34, D5 100。（4）：B20, D5 30。（5）：B26, D5 66。

（一）法則的觀念與變化或變動觀念相關，因為只有在變動之中的法則或規則，才能解釋世界表面的穩定性。在不斷變動的世界中，最典型的規律是自然的週期：日、月、年（四季）。我相信赫拉克里圖斯的法則理論，在邏輯上是介於比較現代的「因果法則」的觀點（盧西普斯〔Leucippus〕，特別是德謨克里圖斯〔Democritus〕持此觀點）和安納西曼德隱闇的「命運力量」的觀點之間的一種折衷。他的法則仍是「神祕的」，亦即他仍未分清抽象的因果規律和強制的法則之間的差異；強制的法則諸如種種禁忌、法令（另見第五章注3）。他的命運理論似乎與一萬八千年或三萬六千年的「大年」或「大循環」的理論相關（J. Adam, *The Republic of Plato,* vol II, 303）。我實在不認為這種理論顯示赫拉克里圖斯未實際相信萬物流轉說，而只相信一再重建世界架構的穩定性的各種循環。不過我認為可能的是，他在設想一種變動的法則，甚至命運的法則，而不涉及某種週期性時，定然遭遇到許多困難（見第三章注6）。

（二）在赫拉克里圖斯的自然哲學中，「火」扮演了中心的角色（可能受波斯思想的影響）。火燄是變動或歷程的明顯象徵；它在許多方面表現為一種事物。因此以之來解釋穩定事物的經驗，並將此經驗與流動的學說相調和。這種觀念很容易引伸到像火燄一般的生物上——那些生物只燃燒得更慢一些而已。赫拉克里圖斯認為一切事物都在變動中，都像火一樣；它們流動上的差異，只是在運行「尺度」或法則上的差異。在「碗」或「槽」中燃燒的火，比火本身的變動會慢些，然而還是在變動中。它變動，它有其命運和法則；由於火必然會燃燒，在完成它的

命運之前，即使要很長的一段時間，也一樣會燒盡。因此，「火燒上來執行審判和處罰。」（B26, D5 66）

這樣一來，不管其實際變動的狀態如何，火乃是表面上靜止的事物的象徵和解釋。但它也是物質從一個階段（燃燒）轉變到另一階段的象徵。因此「火」為赫拉克里圖斯有關自然的直覺理論和前人有關膨脹和收縮理論提供了一種連結。不過它的燃燒和燒盡，是依據燃料的尺度，而這也是一種法則的例子。如果這法則與某種形式的週期結合起來，便可用來解釋自然週期的規律；例如解釋年月日（這種思想傾向，不像巴奈特所解釋的。傳說赫拉克里圖斯相信有週期性的大火，這也許與他的「大年」有關；見：Aristotle, *Physics*, 205a3;D5 66。

注8：本段所引的十三節資料分別為：（1）：B10, D5 123。（2）：B11, D5 93。（3）：B16, D5 40。（4）：B94, D5 73。（5）：B95, D5 89。（另見：*Republic*, 476c f., 520c。）（6）：B6, D5 19。（7）：B3, D5 34。（8）：B19, D5 41。（9）：B92, D5 2。（10）：B91a, D5 113。（11）：B59, D5 10。（12）：B65, D5 32。（13）：B28, D5 64。

注9：比大部分道德上的歷史定論主義更一致的是，赫拉克里圖斯也是一位倫理學和法學的實證主義者（positivist）（關於這個名詞，見第五章）：「對於神，一切都是美的、善的和公正的；人們則認為一些東西公正，另一些東西不公正。」（D5 102, B61；另見注11（8）。）柏拉圖證實他是第一位實證主義者（*Theaet.*, 177c/d）。關於一般道德和法律的實證主義，見第五章注14至注1）以及第二十二章。

注10：本段所引兩節見：（1）：B44, D5 53。（2）：B62, D5 80。

注11：本段所引九節見：（1）：B39, D5 126。（2）：B104, D5 111。（3）：B78, D5 88。（4）：B45, D5 51。（5）：D5 8。（6）：B69, D5 60。（7）：B50, D5 59。（8）：B61, D5 102（另見注9）。（9）：B57, D5 58（另見：*Physics*, 185b20）。

變化或變動必定是從一階段、性質或位置變到另一階段、性質或位置的轉變。就變動預設某個正在「變」的事物而言，此事物必定始終是同一的，即使變成了其對立的階段、性質、位置亦然。這點把變動理論與「對立的統一」理論連結了起來（*Metaphysics*, 1005b25, 1024a24, 34, 1062a32, 1063a25），並連結了一切事物為「一」的理論：因為它們都是同一種變動的事物（火）的不同階段或現象。

「上升的路」與「下降的路」原來是否表示一般所謂登山與下山之「道」（也許是指「在下」的人的觀點之「向上」，及「在上」的人之「向下」，以及這種隱喻後來是否只應用到循環的歷程中，應用到「地」透過「水」（也如在碗中的液體燃料）向上走到「火」，然後「火」透「水」（雨）而向下走到「地」上；還是說，赫拉克里圖斯向上和向下之道的理論，原來只應用於物質的這種循環歷程上？所有這些問題當然都無法決定（不過我認為從赫拉克里圖斯所有斷片中許多相似的觀念來看，第一種說法比較可信：請見：正文）。

注12：所引四節是：（1）：B102, D5 24。（2）：B101, D5 25（也許保留赫拉克里圖斯雙關語氣的精確翻譯是：「更偉大的死亡贏得更偉大的命運。」（另見：Plato, *Laws*, 903d/e, *Republic*, 617d/e）。

（3）：B111, D5 29（接著引用的部分見注4：B113, D5 49）。

注13：極可能在這個時期發生了選民理論（見：Meyer, *Geschichte des Altertums*, esp. vol 1），該學說除了猶太教以外，還衍生出其他許多救贖的宗教。

注14：孔德（Comte）在法國發展了一套歷史定論主義的哲學，跟黑格爾的普魯士風格並沒有太大不同。他像黑格爾一樣，試圖防止革命的浪潮（見：F. A. von Hayek, *The Counter-Revolution of Science, Economica,* N. S. Vol. VIII, 1941, pp. 119ff., 281ff.）。關於拉薩爾（Lassalle）對赫拉克里圖斯的研究，見第一章注4。有關這方面令人感到有趣的是，歷史定論主義的歷史觀和演化論的歷史觀兩者之間的平行現象。這些觀念都源於「半個赫拉克里圖斯」的恩培多克里斯（Empedocles）的思想（關於柏拉圖的看法，見第十一章注1），並且在法國大革命時，同時在法國和英國復活。

第三章

柏拉圖的理型論

17

1

柏拉圖生活在政治鬥爭和戰爭的時代中；就我所知，他生活的時代比赫拉克里圖斯更為擾攘不安。在他之前，希臘的部落生活已經瓦解，使得他生長的城市雅典進入專制統治時期；後來，雅典建立了民主，謹慎呵護自己，極力避免重蹈專制統治或寡頭政治之覆轍，亦即由貴族家庭統治的政治型態[1]。在柏拉圖的青年時代，民主的雅典正和斯巴達進行殊死戰；斯巴達是伯羅奔尼撒半島（Peloponnese）的領袖城邦，保存了古代部落貴族的許多律法和習慣。伯羅奔尼撒戰爭斷斷續續進行了二十八年之久（在第十章中，我們會更詳細討論其歷史背景，指出戰爭並不是如一般所說的，在西元前四〇四年雅典淪陷時就停止）[2]。柏拉圖誕生於戰爭期間，戰爭結束時，柏拉圖大約二十四歲。戰爭招致可怕的傳染病，戰爭的最後幾年更有饑荒、雅典的淪陷、內戰和恐怖統治，通常稱作「三十僭主」（Thirty Tyrants）統治期。這些暴君由柏拉圖的兩位舅舅領導，企圖擁護反民主的政權，但始終沒有成功，並因而喪命。重建民主與和平，對柏拉圖而言，變得刻不容緩；他所摯愛的老師蘇格拉底，他後來大部分對話錄的主要發言人，竟被審判處死。柏拉圖自己的處境也很危險，後來也與蘇格拉底的其他同伴離開雅典。

柏拉圖第一次到西西里不久，就捲入政治陰謀的漩渦，也就是敘拉古（Syracuse）的專制暴君戴奧尼索斯（Dionysius）的法庭審判；即使在柏拉圖回到雅典創立「學院」（academy）之後，他和學生仍然積極參與敘拉古的政治陰謀和革命，並扮演著舉足輕重的角色[3]。

這些政治事件的概述，有助於我們解釋，為什麼柏拉圖的著作中會有許多跡象（像在赫拉克里圖斯的著作中一樣）顯示出他在政治的動盪和時代的不安之下感到絕望、痛苦。像赫拉克里圖斯一樣，柏拉圖也有王室的血統；至少傳統上認為，他的父系可以溯及卡德洛斯（Codrus），是古希臘部落最後的王室[4]。柏拉圖對母親的家庭也引以為榮，因為他母親系出制定雅典法律的索倫（Solon）家族，我們可從其對話錄的解釋中看出來（見柏拉圖〈查米德斯篇〉〔*Charmides*〕和〈蒂邁歐篇〉〔*Timaeus*〕）。他的舅舅克里底亞（Critias）和查米德斯（Charmides）是「三十僭主」的領導人物。具有這種家族傳統，柏拉圖自然會對公眾事務很感興趣；事實上，他的大部分著作也與我們所預期的相符。他自己曾提到（如果〈第七封信〉可信的話）「自始即渴望參與政治活動」[5]，但是青年時的各種動亂經驗，卻阻止他參與政治。他說：「看到每一件事都是盲無目的的搖擺轉變，我深深感到暈眩和絕望。」我相信，這種社會變動以及世事滄海桑田的深切感受，正是柏拉圖哲學的根本動力，就如赫拉克里圖斯的哲學一樣，柏拉圖也正如他的歷史定論主義先驅一樣，提出了一種歷史發展的法則來總結他的社會經驗。依照這個法則，所有的社會變動都是腐化、衰敗或退化；下一章我們會充分討論這法則。

在柏拉圖的觀點中，這種根本的歷史法則構成了宇宙法則（亦即對一切受造物都有效的法則）的一部分。凡是變動中的事物，受造的事物，都註定要衰敗。就像赫拉克里圖斯一樣，柏拉圖的推動歷史的力量也就是推動宇宙的力量。

然而，大致上可以確定，柏拉圖認為這種墮落的法則並不就是全部的真相。我們在赫拉克里圖斯的哲學中發現一種傾向，那就是認為發展的法則是個周期循環的法則，就像決定四季更迭的法則一樣。同樣的，在柏拉圖的著作中，我們也可以發現有所謂「大年」之說（「大年」相當於三萬六千年），「大年」中有繁榮和生長期，相當於春季和夏季，也有退化和衰敗期，相當於秋冬季節。依照柏拉圖〈政治家篇〉，更有所謂「克羅諾斯」（Cronos）的黃金時代[19]。在這個時代，克羅諾斯統治著世界，人從地球誕生了；然後就是我們自己的時代：宙斯的時代，諸神放棄了這個時代，聽其自生自滅，從此世界就漸漸沒落。（在希臘神話中，克羅諾斯為泰坦神族，是天神和地神之子，世界的統治者，後來被宙斯推翻。）在〈政治家篇〉還提到，當世界墮落到最低點時，神會重掌宇宙船之舵，於是萬物又開始發榮滋長。

我們不知道柏拉圖是否真的相信〈政治家篇〉中的故事。他很明白地說，他並不相信這寓言完全為真。另一方面，他無疑是從宇宙的背景去看人類的歷史；他相信自己的時代極為墮落，也可能是墮落到不能再墮落的時代；整個歷史進展是由內在的「衰敗趨向」所支配，宇宙和歷史的發展都有這種趨向[6]。至於他是否相信，一旦到了谷底，這種趨向就「**必然**」會結束，我則無法確定。不過柏拉圖確實相信，透過人甚或超人的努力，我們終有「**可能**」突破毀滅性的歷史傾向，而終結衰敗的歷程。

2

說了許多柏拉圖與赫拉克里圖斯的相似點之後，我們又發現一個重大的差異。那就是柏拉圖認為：人的理性能力所支持的道德意志，可以打破歷史命運的法則或墮落的法則。

這種觀點如何和他相信的命運法則一致，我們並不太清楚，不過仍然有跡可循。柏拉圖相信墮落的法則包括道德的墮落。依據他的觀點，政治的墮落主要是由於道德的墮落（以及知識的欠缺）；而道德墮落的主因則是由於種族的墮落。在這種情況下，在人類事務的範圍中，顯示了宇宙衰敗的普遍法則。

因此，我們可以了解，宇宙的巨大轉捩點或許和人類事務領域（亦即道德的和知識的領域）的轉捩點一致；因此人類可以透過道德和知識的努力而參贊天地之化育。柏拉圖很可能相信，正如衰敗的普遍法則顯示於道德的衰敗，從而導致政治的衰敗；宇宙的轉捩點的來臨也將顯示在一個偉大的立法者身上，其推理能力和道德意志，可以結束這個時期的政治衰敗。

20 在柏拉圖的〈政治家篇〉中，回到黃金時代、新的太平盛世的預言，似乎就是以神話的形式來表達這種信念。無論如何，柏拉圖既相信一般的歷史傾向趨於腐化，又相信我們可以阻止一切政治的變動，而中斷政治領域裡的墮落。這便是他所追求的目的[7]。他試圖建立一個國家來實現這個目的；這個國家沒有一切其他國家的罪惡，因為它沒有墮落，因為它不會變動。沒有變動和腐化等罪惡的國家，就是最好的、最完美的國家。這是一個不知有變動的黃金時代的國家，是個「停頓的國家」。

3

柏拉圖相信有個不會變動的理想國家，因而迥異於我們在赫拉克里圖斯哲學中看到的歷史定論主義學說。這種差異固然重要，卻也使我們在柏拉圖和赫拉克里圖斯之間看到更進一步的相似處。

不管赫拉克里圖斯的推論有多麼大膽，他似乎還不敢以混亂來代替和諧。我們說過，他因為害怕失去穩定的世界，就堅持變化是由不變的法則支配，以此安慰自己。這種由歷史定論主義的終點退縮的傾向，是許多歷史定論主義者的共同特徵。

在柏拉圖的哲學中，這種傾向變得非常重要（他受到巴門尼德的影響，巴門尼德則是赫拉克里圖斯哲學的偉大批判者）。赫拉克里圖斯把他感受到的社會變動經驗普遍化，擴展到「萬物」的世界中；如前所述，柏拉圖也是這樣。但是柏拉圖更把他對一個不會變動的「完美國家」的信念擴及於「萬物」的領域。他相信，相對於一般或會壞滅的事物而言，還有一種不會壞滅的完美事物。這種對完美和不變的事物的信念，通常稱為**理型論**（Theory of Forms or Ideas），是柏拉圖哲學的中心學說[8]。

柏拉圖深信，我們可以打破命運的鐵律，以停止變動來避免壞滅；這種信念說明了他的歷史定論主義傾向有許多特定的限制。一個不折不扣而有始有終的歷史定論主義，不會承認人可以透過任何努力（即使他發現了歷史的命運法則）而改變法則。因為他的一切計畫和行動，都是無情的發展法則用來實現他的歷史命運的工具，人永遠無法違逆命運法則；這就像伊底帕斯（Oedipus）被預言的命運一樣，雖然他的父親採取了種種防範措施，仍然躲不過命運。為了對這種徹底的歷史定論主義的態度有更恰當的了解，也為了分析隱含在柏拉圖的信念中另一種相反的傾向（即人可以影響命運），我會對比一下歷史定論主義（可見於柏拉圖哲學）和另一種正好相反的研究進路（也可以在柏拉圖哲學中看到），後者可稱為**社會工程學的態度**（attitude of social engineering）[9]。

4

社會工程師不問任何有關歷史趨向或人類命運的問題。他相信人是自己命運的主人，而我們也能依照自己的目的去影響或改變人類歷史，就像我們改變了地球的面貌一樣。他不相信這些目的是我們的歷史背景或歷史趨向加諸我們的，而是我們自己選擇甚或創造的，就像我們創造了新的思想、新的藝術品、新的房屋或新的機器一樣。歷史定論主義者相信，唯有先決定了未來的歷史行程之後，才可能有合理的政治活動；相反的，社會工程師則相信，政治學的科學基礎是非常不同的東西；這個基礎就在於我們依照自己的願望和目的去建構或改變各種社會制度所必需的事實知識。這種科學告訴我們，如果我們希望怎樣的話，便應採取什麼樣的步驟；例如，如果希望避免不景氣，就應該採取什麼步驟，否則就會不景氣；或者，希望財富分配更平均必須採取哪些步驟，否則就會不太平均。換句話說，社會工程師將政治學的科學基礎設想為某種類似**社會技術**（**social technology**）的東西（我們將看到柏拉圖把這種基礎比作醫學的科學背景知識）；反之，歷史定論主義者則把這個基礎解釋為一種研究不變的歷史趨向的科學。

從我所說的社會工程師的態度，決不能推論出在社會工程師陣營中，彼此之間沒有重大的差異。相反的，在我所謂「細部社會工程學」（piecemeal social engineering）和「烏托邦社會工程學」（Utopian social engineering）之間的差異，正是本書主要論題之一（我會特別在第九章指出我支持前者而反對後者的理由）。但是，在此我僅著眼於歷史定論主義和社會工程學之間的對立。如果我們考察一下歷史定論主義和社會工程師對於各種**社會制度**（**social institutions**）的態度，諸如保險公司、警力、政府、雜貨店等，也許更能進一步釐清這種對立的關係。

歷史定論主義者主要是由各種社會制度的歷史觀點去檢視社會制度，亦即考察其起源、發展以及它在現在和未來的重要性。他或許會主張說，這些制度是源自特定的計畫或設計，是要追求人或神的特定目的；他也可能斷言，它們不是用來達到任何明確的目的，而只是某些本能和情緒的直接表現；他更可能認為那些制度以前是用作達成特定目的的手段，只不過事過境遷後就失去這種特性了。反之，社會工程師及技術專家則不會對制度的起源或其建立者的原始意圖有太大的興趣（然而他也可能會知道：「只有少數的社會制度是刻意設計的，而大部分的社會制度卻是自行『成長』，是未經人設計的行動的結果。」[10]他只會提出下面這類問題：如果我們的目的是這些，這項制度的設計和組織能夠勝任嗎？我們以保險制度為例來考察一下。社會工程師或技術專家不會怎麼在意保險是不是營利事業，或者其歷史任務是不是在謀求公共福利。但是他可能對某些保險制度提出批評，也許是指出如何增加它們的利潤，也許是另一件完全不相關的事，指出如何增加他們給付大眾的紅利；此外他會指出許多方法，用這些方法更能有效達到某個目的。我們可以考察警力，作為考慮社會制度的另一例子。某些歷史定論主義者可能把警力形容為維護自由和安全的工具，另一些歷史定論主義者則可能認為警察是階級統治和壓迫的工具。然而社會工程師或技術專家也許會建議一些措施，使警力成為維護自由和安全的適當工具；但他也可能想出一些措施，使警力淪為階級統治的強大武器。（身為一位追求自己相信的目的的公民，他可能會要求這些目的及相關的重要措施為當局所採納。但是，作為一位技術專家，他將會慎重區分「目的及其選擇的問題」和「事實問題」，亦即任何可能的措施的社會影響。）[11]

23

更廣泛地說，我們可以說社會工程師或技術專家，是理性地把制度當作遂行某些目的的方法；作為技術專家，他完全從適當性、有效性和簡單性去判斷制度。反之，歷史定論主義者則企圖探索制度的起源和命運，以評估它們在歷史發展中扮演的「真正角色」，例如「神的意旨」、「命定」或「歷史大勢所趨」等等。所有這些並不是說，社會工程師或技術專家會斷言「制度就是達成目的方法或工具」；他們很清楚，社會制度在許多重要方面迥異於機械工具或機器。例如，他不會忘記，制度的「成長」在某些方面很像是有機體的成長（然而絕非相同），而且這個事實對於社會工程學來說極為重要；但他不會苟同於社會制度的「工具主義」哲學（"intrumentalist" philosophy）。（沒有人會**指望**說橘子是達到某個目的的工具或方法；但是，當我們想吃橘子或賣橘子為生時，我們往往會把橘子當作達到某些目的工具。）

歷史定論主義和社會工程學這兩種態度，時或會以若干典型的組合方式出現。其中最早的也可能是最具影響力的例子，是柏拉圖的社會政治哲學。柏拉圖的社會政治哲學其實結合了許多相當明顯的技術元素作為前景，而以典型歷史定論主義的繁複鋪陳為背景。這種組合是許多社會和政治哲學家的代表，他們產生了各種後來所謂的「烏托邦體系」。每個體系都在推薦某種社會工程學，因為它們都需要採用某種制度性的方法（雖然並不那麼務實）來達成它的目的。不過當我們考察這些目的時，卻往往會發現是歷史定論主義在決定這些目的。柏拉圖的政治目的相當倚重他的歷史定論主義理論。首先，他的目的在避免赫拉克里圖斯的「變動」，亦即在社會革命和歷史沒落中顯現的變動。其次，他相信只要建立一個擺脫歷史發展的普遍趨向的完美國家，就能達到此目的。第三，他相信在遙遠的過去，在歷史黎明的黃金時代中，可以發現他那完美國家的模型或原本；因為如果當時的世界是墮落的，我們就必須回歸更遙遠的過去，尋求更美好的世界。完美的國家有點像是國家的始祖或祖先，後來的國家則是這種完美、至善或「理想的」國家墮落後的子孫[12]；一個理想的國家，並不僅僅是一種幻相、夢想，也不是「我們心靈中的一個觀念」，而是（就其穩定性來看）比所有遷流不息且隨時可能瓦解的壞滅社會更加實在的國家。

因此，即使是柏拉圖的政治目的（最好的國家），大抵上也是以其歷史定論主義為基礎；

而他的國家哲學更可以擴及於關於「萬物」的一般哲學，亦即他的**理型論**。[24]

5

遷流不息的事物，墮落和壞滅的事物，就像國家一樣，是完美事物的子孫或後代。後代是原始祖先的摹本。流變中的事物的原本或「父親」，即是柏拉圖所謂該事物之「理型」（**Form**）、「模型」（**Pattern**）或「理念」（**Idea**）。如前所述，我們不可以望文生義，以為理型是「我們心中的觀念」，理型既不是幻想，也不是夢境，而是實在的東西。事實上，理型比任何遷流不息的事物都更加實在；這些流變中的事物表面上雖然是固定的，卻終究是要壞滅的；而理型則是完美不朽的東西。

我們不要以為理型和會壞滅的事物一樣，也是存在於時空中；它們是在時空以外的（因為它們是永恆的）。不過它們會和時空接觸；因為它們是生滅事物的模型或祖先，而生滅的事物是在時空中開展和壞滅，因此它們在時間之始時，就已經和空間接觸了。既然理型並不和我們一起存在於時空中，我們就不能透過感官去知覺到它們；一般的變化事物和我們的感官產生相互作用，我們可以透過感官知覺到，因此稱作「可感知事物」。由同一個模型或原本複製出來的可感知事物，不只和原本（即其理型）相似，同時也彼此相似，正如同一家庭的子女間彼此相似一樣；亦如子女都冠有父姓，可感知事物也都保留其理型的名稱，正如亞里士多德所說的：「可感知事物都根據它們去命名。」[13]

一個小孩可能把自己的父親當作理想、獨特的模型、自身抱負的神聖人格化；他是完美、智慧、穩健、榮譽、德性的化身；是在他的世界開始以前創造他的力量，而現在仍守護且作育他，他是「依恃」父親而存在的；柏拉圖也如是思考理型。柏拉圖的理型是事物的原本和起源；是事物的根本、是事物存在的理由、是事物存在所「依恃」的、固定的、化育萬物的原理。理型是事物的德性、理想和完美。

柏拉圖晚年的〈蒂邁歐篇〉進一步把可感知事物的理型比擬作家庭子女們的父親，而和他早期著作所透露的想法相當一致。[14]但是在〈蒂邁歐篇〉中，當他引伸這個明喻，而說理型和時空世界相接觸時，他就超越了早期的著作。柏拉圖把可感知事物活動所在的抽象「空間」（原意是指天和地之間的空間或間隙）形容為一種「容器」，而比擬為「萬物之母」，在時間的開端，理型在純粹空間上留下印記而創造了一切可感知的事物，從而替這些產物提供一個形狀。柏拉圖說：「因為當前我們只需要弄懂三種東西：第一、生成者，處於生成過程中的東西；第二、接受者，生成過程發生於其中的東西；第三、被模仿者，被生成的事物天然地模仿的東西。我們可以恰當地把接受者比作母親，把被模仿者比作父親，把生成者比作子女。」接著柏拉圖進一步描述模型（即父親、不變的理型），他說：「我們必須承認有一類存在是始終同一的、非被造的、不可毀滅的……任何感覺到不能感知到它們，惟有理智可以通過沉思來確認它們的存在。」而任何理型的「可感知事物」產物或族類，都屬於某個理型，他說：「另一類存在與前一類存在擁有同樣的名稱，並且與之相似，但它們可以被感覺所感知，是被造的，總是處於運動之中，在某處生成而且又在那裡消逝，可以被結合著感覺的意見所把握。」而比作母親的抽象空間則這樣描述：「第三類存在是永久存在不會毀滅的空間，它為一切被造物提供了存在的場所……。」[15]（**按：以下柏拉圖引文中譯見：《柏拉圖全集》，王曉朝譯。**）

如果我們將柏拉圖的理型論和希臘宗教信仰比較一下，可能有助於理解他的理型論。像在許多原始宗教一樣，希臘諸神是部落祖先和英雄的理想化，是部落「德性」或「完美」的人格化。因此，部落和家族會把他們的祖先溯源自某個神或某些神（據說柏拉圖的家族是海神波賽頓〔Poseidon〕的血統）[16]。我們只要想到，諸神都是不朽或永恆的、完美或近乎完美的，而凡人則與物流轉，註定要壞滅（這的確是每個人的最後命運），我們就可以看出，諸神和凡人的關係，其實就是柏拉圖的理型和被複製的可感知事物的關係（或者是柏拉圖的「完美國家」和現實國家的關係）[17]。然而，在希臘神話和柏拉圖的理型論之間，還是有個重大的差異。希臘人崇拜的諸神是各部落或家族的祖先，而柏拉圖的理型論則認為人只有一個理型[18]；因為，理型的中心學說之一是：事物的「類」或「種」都只有一個理型。如果理型具有重要功能，則其最重要的功能之一就是：我們可以說「相似的許多事物都是同一個理型的複製或摹本」，以解釋可感知事物之間的相似性；那麼，正如祖先的獨一性，理型也有其獨一性，這便是理型論的必然元素。因此，如果有兩個相同或相似的理型，則它們的相似性就會迫使我們設定：這兩個理型都是第三個理型原本的摹本，而這第三個理型原本才是真正的、獨一的理型。或是如柏拉圖在〈蒂邁歐篇〉中所說的：「更嚴格的說，相似性不該說成是兩個事物之間的相似，而是相似於作為這兩個事物原型的那個更高的事物。」[19]在比〈蒂邁歐篇〉更早的〈國家篇〉中，柏拉圖用「本質的床」（essential bed）（亦即床的理型）為例，更清晰地解釋了他的觀點：「神……只做了一張『本質的床』，真正的床，床本身。而另外兩張床絕對不是神製造的，也不是神讓它們產生的……。因為要是神應當製造兩張床，那麼就會有第二張床出現，而且兩張床都會擁有床的類型，這個床的類型才是真正的床，是床本身，而那兩張床則不是。」[20]

這個論證，不僅替柏拉圖提供了解釋時空的一切開展（尤其是人類歷史）的原點或起點，同時也提供了對相同「種屬」的可感知事物之間的相似性的解釋。如果某些事物之間的相似性，是因為它們都具有某種德性或性質（例如白、硬或善），那麼這個德性或性質在那些事物中必定是同一的；否則就不可能使它們具有相似性。依據柏拉圖的說法，如果那些事物都是白的，它們就都分受同一個「白」的理型；如果都是硬的，就都分受同一個「硬」的理型。

所謂「分受」（participate），其意義就像兒女分受父親的稟賦和天份：正如蝕刻版印出許多產品，這些產品都分受了同一個蝕刻版的美。

乍看之下，理型論既是在解釋可感知事物的相似性，似乎與歷史定論主義沒有什麼關連；然而其實卻和歷史定論主義根株結盤。正如亞里士多德告訴我們，這種關係使得柏拉圖開展出理型論。我會以亞里士多德的說明以及柏拉圖著作的若干線索概略解釋這個開展。

27

如果一切事物都遷流不息，就不可能說有任何事物是確定的。我們對它們也不能有真正的知識，充其量也只有模糊的、虛妄的「意見」而已。我們從柏拉圖和亞里士多德的著作中知道，這點曾使追隨赫拉克里圖斯的哲學家大感苦惱[21]。柏拉圖的前輩、影響柏拉圖極大的巴門尼德曾說，與經驗的虛妄意見相反的理性之純粹知識，所認識的對象只能是個不變的世界，而理性的純粹知識事實上就是在揭露這樣一個世界。但是，巴門尼德自認為在生滅世界背後發現了的不變且無分別的實在界，畢竟和我們生於斯死於斯的這個世界完全無關[22]。因此，它還是無法解釋這個世界。

對於這點，柏拉圖是不會滿意的。雖然他非常不喜歡且輕視這個流轉的經驗世界，但終究還是對於這個世界相當眷戀。他想揭開流轉世界的壞滅、鉅變以及苦難的祕密，想要發現拯救這個世界的方法。巴門尼德在這個幽靈似的世界背後發現的不變的、實在的、真正的、完美的世界的說法，深深影響了柏拉圖；但是，如果這個完美世界的概念和經驗世界風馬牛不相及的話，那還是無法解決柏拉圖的問題。柏拉圖所要追求的是知識而非意見，也就是關於一個不變世界的純粹理性知識；但這個知識同時又必須可以用來探究這個變動的世界，特別是這個變動的社會，包括政治變動及其奇怪的歷史法則。柏拉圖的目的是要發現統治者的技藝，統治的政治知識的祕密。

但是，就像關於變動世界不可能有任何精確的知識一樣，關於政治似乎也不會有個精確的科學；因為，政治領域中並沒有固定不變的對象。如果「政府」、「國家」或「城邦」之類字眼的意義，隨著每個歷史發展的新階段而改變的話，我們又如何能討論政治的問題呢？在柏拉圖受赫拉克里圖斯影響的時期裡，他一定認為，政治理論就像政治的實踐一樣，都是虛妄的、變動的、不可預測的。

在這種情形下，亞里士多德告訴我們，柏拉圖自蘇格拉底那裡得到了一個最重要的暗示。蘇格拉底關心的是倫理方面的事務；他是個倫理的改革者、使各類人都感到困惱的道德家；他迫使人們不得不思考、解釋、明辨自己的行為原則。他時常對人提問，而人們的回答卻不太容易使他滿意。蘇格拉底得到的典型回答是：我們之所以這麼做，是因為這麼做是「有智慧的」（或者「有功效的」、「正義的」或「虔敬的」等），這種回答只會使他繼續追問**什麼**是智慧、有功效、正義以及虔敬。換句話說，蘇格拉底要追問事物的「德性（或性質）」（virtue）。例如他討論到表現在各行各業中的智慧，希望發現種種不同且變動的「智慧」的

28

行為方式，究竟有什麼共通之處，用以找出什麼是真正的智慧，或「智慧」的真正意思是什麼，或（用亞里士多德的話說）智慧的本質是什麼？亞氏說：「蘇格拉底會探求本質，那是自然而然的事。」[23]**（按：以下亞里士多德引文中譯，見：《亞里士多德全集》，苗力田主編。）**也就是探求事物的「德性」或根本，探求語詞真正的、不變的或本質的意義。「蘇格拉底……首先尋求對它們作出普遍定義。」蘇格拉底探討「正義」、「謙遜」、「虔敬」等倫理概念的努力，和近代對於「自由」（例如穆勒〔J.S. Mill〕）[24]、「權威」或個人與社會（例如卡特林〔Catlin〕）的討論，可以說是如出一轍。我們不必假定蘇格拉底在探求這些語詞本質或不變的意義時是否把它們人格化或當作事物來處理。亞里士多德的著作至少告訴我們蘇格拉底沒有這麼做，反而是柏拉圖把蘇格拉底探求概念的意義或本質的方法，開展為決定一個事物的真實本性或即理型的方法。柏拉圖贊同「赫拉克里圖斯的意見，一切可感覺的東西不斷流變，關於它們，知識是不存在的」，但他在蘇格拉底的方法中發現了一條克服這些困難的途徑。雖然「由於感性事物不斷變化，所以不能有一個共同的定義」，但對於另一種事物（即可感事物的性質）卻可以有定義和真正的知識。亞里士多德說：「如若某種知識或思想果然存在，那在可感知事物之外，就應該存在著某種不變的本性。」他說柏拉圖「一方面把這些非感性的東西稱為理型，另一方面感性的東西都處於它們之外，並靠它們來說明。由於分有，眾多和理型同名的事物才得以存在。」[25]

29

亞里士多德的說明和柏拉圖自己在〈蒂邁歐篇〉裡的論證若合符節[26]；這個說明顯示，柏拉圖的基本問題是要發現一種探討感覺事物的科學方法。他想要得到純粹的理性知識，而不僅是意見；但是，關於可感知事物既然沒辦法有任何純粹知識，因此，如前所述，他就主張說，至少要獲得和可感知事物有某種關係並且適用的純粹知識。關於理型的知識正好滿足這個要求，因為，理型和它的可感知事物的關係，正如父親與他的髫齡子女的關係一樣。理型是可以用來說明可感知事物的代表，因此關於流變世界裡的重要問題，就能從理型去思考。

依據我們的分析，理型論，在柏拉圖的哲學中至少有三種不同的功能。一、它是在方法上最重要的發明，因它能使純粹的科學知識成為可能，甚至可以應用到流變世界的知識。（我們不能直接獲得有關變動世界中的任何知識，所能得到的只是意見。）因此，探討有關變動社會的各種問題以及政治科學的建立，也就成為可能了。二、關於**變動**和壞滅的理論、生成和退化理論，特別是歷史，它提供了重要的線索。三、它在社會的領域內，打開了通往某種社會工程學的途徑；並使「阻止社會變動的工具」逐漸強化，因為它教人設計一個「最好的國家」，這個國家極為類似國家的理型，因而不會壞滅。

我們將在下面第四和第五章中來討論第二個問題，即有關變動和歷史的理論；在這兩章中會處理柏拉圖的「描述社會學」（descriptive sociology），亦即他對生活於其中的變動的社會世界的描述和說明。問題三（關於阻止社會變動的問題），將在第六至第九章處理柏拉圖的政治方案時來討論。在這章中，透過亞里士多德對柏拉圖理型論的歷史性說明，我們概述了柏拉圖的方法學，也就是問題一。關於這方面的討論，我希望在此多作說明。

6

我用**方法學的本質論**（**methodological essentialism**）一詞說明柏拉圖及其追隨者的觀點特徵，亦即認為：純粹知識或「科學」的任務，在於發現並描述事物的真正本性（即它們的潛在實在性或本質）。柏拉圖特別相信，在其他更實在的事物中（亦即在可感知事物的先祖或理型中），可以發現可感知事物的本質。其後許多方法學的本質論者（例如亞里士多德），在這點上並不完全追隨柏拉圖；不過他們卻都和柏拉圖一樣認為，純粹知識的任務在於探究事物潛藏的性質、本質或理型。所有方法學的本質論者，也都同意柏拉圖的觀點，亦即認為可以透過理性直觀去發現和辨識本質，每一種本質都有其適當的名字，可感知事物便是據此命名的，而本質也可以用文字來描述。而對事物本質的描述，他們都稱為「定義」（或「界說」）。根據方法學的本質論，認識事物可以有三種途徑，柏拉圖說：「我的意思是：第一，是物的真實存在；第二，對這個真實存在的定義；第三，它的名稱。這樣說你就明白了，我們對任何存在的東西都可以問兩個問題。……一個人有時候只提出名稱，要求別人提供定

[30]義；有時候只提出定義，要求別人提供相應的名稱。」柏拉圖舉出「偶數」（與「奇數」相反）的本質，作為這個方法的例子，他說：「以數為例，這個事物的名稱是『偶數』，它的定義是『能夠被二整除的數』……無論我們問的是定義，答的是名稱，還是問的是名稱，答的是定義，在兩種情況下我們指的都是同一事物……無論是用『偶數』這個名稱，還是用『能夠被二整除的數』這個定義，我們描述的都是同一事物，沒有差別。」在這個例子之後，柏拉圖便應用此方法去「證明」靈魂的真正本性，後面我們會談到這點[27]。

如果我們比較一下方法學的本質論（亦即認為科學旨在揭露本質，並且用定義來描述本質）和與之相反的**方法學的唯名論（methodological nominalism）**時，就會更加明白它。「方法學的唯名論」並不想發現事物的真正性質是什麼，也不想界定什麼是真正的性質，而只想描述一個事物在不同的環境中的表現，特別是描述事物的活動是否有什麼規律。換句話說，「方法學的唯名論」是從我們對經驗的事物或事件的描述中，從我們對這些事件的「說明」（亦即以普遍法則去描述這些事件）中，尋找科學的目標[28]。並且，在我們的語言中，特別是那些使語言具有正確的語句結構和推論的規則中，尋找科學描述的重要工具[29]，文字只被視為達到這目標的工具，而不是本質的名稱。方法學的唯名論者不會認為「何謂能量？」、「何謂運動？」、「何謂原子？」之類的問題是物理學的重要問題；但他會問以下很重大的問題：「如何利用太陽的能量？」、「行星如何運行」或「原子在什麼條件下會散發輻射線？」

如果對方法學的唯名論者說：在沒有回答「何謂」（what is）的問題以前，就沒辦法對於「如何」（how）的問題有任何確定的回答；那麼他會回答說，即使如此，我也寧願用自己的方法找到適當的精確性，而不願陷入方法學的本質論者的混戰中。

我們所舉的例子顯示，今日的自然科學界一般都接受「方法學的唯名論」。然而社會科學的種種問題大抵上卻仍然以本質論的方法來處理。我認為這就是社會科學問題之所以會落後的主要原因之一。但是許多注意到這點的人，判斷卻截然不同[30]。他們相信，方法上的不同是必要的，而這種差異正反映了自然科學和社會科學這兩個研究領域的「性質」有「本質上的」不同。

支持這個觀點所提出的論證，通常都強調社會「變動」的重要性，並顯示出歷史定論主義的其他側面。典型的論證是說，物理學家所處理的對象，例如能量或原子，雖然也是變動的，但還是有某種程度的恆常性。物理學家能描述這些相對不變易的對象的變化，他不必建構或找出本質、理型或類似恆久不變的東西，就可以把握到眼前研究的東西的恆常性。然而，社會科學家的立場卻完全不同。他的整個探究領域不斷地在變動。在社會的領域中，一切都在歷史流變的支配下，沒有什麼不變的東西。我們怎麼去研究政府呢？在不同的時期、不同的國家中所建立的各個政府制度，如果不假定它們在本質上有某些共同之處，我們如何能認為它們都是政府呢？一個制度，如果我們認為它在本質上是個政府（亦即該制度合乎我們對

「何謂政府」的直觀，而用定義的方式表示出來），我們就稱之為一個政府。同樣的情形可以用到其他社會實體（例如「文明」）。因此，歷史定論主義的論證就推論說：我們必須把握住各種社會實體的本質，並用定義的形式將它們表示出來。

我認為這些近代的論證，非常類似上面亞里士多德所說的柏拉圖在推論出他的理型論時所用的論證。唯一的差異是，柏拉圖（他不接受原子論，不知道有關「能量」的知識）更把他的理論應用到物理學領域，從而應用到整個世界。在此我們可看出一個事實，那就是：在社會科學中，即使在今日，對柏拉圖的方法的探討仍然具有時代意義。

在探討柏拉圖的社會學，以及他的方法學的本質論在社會學領域的運用之前，我願意坦白說，我主要是探討柏拉圖的歷史定論主義以及他的「最好的國家」的問題。因此，我必須敬告讀者，不要期望我詳述柏拉圖的整個哲學，或者持平探究柏拉圖的思想。坦白說，我對歷史定論主義的態度是敵對的，這是基於我的信念：歷史定論主義是無用的，甚至等而下之。因此，我對柏拉圖思想裡的歷史定論主義特徵的檢討，是採取強烈批判的態度。雖然如此，我仍然非常敬佩柏拉圖，特別是那些屬於蘇格拉底思想的部分。我不想像其他汗牛充棟的作品一樣探討柏拉圖的天才。我寧可全力摧毀我認為柏拉圖哲學中有害的內容。我要分析、批判的，是柏拉圖政治學的極權主義傾向[31]。

注釋

注1：關於「寡頭政治」的解釋，請見：第八章注44、注57。

注2：特別見：第十章注48。

注3：另見第七章末尾，特別是注25，以及第十章，特別是注69。

注4：另見：Diogens *Laert.*, III 1。關於柏拉圖的家族關係，特別是自卡德洛斯以降，他的父親家族甚至自「海神」以下的系譜問題，見：G. Grote, *Plato and Other Companions of Socrates* (edn 1875), vol. 1, 114。對克里底亞的家族，亦即柏拉圖的母系類似的敘述，見：E. Meyer, *Geschichte des Altertums*, vol V, 1992, p. 66。在〈會飲篇〉（*Symposium* 208d），柏拉圖談到卡德洛斯時說：「你是否以為阿爾西斯提斯（Alcestis）……或阿基里斯（Achilles）……或你們雅典人的國王科爾都斯，寧願犧牲自己來保全還未會出世的王位繼承人，如果他們不想博得『不朽英名』，他們會這樣做嗎？而事實上，後人確實把這樣的名聲給了他們。」柏拉圖在早期的〈查米德斯篇〉（*Charmides* 157e ff.）稱讚克里底亞，亦即他的母系家族，在後來的〈蒂邁歐篇〉（*Timaeus*, 20e）中，把他的母系家族溯源至雅典的統治者索倫的朋友德羅比德斯（Dropides）。

注5：本節的兩段傳記摘引出自〈第七封信〉（*The Seventh Letter*, 325）。許多傑出的學者懷疑〈第七封信〉的作者不是柏拉圖，也許沒有充分根據；我認為費爾德（Field）對這個問題的處理非常令人信服；見第十章注57；然而，即使是我，也對〈第七封信〉有點懷疑，因為它重複了〈申辯篇〉的故事，而且誇大其辭。為謹慎起見，我對於柏拉圖思想的解釋主要以若干著名的對話錄為本；然而無論如何，我的解釋大體上是和這些書信一致。為了讀者的方便，我們依可能的歷史順序，列出正文會提到的對話錄（見第十章注56（8）：〈克里托篇〉（*Crito*）、〈申辯篇〉（*Apology*）、〈歐緒弗洛篇〉（*Euthyphro*）；〈普羅泰戈拉篇〉（*Protagoras*）、〈美諾篇〉（*Meno*）、〈高爾吉亞篇〉（*Gorgias*）；〈克拉底魯篇〉（*Cratylus*）、〈美涅克塞努篇〉（*Menexenus*）、〈斐多篇〉（*Phaedo*）；〈國家篇〉（*Republic*）；〈巴門尼德篇〉（*Parmenides*）、〈泰阿泰德篇〉（*Theaetetus*）；〈智者篇〉（*Sophist*）、〈政治家篇〉（*Statesman or Politicus*）、〈斐萊布篇〉（*Philebus*）；〈蒂邁歐篇〉（*Timaeus*）、〈克里底亞篇〉（*Critias*）；〈法篇〉（*Laws*）。

注6：（一）柏拉圖並沒有明白指出歷史發展有周期循環的特性；不過，至少在四篇對話錄，亦即〈斐多篇〉、〈國家篇〉、〈政治家篇〉及〈法篇〉中暗示過。在這些對話錄中，柏拉圖的理論可能日暗指赫拉克里圖斯的「大年」（見：第二章注6）。不過，也可能不是直接暗指赫拉克里圖斯，而是指恩培多克里斯（Empedocles）。柏拉圖認為恩培多克里斯的理論是赫拉克里圖斯「萬物流轉的統一理論」的「溫和版」。（關於恩培多克里斯的理論，另見 Aristotle,

Metaphysics,1000 a25 f.。）他在〈智者篇〉有名的一節中表示出這種觀點（見*Sophist*,242e f.）。依據本節以及亞里士多德（*De Gen. Corr.*, B,6. 334a6），有一種歷史循環，其中有由「愛」統治的時期，以及由赫拉克里圖斯的「鬥爭」統治的時期；或者如亞里士多德告訴我們的，依據恩培多克里斯，「現在是『鬥爭』統治的時期，前期是『愛』統治的時期」。這種堅持我們這個時期的宇宙的流變是一種鬥爭的流變、因此是壞的時期的說法，與柏拉圖的許多理論及其經驗非常吻合。

「大年」的期限問題，也許是止於所有天體再度回到同一相關位置後的時候（也許是「北斗七」的週期的最小公倍數）。

（二）在（一）所提到的〈斐多篇〉首先提到：一、赫拉克里圖斯從一個狀態轉變到另一個對立狀態，或從對立的狀態轉變到另一個狀態的「變動理論」：「如果它要變得比較小，那麼它先要變得比較大……。」（70e/71a）它又提到一種發展的循環法則：「如果兩套對立的事物之間的產生沒有連續對應的過程，即循環輪迴……。」（同上）稍後又提出下述論證（72a/b）：「如果產生是直接地走向對立的終點而沒有任何向起點的回復或偏轉，那麼你會明白最後萬物都會具有同樣的性質，處於同一狀態，也就不會有任何變化了。」〈斐多篇〉的一般傾向似乎比後期的對話錄要樂觀些（更相信人以及人的理性），但是並沒有直接提到人類的歷史發展。

（三）然而在〈國家篇〉中則提到這個方面，在卷八、卷九，我們發現柏拉圖極力描述歷史的沒落；我們將在第四章處理這方面問題。柏拉圖以「人的墮落」和「幾何數」的故事來描述：本書第五和第八章會詳細討論這方面的問題。亞當（J. Adam）（*The Republic of Plato*, 1902, 1921）說這個故事是「柏拉圖建構其『歷史哲學』的背景」（Vol. II, 201）。這個故事並沒有明白說出歷史的循環特性；它只有少許神祕的暗示。依據亞里士多德和亞當之有趣但不確定的解釋，這些暗示可能是指赫拉克里圖斯的「大年」，亦即指循環的發展。（見第二章注6）；J. Adam, *The Republic of Plato*, vol. II, 303）。在此處（303f）對恩培多克里斯的評論需要修正；見本注之（一）。

（四）另外，〈政治家篇〉中還有一段神話（268e-274e）。根據該神話，神自己操縱世界「大世界週期」的一半循環過程。當神放手不管時，世界又回到原來的狀態。因此，在整個的循環中，有兩個「半週期」或「半循環」；前半個週期由神引導，這時候沒有戰爭或鬥爭，是美好的時期；然後神遺棄了世界，任由其自行後退……這是分化和鬥爭不斷增加的時期。當然，是我們生活於其中的時期。最後，一切事物會江河日下，而神為了拯救世界的澈底毀滅，於是重新操縱世界，扭轉了世界的運行。

這個神話與（一）中提到的恩培多克里斯的神話非常相似，可能也和赫拉克里圖斯的「大年」相似（Adam, *op. cit.*, vol. II, 296 f.）。它也和赫希奧德的故事很相似。

之所以談到赫希奧德的故事，是因為他曾談到克羅諾斯的「黃金時代」；重要的是我們要注意這個時代的人是「地生的」（earthborn）。這與「地生神話」及有關人體具有各種金屬的神話有關；柏拉圖的〈國家篇〉中也有這方面的思想（414b ff., 546e f.）；第八章將討論這方面的問題。

〈會飲篇〉（191b）也談及「地生」人的問題；這種說法可能是暗示說雅典人像「蚱蜢」一樣，是土所生的動物（見第四章注32（1.5），第八章注11（2））。後來在〈政治家篇〉中（302b ff.），依據不完美的程度，列有六種不完美的政府形式，然而再也沒有任何歷史循環的理論，而且六種形式都是完美或最好的政府之墮落的摹本（293d/c; 297c; 303b），都是逐步墮落的歷程；這也就是說柏拉圖在〈政治家篇〉以及在〈國家篇〉中，面對更接近具體的歷史問題時，全力處理朝向墮落「循環」的問題。

（五）（補註）〈法篇〉也有類似的論述。在卷三（676b/c-677b）中有一段描述很像是循環理論；柏拉圖詳細分析其中一種循環的開端問題；在678e及679c各節中，這種開端成為一種「黃金時代」，因此進一步的故事又成為墮落的故事。值得一提的是，柏拉圖認為星辰是神，並認為神會影響人的生活，加上他相信宇宙的力量會在歷史中起作用，所有這些都成為新柏拉圖學派占星術思想的重要部分。這三方面的理論都可見於〈法篇〉（821b-d, 899b, 899d-905d, 677a ff.）。我們應理解，占星術與歷史定論主義都相信有一種可以預測的決定性命運；占星術和某些重要的歷史定論主義（特別是柏拉圖和馬克思主義）都相信：除了我們能預測未來外，我們還可對未來有些影響，尤其是當我們知道未來會怎樣的時候，更能影響未來。

（六）撇開這些證據不太充足的暗示不談，並沒有任何證據顯示柏拉圖曾嚴肅考慮向上或向前循環的部分。然而，除了〈國家篇〉中的刻意描述，以及注5所引的部分之外，仍有許多地方顯示他相信歷史的墮落和向下的運行。我們應特別考慮〈蒂邁歐篇〉以及〈法篇〉中的資料。

（七）在〈蒂邁歐篇〉（42bf, 90e ff., esp. 91d f.; *Phaedrus*, 248d f.）中，柏拉圖曾用「墮落」來描述物種的起源（見第四章注4，第十一章注11）：男人墮落為女人，然後墮落為低等動物。（八）在〈法篇〉卷三（另見：Book IV, 713a ff.；以及上面簡短談及的循環問題），我們看到相當繁複的歷史沒落理論，大部分和〈國家篇〉的理論相似。另見本章注3、注6、注7、注27、注31及注44。

注7：費爾德（G. C. Field, *Plato and His Contemporaries*, 1930, p. 91）在談到柏拉圖的政治目的時，也有相似的意見，他說：「柏拉圖哲學的主要目的，或許可說是想為瀕臨瓦解的文明重建思想和行為的標準。」（另見第六章注3和正文。）

注8：我的想法跟以前及當代大多數權威學者所相信的一致，如費爾德（G. C. Field）、康福德（F. M. Cornford）、羅吉斯（A. K. Rogers），而與巴奈特及泰勒（John Burnet and A. E. Taylor）不同；我相信：雖然柏拉圖以蘇格拉底作為他的主要發言人，但理型論幾乎全是柏拉圖的，而非蘇格拉底的。雖然對話錄是我們理解蘇格拉底學說的唯一第一手資料，然而我相信在歷史上真正的「蘇格拉底」和只是柏拉圖發言人的「蘇格拉底」，兩者差異是可以分辨出的。在第六、七、八、十章會進一步討論所謂的「蘇格拉底」的問題。另見第十章注56。

注9：「社會工程學」（social engineering）一詞，似乎是龐德（Roscoe Pound）（*Introduction to the Philosophy of Law*, 1922, p.99）最早使用的。（補註：馬基〔Bryan Magee〕告訴我，韋波夫婦〔Webb, Sidney and Beatrice〕在一九二二年以前就已確定使用這語詞。）他以「逐件完成」（piecemeal）

的意義使用該詞。伊斯特曼（M. Eastman, *Marxism: Is it Science?* 1940）則以另一個意義使用該詞。我在寫完自己的正文之後，才讀到伊斯特曼的著作；因此，我所使用的「社會工程」沒有任何沿襲伊斯特曼術語的意思。就我所知，他所宣揚的方法正是我在第九章以「烏托邦社會工程學」為題予以批評的；見該章注1，及第五章注18之（三）。人們或許會說，第一個社會工程師是米利都的希波達姆斯（Hippodamus of Miletus）（Aristotle, *Metaphysics*, 1276b22, R. Eisler, *Jesus Basileus*, II, p. 754）。

「社會工程學」一詞是席姆金（C. G. G. Simkin）給我的啟示。要說明白的是，在討論方法的問題時，我主要在強調獲得實際制度上的經驗；見第九章，特別是該章注8正文。關於社會工程學及社會技術方面方法問題的詳細分析，另見拙著《歷史定論主義的窮困》（*The Poverty of Historicism*, 2nd edition, 1960, part III）。

注10：引自：*The Poverty of Historicism*, p. 65。在第十四章中會更詳細討論「人類行動所意想不到的結果」。

注11：我相信一種「事實」與「抉擇或要求」區分的二元論（或「實然」與「應然」的二元論）；換句話說，我相信「抉擇或要求」雖然都能當作事實來處理，卻不可能化約為事實。在第五章注4至注5的正文及二十二章和二十四章，將詳細討論這方面的問題。

523

注12：在下面三章中，我將提供證據支持我對柏拉圖「最好的國家」理論的解釋。我會提到：*Politicus*, 293d/e; 297c; *Laws*, 713b/c; 739d/e; *Timaeus* 22d ff., esp 25e and 26d。

注13：見亞里士多德著名的段落，一部分將引用在本章末尾（特別見注25及正文）。

注14：葛洛特也指出這點（Grote, *Plato*, vol. III, note u on pp. 267f.）。

注15：引自：*Timaeus*, 50c/d, 51e-52b。直接將理型當作可感知事物之父，而空間則為其母，這個比喻很重要且有深遠的關聯。另見本章注17及注19、第十章注59。

（一）它有點像赫希奧德的混沌神話，張開的空隙（即空間和容器）相當於母親，而愛神則相當於父親或理型。太初是混沌的；關於因果解釋問題（混沌等於原因），則一直被視為有關「太初」（archē）、「生成」或「發生」的問題。

（二）母親或空間相當於安納西曼德和畢達哥拉斯所說的不定物或無限者（the indefinite or boundless），因此屬於男性的理型，應該和畢達哥拉斯的確定者或有限者相合。與不定相反的確定、與女性相反的男性、與黑暗相反的光明、與惡相反的善，全屬於「畢達哥拉斯對照表」（Pythagorean table of opposites）的同一邊（*Metaphysics*, 986a22 f.）。因此我們也可以想見理型是和光明以及善同一邊（見第八章注32末尾部分）。

（三）理型是範圍或界限，它們是確定的（而空間則是不定的），理型就橡皮印或模子一樣（見本章注17（2）），壓印在空間上，從而產生可感知事物。空間不僅是空間，同時也是安納西曼德所謂的「未成形的物質」（沒有性質的材料）。

補註：感謝馬伯特（J. D. Mabbott）使我注意到下述事實，亦即根據柏拉圖，理型並不是自己壓印在空間上，而是造物主（Demiurge）將理型印在空間上的。關於理型「既是存有（being）也是生成（becoming）的原因」的理論，我們在〈斐多篇〉中可以看到若干線索，見：*Metaphysics*, 108a2。

（四）由於生成作用的結果，空間（亦即容器）便開始工作，因此萬物便在赫拉克里圖斯或恩培多克里斯式的流變中運動，而運動或流變甚至擴展到無限空間的架構，因而是真正普遍的（關於赫拉克里圖斯的「容器」觀念，見：*Cratylus*, 412d）。

（五）這種描述也使人聯想到巴門尼德的學說：「虛妄意見之途」（Way of Delusive Opinion）；依據該學說，流動及經驗的世界，是由兩種相反的因素混合而產生，亦即光明（熱或火）與黑暗（冷或地）。柏拉圖的理型顯然符合前者，而空間或無限則符合後者；如果我們認為柏拉圖的「純粹空間」極為類似「未限定的物質」時，則更為明顯。

（六）「限定」與「不定」之間的對立，似乎也與「合理」和「不合理」之間的對立相符（特別是在「二的平方根是無理數」的重要發現之後）。不過，由於巴門尼德將「合理」與「存有」等同起來，就導致將「空間」或「不合理」解釋為不存在。換句話說，畢達哥拉斯的「對照表」被引伸至包括「合理」（與「不合理」對立）與「存有」（與「非有」對立）。這和亞里士多德（*Metaphysics*, 1004b27）所說的一致：「萬物皆可歸入存在有和非存在」；在 1072a31 中，他曾將「對照表」的「存有」描述為（理性的）思想的對象；而在 1093b13 中，他將某些數的乘方（或許是和它們的平方根對立）放到存有這邊。這或許可以說明亞里士多德的論述（986b27）；而不必像康福德（F. M. Cornford, “Parmerides’s Two Ways”, *Class. Quart.*, XVII, 1933, p.108）所說的，認為「亞里士多德和提歐弗拉斯圖（Theophrastus）誤會了巴門尼德（fr. 8,53/54）」；因為如果我們以此種方式來擴大「對照表」，康福德對巴門尼德斷片八（fr. 8）最令人信服的解釋，就與亞里士多德的論述相容了。

（七）依據康福德的解釋（*op.cit.*, 100），巴門尼德有三條「途徑」，即真理之途、非有之途和擬似之途（The way of Truth, The way of Non-being and The way of Seeming），第三種途徑或即如我所稱的「虛妄的意見」。他指出（p. 103），這三個途徑和〈國家篇〉的三個領域若合符節：完全實在且合理的理型界、完全不實在的世界以及意見的世界（以對於流變事物的知覺為基礎）。他又指出（p. 102），在〈智者篇〉中，柏拉圖修正了他的立場。關於這點，另見〈蒂邁歐篇〉提到的觀點。

（八）〈國家篇〉中的理型與〈蒂邁歐篇〉的理型的主要差異是，前者的「理型」被僵化了（「神」也是如此，見：*Republic*, 380d），而後者的「理型」則被神化。前者更接近巴門尼德所謂的「一」（One）（見：Adam, *Republic*, 380d28, 31）。這種發展使得在〈法篇〉中，理型大部分被「靈魂」取代。決定性的差異是，理型漸漸成為運動的起點和生成的原因，或如〈蒂邁歐篇〉所說的，理型是運動事物之父。最大的對比也許是〈斐多篇〉（*Phaedo* 79e）和〈法篇〉之間的對比。〈斐多篇〉說：「靈魂無限近似於不變者；即使最愚蠢的人也不會否認這點。」（另見：*Republic*, 585c, 609b f.）。〈法篇〉（895e/896a）則說：「那麼以『靈魂』為名稱的這個事物的定義是什麼呢？除了我們剛才用過的『能使之自動』這個短語，我們還能找到其他定義嗎？」（另見：

Phaedrus, 245c ff.）〈智者篇〉及〈蒂邁歐篇〉（*Timaeus*, 35a）則替上述兩種立場提供了一個過渡階段：〈智者篇〉提出了「運動本身的理型」這個概念；而〈蒂邁歐篇〉則分別描述「神性且不變」的形相和「變動而會壞滅」的物體。這似乎說明了，在《法篇》（cp. 894d/e）裡，靈魂的運動為什麼是「一切變化中最先的和最有力的」，為什麼靈魂被形容成「一個起點，任何事物都從這種運動中獲得它們持久的存在。」（966e）根據柏拉圖，所有生物都有靈魂，因此我們可以認為，他承認在事物中至少有部分的「原型原理」；這種觀點與亞里士多德的思想非常相似，特別是與原始而廣泛地相信「一切事物都有生命」的學說相似（見第四章注 7）。

（九）柏拉圖的這個思想發展的動力，是想用「理型」來解釋流轉生滅的世界，亦即至少要解釋理性世界和意見世界之間的裂縫（即使這種裂縫無從彌補）。〈智者篇〉在這方面似乎扮演決定性的角色。撇開康福德所說的「為理型的多樣性留下餘地」不談（*op.cit.*, p. 102），在〈智者篇〉中，柏拉圖一反自己早期的立場（248a ff），把理型說成：一、主動的原因，例如：能和心靈發生相互作用；二、它是不變的，固然現在已經有個「運動」的理型，運動的理型仍可為一切運動事物所分受，而它本身卻是不動的；三、它們可彼此混合。〈智者篇〉更引入〈蒂邁歐篇〉中和「空間」視為同一的「非有」（見：Cornford, *Plato's Theory of Knowledge*, 1935, note to 247），而使理型與空間的混合成為可能，並使理型得以產生介於理型的存有與空間或質料的非有之間的流變世界。

（十）最後，我想為我在正文裡的主張辯護，我認為：雖然理型在時間開端和世界有所接觸，但理型不僅外於空間，而且也外於時間。我相信這點使吾人更容易理解，何以理型「既運動而又不動」；因為一切運動或流變都是在時空中進行的。我相信柏拉圖設定了時間有個起點。我認為這是對〈法篇〉（*Laws*, 721c）所謂「人類和一切時間一起誕生」最直接的解釋。有許多證據顯示，柏拉圖相信人是第一種被創造的動物；就這點來說，我不太同意康福德的論點（Cornford, *Plato's Cosmology*, 1937, p. 145, and pp. 26f.）。

（十一）總之，理型先於且優於其變化壞滅的摹本，理型本身也不在流變之中。（另見第四章注3。）

注16：見本章注4。

注17：（一）在〈蒂邁歐篇〉中，神的角色與本書正文中所說的相似。正如理型壓印在事物上一樣，神也模塑人的肉體。只有人的「靈魂」是造物主自己所創造的，造物主也創造了世界和諸神（關於諸神都是造物者的另一說法的暗示，見：*Laws*, 713c/d）。人是脆弱的，是神的墮落的兒女，因此可能會更墮落；見：本章注6（7），及第五章注3至注41。

（二）在〈法篇〉中（681b）（另見第四章注32（1，a）），我們發現相似的說法，亦即理型與事物的關係，就好像父母親與兒女的關係。在這節中是用「傳統的影響」，特別是從父母親到子女的嚴格傳承去解釋法律的起源。試看下面的說法：「父母親當然要將自己的心靈鑄刻到兒孫們的身上。」

注18：見第八章注49（3）。

注19：見：*Timaeus*, 31a。我直譯為「作為這兩個事物的原型的那個更高的事物」，是亞里士多德常用的語詞，意義是「共相」（universal），或「種屬概念」（generic term）；意指「普遍」、「超越」或「涵攝」的東西；我懷疑原來「涵攝」或「涵蓋」的意思是指模型「包覆」或「涵蓋」其複製品。

注20：見：*Republic* 597c。另見 596a（以及：Adam's Second note to 596a5）：「我想，我們習慣於為多種多樣的同類事物確定一個類型，並用這個類型的名稱來稱呼這些事物。你明白嗎？」

注21：在柏拉圖的對話錄中有許多段落提到；例如：*Phaedo*, 79a, *Republic*, 544a, *Theaetetus*, 152d/e, 179d/e, *Timaeus*, 28b/c 29c/d, 51d f.。亞里士多德也談到這點。見：*Metaphysics*, 987a32, 999a25-999b10, 1010a6-15, 1078b15；另見本章注23及注25。

526

注22：如巴奈特所說（*Early Greek Philosophy*, 208），巴門尼德說：「存在的是……有限的、球狀的、不動的、具體的。」亦即世界是個完整的球體，是個沒有部分的整體；「在世界之外沒有任何其他事物」。我之所以引用巴奈特的資料，是因為：他的描述非常好，而他也推翻了自己的解釋，亦即他對巴門尼德所稱的「人類的意見」（或虛妄意見的途徑）（p. 208-11）的解釋。因為，巴奈特在把提歐弗拉斯圖（Theophrastus）、辛普里丘斯（Simplicius）、康培茲（Gomperz）及梅葉（Meyer）等人對亞里士多德的解釋，都斥之為「時代錯誤」或「明顯的時代錯誤」。巴奈特所推翻的解釋，實際上與本文中所提的一樣，亦即認為，巴門尼德相信，在現象界背後有個實在界。這種二元論使巴門尼德得以宣稱他對現象界的描述至少有某種完備性，而巴奈特卻聲稱這種二元論是要不得的時代錯誤。我認為，如果巴門尼德只相信他的不動的世界，而不相信變

動的世界，那他真是瘋狂了（如恩培多克里斯所暗示的）。但事實上，如果我們對照一下贊諾芬的斷片（fr. 23, 26, 34）尤其是「但所有人都可能有虛妄的意見」，就可知已有類似的二元論思想，因此，我們很難說那是時代錯誤。例如在注15 (6-7) 中所說的，我接受康福德對巴門尼德的解釋（另見第十章注41）。

注23：見：Aristotle, *Metaphysics*, 1078b23; 1078b19。

注24：另見：G. C. Field, *Plato and His Contemporaries*, 211）。

注25：見：Aristotle, *Metaphysics*, 1078b15; 987 b7。

注26：亞里士多德（*Metaphysics*, 987a30-b18）對理型論的論證的分析（另見第十章注56（6）），可分出下列幾個步驟：（a）赫拉克里圖斯的流變說，（b）對流動的事物不可能有真正的知識，（c）蘇格拉底的倫理本質說的影響，（d）理型為真正知識的對象，（e）畢達哥拉斯學說的影響，（f）數學作為居間連繫的對象。我在正文中未談到（e）及（f），而改為討論（g）巴門尼德的影響。

值得一提的是，這些步驟在柏拉圖的著作如何能統一起來呢？特別是如何契入下述對話錄：〈斐多篇〉、〈國家篇〉、〈泰阿泰德篇〉、〈智者篇〉、〈蒂邁歐篇〉呢？

（一）在〈斐多篇〉中，我們發現所有論點都和（e）相應。在65a-66a，（d）與（e）步驟很顯著，且涉及（b）。在70e的步驟（a）則出現了赫拉克里圖斯的理論，並與畢達哥拉斯的學說（e）結合在一起。這點導致74a ff及步驟（d）的說法，99-100是透過（c）產生（d）。

527

關於（a）至（d），另見：*Cratylus*, 439c ff.。

在〈國家篇〉卷四，特別和亞里士多德的說法一致：在卷四開頭（Book VI, 485a/b, 527a/b）談到赫拉克里圖斯的流變說（和不變的理型界對比）。柏拉圖提到「免於生成和墮落的永恆實在」（見第四章注2 (2-3)；第八章注33及正文）。步驟（b）、（d），特別是步驟（f），在「直線的比喻」（Simile of the Line）中扮演要角（見：*Republic*, 509c-511e，以及亞當在卷七附錄一的注解）。蘇格拉底的倫理學的影響（步驟c）當然是透過〈國家篇〉提及的。蘇格拉底的倫理學在「直線的比喻」中扮演重要的角色，特別是在強調善之角色以前（508b ff）扮演了重要的角色。如在508b/c中所說的：「那麼你一定懂得我說善生下來的兒子與善本身具有某種關係是什麼意思了。就好像善作為理智的原因在理智領域內與理智具有某種關係，同樣，善作為視力的對象和可見世界裡與視力具有某種關係。」太陽所產生的，「與光（和光的對象）有關」。步驟（e）被包含在步驟（f）中，不過在卷七卷以及著名的「必修課」（Curriculum）（見：523a-527c，大部分是建立在卷六「直線的比喻」上）中有更完整的發展。

（二）在〈泰阿泰德篇〉大篇幅處理（a）和（b）。174b, 175c曾提及（c）。在〈智者篇〉中，所有的步驟（包括g），除（e）和（f）之外，都曾提到，另見：247a（步驟c）；249c（步驟b）；253d/e（步驟d）。在〈斐萊布篇〉中，我們發現除（f）之外，各種步驟都有：59a-c中，特別強調了（a）至（d）。

（三）在〈蒂邁歐篇〉中，除（c）之外（在〈國家篇〉中以及在29d中只間接提到要點），亞里士多德提到的各步驟都有述及。因為蒂邁歐是個「西方」哲學家，而且深受畢達哥拉斯思想影響，因此整篇對話錄到處都提到（e）。其他各個步驟也出現兩次，其形式幾乎完全和亞里士多德所說的相同。第一次是在28a-29d中約略提到，其後則在48e-55c中詳述之。緊接著（a）之後，亦即在描述赫拉克里圖斯的流變世界之後（49a ff.; Cornford, *Plato's Cosmology*, 178），直接提及（b）的論證（57c-e），亦即認為，如果我們正確分辨理性（真正的知識）和單純意見之間的差異，那麼我們就必須承認不變的「理型」存在。這些理型都是依照步驟（d），在51e-f中提出來的。之後又特地討論赫拉克里圖斯的流變（生成變化的空間），不過這次則將流變解釋為生成活動的結果。在53c中又出現步驟（f）。（我想亞里士多德在《形上學》（992b13）中提到的「線、面和體」就是指涉53c ff.）。

（四）〈蒂邁歐篇〉和亞里士多德的說法的相似性，似乎還沒有被充分強調；至少費爾德對亞里士多德的分析並沒有提到上述的相似性（*Plato and His Contemporaries*, 202 ff.）。但如果使用的話，那將加強費爾德反對巴奈特和泰勒觀點的論證（然而這些論點不必加強了，因為它們實際上是確定的），巴奈特和泰勒認為理型論是蘇格拉底的思想（第十章注56）。因為在〈蒂邁歐篇〉，柏拉圖並沒有借蘇格拉底說出這個理論。依據巴奈特和泰勒的原則，這個事實應該證明理型論不是蘇格拉底的理論（他們主張「蒂邁歐篇」是畢達哥拉斯學派的；他所發展的不是柏拉圖的哲學而是他自己的哲學，藉此迴避上述問題。不過亞里士多德與柏拉圖相識二十多年，應該有能力判斷這些事情；他寫《形上學》的時候，學院中有些學者已能反駁他所描述的柏拉圖思想）。

（五）巴奈特說（*Greek Philosophy*, I, 155）（另見：Burnet, *Phaedo*, 1911, p. xliv）：「在〈斐多篇〉和〈國家篇〉中所主張的理型論，完全沒有柏拉圖對話錄的明顯特徵，亦即蘇格拉底不再是主要的發言人。〈巴門尼德篇〉以後的對話錄，根本不提前期的理型論了……唯一的例外是〈蒂邁歐篇〉（51c），其中發言人是畢達哥拉斯學派的人物。」但是如果〈蒂邁歐篇〉所主張的理型論就是〈國家篇〉所主張的理型論的話，則下述對話也就屬同樣的主張了：*Sophist*, 253d/e; *Politicus*, 269c/d; 286a; 297b/c, c/d; 301a, 302e; 303b; *Philebus*, 15a f; 59a-d; *Laws*, 713b, 739d/e, 962c f., 963c ff.。最重要的是965b/c（另見：*Philebus*, 16d）,935d, 966a；另見下一個註解。（巴奈特相信「書信」的可靠性，特別是〈第七封信〉；不過理型論是在342a ff. 的地方主張的；另見第十章注56 (5, d)。

注27：見：*Laws*, 895d-e。我並不同意英格蘭德（England）的註解（*Laws*, vol. II, 472）說：「『本質』一詞，對我們並無多大幫助。」的確，如果「本質」意謂可感知事物某些重要的可感知部分（可由某種去蕪存菁的方法釐清或產生），則「本質」會有所誤導。不過，「本質的」其實符合我們所要表達的意義而被廣泛使用：「本質」是相對於事物偶然的、不重要的、變動的經驗面的東西；「本質」被認為是內在於該事物，或存在於形上理型世界中。

雖然傳統上，「唯實論」（realism）和「唯名論」（nominalism）而非「觀念論」（idealism）對比，但為了避免「實在論」的誤導，我用「本質論」（essentialism）來取代「實在論」，而作為與「唯名論」對比的理論。（另見第十一章注26及正文，特別是注38。）

如正文中所說，關於柏拉圖將他的本質論方法，應用到「靈魂的理論」上，見：*Laws*, 895e f.；第五章注23。另見：*Meno*, 86d/e; *Symposium*, 199c/d。

注28：關於因果解釋的理論，請見：*The Logic of Scientific Discovery*, pp. 59 ff.。另見第二十五章注 6。

注29：在此所指的語言理論，即語意學，特別是指塔斯基（A. Tarski）及卡納普（R. Carnap.）所開展的語意學，見：Carnap, *Introduction to Semantics*, 1942；以及第八章注23。

注30：博蘭尼（K. Polanyi）在一九五二年指出一種理論，即認為物理科學建立於「方法學的唯名論」上，而社會科學則必須採取「本質論」（或實在論的方法）；當時他指出：唯有放棄這種理論，社會科學才可能獲致方法學上的改革；然而在某種程度上，這種理論卻廣為社會科學家所接受，特別是穆勒（J. S. Mill, *Logic*, VI, ch VI, 2）以及他的歷史定論主義說法（VI, ch X, 2）（「……社會科學的根本問題，就在找出社會狀態造成其後之發展所遵循的法則……」）、馬克思（K. Marx）、韋伯（M. Weber）（例如他在《社會學的方法學基礎》〔*Methodische Grundlagen der Soziologie*〕書開頭的幾個定義；《經濟與社會》〔*Wirtschaft und Gesellschaft*, I〕；《科學論文集》〔*Ges. Aufsaetze zur Wissenschaftslehre*〕）、齊美爾（G. Simmel）、費爾康特（A. Vierkandt）、邁克伊佛（R. M. MacIver）等等。胡賽爾的現象學正是集其大成，有系統地恢復了柏拉圖和亞里士多德的「方法學的本質論」（見第十一章注44）。

我認為，在社會學中，與本質論相反的唯名論的態度，只能發展為一種社會「制度」的技術理論。就這點而言，我想說明一下我如何將歷史定論主義追溯到柏拉圖和赫拉克里圖斯。在分析歷史定論主義的時候，我發現歷史定論主義需要這裡所說的「方法學的本質論」；也就是，我發覺到，支持本質論的典型論證，都與歷史定論主義密不可分（見拙著《歷史定論主義的貧困》）。於是，我便開始考察本質論的歷史。而亞里士多德的說法和我原先未涉及柏拉圖思想時的分析竟然若合符節，更是使我震驚。這樣一來，便使我注意到柏拉圖和赫拉克里圖斯在這個發展中所扮演的角色。

529

注31：克羅斯曼（R. H. S. Crossman）所著《今日的柏拉圖》（*Plato To-day*）一書，是除葛洛特的《柏拉圖》之外，我所發現的第一本對柏拉圖思想作政治性解釋的著作，與我自己的解釋也有部分相似。見第六章注2、注3及正文。這樣，我就發現有些學者對柏拉圖思想的看法和我仍有相同之處。包拉的《古希臘文學》（C. M. Bowra, *Ancient Greek Literature*, 1933）也許是第一本。他對柏拉圖之作為一位作家和哲學家簡短而透澈的批評，我認為非常公平且深刻。另見：W. Fite, *The Platonic Legend*, 1934; B. Farrington, *Science and Politics in the Ancient World*, 1939; A. D. Winspear, *The Genesis of Plato's Thought*, 1940; H. Kelsen, *Platonic Justice*, in *What is Justce?* 1957; *Platonic Love*, in *The American Imago*, vol. 3, 1942。

柏拉圖的描述社會學

第四章

變動與靜止

35 柏拉圖是最早的社會科學家之一，無疑也最具影響力。就穆勒、孔德、史賓塞等人所理解的「社會學」一詞而言，柏拉圖的確是個社會學家；也就是說，他把他的理型論方法，應用在分析人類社會生活、社會發展法則以及社會穩定性的法則和條件。柏拉圖的思想雖然有莫大影響，但是很少人注意到他這方面的思想。這似乎是由下列兩種因素所造成：一、柏拉圖提出的社會學，大抵上和他的倫理和政治的要求息息相關，以致於人們忽略了描述性的元素。二、柏拉圖的許多思想都被人視為理所當然，大家只是不自覺而不加批判地接受他的思想。也正是如此，他的社會學理論的影響力才會無遠弗屆。

柏拉圖的社會學是一種思辨和對於事實的觀察入微的巧妙混合。當然，其思辨基礎是關於理型、萬物流轉和壞滅、生成和沒落的理論。但是，在這種理型的基礎上，柏拉圖卻建構了一種驚人的實在論社會理論，既可以說明希臘城邦歷史發展的主要趨向，也可以說明當時盛行的政治和社會力量。

1

36 我們概述過柏拉圖的社會變遷理論在思辨或形上學上面的基礎。該基礎就是不變的理型世界，時空中流變事物的世界是理型界的兒女。理型不僅是不變的、不會壞滅或腐朽的，也是完美的、真的、實在的、善的；事實上，柏拉圖的〈國家篇〉把「善」解釋為「永存的事物」，而說「惡」是「會壞滅或腐朽的事物」[1]。完美的、善的理型先於摹本（可感知事物），它們是流變世界中一切變動事物的先祖或起點[2]。柏拉圖以這種觀點來評估感覺事物世界中一切變動的趨勢和主要方向。因為如果一切變動的起點是完美且善的，則變動就只會是遠離完美和善的運動；它必然是朝向不完美、惡和腐敗的運動。

這種理論可以詳細開展。可感知事物和它的理型越相似，就越不會腐化，因為理型本身是不會腐化（不朽）的。但是可感知或被造的事物並不是完美的摹本；事實上，沒有任何摹本是完美的，因為它只是對於真正的實在界的模仿，只是現象和幻相，而不是真相。因此，任何可感知事物（或許最優秀者例外）都不可能完全肖似其理型而永久不變。柏拉圖說：「保持同一、穩定、靜止，是最神聖的事物才能擁有的特權。有形體的事物的本性並不屬於這個等級。」[3]一個可感知的或被造的事物（如物體或人的心靈）如果是善的摹本，則最初的變動也許就會極微；因而最古老的變動或運動（即心靈的變動）迄今仍是「神聖的」（相較於第二等和第三等的變動而言）。但是，每一種變動再怎麼微小，都會使靈魂和它的理型有所不同，比其理型不完美。在這種方式下，每個變動都會使事物更加變動不居而壞滅，這是因為它遠離了理型；如亞里士多德所說的，理型是事物「不動的原因，靜止的原因」，他把柏拉圖的理論闡述為：「事物因分受理型而生成，因喪失理型而壞滅。」這種沒落的歷程起初很慢，然後漸漸加速。柏拉圖於其最後一篇偉大的對話錄〈法篇〉中，就以戲劇的方式描述了這種壞滅的法則。其中有一段主要在探討人類靈魂的命運，不過柏拉圖說該法則適用於一切具有靈魂的生物。他寫道：「一切具有靈魂的事物都在發生變化……他們在變化中按照命運的法則運動著。如果它們性質變化是不重要的，微小的，那麼它們只是在大地的表面行走，[37]如果它們朝著罪大惡極的方向發生變化，那麼它們就會墮入深淵或所謂的地獄。」（柏拉圖又談到一種可能性，那就是「靈魂出於自願或者受到其他靈魂的潛在影響而接受了更多的美德或邪惡，神聖的善使它本身變得更加像神，那麼它一定會去一個完全神聖的地方。」我們在第八章將討論有關能夠使自己或他人擺脫命運法則來的特殊靈魂問題。）在〈法篇〉開頭的地方，柏拉圖概述其變動理論如下：除了從壞變成好以外，變化總是高度危險的，不論是季節的變化，風向的變化，攝生法的變化，精神習慣的變化，都是如此。為了強調這種說法，他又說：「總而言之，一切變化都是危險的，除了我剛才提到的從壞變成好。」簡言之，柏拉圖主張說：**變動是惡的，靜止是神聖的**。

我們現在看出來，柏拉圖的理型論其實包含了變動世界的發展趨向，這種趨向形成一種法則：變動世界中一切事物的壞滅必定會不斷增加。但是它並不是個壞滅不斷增加的嚴格法則，而是壞滅的可能性不斷增加的法則；也就是說，危險或壞滅的可能性會不斷增加，但並不排除其他方向的發展可能性。因此，如前引段落指出的，可能有個至善的靈魂，可以不服從變動和壞滅，而一個極惡的事物，例如罪惡的城市，也可能經由改變而改善。（為了使這種改善有價值，我們就必須使這個改善變為永久，亦即阻止任何接下來的變化。）

柏拉圖在〈蒂邁歐篇〉的物種起源故事完全符合這個一般理論。依據那個故事，人是由神所造的最高等的動物；而其他物種則是人在腐化和墮落的歷程中產生的。首先有些人，懦夫和惡棍，他們墮落為女人。那些缺乏智慧的人，則逐步墮落為低等動物。他說，鳥是由無害而懶散的人變的，他們太信任自己的感官了；「野生爬行動物這個物種來自那些思想上從來沒有哲學，又從不考慮天空性質的人」；而魚類、包括甲殼類動物，是由「最從愚蠢的、最無知的人變形而來的。」[4]

很明顯的是，這種理論可以應用到人類社會及其歷史上。它也可以說明赫希奧德悲觀主義的發展法則[5]，也就是歷史沒落的法則。如果我們相信亞里士多德的說法（前一章所概述的），則柏拉圖是為了方法學上的要求，要求純粹或理性的知識，才會引進理型論，因為在流變的感覺事物中，是不可能有純粹知識或理性知識的。我們現在看到，這種理論的目的不 38 僅如此。除了方法學的需要外，它也提供一套變動理論。它說明一切感覺事物流變的一般方向，以及人類和人類社會向下沉淪的歷史傾向。（除此之外，在第六章中我們會看到，理型論也決定柏拉圖政治要求的傾向，甚至決定實現政治要求的手段。）我相信，如果說柏拉圖和赫拉克里圖斯的哲學是源自他們的社會經驗，特別是階級鬥爭，對於社會分崩離析的難堪感受，那麼我們就能理解，何以當柏拉圖發現理型論足以說明墮落的傾向時，它就在其哲學中佔了重要地位。他必定是迫不及待要拿它來解決最神祕的謎題。赫拉克里圖斯對政治的趨勢無法直接提出道德譴責，而柏拉圖則在他的理型論中為赫希奧德思想中的悲觀判斷找到理論上的基礎。

不過作為一個社會學家，柏拉圖的偉大，並不在他對於社會沒落的法則有普遍而抽象的思辨，而是在於他的觀察入微和博學，以及他的社會學直觀的驚人敏銳度。他看到前人所沒有看到的許多事物，而這些事物也只在我們的時代才重新被發現。例如：他提出有關社會的原始起源、部落的父系社會的理論，他也企圖描述社會生活發展的典型時期。另外一個例子是柏拉圖的社會學的和經濟學的歷史定論主義，強調政治生活和政治發展的**經濟背景**；這種理論在馬克思的「歷史唯物論」底下復活了。第三個例子是柏拉圖最感興趣的政治革命的法則，依照這種法則，一切的革命首先都要預設一個分裂的統治階級（或「菁英份子」）；這種法則構成他分析防範政治變動及建立社會均衡的方法的基礎；近年來關於極權主義的理論家（特別是帕累托〔Pareto〕）也重新發現了該法則。

現在我要更加詳細地討論這些論點，特別是第三點，亦即革命的理論和社會均衡的問題。

2

39

在柏拉圖對話錄中，討論這些問題的對話錄依年代序排列有：〈國家篇〉（後來其中的一大部分獨立出來稱為〈政治家篇〉）以及〈法篇〉，後者是他最後也是篇幅最長的著作。這些對話錄雖然有些微差異，但說法大抵上都是一致的，在某些方面很類似，而有些方面則互相佐證。例如在〈法篇〉中[6]提到人類社會沒落和瓦解的故事，以說明無史可徵的希臘史前時代現象。在〈國家篇〉對應的段落中則以更抽象的方式，有系統地概述政府的發展；〈政治家篇〉又更加抽象，對於政府的形態提出合乎邏輯的分類，只有少數地方涉及歷史事件。同樣的，〈法篇〉則明顯透露歷史定論主義的一面。在這裡，柏拉圖問「什麼是國家的起源或原型？」以及另一個相關的問題：「設想國家的成長為趨向善或趨向惡而變化，這難道不是為這問題尋求回答的最好方法嗎？」不過在社會學學說裡，唯一最大的差異，似乎是在於柏拉圖最感困擾的思辨上的難題。設定一個完美的、不會腐敗的國家為國家發展的起點，使柏拉圖發現難於解釋國家最初的變化，即啟動一切事物變遷的「人的墮落」[7]。在下一章我們會看到柏拉圖如果解決這個問題；不過，首先我會概要考察他的社會發展理論。

依據〈國家篇〉，社會的原本或原始理型，同時也是和國家的理型相似的國家（「最好的國家」），是最擬似神的、最聰明的人的王族。這種幾近完美的理想城邦國家如何會產生變化，實在匪夷所思。然而，的確有變化發生；而且在變化中有赫拉克里圖斯所說的推動一切運動的力量，也就是鬥爭。根據柏拉圖的說法，由於自私、特別是物質或經濟上的自私所煽動的內部鬥爭（階級鬥爭），是「社會動力學」的主要力量。馬克思的說法則是：「一切迄今存在的社會的歷史，都是一部階級鬥爭史。」[8]這個說法適合馬克思的歷史定論主義，也相當符合柏拉圖的歷史定論主義。柏拉圖以下列的順序描述四個最顯著的歷史時期，或稱為「政治墮落史的里程碑」，以及「現存國家最重要的種類」[9]。首先，在完美的國家之後有「榮譽政治」（timarchy or timocracy），由追求榮譽與聲望的貴族統治；其次為「寡頭政治」（oligarchy），由富有的家族統治；再其次「誕生了『民主』（democracy）」，自由的統治意謂沒有法紀；最後是「是高貴的僭主政制（tyranny）……是國家最後的禍害。」[10]

從上述最後的摘述中可以看出，在柏拉圖眼裡，歷史是一部社會墮落的歷史，歷史彷佛是一個病症的歷史：社會是病人；同時，我們在後面可以看到，政治家應該是一位醫生，治病的人，救主（反之亦然）。正如對於疾病的典型過程的描述不一定適用到每個病人身上，柏拉圖也不想把他的社會墮落理論應用到每個城市的發展上。但是，他卻想將這理論用以描述發展的原始過程（政體墮落的主要形式即是由此過程而產生）以及社會變化的典型過程[11]。我們知道，柏拉圖旨在建立一套由演化法則支配的「歷史階段系統」；換句話說，他要建立一種歷史定論主義的社會理論。後來盧梭復辟了這種企圖，而孔德、穆勒、黑格爾及馬克思使它風行一時；不過，若考慮當時可資運用的歷史證據，則柏拉圖的歷史階段系統其實比之近代的歷史定論主義者毫不遜色。（主要的差異在於對歷史過程的評價。身為貴族的柏拉圖，譴責他所描述的歷史發展；而上述那些歷史定論主義者卻是稱讚這種發展，而相信歷史有個進步的法則。）

在仔細討論柏拉圖的完美國家之前，我會扼要指出柏拉圖所分析的，在國家四個墮落形式的轉變歷程中，經濟動機和階級鬥爭扮演的角色。第一個使完美國家墮落的形式是「榮譽政治」，由具有野心的貴族統治，據說在各方面都與完美國家非常相似。重要的是要注意，柏拉圖說這種美好而古老的政治相當於當時存在的國家，也就是斯巴達和克里特（Crete）的多利安政體（Dorian constitution），而這兩個部落的貴族政治，其實也代表著希臘政治生活在當時的最古老形式。在柏拉圖描述最好的或完美的國家的某些段落，對於這兩個國家的制度讚不絕口，而「榮譽政治」就是和完美國家非常相似的政體。（柏拉圖認為斯巴達和完美國家相似的學說，使他成為影響深遠的「斯巴達大神話」最成功的傳聲筒，也就是肯定斯巴達制度和生活方式之優越性。）

最好的或理想的國家和「榮譽政治」的主要差別，在於後者具有不穩定的元素；貴族統治階級團結在一起，接著卻分裂了；由於這種分裂，導致接下來的墮落，成為「寡頭政治」。

分裂是由野心所導致的。柏拉圖在談年輕的榮譽政治家時說：「起初，他老是聽到他的母親在抱怨他的父親不當統治者……。」[12]因此這位年輕的榮譽政治家便野心勃勃，渴望出人頭地。但是接下來變化的決定性因素，則是競爭以及貪婪的社會傾向。柏拉圖說：「我們要不要先說明一下榮譽政制如何變成寡頭政治……。這種變化的性質甚至連瞎子也能看得清清楚楚……。私人擁有大量的金錢會摧毀榮譽政制，因為他們會想方設法揮霍金錢，違法亂紀，

41

不僅他們自己這樣做，他們的妻子也依樣效尤。……；他們相互影響，相互效仿。」在這種方式下，產生了第一次的階級衝突，產生了道德和金錢之間、或舊有封建的淳樸和新興致富手段之間的衝突。當富有的人建立了下述法則後，由榮譽政治到寡頭政治的轉變就完成了：「凡是財產不能達到規定標準的人不能從政。他們用武力強制通過這條法律，或者是在用恐怖手段建立了自己的統治以後再來實施這條法律……。」

寡頭政治一旦建立，國家在寡頭執政者和貧窮階級之間便形成了潛在的內戰：「每個人生病都像身體發生一場內戰。國家也一樣，這種類型的國家只要稍微有一點事情，比如一個黨派從寡頭制的國家引進盟友，或者另一個黨派從民主制的國家引進盟友，這時候國家就生病了，就會發生戰爭。有時候甚至沒有外部的原因，也會發生內亂。是這樣的嗎？」[13]這種內戰產生了民主：「然後窮人取得了勝利，把敵黨的一些人處死，把另一些人流放國外，但是保障其他公民享有同等的公民權以及擔任公職的機會……我想，民主制度就是這樣產生

的。」

柏拉圖對民主的描述相當生動，但對雅典的政治生活，以及在柏拉圖出生前三年由伯里克里斯以一種前無古人的方式表現的民主信條，卻抱有強烈的敵意和不當的歪曲（我們會在第十章討論伯里克里斯的民主方案）[14]。柏拉圖的描述是一種最好的政治宣傳，如果我們考慮一下，就連編著《理想國》的傑出學人亞當，都難以抗拒柏拉圖斥責自己故土城邦的「美言」，我們就可以理解柏拉圖的政治宣傳造成了什麼弊端。亞當說：「柏拉圖對民主人士產生過程的描述，是古往今來浩瀚如海的文獻中最輝煌閎偉的著作之一。」[15]當亞當接著說「民主人士是人類社會中的變色蜥蜴，隨時在掩飾自己」時，我們就可看到，柏拉圖至少使這位思想家反對民主，如果不加批判地把柏拉圖有害的作品呈現在頭腦簡單的人面前，我們更難以想像會造成多大的傷害。

用亞當的語詞來說[16]，當柏拉圖的寫作風格成為「充滿傲慢的思想、意象和字眼」時，他似乎是極需要一種偽託來掩蓋其論證上的破綻，或掩蓋（如本章所說的）完全不合理的論證。他大肆譴責民主，認為自由和無法無天、自由和放縱、法律之前的平等和無秩序，其實[42]是一回事。把民主描寫成放蕩和吝嗇，蠻橫、不法、無恥，像捕食野獸的可怕和兇猛，滿足於各種幻念，只為享樂，以及為不必要的和不淨的慾望而生活（「多數人像畜牲一樣狼吞虎嚥」是赫拉克里圖斯的說法）。柏拉圖指控民主人士：「把尊敬和敬畏說成是『傻瓜』……。

節制被他們說成是『欠缺男子氣概』……。他們把適度有序的消費說成是『鄉巴佬沒見過世面』和『不大方』。」[17]當柏拉圖譴責的口吻稍為緩和時，他便說「此外還有這樣一些類似的事情」。（上面的話是「學院」校長柏拉圖借蘇格拉底之口說出來的，他忘記蘇格拉底沒當過校長，即使蘇格拉底年老時，也並未被冷落和挾持。蘇格拉底一向照顧青年，但並不迎合年輕人，而是像自己的同伴和朋友一樣對待他們，例如對待年輕的柏拉圖就是如此。我們有理由相信，柏拉圖本人是比較不容易「迎合」年輕人，也不容易和自己的學生討論問題的。）柏拉圖繼續說：「大眾的自由在這種城邦裡達到頂點，你看花錢買來的男女奴隸與出錢買他們的主人同樣自由。……所有這些事情加起來使得這裡的公民變得非常敏感，只要有誰建議要稍加約束，他們就會覺得難以忍受。」在此，柏拉圖畢竟尊敬他的國家，即使這種尊敬是不自覺的。雅典仁慈地處理奴隸，這永遠是雅典民主最大的勝利之一；不管柏拉圖和亞里士多德這類哲學家怎樣無情地宣傳，他們自己也知道雅典即將要廢除奴隸制度[18]。

柏拉圖較大的功勞是他對僭主政制、特別是過渡到僭主政制的轉變的描述；雖然這種描述也是基於他的憎恨。他堅稱他所描述的事物是親眼所見[19]；無疑的，這是指他在敘拉古專制君主老戴奧尼索斯（Dionysius）的法庭上經驗到的。柏拉圖說，從民主到僭主的轉變，是很容易由群眾領袖推動的，因為群眾領袖知道如何利用民主國家的貧富階級對立，並且建立自己的保鑣或私人武力。原先歡呼這位領袖為自由鬥士的人民，不久就被奴役；然後人民必須為他戰鬥，「他首先想到的就是挑起戰爭，好讓民眾需要一個領袖。」[20]僭主接著就造成最不幸的國家。

43

在〈政治家篇〉也可以發現，柏拉圖對各種形式的政府有極為類似的考察，其中討論到「僭主和國王的起源，寡頭政治與貴族政治及民主政治的起源等」。[21]此外我們發現，柏拉圖將現存的各種政府形式解釋為國家的真正模型或理型（即完美國家）墮落後的摹本；完美國家是一切國家的標準，據說在古老的克羅諾斯時代，曾經有過這種國家（克羅諾斯是宙斯的父親）。其中的一個差異是，柏拉圖在此區分了六種型態的墮落國家；但是如果我們記得柏拉圖在〈國家篇〉中提到所討論的四種型態的國家是不完全的，其中還有中間的階段，這種差異就沒有那麼重要了[22]。〈政治家篇〉提到六種國家的型態，這六種國家首先區分為三種政府形式，即一人統治、少數人統治、多數人統治三種形式。其中每種形式又分為兩種型態，一種是比較好的，另一種是比較壞的，而區別的標準端看是否透過複製及保留其古代法律而模仿「唯一真正的原本」[23]。在這種方式下，就分別出三個保守的或合法的國家，和另三個極為腐敗或不合法的國家；依價值的高低排下來，君主政體、貴族政體、保守形式的民主政體三者，是合法的國家。但是，民主的國家變為不合法的形式之後，就形成由少數人不法統治的寡頭政治，再進一步腐敗，就變為一人不法統治的僭主政體，這便是柏拉圖在〈國家篇〉中所說的最壞的國家。

柏拉圖在〈法篇〉曾提到（其中部分和〈政治家篇〉重複，部分則相關），這種最邪惡的國家（僭主政制）不一定就是歷史發展的終局[24]。柏拉圖大聲疾呼：「給我一個由一位獨裁者統治的社會，但這位統治者要年輕些……這種幸運僅僅在於由於機遇使一位傑出的立法者有機會從事立法工作。神把大量的幸福賜給這個共同體也是偶然的。」最邪惡的國家，僭主政體，或許可以用這種方式來加以改革。（這點與上面所引的〈法篇〉要點一致，即「除了從壞變成好以外」，一切變動都是惡的。無疑的，當柏拉圖說到偉大的立法者和年輕的僭主時，他一定想到他自己以及他與一些年輕僭主的不同實驗，特別是他企圖改革年輕的戴奧尼索斯在敘拉古施行的僭主政制。我們會在後面討論這些不幸的實驗。）

44

柏拉圖分析政治發展的主要目的之一，是要找出一切歷史變遷的推動力。在〈法篇〉中，對歷史的考察明顯有此意圖，柏拉圖說：「你必定會承認在這段時間裡有成千上萬城市誕生是嗎？……各種形式的制度都在這個或那個城邦裡反覆出現……。如有可能，我們必須尋找這些變化的原因。我相信，在這個地方我們可以找到一把鑰匙，打開這些制度的最初起源及其改進的關鍵。」[25]這些探討的結果使柏拉圖發現了下述的社會學法則，那就是：內部的分裂（即由於階級之間的經濟利益衝突產生的階級鬥爭），是一切政治革命的推動力。但是，柏拉圖對這項基本法則還有更進一步的說明。他堅持說，只有在統治階級本身之中的內部叛亂，才能削弱、進而推翻其統治。「各種統治形式中，所有變動全都起於統治階級本身意見分歧。」[26]這便是柏拉圖在〈國家篇〉中的說法；他也在〈法篇〉中說（可能是引用〈國家篇〉裡的那段話）：「除了被自己所推翻，你認為有沒有哪一位國王曾經被打倒，有沒有任何政府曾經被推翻？這就是我們在開始討論這個觀點之前的立場，你們已經忘了嗎？」這種社會學法則以及所觀察到的「經濟利益是分裂的最可能原因」，是柏拉圖探討歷史的線索。不過除此之外，這法則也是他分析建立政治均衡（即防範政治變動）之必要條件的線索。他認為在古代最好的或完美的城邦中，這些條件曾經實現過。

3

柏拉圖對最完美或最好的國家的描述，通常被詮釋為進步主義者（progressivist）的烏托邦方案。雖然柏拉圖在〈國家篇〉、〈蒂邁歐篇〉、〈克里底亞篇〉中一再強調他所描述的是遙遠的過去，在〈法篇〉的相關章節中也明白表現其歷史敘事的意向；但通常還是認為柏拉圖的用意是要對未來提供一種假託的描述。不過我認為柏拉圖所說的，以及其「最好的國家」的許多特徵，特別是在〈國家篇〉卷二到卷四中所描述的（就像他在〈政治家篇〉和〈法篇〉中對原始社會的論述），還是旨在作歷史的或史前的探討[27]。這點或許不能適用於最好國家的所有特徵上。例如，關於由哲學家治理的王政（見〈國家篇〉卷五至卷七），柏拉圖就指出這可能只是永恆的理型界或理型界（天國）的一個特徵。柏拉圖特意描述的這些非歷史性的因素，我們將在後面與他的倫理、政治的要求一起討論。當然，我們必須承認，在柏拉圖對原始或古代政體的描述中，他並不是想提出一種嚴格的歷史論述；柏拉圖深知自己並沒有足夠的史料為之。然而，我相信他的確曾經盡其所能，認真地重建古代部落形式的社會生活。我們沒有理由懷疑這點，特別是因為在許多細節上，他的這項企圖是非常成功的。我們不得不如此想，因為柏拉圖的確透過對於克里特和斯巴達等古代部落貴族政體的理想化描述，而獲得了他的想像。憑著他敏銳的社會學直觀，他看到了這些社會形式不僅是古老的，而且是僵化的、停滯的；並且是一種更古老的社會形式的遺跡。柏拉圖也斷定說，這種更古老的社會形式一定更穩定、更牢固。柏拉圖企圖重建這種古老的、因而是至善而穩定的國家，他也明白指出這樣的國家如何免於分裂；包括如何避免階級戰爭，如何把經濟利益的影響降低到最小的限度，並保持良好的控制。這就是柏拉圖重建最好國家的主要問題。45

柏拉圖如何解決避免階級戰爭的問題呢？如果柏拉圖是個進步主義者，他應該會不經意地想到那種沒有階級差別的平等主義社會觀念；因為，在他對於雅典民主的冷嘲熱諷中，我們仍可以看到當時雅典有很強的平等主義趨勢。但是他並不汲汲於建立一種可能出現的社會，而是要建立一種曾經是斯巴達之「父」的國家，這種國家顯然不是個沒有階級差別的社會。那是個蓄奴的國家，因此柏拉圖心中最好的國家，是建立在最嚴酷的階級差異上面。這種國家是世襲階級制度（caste）的國家。這種國家中，為了解決避免階級戰爭的問題，不是要消滅階級，而是賦予統治階級難以顛覆的優越性。例如在斯巴達，只有統治階級才有軍階，也只有統治階級才有政治的或其他權利，只有統治階級才能受教育，亦即教導統治階級如何管理有如牛羊一般的人民的特殊訓練（事實上，統治階級極端的優越性有點使柏拉圖困擾；他害怕統治階級的成員「攻擊和傷害羊群」而不照顧牠們，「倒像是豺狼而不像牧犬了」[28]。我們會在本章稍後討論此問題）。只要統治階級團結起來，他們的權威就得以鞏固，也就不會有階級戰爭了。

柏拉圖的最好國家分成三個階級：國家的監護人、軍人或戰士，以及勞動階級。不過實際上只有兩個階級，那就是軍事階級，軍人和有教養的統治者，以及沒有武力且沒有教養的被統治者，即有如羊群的人民；因為，護衛者並不是獨立的階級，而只是軍隊裡縉紳士宦的年長而聰明的戰士。柏拉圖把統治階級分成護衛者和戰士兩類，而沒有對於勞動階級作同樣的劃分，大抵上是由於他只對於統治階級有興趣，對於工人、商人等等則興趣缺缺。他們只是如牛羊一樣的人群，唯一的功能在於替統治階級提供物質的需要。柏拉圖甚至更禁止統治階級為勞動階級及其瑣屑的問題立法[29]；這是我們之所以對於他們的下層階級所知不多的原因。不過柏拉圖並非一直對下層階級保持沉默，他曾經問：「我相信還有其他為我們服務的人，這種人在智力上雖無長處可以充當我們的夥伴，但卻有足夠的力氣可以幹體力活，因此

46

這些人按一定的價格出賣勞力。這個價格就叫工資，所以這種人可能稱作『掙工資的』，不知你意下如何？」這種乖張的說法，使人可以牽強附會說柏拉圖不允許奴隸進入他的城邦；在此，我要指出這種看法是錯誤的。的確，柏拉圖不曾明確討論奴隸在其最好的國家裡的地位，也曾說過最好能避免「奴隸」這個名稱，而以「供應者」或「雇工」來稱呼工人。不過，這只是因為宣傳的理由才這樣做的。我們無法找到任何跡象顯示要廢除或減少奴隸制度。相反的，柏拉圖一味譴責支持廢除奴隸制度運動的「軟心腸」雅典民主人士。例如，在他描述從最好的國家轉變生成的國家（榮譽政治）時就說得很清楚。他談到榮譽政治家時說：「他對奴隸會很嚴厲，而不像一個受過充分教育的人那樣僅僅是責備他們。」但是，只有在最好的國家中才有優於榮譽政治的教育，因此我們可以推論說，在柏拉圖的最好的國家中一定有奴隸，對待奴隸並非殘忍而只是輕蔑。柏拉圖並沒有明言他對於奴隸的輕視。上述的結論可以由〈國家篇〉的一段記載得到印證，柏拉圖在那裡批判希臘人奴役希臘人的流行作法，結尾則明白表示支持奴役蠻族，甚至建議「雅典公民」（即最好城邦的公民）：「至於對付野蠻人，他們應該像現在希臘人對付希臘人那樣。」〈法篇〉的內容也可以佐證，其中談到以最不人道的方式對待奴隸。

因為只有統治階級才擁有政治權力，包括管理如牛羊一般的人民的權力，以防止人民變成危險分子；因此，維持國家的整個問題，就化約為維持統治階級內部統一的問題了。如何維持統治階層的統一呢？答案是要透過訓練和其他心理上的影響，此外還要削減各種可能導致分裂的經濟利益。於是柏拉圖提出共產主義（亦即廢除私有財產，特別是金銀珠寶），來達成並控制經濟上的戒絕（斯巴達就禁止私人擁有金銀珠寶）。這種共產主義只限於統治階級，唯有統治階級必須免於分裂；被統治者之間的爭吵則是不值得一提的。既然所有的財產都是共有財產，女人與兒女也就必須是屬於大家的。統治階級中，任何人都不可以自認為是某人的父母親或某人的子女。家庭必須打破，而以整個戰士階級為一家。否則對家庭的忠誠很可能就是導致分裂的根源；因此，「所有人屬於一個大家庭。」[30]（這個說明既不新奇，也沒有什麼革命性；我們必須記住，柏拉圖時常提到斯巴達人禁止私人家庭生活，廢除私餐，以「公共餐食」為制度等。）不過即使女人和兒女為公有，也並不足以保證統治階級就可以免於一切經濟上的危險。避免富有和避免貧窮是一樣的重要；兩者對團結都有危險：貧窮迫使人民鋌而走險來滿足他們的需要；而大部分的變動又都產生於富裕，因為財富的累積使人有資本從事冒險。只有在一個吃不飽餓不死的共產主義系統裡，才能把經濟利益減至最小限度，並保障統治階級的團結。[47]

如此，柏拉圖自其基本的社會學變動法則，推論出他最好的城邦統治階級的共產主義；統治階級的共產主義是政治穩定的必要條件，而政治穩定則是最好的城邦的基本特徵。但是，共產主義雖是重要的條件，卻不是充分條件。為了使統治階級全體團結一起，感到像一個部落，亦即像在大家庭裡一樣，來自統治階級以外的外在壓力也是促使他們團結的必要條件。而強化並加深統治階級和被統治者之間的鴻溝，便能獲致這種壓力。統治者越感到自己不同於低下的被統治階級，統治者之間就就越有團結感。按此推論，我們便可得到柏拉圖的基本原則（不過他在說此原則時仍多少有點遲疑），那就是各階級之間不可混合；柏拉圖說：「三個現存等級的人相互干涉、相互取代他人的事務，這是對國家的最大危害，可以最正確地確定為主要危害國家的事情。」[31]不過，主張這種涇渭分明的階級區別，就必須自圓其說，而要說明這種劃分是正當的，就只有主張統治者優於被統治者。因此，柏拉圖便提出三重理由，說明統治階級在三方面遠優於被統治者，這三方面即：種族、教育以及價值標準。當然，柏拉圖的道德評價標準和所謂最好的國家的統治者是同一的，我們會在第六至第八章討論這點；因此，在此我僅限於描述關於統治階級的起源、養育、教育的觀念。（在描述之前，我

48

希望說出我的信念，我深信任何個人的優越性，無論是種族的、理智的、道德的或教育的優越性，都不可作為在政治上享有特權的依據，即使大家都知道有這種優越性，也不能如此。今日大部分文明國家的人，都承認種族的優越性是一種神話；就算種族優越是個既成的事實，也不可為優越的人創立特別的政治權利，反倒是可以要求他們擔負特殊的道德責任。同樣的要求也可加在知識、道德和教育上優越的人身上；相反的，某些知識份子和道德家所作的相反主張，使我不得不感到，他們的教育是多麼失敗，因為教育並未使他們理解到自身的

有限及其法利賽人式的虛偽作法。）

4

如果我們要理解柏拉圖對於統治階級的起源、養育、教育的觀點，就必須注意上述分析的兩個要點。首先我們必須記住，柏拉圖是在重建一個過去的城邦，雖然此城邦的某些特徵在現存的城邦（如斯巴達）中有跡可尋；其次，他是以城邦的穩定性條件來重建其城邦，而且只在統治階級自身內，特別是統治階級的團結和力量中，尋求城邦穩定的保證。

關於統治階級的起源，值得一提的是，柏拉圖在〈政治家篇〉談到的時代，該時代甚至早於他所謂最好的國家，當時：「有一位神是他們的牧者，負責牧養他們，就像現在的人掌管比人低級的牲畜……當神做人的牧者時，沒有政治組織，也沒有娶妻生子這些事。」[32]這段話並不是好的牧者的明喻；徵諸柏拉圖在〈法篇〉中所說的，我們必須更直接地就字義去詮釋它。因為這段話告訴我們，這種甚至比最早的和最好的城邦更早出現的原始社會，是在家父長統治下的山區遊牧社會。柏拉圖在提到他們在定居之前的階段時說：「我們難道看不到，這樣的社會由老人統治，因為他們繼承了他們的父母親的權威？其他人追隨他們，組成一個群體，就像許多鳥類聚集在一起，處在家長的控制之下。這是各種王權統治中最公正的

[49]類型。」我們知道，這些遊牧部落以「多利安人」之名，在伯羅奔尼撒半島各城市，特別是斯巴達，定居下來。這種情形是如何發生的，柏拉圖並沒有解釋得很清楚，不過當我們聽到他暗示說「定居」事實上就是暴力入侵時，應該可以理解柏拉圖的為難之處了。因為我們知道，這是多利安人在伯羅奔尼撒定居的真實故事。因此我們有各種理由相信，柏拉圖是有意把他的故事當作史前事件來認真描述；它不僅是在說明多利安統治者的種族起源，也是在描述如牛羊一樣的人類（即原始居民）的起源。在〈國家篇〉的類似段落中，當他討論「地生人」（即最好的城邦的統治階級起源）時，以神話生動地描述征服本身。（在第八章中，我們會從不同的觀點來討論「地生人神話」。）對於他們進入原為工人和商人建立起來的城市，柏拉圖有如下的描述：「現在讓我們來武裝這些大地的子孫，讓他們接受他們的統治者的領導。他們來到城裡的時候，一定要找到一個最適宜的地方給他們紮營，從那裡他們可以對內鎮壓不法之徒，對外抗擊虎狼之敵。」當我們解釋柏拉圖一再堅持說好的統治者，不管是神、神人或國家護衛者，是牧「人」的族長，而真正的政治藝術，亦即治理人的藝術，乃是一種「牧人」的藝術，即管理像牛羊一樣的人群的藝術時，我們必須記住這段簡短有力、由好戰的遊牧部落征服者侵略定居人民的故事（在〈政治家篇〉中，這些人在定居前是山地遊牧部落）。因此，我們必須考察一下柏拉圖如何描寫「衛士階級」（他們服從國家護衛者，就像牧羊犬服從主人一樣忠實）的養育和訓練。

衛士階級以及柏拉圖最好國家的統治階級的養育和教育，就像其配備的武器一樣，是一種階級的象徵、一種階級特權[33]。養育和教育並不是空洞的象徵，而是階級統治的工具，以及保障其統治穩定性的必要條件。柏拉圖完全從這個觀點著眼，把養育和教育當作有力的政治武器、當作牧「人」及使統治階級團結起來的實用手段。

為了達到這個目的，重要的是，主人階級就必須自視為優越的主人種族。在開展種族主義的論證、聲稱我們細心養育動物卻疏忽了自己時；柏拉圖說（為弒嬰辯護）：「為了保持衛士這個等級的品種純潔。」[34]這種論證在歷史上屢見不鮮。（在雅典並無弒嬰的制度；不過柏拉圖看到斯巴達人為了優生的理由而弒嬰，因此他推論說它應該是古老的制度，因而也是好的。）柏拉圖要求把養育狗、馬或鳥的豐富經驗法則同樣適用在養育主人種族。他辯稱：「如果你不以這種方法來養它們，難道你不會想到你的狗、或鳥的種類不是很快的墮化嗎？」因此他推斷「同樣的原理要應用到人種」。護衛者或保衛者的種族品質的要求，要像牧羊犬一樣。他說：「他們都應當有敏銳的感覺。」他又問到：「你認為養一條好的看家狗和養一個好的護院家奴，它們的天賦有什麼區別嗎？」從他對狗的熱烈稱讚中，他又進一步分辨出了一種「真正的哲學性質」，因為「好學不正是哲學的態度嗎？」

困擾柏拉圖的主要困難，是護衛者及衛士既要有勇猛的性格，同時又要有溫和的性格。很明顯的，因為他們必須「無所畏懼，所向無敵」，就必須被養育成很勇猛。但是，「如果他們的性質是如此的話，如何使他們不彼此施暴，或對其他人民暴虐呢？」[35]的確，「保護羊的牧羊犬，一旦逾越犬的職責，變得如狼似虎，反倒要牧羊人來看管這些牧羊犬，那就很可怕了。」從政治均衡或國家穩定的角度來看，這個問題是很重要的，因為柏拉圖並不依靠各階級之間的力量平衡，因為那會造成不穩定的後果。以被統治者的敵對力量，來控制主人階級的專橫權力及其殘酷性，那是不可以的，因為主人階級的優越性是不容置疑的。唯一可以控制主人階級的，是主人階級的自我約束。正因為統治階級必須節制經濟的利益，亦即禁止對被統治者的經濟過度剝削，因此在處理被統治者的事務時，也就能免於過分的殘酷。但要達到這點，只有用溫和來平衡殘酷的性質；柏拉圖發現這是個非常嚴重的問題，因為「殘酷的性質，恰好與溫和性質相反」。柏拉圖的發言人蘇格拉底說道，一直到再度記起狗之前，他一直為此事苦惱。他說：「餵養得很好的狗，他們的脾氣總是對熟人非常溫和，而對陌生人卻正好相反。」這就證明了「我們試圖賦予國家護衛者的性格，是不違反自然的」。養育主人種族的目的就這樣形成了，而且說明那是做得到的事。這是我們從保持國家穩定的必要條件的分析中推論出來的。

柏拉圖的教育的目的，也和上述的一樣。它只是政治上的目的，使統治者的性格中有混[51]合了溫和以及殘忍的元素，以維持國家的穩定。柏拉圖把希臘上層階級兒童教育的兩種學科（體育和音樂），和殘忍以及溫和這兩種性格相提並論（音樂就其廣泛意義來說，包括所有文藝研究）。柏拉圖問道：「你難道沒有注意到，一輩子搞體育而完全忽略音樂對心靈的氣質會有什麼樣的影響？或者反過來，專搞音樂而完全忽略體育？……在一種情況下，人會變得野蠻而生硬，在另一種情況下，人會變得柔軟與溫順。……但是我們衛士需要兩種品質兼而有之。……音樂和體育這兩種技藝在我看來是某位神賜給我們人類的，而它們服務於人的激情原則和愛智原則，用恰當的張力和鬆弛來調整這兩個原則之間的關係，使之和諧，而不僅僅是為了人的靈魂和身體，儘管附帶地也有所顧及。」亦即將心靈的兩種因素：溫和以及勇猛，和諧地揉和在一起。柏拉圖對他的分析下結論說：「我們已經有了一個教育和培養公民的大綱。」[36]

儘管事實上柏拉圖將心靈的溫和元素視為心靈的哲學性質，而哲學在他的〈國家篇〉後半部中也確實扮演著支配性的角色，他之偏愛心靈的溫和元素或音樂（文藝）教育的溫和元素，並不完全是一種偏見。這種同等注重平衡上述兩種元素，是值得注意的，因為和柏拉圖當時的雅典習俗相較之下，便可知柏拉圖沒有那麼重視文藝教育。這當然是他總是捨雅典習俗而選擇斯巴達的部分理由。（另一個國家範例克里特則比斯巴達更反對音樂。）[37]柏拉圖文藝教育的政治原理，是建立在一個簡單的比較上。他看到斯巴達對待像牛羊一樣的人民過於嚴酷；這是弱點的象徵，或允許弱點的存在，因而是統治階級墮落的徵兆[38]。另一方面，雅典人對待奴隸卻又過於寬大而鬆懈。柏拉圖以此證明，斯巴達在體育上主張的有點過分，而雅典則當然過度注重音樂。這種簡單的評估，使柏拉圖得以依自己的意見來重建最好國家的教育，兩種元素混合起來成為最好的措施，而奠立他的教育政策原理。從雅典的觀點來判斷，這無非是要以斯巴達嚴格控制一切文藝的例子，來抑制雅典的文藝教育[39]。不僅是詩，就連日常意義所稱的音樂，也要嚴加監控；把詩及音樂完全應用在使青年人更加明白階級的紀律，以加強國家的穩定，進而為階級利益服務[40]。柏拉圖甚至忘記了，音樂的功效在於使得青年更為溫和，因為他所要求的那種音樂是要使青年更勇敢、更剛猛。（柏拉圖是個雅典人，這幾乎使我無法相信他關於音樂的論證會是那麼迷信、那麼不容忍，特別是和更開明的現代批評相較之下，就更難令人置信了。[41]不過即使是現在，仍有許多音樂家站在柏拉圖這邊，這可能是由於他強調音樂在政治上的影響力，而使得音樂家們洋洋得意。教育學家，甚至更多的哲學家，也是這種情形，因為柏拉圖主張這些人是要當統治者的；我們會在第八章討論這種主張。）

決定心靈教育的政治原理（即維持國家的穩定性），同時也是決定體育的政治原理。這種教育的目標完全是斯巴達式的目標。雅典的人民一般都被教育為通才，但是柏拉圖卻要求統治階級應被訓練成為職業戰士階級，隨時準備攻擊國家內部或外部的敵人。柏拉圖曾兩度告訴我們，「讓我們的孩子騎馬上戰場去看打仗，把他們帶到比較安全的地方，靠近前線，他們像幼獸一樣嚐嚐血腥味。」[42]有一位現代作家，把當代極權主義的教育描述為「一種密集的、持續不斷的動員形式」，實在和柏拉圖的整體教育系統若合符節。

上述是柏拉圖最好或最古老國家的理論大要；這種城邦國家對待其有如牛馬一般的人民，就像個聰明但無情的牧者對待其羊群一樣；不過分殘忍，卻有適當的輕視……。作為對於斯巴達社會制度及其穩定或不穩定的條件分析，以及作為意欲重建更嚴密而原始的部落生活形式而言，柏拉圖的描述無疑是相當卓越的。（我們在本章只處理描述的方面，倫理方面將在後面討論。）我相信柏拉圖著作中那些一般被視為神話或烏托邦的思辨，都可以用這種方式解釋為一種社會學的描述和分析。例如說，如果我們注意他關於勝利的戰鬥遊牧部落侵略定居的部落的神話，從描述社會學觀點來看，我們必須承認這種描述是極為成功的。事實上，這種描述甚至可視為近代國家起源理論的先驅（雖然可能過於空泛）；依照近代國家起源理論，中央集權和有組織的政治權力，都是源自這種侵略[43]。柏拉圖的著作還有許多這類描述，可惜本文無法述及。

5

53

總結本章所述，柏拉圖為了要理解和詮釋他經歷的變動的社會世界，於是開展了一套鉅細靡遺的系統性歷史定論主義社會學。他認為現存的國家是不變的理型的墮落中的摹本。他試圖重建國家的理型，或至少描述一種盡可能與國家理型相似的社會。依據古代的種種傳統，他把分析克里特和斯巴達社會制度的結果，作為其重建國家理型的材料；斯巴達和克里特，是他所能發現的希臘社會生活最古老的形式，在其中認識到更古老的部落社會如何阻止變動的種種形式。但是，為了適當的運用這些材料，他需要一種原則來區別哪些現存社會是好的、原始的或古代的遺跡，哪些是衰敗的徵兆。他在自己的政治變革法則中發現了這項原則，依此原則，統治階級的分裂以及汲汲於操奇計贏，是一切社會變動的原因。因此柏拉圖要重建最好的國家，便要積極而徹底的消除導致分裂和墮落的一切元素和種因；這就是說，要以斯巴達為典範，建立統治階級牢不可破的團結所需的各種條件，而加諸經濟控制、養育和訓練。

在把現存社會詮釋為理想國家的墮落中的摹本時，柏拉圖挾其理論背景和豐富的實際經驗，充實了赫希奧德比較粗略的歷史觀點。他發展了一種相當務實的歷史定論主義理論，他在赫拉克里圖斯所謂的分裂中，在他認為是推動且敗壞歷史的力量的階級鬥爭中，發現了社會變動的原因。柏拉圖將這些歷史定論主義原理，應用到希臘各城邦的沒落故事中，特別用它來批評被他形容為軟弱和敗壞的民主政治。我們可以補充的一點是，在後來的〈法篇〉中[44]，他也把這原理應用到波斯帝國衰亡的故事中，因而成為對許多帝國和文明衰亡史的戲劇性解釋的先驅（史賓格勒的《西方的沒落》也許是其代表之一，但並不是最後一本）[45]。我認為所有這些都可以解釋為一種強烈的企圖，旨在解釋他所經歷的部落社會的瓦解，並使之合理化；這種經歷類似於赫拉克里圖斯首先開創的變動哲學的經驗。

但是，我們對柏拉圖描述社會學的分析仍是不完整的。他的許多歷史衰亡的故事以及其[54]後的各種故事，至少顯示出兩項我們還未討論過的特徵。他把這些不斷衰敗的社會當作某種有機體，把衰敗的歷程比作老化。同時他相信這種衰敗是罪有應得的，這就是說當道德敗壞，心靈腐化，社會組織也就隨之衰亡。這個理論在柏拉圖的初次變動理論（亦即在「數」的故事及人類墮落的故事）中扮演著重要的角色。我們會在下一章討論這個理論和他的理型論之間的關係。

注釋

[529]注1：見：*Republic*, 608e；以及本章注2（2）。

注2：在〈法篇〉中，靈魂是「一切變化中最先的和最有力的」（966e），它被形容為「一切運動的起點」（895b）。

（一）依據柏拉圖的理論（亞里士多德曾用來和他自己的理論對比），「善」的事物不是變動的起點，而是其終點或目標，因為「善」意味著所追求的事物，即變動的目的因。因此亞里士多德說柏拉圖主義者，亦即「那些相信理型之人士」，是同意恩培多克里斯的（他們的說法「和恩培多克里斯所說的沒有兩樣」）。這也就是說，他們「並不認為事物之產生是由於那些事物是『善』的，而是由於一切事物的運行都是自善的事物開始」。他指出，對柏拉圖主義者來說，「善」並不表示「作為善之原因」，亦即一種目的；「它只是一種偶然的善。」（見：Aristotle, *Metaphysics*, 988a35, b8ff, 1075a, 34/35）。依這種批評看來，亞里士多德的觀點似乎和史波西普斯（Speusippus）相同，這是齊勒爾的觀點。請見：第十一章注11。

（二）關於本節提到的「趨向腐敗的運行」，及其在柏拉圖哲學中的一般意義，我們必須記住，不變的理型界和流變的感覺界兩者是對立的。柏拉圖說這種對立是：不變事物的世界和腐敗事物的世界的對立，或非生成變化的事物及生成變化的事物（因而註定要墮落的事物）之間的對立，見：*Republic*, 485a/b，該節摘引在第三節注26（1）中，及第八章注33；*Republic*, 508d-e, 527a/b；「546a」引用在第五章注37中：「一切生成的事物必定會墮落（或衰敗）。」流變世界裡事物的生成和壞滅的問題，是柏拉圖學派傳統的重要部分；亞里士多德特別以專論討論這個問題，其重要性可見一斑。另一個有趣的證據是，亞里士多德在《政治學》（*Politics*）導論中討論到這些問題；該內容也出現在《尼可馬赫倫理學》（*the Nicomachan Ethics*, 1181b/15）的結論：「我們將試圖……發現那些維持和敗壞城邦的事物……。」該段文字之所以具有意義，不僅是因為亞里士多德認為這是其政治學主要問題的一般形式，更是因為該段和柏拉圖〈法篇〉

530

（676a, 676b/c）的內容有顯著的相似性，本章注6及注25將引用上述576a, 676b/c。（另見：本章注1、注3及注24、注25；第八章注32，及摘引在第八章注59中的〈法篇〉段落。）

注3：摘自：*Statesman*, 269d（另見：本章注23）。關於運行的階段問題，見：*Laws*, 893c-895b。至於完美的（亦即神聖的「性質」，見下一章）事物在變動時只會變得更不完美的理論，見：*Republic*, 380e, 381c；它在許多方面（380e）和〈法篇〉（797d）的內容相似。所引亞里士多德的資料見：*Metaphysics*, 988b3；以及*De Gen. et Corr.*, 335b14。本段的最後四個摘引見：*Laws*, 904c f., 797d。另見本章注34及正文。（關於罪惡事物的解釋，如第二章注6中討論的，被解釋為一種循環發展，亦即相信發展的方向必定會倒轉過來，一旦世界達到罪惡的最低層時，事物又會開始改進。）

補註：我對柏拉圖變動理論及〈法篇〉的解釋曾經受到挑戰；我希望進一步解釋這些內容，特別是評論（一）*Laws*, 904c f.；以及（二）797d。

（一）〈法篇〉（904c）說：「如果它們性質變化是不重要的，微小的，那麼它們只是在大地的表面行走。」我們可以直譯成：「比較不重要的事物是從其層面開始向下運行。」從內容上來看，我確信「從其層面向下」較「至於某一層面」為佳。（我的理由不僅是從基於904a以下的整個內容，更是基於「kata…kata…katō」，它們會加強其意義，至少是加強第二個「kata」的意義，我把「kata」譯成「面」（level），它不僅指「平面」（plane），且指「表面」（surface）；而我所譯的「層次」（rank），則可意謂「空間」；然而我認為布里（Bury）的翻譯在這種內容

531

中沒有太大的意義；他的翻譯是：「性質上的變動越小，在空間表面所產生的運動也就越小。」

（二）本段引文（*Laws*,798）以下段落更為顯著，其中主張：「他們的整個靈魂充滿著敬畏，不敢對已有的東西作任何改革。所以立法者必須發明諸如此類的辦法來保障共同體的利益。」（柏拉圖認為也包括在立法者眼中認為「只是遊戲的東西」，例如兒童遊戲的改變。）

（三）大體上，我對柏拉圖變動理論的解釋的主要證據（除了本章和前章所引的段落之外），當然還包括對話錄中具有歷史性或革命性的段落，特別是〈國家篇〉（卷八及卷九中所說的「自幾近完美或黃金時代以來的城邦衰亡故事」）；〈政治家篇〉（黃金時代及其沒落的理論）；〈法篇〉（原始的多利安人征服者族長統治的故事，以及波斯帝國衰亡的故事）；〈蒂邁歐篇〉（兩度發生的墮落演化的故事，雅典黃金時代的故事，在〈克里底亞篇〉中也談到）。

我們必須把柏拉圖常提到的赫希奧德的故事加到這些證據上，無疑的，就由宇宙的觀點來想像人類事務的能力而言（見：〈蒂邁歐篇〉、〈政治家篇〉），柏拉圖的綜合能力決不比恩培多克里斯差（其「鬥爭時代」即現在的一人統治；見：Aristotle, *De Gen. et Corr.*, 334a6）。

（四）最後，我也許可以提及一般心理學上的考慮。一方面是對於鼎故革新的恐懼（在〈法篇〉許多段落中可以證明，例如 758c/d），另一方面則是把過去理想化，也是常見的現象（例如在赫希奧德的故事及「失樂園」的故事中，便可以見到這種心理）。把後者（甚至兩者）和下述事實對觀，也許不會太牽強，那就是一個人常會將幼年、家鄉、父母理想化，人也常會有思古之幽情，想要回到生命的早年，追溯自己的起源。在柏拉圖的著作中，有許多段落認為事物的源初狀態、最初的性質，是一種幸福狀態，那是理所當然的事。以亞里士多芬尼斯（Aristophanes）在〈會飲篇〉中的說法為例；該處認為熱戀當然是由思鄉之情所推動的，如此才能解釋熱戀的衝動與痛苦；同樣的，性愛的滿足之感也能解釋為思鄉之情的滿足。因此，柏拉圖在〈會飲篇〉（193d）提到愛神（Eros）時說：「愛神終有一天會治癒我們的病，使我們回歸原初狀態，生活在快樂與幸福之中。」（另見：191d）〈斐萊布篇〉（16c）也有許類似的想法：「從前世代的人比我們要好，比我們更接近諸神。」所有這些都指出，我們的不快樂和不幸福，是由於我們的發展偏離了我們的原初性質（理型）；它更指出，發展是從美好和幸福的狀態走向喪失美好和幸福的狀態；但這意味著發展是逐步的墮落。柏拉圖的「回憶說」（認為所有的知識都是重新回想或重新回憶我們前世所有的知識的理論），就是這個觀點的一部分：過去不但包含著善、高貴與美，而且也包含著所有的智慧。即使古代的變動或運行也優於後來的運行；因為在〈法篇〉895b中，靈魂是「一切運動的源泉，乃是在一切靜止和運動的東西中最初出現的東西……是一切變化中最先的和最有力的」；在〈法篇〉966c中又說靈魂是「一切事物中最古老和最神聖的」（見：第三章注15（8））。

如前所述（見：第三章注6），一種趨向衰敗的歷史和宇宙的理論，在柏拉圖的思想中，可以和歷史的和宇宙的循環理論結合在一起（衰敗的階段也許是這種循環的一部分）。

注4：見：*Timaeus*, 91d-92b/c。另見第三章注6（7）；以及第十一章注11。

注5：見第二章開始部分及第三章注6（1）。在柏拉圖討論到自己的歷史墮落理論時（*Republic*,

546e/547a：特別見：第五章注39及注40），會提到赫希奧德的「金屬故事」，並不是偶然的；他顯然想指出他的理論和赫希奧德的故事有多麼接近，且完美詮釋了赫希奧德的故事。

注6：〈法篇〉中的歷史敘事卷三及卷四（見第三章注6 (5), (8)）。正文中的兩個摘引是在該段落的開頭（676a）。相關的段落，見：*Republic*, 369b f.（「一個城邦的誕生……」）；545d（「我們的城邦會如何變動……」）。

學者常說〈法篇〉及〈政治家篇〉沒有像〈國家篇〉那麼敵視民主；我們必須承認，柏拉圖的語氣的確沒有那麼敵意（也許是民主的內在力量日漸崛起的關係；見第十章及第十一章的開頭）。不過在〈法篇〉中對民主唯一的實際讓步，是政治官員得由統治階級成員（即軍事階級）選舉產生；但是為了杜絕國家法律的任何重要變動，所以這種讓步就沒有什麼意義了（見：本章注3的摘引）。柏拉圖的基本傾向仍是接近斯巴達的，在亞里士多德的《政治學》（11, 6, 17, (1265b)）中，也可看出這種傾向與所謂的「混合」政體是相容的。事實上，柏拉圖在〈法篇〉中比在〈國家篇〉中更敵視重視個人自由觀念的民主精神；見：第六章注32及注33：*Laws*, 739c ff.; 942a f.；第八章注19以及注22（*Laws*, 903c-909a）。另見下一個注。

注7：大抵上由於解釋源初變化（或人的墮落）的困難，使得柏拉圖要像第三章注15 (8) 中所說的改弦更張，亦即把他的「理型」說成原因和主動的力量，它可以和其他理型混合（見：*Sophist*, 252e ff.），並且拒斥其他的理型（223c）；這樣就將「理型」說成像神一類的東西，而不同於〈國家篇〉（cp. 380d）中所描述的那種僵化的、不自動也不被動的巴門尼德式存有的「神」。〈智

者篇〉（248e-249c）（此處的「運動」的理型並不是靜止的）是明顯重要的轉捩點。這種轉變似乎同時解決了所謂「第三人」的困難；因為如果如〈蒂邁歐篇〉所說的，理型是父親，就不必有個「第三人」來解釋理型與其子孫的相似性。

關於〈國家篇〉與〈政治家篇〉及〈法篇〉的關係問題，我認為柏拉圖之所以企圖在後面兩篇對話錄中追溯遠古人類社會的起源，同樣是和源初變動的問題中的那些困難有關。〈國家篇〉（546a）明白指出，我們很難設想在完美城邦中會發生變動，柏拉圖企圖在〈國家篇〉中解決這個問題；下一章會討論到（見：第五章注37以及注40）。在〈政治家篇〉中，柏拉圖採用了宇宙浩劫的理論，來說明由（恩培多克里斯的）愛的半週期轉變到現在的鬥爭的半週期的轉變過程。這個觀念在〈蒂邁歐篇〉裡似乎已被放棄了，而代之以比較有限的災難理論（例如洪水），因為這種災難一方面可以毀滅文明，一方面又不致影響宇宙的運行。（柏拉圖所以會提出這種解決方式，可能是由於古城海里斯〔Helice〕在西元前三七三至三七二年被地震和洪水所毀）。在〈國家篇〉中，和現存的斯巴達城邦相去不遠的最早社會形式，如今卻成了遙遠的過去。雖然柏拉圖仍然相原始定居者是最好的城邦，但他也開始討論早於原始定居的社會，亦即游牧社會、「山上的牧者」等（見：本章注32）。

534

注8：引自馬克思與恩格斯《共產黨宣言》；見：*A Handbook of Marxism*, edited by E. Burns, 1935, p.22。

注9：引自亞當對〈國家篇〉卷八的註解；見：vol. II, 198, note to 544a3。

注10：見：*Republic*, 544c。

注11：（一）自孔德以降的許多近代社會學家，不同於我的主張，認為柏拉圖試圖指出社會發展的典型階段。大部分的批評認為柏拉圖的故事只是對於種種政體的邏輯分類，而為一種戲劇性的表現。然而這不僅牴觸柏拉圖的說法（見：亞當關於〈國家篇〉544c19的注解：*op.cit.*, vol. II, 199），而且違反柏拉圖邏輯的整個精神。依據柏拉圖的邏輯，一種事物的本質可由其最初的性質（即其歷史起源）來理解。同時我們也不能忘記，柏拉圖是用同一個字「類」（genus），同時表示邏輯上的「類」（class）與生物學上的「類」（race）。就「出於相同的父母」而言，邏輯的「類」的確和生物學的「類」相同。（見：第三章注15及注20，第五章注23及注24，討論到「自然=起源=種族」的問題）。因此，我們就有各種理由來談論柏拉圖所說的表面價值；因為即使亞當是對的（見所引內容），亦即認為柏拉圖企圖提供「邏輯順序」；對他來說，這個邏輯順序也應該是一種典型的歷史發展順序。亞當認為（見所引內容）順序「主要是由心理的、而非歷史的考慮所決定」；我相信這和亞當自己的說法相反。因為他自己指出（例如：*op. cit.*, vol. II, 195, note to 543a ff.）柏拉圖「念念不忘在靈魂和城邦之間……作類比」。依據柏拉圖政治上的靈魂理論（下一章會討論到），心理的歷史必定和社會的歷史平行，因此亞當所說的心理和歷史的考量的對立也就消失無形了，轉而偏向我們的解釋。

（二）如果有人認為柏拉圖所提出的政體順序，基本上不是邏輯順序而是倫理順序的話，則可以如上述一般答覆；因為在柏拉圖的哲學中，倫理的順序和美學的順序一樣，都和歷史的順序不可分。就這方面而言，我們可以說這種歷史定論主義的觀點，替柏拉圖提供了接受蘇格拉底的「德福一致說」（eudemonism）的理論背景，「德福一致說」的理論認為善和幸福是同一的。在〈國家篇〉（580b）中發展了這種理論，認為善和幸福或者壞和不幸是相互對應的。並且，如果一個人的善和幸福的程度，可以用它和我們原始的幸福本性（即人的完美觀念）相似的程度來衡量的話，那麼應該也有這種對應的關係。就這點而言，柏拉圖的理論便可以為蘇格拉底學說的明顯弔詭辯護，也使得柏拉圖深信他只是在闡揚真正的蘇格拉底思想。見：第十章注56及57。

（三）盧梭承續了柏拉圖對政體的分類（見：Rousseau, *Social Contract*, book II, ch. VI; book III, ch. III ff., cp. ch. X）。但是，當他復辟了柏拉圖原始社會的觀念時，可能只是間接受柏拉圖的影響（見：第六章注1、第九章注14）；而在義大利，柏拉圖主義復興的直接產物，則是桑納扎羅（Sanazzaro）最具影響力的《阿卡迪亞》（*Arcadia*, ca. 1480），該書重現了希臘山地遊牧的幸福原始社會的觀念（關於柏拉圖這方面的觀念，見：本章注32）。因此，就歷史發展來說，浪漫主義其實是柏拉圖主義的後裔（見：第九章）。

（四）一神論的歷史定論主義者維科（Giambattista Vico）的《新科學》（*New Science*, 1725），對於孔德、穆勒、黑格爾、馬克思的近代歷史定論主義的影響程度有多大，我們很難說。無疑的，維科深受柏拉圖、奧古斯丁的《上帝之城》（*De Civitate Dei*）與馬基維利的《論李維》（*Discoures on Livy*）的影響。像柏拉圖一樣（見：第五章），維科把事物的「性質」和「起源」等同起來（見：*Opere*, Ferrari's second edn., 1852-4, vol. V, p. 99）；他相信任何國家都會依照同一個普遍的法則，經歷相同的發展進程。因此，像黑格爾一樣，他的「民族」可以說是連結柏拉圖的「城邦」和湯恩比的「文明」的環節之一。

注12：見：*Republic*, 549c/d, 550d-e, 551a/b。

注13：見：*op. cit.*, 556e（另見：Thucydides, III, 82-4，摘引見：第十章注12）；557a。

注14：關於伯里克里斯的民主方案，見第十章注31、第六章注17以及第十章注34。

注15：亞當（*The Republic of Plato*, vol. II, 240, note to 559d22）承認說：「這段說法無疑有些誇大。」不過他也認為，它基本上對「所有時代」都為真。

注16：同前揭。

注17：見：*Republic*, 560d（見：林德賽〔Lindsay〕的翻譯）；563a-b, 563d（另見亞當對於563d25的注解）。重要的是，柏拉圖在此處贊成私有財產制度（在〈國家篇〉的其他部分則對之作嚴厲的抨擊），好像私有財產制度是一種無可置疑的正義原則似的。似乎是，如果所購買的是一個奴隸，則買主就有充分的合法權利。

對民主制度的另一個攻擊，是說它把教育原則「踏在腳下」：「一個人如果不從小就在一個良好的環境裡遊戲和接受好的教育，是無法成為一個善人的。」（*Republic*, 558b；見：第十章注68）。攻擊平等主義，見：第六章注14。

補註：關於蘇格拉底對於青年同伴的態度，見早期大部分對話錄，另見《斐多篇》，該篇說蘇格拉底以「親切的、愉快的、尊敬的態度聆聽年輕人的批評」。關於柏拉圖的態度，請看第七章

注19、注21；另見：H. Cherniss, *The Riddle of the Early Academy*, 1945, p. 70-79（〈論巴門尼德〉135c-d），另見：第七章注18、注21。

注18：第五章會進一步探討奴隸制度（見前注）及雅典的廢奴運動（第五章注13、注10、注11；另見：本章注29）。像柏拉圖一樣，亞里士多德也確信雅典人有擁有奴隸的自由（*Politics*, 1313b11, 1319b20, *Constitution of Athens*, 59, 5）。託名贊諾芬（Pseudo-Xenophon）也有這種見解（見：*Constitution of Athens*,1. 10.f）。

注19：見：*Republic*, 577.a f.；另見：亞當的註解（op.,cit, vol. II, 332 f.）。

注20：*Republic*, 566e；見：第十章注63。

注21：見：*Statesman*,301c/d。雖然柏拉圖區分了被他視作低下的六種國家型態，但是並沒有引用新的說法。不同的是，在*Republic*, 445d中，柏拉圖認為「君主政體」（或「王政」）和「貴族政治」是最好的國家，而不像〈政治家篇〉所說的，是低下國家形式中比較好的。

535

注22：見：*Republic*, 544d。

注23：見：*Statesman*,297c/d：「這種政治權力本身就是一種真正的體制。我們必須把其他所有體制視為僅僅是對這種真正體制的摹仿。（297b/c）因為其他政制的保存都依賴於對法典的遵循，取決於嚴格堅守一條規則。」（見：本章注3、第七章注18。）「任何公民都不能冒險去做任何違反法律的事，如果有人敢這樣做，那麼他會被處死或受到最嚴厲的懲罰。如果我們把剛才已經描述的那種理想擱在一邊，那麼這種處於第二位的統治才是最公正的和最需要的。」（關於法

律的起源問題，見：本章注32(1, a)，以及第三章注17（2）。在〈政治家篇〉（300e/301a f.）中，柏拉圖說：「如果那些模仿性的政制想要盡可能建構一種真正的體制……那麼他們全都必須嚴格遵守他們已經立下的法律……。當富人尋求模仿這種理想的政治體制時，我們稱這種政制為『貴族政制』，但若他們無視法律，他們的政制就被造就為『寡頭政制』。」重要的是，不是抽象地有法律或無法律，而是保存古代原本的或完美的國家的制度，才是對政體分類的標準。（這點不同於亞里士多德的《政治學》292a，亞里士多德主要是區分是否做到「法律至上」或只是烏合之眾而已。）

注24：*Laws*,709e-714a，有幾處和〈政治家篇〉有關，例如在710d-e，依據希羅多德（Herodotus III, 80-82），引用一些規則作為分類的原則；在712c, d的地方，舉出政府的形式；713b ff. 的地方則說明在克羅諾斯時代的完美國家的神話，「我們現在最好的國家都是這個完美國家的摹本。」就上述說法來看，我確信柏拉圖有意使他有關專制適合烏托邦實驗的理論被了解為〈政治家篇〉及〈國家篇〉中的故事的延續。本段落引自：*Laws*,709e, 710c/d；而上面自〈法篇〉中摘引的論述則是指797d，見本章注3。我贊同英格蘭德的註解（E. B. England, *The Laws of Plato*, 1921, vol. II, 258），他認為柏拉圖的原則是：「變動是有害於任何事物的力量。」因此也是有害於罪惡的力量；不過，我不同意英格蘭德的另一種說法，那就是「由壞變好是極為自明的事情，因此不能算是一種例外」；事實上，從柏拉圖「變動本質上即是惡」的理論觀點來看，這實在不是自明的事情，另見下一個注釋）。

注25：見：*Laws*,676b/c（另見：676a，引用在注6）。雖然柏拉圖主張「變動是有害的」（見：上注末尾），但英格蘭德在解釋變動和變革的段落時，卻賦以樂觀和進步的意義。他認為柏拉圖所要探討的，是「我們可以稱之為『政治活力之祕密』的東西」（見：*op. cit.*, vol. I, 344）。他把該段落探討「有害」的變動之真正原因解釋為探討「一個國家之真正發展的原因與性質，亦即探求其趨向完美之進展」的真正原因與性質（vol. I, 345）。這種解釋不會是正確的，因為該段落內容是介紹政治沒落的故事；這卻說明了一般學者多麼容易把柏拉圖理想化，而將他說成是個進步主義者，像英格蘭德這麼優秀的批評家，而且他也發現柏拉圖相信變動是有害的，卻都還會受到蒙蔽。

注26：見：*Republic*, 545d（另見：465b）；*Laws*, 683e。亞當（*Republic*, vol. II, 203, note to 545d21）也提到《法篇》的這個段落）。英格蘭德（*Laws*, vol. I, 360 f. note to 683e5）談到 *Republic*, 609a，但未談及 545d, 565b，他並認為所涉及的是「先前的討論，或者為已散佚的對話錄中的一種記錄」。我看不出何以柏拉圖不應在〈國家篇〉中以虛構的故事，由當場的對話者討論一些題旨。如康福德（Cornford）所說的，在柏拉圖最後一些對話錄中，「並沒有想教人相信對話裡所說的一切的確發生過」；當他說到「柏拉圖並不是自己虛構的故事的奴隸」，他也是對的（見：Cornford, *Plato's Cosmology*, pp. 5, 4）。帕累托（V. Pareto）重新發現柏拉圖的革命法則，但沒有直接提到柏拉圖（見：*Treatise on General Sociology*, §2054, 2057, 2508。在 §2055 結尾，也有一種防止歷史變動的理論）。盧梭也曾重新發現這個法則（見：Social Contract, Book III, ch. X）。

注27：（一）值得注意的是，在對話錄〈蒂邁歐篇〉開頭的總論部分，柏拉圖並未有意提到最好國家的非歷史性特色，更沒有提及哲學家的統治。在〈國家篇〉卷八中，他認為最好國家的統治者並未熟練畢達哥拉斯「幾何數的神祕主義」（number-mysticism）（見：*Republic*, 546c/d，統治者對這些事務是無知的。另見：*Republic*, 543d/544a；如亞當所說的，〈國家篇〉卷八裡的最好國家仍可被卷五至卷七提到的城邦——在天上的理想城邦——所超越）。

康福德（Cornford, *Plato's Cosmology*, pp. 6 ff.）對柏拉圖在〈蒂邁歐篇〉、〈克里底亞篇〉及〈赫莫克拉斯篇〉（*Hermocrates*）未完成的對話，重建了綱要和內容：他指出它們與〈法篇〉卷三的歷史部分關連很大。我認為這個重建對我的理論是很有價值的印證；我的理論認為柏拉圖的世界觀基本上是歷史性的，他的興趣在「世界如何產生」（如何沒落），與理型論連結在一起，並以之為基礎。不過，如果這種看法是正確的話，那麼我們就沒有理由設定〈國家篇〉之後的對話錄是：「從城邦如何在未來實現的問題開始，並略述城邦趨向更低的政治形式之可能的沒落過程。」（見：Cornford, *op. cit.*, 6）反之，我們應當基於〈國家篇〉卷八及卷十一，以及〈法篇〉卷三的相關觀點，把那兩種對「過去」的理想城邦實際沒落過程的歷史概述，視為在解釋現存國家起源，而類似於柏拉圖在其〈蒂邁歐篇〉等未完成的三篇對話錄及〈法篇〉意圖的偉大工作。

（二）見：本節其後論述：「柏拉圖深知自己並沒有足夠的史料為之。」另見：*Laws*,683d; England's note to 683d2。

（三）關於我在本節末尾論述柏拉圖認識的克里特和斯巴達社會是一種僵化的或靜止的社會形

537

式，以及在下一節的所說的，認為柏拉圖的最好國家不僅是個階級國家，更是世襲階級國家的問題，另見：本章注28、第十章注24。

柏拉圖明白地說（*Laws*,797d）（在英格蘭德的「重要宣告」的引言，即引用本章注3），他的克里特和斯巴達的對話者都知道他們的社會制度是「靜止」的。克里特人對話者克萊尼亞斯（Clenias）強調，他很想聽到為國家的原始本性辯護的話。在799a中就直接談到埃及杜絕制度變動的方法。顯然柏拉圖對於克里特、斯巴達以及埃及的理解有個相似處，那就是要防止社會的一切變動。

就這點而言，〈蒂邁歐篇〉中有個段落也很重要（24a-b）。柏拉圖試圖指出：（a）雅典在古代歷史發展前建立的階級劃分，非常像〈國家篇〉中所說的；（b）這些制度與埃及的世襲階級制極為相似（他認為埃及防止變動的世襲階級制，是引自古代的雅典政府）。因此柏拉圖認為，〈國家篇〉中理想的古代和完美國家是世襲階級制的國家。有趣的是，首先論述〈蒂邁歐篇〉的學者克蘭托爾（Crantor）說，在柏拉圖之後的兩個世代，柏拉圖就被控拋棄雅典的傳統而成為埃及人的信徒（見：Gomperz, *Greek Thinkers*, Germ. ed., II, 476）。克蘭托爾也許是影射伊索克雷茲（Isocraters'）的《布西里斯》（*Busiris*, 8）（見本書注3）。

關於〈國家篇〉中的世襲階級問題，見：本章注31、注32 (1. d)，第六章注40，第八章注11、注1）。泰勒（A. E. Taylor, *Plato: The Man and His Work*, pp. 269 f.）極力抨擊柏拉圖贊成世襲階級制國家之觀點。

注28：見：*Republic*,416a。本章注35會更充分討論這方面的問題（關於下一節的階級世襲之問題，見本章注27（3）。

注29：關於柏拉圖反對為一般人民「流俗的市場爭吵」立法等問題，見：*Republic*, 425b-427a/b, esp. 425d-e, 427a。這些段落當然也抨擊雅典的民主（以及抨擊第九章所說的一切「逐件完成」的立法）。

（補註）康福德（*The Republic of Plato*, 1941）中也看到這點；他在註解柏拉圖的烏托邦工程學（見：*Republic*, 500d f.，介紹「清潔畫板」及浪漫的激進主義；見：第九章注12及正本）時說：「在425e的地方，諷刺逐件完成的修補式改革……。」康福德似乎不喜歡逐件完成的改革，而較喜歡選擇柏拉圖的方法，不過有關柏拉圖的主張的詮釋，我們兩人似乎是相合的。

本段落以下的四個摘引見：*Republic*, 371d/e, 463a-b（「供應者」與「雇工」），549a及471b/c。亞當說（見：*op. cit.*, vol. I, 97, note to 371e32）：「柏拉圖不允許在他的城邦有奴隸勞動，除非是在野蠻人中。」我同意柏拉圖在《理想國》（*Republic*, 469b-c）中反對奴役希臘戰犯；但他在471bc中卻鼓勵希臘人奴役野蠻人，特別是鼓勵他的最佳城邦中的奴役野蠻人，或許塔恩（Tarn）的意見也是如此，見：第十五章注13（2）。柏拉圖強烈抨擊希臘人的廢奴運動，他堅持把奴隸視為財產的合法權利（見：本章注17、注18）。在這段中，該註解附錄的第三個摘引（*Republic*, 548e/549a）也指出柏拉圖未廢棄其最好國家中的奴隸制度（另見：*Republic*, 590c/d，他主張粗俗和凡庸之輩，應為最好的人之奴隸）。因此泰勒兩次認為在柏拉圖的思想中「其社會並沒有奴隸階級」，這個看法是錯的（見：*Plato*, 1908, 1914, pp. 197, 118；另見：A. E. Taylor, *Plato: The Man and His Work*, 1926，見：本章注27末尾部分）。

我認為柏拉圖在〈政治家篇〉中對奴隸制度的處理，有助於我們理解他在〈國家篇〉中的態度。因為，他雖明顯認為在他的好的國家裡應該有奴隸制度，但並不多談奴隸問題，他說（289b/c）：「至於馴養除了奴隸以外的牲畜，顯然屬於我們前面已經分析過的哺養畜群的技藝。」在309a也有相同論述，認為真正的統治技巧「使那些沒有能力擺脫無知的人成為奴顏婢膝的奴僕」。柏拉圖何以沒有大量談到奴隸，在289c ff.，特別在289d/e，表現得非常清楚。他對於「奴隸和其他僕役」，如勞工、商人、貿易人士之間，並未作太大的區分（認為他們都是「掙錢的人」；見：第十一章注4）；奴隸和他人的差別只在於奴隸是「用錢買來的僕人」。換句話說，柏拉圖自認為遠比那些卑下的人高尚得多，犯不著對那些人再作區分。這和〈國家篇〉所說的非常相似，只不過比較明顯而已（另見第八章注57（2））。

關於柏拉圖在〈法篇〉中處理奴隸制度的問題，另見：G. R. *Morrow, Plato and Greek Slavery*, Mind, N. S., vol. 48, 186-201, 402。雖然以我認為他有點偏袒柏拉圖，然而這篇文章對於該問題有極佳的觀察與批評，並且得到非常公正的結論（也許這篇文章沒有特別強調在柏拉圖的時代，廢奴運動正盛行一時；見：第五章注13）。

注30：摘引自〈蒂邁歐篇〉中柏拉圖對〈國家篇〉的結論（18c-d）；該處提到，婦女和兒童的社會缺乏創新，另見：Adam, The *Republic* of Plato,vol. I, 292, note to 457b ff.; 308, note to 463c17; 345-355, esp.

539

354。關於柏拉圖的共產主義中畢達哥拉斯學派元素的問題，見：*op. cit.*, 199, noteto 416d22。關於貴重金屬的問題，見第十章注24。關於普通金屬的問題，見第六章注34；關於柏拉圖及其後繼者的共產主義者原理的問題，見第五章注29（2），及在該處所說及的段落。

注31：引自：*Republic*, 434b/c。對於主張階級世襲制的國家，柏拉圖一直相當遲疑。和前述段落的「冗長開場白」毫不相干（第六章會討論；見：該章注24及注40）；因為當柏拉圖首次談到這些問題時（見：415a ff.），他似乎認為下流階級可以擢升到上流階級，但是下流階級的孩子必須在「出生時混合有金與銀」，也就是必須具有上流階級的血統和德性。但是在434 b-d，甚至在547a中，卻收回這個說法；而在547a中說，任何不乾淨的元素的混合，對國家都是致命的打擊。另見第八章注11至注14，及本章注27（3）。

注32：見：*Statesman*,271e。在〈法篇〉中談到原始遊牧民族及其族長制的地方，見：677e-680e。以下段落引自：*Laws*,680e; *Republic*, 415d/e。「地生人神話」出自：*Republic*, 440d。關於本註解附錄中的若干段落，也許是有必要加以討論：

（一）在正文中談到的「定居」如何發生的問題，解釋得並不十分清楚。我們在〈法篇〉和〈國家篇〉中首先見到（見下面a和c）某種協定或社會契約的說法（關於社會契約的問題，請參考第五章注29、第六章注43至注54及正文），接著則有武力侵略說（見b及c）。

（a）〈法篇〉中談到，在形成軍事聯盟而團結在一起後，山上各部落的牧者就定居在平原上（軍事聯盟的法律是以協定與契約的形式訂立，而由被賦予王室權力的仲裁人制定法規。見681b; c/

d）；在681b中描寫法律的起源，見：第三章注17（2）。但至此柏拉圖就開始搖擺不定了。他不描寫這些軍事聯盟如何定居在希臘，希臘的城邦如何建立，卻談荷馬的特洛伊城建立的故事，以及特洛伊城的戰爭。柏拉圖說，希臘人以多利安人之身分回來了，同時「故事的其餘部分……是斯巴達歷史的一部分」（682e），「因為我們已使斯巴達人定居」（682e/683a）。然而我們卻沒有聽到有關這種定居的方式，接著就越扯越遠了（柏拉圖自己也談到「論證的迂迴路線」），終於在683c/d看到「暗示」（見：b）。

（b）關於*Laws*, 683c/d所說的「我們得到一種暗示」，說多利安人的「定居」在伯羅奔尼撒半島，事實上是武力的侵略，在683c/d，柏拉圖第一次談到斯巴達的歷史說，他論述的起點是當整個的伯羅奔尼撒被多利安人「實際征服」的時候。在〈美涅克塞努篇〉（Menexenus，該對話錄的真實性不容置疑；見：第十章注35）245c提到第一種事實，那就是伯羅奔尼撒人是「外地來的移民」（葛洛特就持這種看法，見：Grote, *Plato*, III, p. 5）。

（c）在*Republic*, 369中，談到城市是由工人建造的，俾能依據契約論區分勞動和合作。

（d）但是，稍後我們看到柏拉圖對於起源有些神祕的「地生人」的戰士階級勝利入侵的描述（見：*Republic*, 415d/e；另見本節正文引文）。它說地生人必須四處尋找最適合紮營的地點「來監管那些城裡的人」，亦即監管原來的居民。

（e）在*Statesman*,271a說，這些「大地所生」者，就是定居時期以前極早的山地遊牧民族。另見：〈會飲篇〉中提及的「土著蚱蜢」。見：第三章注6（4），第八章注11（2）。

（f）總結說，柏拉圖似乎很清楚多利安人的征服，而他之所以故弄玄虛，理由很明白。另外有傳說戰鬥部族原為遊牧民族的後裔。

（二）在本節正文中後面關於柏拉圖「繼續強調」統治即放牧的論述，見：*Republic*, 343b（在此引進了放牧的統治觀念）；345cf（以比喻的形式談到好的牧者，並成為本節探討的中心論題）；及 375a-376b, 404a, 440d, 451b-e, 459a-460c, 466c-d（第五章注30引用 466c-d），將戰士們比喻為牧羊犬，並討論他們的養育和教育問題。在 416a ff.，則提出國家內部和外部的豺狼的問題；另見：〈政治家篇〉多處討論上述觀念，見：261d-276d。關於〈法篇〉，我可以提出 694e，柏拉圖說到賽魯斯（Cyrus）為了他的兒子獲得「牛羊及許多人群和其他動物」（另見：*Laws*,735; *Theaetetus*, 174d）。

（三）關於上述種種問題，另見：A. J. Toynbee, *A Study of History*, esp. vol III, pp. 32 (n. 1)（該處引用：Lybyer, *The Government of the Ottoman Empire*）等）；33 (n. 2)；特別見對遊牧民族征服者之論述（p. 22）：「處理……人」及柏拉圖的「人民之牧羊犬」（p.94, n. 2）。湯恩比的傑出觀念給了我許多啟發，而他的許多論述也鼓勵了我，以印證我的解釋。我對他的評價越高，和他之間的基本假設也就相去更遠。我在正文中使用了湯恩比的許多語詞，如「牛民」（Human Cattle）、「羊民」（Human Herd）、「人民之牧羊犬」（Human Watchdog）。

從我的觀點來看，湯恩比的《歷史研究》是我所說的歷史定論主義的一種模式；我不想多談對於該書基本上的不贊同；其中多處是我不同意的，會在各不同的地方討論（見：本章注43及注

45（2）、第十章注7及注8，以及第二十四章）。我在第二十四章及《歷史定論主義的貧困》（*The Poverty of Historicism*, p. 110 ff.）中也批評了湯恩比。不過其中仍然有許多有趣和刺激的觀念。關於柏拉圖方面，湯恩比強調的許多觀點都是我同意的，特別是我同意他關於柏拉圖的最好國家的觀念，是由於柏拉圖的社會變遷經驗以及企圖防止一切變動，因而產生一種防止變動的斯巴達式國家（它本身也是不容任何變動的）。撇開這些一致的觀點不談，我和湯恩比對柏拉圖的解釋，有個基本上的不同點。湯恩比認為柏拉圖的最好國家是一種典型的（反動的）烏托邦，而我對其主要的解釋（加上我所謂的柏拉圖的一般變動理論），則是認為他旨在重建原始社會形式。我也不以為湯恩比會同意我對柏拉圖先於定居時期和定居本身的解釋，這些在註解和正文中已經概述；因為湯恩比說（見：*op. cit*, vol. III, p. 80）：「斯巴達社會並非源自遊牧民族的社會。」他極力強調斯巴達社會的特殊性格（見：*op. cit*, vol. III, p. 50 ff.），認為這種特殊性格是斯巴達社會透過超乎人類能力之外的對其「牛民」的監管發展出來。不過我認為這種強調斯巴達的特殊情況，會使人難於理解斯巴達和克里特之間在制度上的相似性，而柏拉圖認為其間的相似性非常明顯（見：*Republic*, 554c; *Laws*,683a）。我相信這些僅能解釋為遠古部落制度防止變動的形式，這些部落制度比斯巴達在第二次麥西尼亞戰爭（Messenian War）的努力還要古老很多（大約在西元前六五〇年至六二〇年，見：A. J. Toynbee, *A Study of History*, vol III, p. 53）。這些制度在這兩個地方的存在條件相去甚遠，因此他們的相似性便有利於證明他們是原創的制度，而不是相互沿襲的。

補註：關於多利安人的定居問題，另見：R. Eisler, *Caucasia*, vol. V, 1928, esp. p.. 113, note 84）。他把「Hellenes」譯為「定居者」，把「Greeks」譯為「畜牧者」，亦即牲畜的養育者或遊牧者。艾斯勒（*Orphisch-Dionisische Mysteriengedanken*, 1925, p. 58, note 2）指出，牧羊神觀念源於奧菲斯教派。該處並提到神的牧羊狗（Domini Canes）。

注33：在柏拉圖的國家中，教育是個階級特權；許多狂熱的教育家忽略了這個事實，他們信任柏拉圖把教育獨立於經濟手段的觀念；卻沒有看到，作惡也是該階級的特權，至於這種特權是否基於所擁有的財富，或是否基於其他決定統治階級成員的標準，則沒有那麼重要。見：第七章注12、注13及正文。關於武裝的問題，見：*Laws*,753b。

注34：見：*Republic*, 460c，另見：本章注31。關於柏拉圖贊同弒嬰的問題，見：Adam, *op. cit.*, vol. I, p. 299, note to 460c1, pp. 357 ff.。雖然亞當正確地主張柏拉圖贊成弒嬰，並也承認任何企圖「為柏拉圖開脫」都是「無關宏旨的」，卻指出「在古代希臘，這種措施是普遍流行的」，以此試圖替柏拉圖開脫。但是雅典並沒有這種情形。柏拉圖從頭到尾都是傾向古代希臘的野蠻行徑和種族主義，而不喜歡伯里克里斯的雅典式開明作風。他必須為這種選擇負責。關於解釋斯巴達之實際情況的假說，見第十章注7及正文；另見該注的參考資料。

本段後面部分贊成應用像畜養動物一樣的原則來牧養人的引文，出自：*Republic*, 459b（見第八章注39及正文），狗與戰士之間的類比等問題，出自：*Republic*, 404a; 375a; 376a/b; 376b。另見第五章注40（2）下一個注解。

注35：出自：*Republic*, 375b；416a（見：本章注28）；375c-e。關於對立「性質」或「理型」的混合，是柏拉圖喜歡談的主題之一（見：第五章注18至注20，及注40（2），第八章注39及正文）。在*Statesman*, 283e f. 及亞里士多德的著作中則把這個此問題發展為中庸理論。

注36：引自：*Republic*, 410c, 410d, 410e, 411e/412a及412b。

注37：在*Laws*,680b ff.，柏拉圖因為克里特野蠻地漠視文藝，而對克里特有許多諷刺的話。克里特人甚至漠視荷馬而不知有其人，柏拉圖在提到荷馬時說：「克里特人是很少讀外國詩的。」（但斯巴達的對話者接著說：「然而斯巴達人是讀外國詩的。」）關於柏拉圖偏好斯巴達習俗的問題，見：第六章注34及本章注30和正文。

注38：柏拉圖對於斯巴達把人看成牛群的觀點，見：本章注29；*Republic*, 548e/549a，柏拉圖比較榮譽政治的人士與柏拉圖的兄弟格老孔：「他比格老孔要嚴厲，但不如格老孔的具有音樂修養。」該段落的內容摘引在注29正文；修昔底德曾提到兩千個斯巴達農奴被陰謀謀殺（IV, 80）；假藉允許其自由，而把最好的農奴處死。幾乎可以確定的是，柏拉圖很熟悉修昔底德；我們也可以肯定說他有更多直接的史料。

關於柏拉圖對於雅典寬大的處理奴隸之觀點，見本章注18。

注39：就〈國家篇〉堅決的反雅典及反文藝的傾向來看，實在難以解釋為什麼有這麼多教育家熱中於柏拉圖的教育理論。我看只有三種可能的解釋。要麼是他們不理解〈國家篇〉，無視於其明目張膽仇視雅典既存的文藝教育；或者他們像許多哲學家、音樂家一樣，只是被柏拉圖口頭上強

542

調教育的政治作用所吸引（見：注41及正文）；或兩者皆有。

我們也難以明白何以那些愛好希臘藝術和文學的人會受到柏拉圖的鼓舞。在〈國家篇〉卷十中，柏拉圖嚴詞攻擊詩人和悲劇作家，特別是抨擊荷馬（甚至攻擊赫希奧德）。在*Republic*, 600a，他說荷馬還不如一個好的技術員或機械師（柏拉圖視之為技匠和墮落者，因而一般遭到輕視。見：*Republic*, 495e, 590c 及第十一章注4）；在*Republic*, 600c，他說荷馬比辯士普羅泰戈拉（Protagoras）及普羅迪庫司（Prodicus）還不如（另見：Gomperz, *Greek Thinkers*, German ed, II, 401）；在*Republic*, 605a/b，他公開主張禁止詩人進入任何治理良好的城邦。

然而評論者通常卻忽略了柏拉圖態度中的這些明白表示；而只注意到柏拉圖準備攻擊荷馬之前的一些論述：「……儘管我從小就對荷馬懷著熱愛和敬畏心，不願說他的壞話，但現在我不得不直說了。」（見*Republic*, 595b）亞當註解這段話時說（note to 595b11）：「柏拉圖是以實際的感受來說話。」但我認為柏拉圖的論述僅說明了在〈國家篇〉中一般明白採用的方法，那就是在開始抨擊人文主義的觀念之前，先對讀者的情緒作一些讓步。

注40：關於造成階級紀律的嚴格審查，見：*Republic*, 377e, ff., esp. 378c：「我們希望我們將來的衛士能把彼此勾心鬥角、玩弄陰謀詭計當作奇恥大辱。」有趣的是，當柏拉圖在376e, ff. 提出他的審查理論時，並未立即指出他的政治原則，而只先說真、美等問題。在595a, ff.，特別是605a/b，有更進一步的強調審查（見上引注，及第七章注18到注22與正文）。在〈法篇〉中，審查所扮演的角色問題，見801c/d；另見下一個注釋。

543

關於柏拉圖忘記其「音樂」必須用來加強人的優雅以調和人的凶殘的說法，請見：*Republic*, 410c-412b，本章注36，另見：399, ff.。在399a f.，說到有幾種音樂是必要的，不是要使人變得軟弱，而是「適合戰士」。另見下一個注釋。必須澄清的是，柏拉圖並未「忘記」以前所宣稱的原則，而是他想逐步導出該原則。

注41：（一）關於柏拉圖對「音樂」的態度，見：*Republic*, 397b, ff., 398e, ff., 410b, 424b, f., 546d；*Laws*,657e, ff., 673a, 700b, ff., 798d, ff., 801d,ff., 802b, ff., 816c。他的基本態度是，「我們必須明白，音樂的花樣翻新可能帶來的危險是無法預測的。」因為「如果政治和社會的根本大法沒有變動，那麼音樂的類型也不能改變，這是達蒙（Damon）說的，我相信他這話。」（*Republic*, 424c）。柏拉圖總是善用斯巴達的例子。亞當說：「音樂變動和政治變動之間的關連……是希臘人，特別是斯巴達人，所普遍承認的……斯巴達的提摩太（Timotheus）把他的七弦琴加了四根弦，因而被沒收。」（見：op. cit., vol. I, p. 216, note to 424c20。）斯巴達的作風鼓舞了柏拉圖，那是毫無疑問的；但說整個希臘、特別是伯里克里斯時代的雅典，都普遍承認這點，則是最不可相信的。

（二）我在正文中說柏拉圖對音樂的態度，如果和「更開明的同時代批評相比」，是一種迷信和落伍的心態（見：*Republic*, 398e, ff.）。在我心中的這個批評出自一個匿名的作者，也許是西元前五世紀或四世紀早期的音樂家。他有一篇演講（可能在是奧林匹克的演說）收錄在：Grenfell and Hunt, *The Hibeh Papyri*, 1906, pp. 45 ff.）。作者可能是亞里士多德所提及的「批評蘇格拉底各音樂家」中之一位（亦即柏拉圖〈國家篇〉中之蘇格拉底，在亞里士多德《政治學》同樣迷信的段落（1342b），他大部分重述柏拉圖的論證）；但是，這位匿名作者的批評遠超過亞里士多德所指出的。柏拉圖和亞里士多德相信某些音樂模式，例如「懶散的」愛奧尼亞和利底亞模式，會使人民柔弱且缺少男子氣概，而其他模式，特別是多利安人的模式，則會使人民勇敢。匿名的作者攻擊這種論點。他寫道：「他們說某些音樂模式使人節制，另一些模式使人公正；有的模式使人成為英雄，有的則使人成為儒夫。」他指出這種觀點的愚昧，他說，某些最好戰的希臘部落，流行著一般認為會使人軟弱的音樂類型，而某些職業性的歌者習慣唱「雄壯」的歌曲，卻不見得會變為英雄。這種批評可能是直接批評雅典音樂家達蒙，柏拉圖常引用他當作一種權威；他是伯里克里斯的朋友（在藝術批評的領域中，伯里克里斯對於斯巴達的態度至為容忍）。不過他很可能是在直接批評柏拉圖本人。關於達蒙的問題，見：Diels；關於匿名作者的假設問題，見：*op. cit.*, II, p. 334, note。

（三）就我抨擊對於音樂的「反動」態度來說，我也許可以說明一下，我不是因為個人同情音樂的「進步」。事實上，我常常喜歡古典音樂，越古老越好，極不喜歡近代音樂（特別不喜歡自華格納以降的音樂作品）。不過我也反對把個人好惡強加諸他人，更反對審查。我們可以有愛有憎，特別是在藝術領域中，但不必用法律來壓抑我們所憎惡的、或獎掖我們所愛好的。

注42：見：*Republic*, 537a; 466e-567e。

近代極權主義教育的特徵，見：A. Kolnai, *The War against the West* (1938), p. 318。

注43：就我所知，柏拉圖有個重要的理論，認為國家（亦即中央集權的政治權力）源於征服（即定居的農業民族被山地的遊牧民族征服）。休謨在批評契約論的歷史想像時，首次重新發現了這理論。（如果我們不溯及馬基維利的某些論述的話。見：Hume, Essays: *Moral, Political, and Literary*, vol. II, 1752, Essay XII, *Of the Original Contract*）。休謨說：「幾乎所有當前的政府或在歷史中留有記錄的政府，原來都是由篡奪、征服或兩者……而建立的……。」他指出：「一個心機深而膽大的人……較諸其同僚許多人更容易……有時用暴力，有時用假託來建立對人民的支配……。許多政府是用這樣的方法建立的。這是他們所自誇的一切原始契約。」勒南（Renan, What is a Nation? 1882）也恢復這種理論。尼采（Nietzsche, *Genealogy of Morals*, 1887, 1894, p. 98）在提到「國家」的起源時說（沒有提及休謨）：「一群可鄙的禽獸，具有戰鬥性組織的征服者種族……把可怕的爪牙加諸人數上遠超過他們的種族……這便是世上『國家』的起源；我認為以『契約』使國家產生的願望已經破滅了。」尼采採用這種理論，因為他喜歡這些可鄙的禽獸；不過歐本海默（Oppenheimer）在《論國家》中也提出了這種理論（F. Oppenheimer, *The State*, trans. Gitterman, 1914, p. 68）。馬克思主義者考茨基（K. Kautsky）在其《唯物主義對歷史的解釋》（*The Materialist Interpretation of History*）中也提出這種理論；另見：W. C. Macleod, *The Origin and History of Politics*, 1931）。我想由柏拉圖、休謨、尼采所描寫的雖然不能一概而論，但是至少在許多情況裡是事實。我只是就中央集權的政治權力來談論「國家」。

我可以提一下湯恩比大異其趣的理論。但在討論該理論之前，我想先聲明，從反歷史定論主義的觀點來看，這個問題並不是很重要。也許考察一下「國家」是怎樣產生的，這本身就是有趣的事，但這樣做卻和我所了解「國家的社會學」亦即「政治技術」沒什麼關係（見第三章、九章、二十五章）。

在湯恩比的理論中，「國家」的意義並不限定為中央集權的政治權力。他旨在探討「文明的起源」。但是在此發生了困難；因為他所謂的「文明」有一部分是「國家」（如在此所述），有一部分為非國家、類似愛斯基摩人（Eskimos）的社會；同時，如果各個「國家」不一定是依照同一個模式產生，則當我們考察像早期埃及與美索不達米亞的國家及其制度和技術時，是否能夠比照考察像愛斯基摩人的生活方式這種完全不同的現象，就更可疑了。

不過我們可以著眼於討論湯恩比對埃及和美索不達米亞「文明」的起源的描述（*A Study of History*, vol. I, pp. 305 ff.）。他的理論是，困難的叢林環境之挑戰，激發了有才幹和事業心的領袖們的回應；他們率領群眾進入河谷，開始耕種，從而建立國家。這種類似黑格爾和柏格森以創造性的天才作為文化和政治領袖的理論，我認為極為浪漫。如果以埃及為例，我們首先應該尋求階級世襲制的起源。我相信這極可能是征服的結果，就像在印度一樣，每次新的征服者的浪潮都是以新的世襲階級取代舊的世襲階級。不過還有其他論證。湯恩比本人贊成一種可能比較正確的理論，那就是畜養牲畜、特別是訓練動物，是比單純農業更進步也更困難的發展階段，而這正是在大草原的遊牧民族所採取的步驟。然而我們發現，在埃及既有農業也有畜牧，早期的「國家」通常都有這種情形。（雖然我認為在美洲的所有國家並非如此）。這似乎是表示，

545

這些國家都有某種遊牧民族的元素；而冒險假設這種元素是由於遊牧民族侵略者把他們階級世襲的統治加諸原來的農業民族上，似乎是很自然的。這種理論與湯恩比的理論不同（見：op. cit., vol. III, pp. 23 ff.），湯氏認為遊牧民族建立的國家往往很快就會沒落。然而事實上，許多早期階級世襲的國家的畜牧多少應作一些解釋。

主張說遊牧民族建立了原始上層階級的想法，可由古代和現代的上層階級傳統得到佐證。根據這個傳統，戰爭、狩獵、養馬，都是有閒階級的象徵；這個傳統是亞里士多德之政治學和倫理學的基礎；如韋伯倫（Veblen, *The Theory of the Leisure Class*）及湯恩比所指出的，這種傳統至今仍然存在；就這個證據而言，我們甚至可進一步說，畜牧者是相信種族主義的，特別是相信上層階級種族的優越性。這種種族優越的信仰（在階級世襲國家甚為盛行，柏拉圖和亞里士多德皆有此主張），湯恩比認為是「我們近代的罪惡之一」，這種信仰，「古希臘的天才們一無所知」（見：op. cit., III, 93）。不過雖然許多希臘人可能發展了超越種族主義的思想，但柏拉圖和亞里士多德的理論似乎還是建立在舊有的傳統上；特別是因為種族的觀念在斯巴達中扮演重要的角色。

注44：見：*Laws*,694a-698a。

注45：（一）依我看，我們似乎不應過份看重史賓格勒（Spengler）的《西方的沒落》（*Decline of the West*）。不過它代表了一種徵兆。它是一種相信上層階級正面臨崩壞的理論。像柏拉圖一樣，史賓格勒試圖指出「世界」是應該譴責的，這是因為世界依循著沒落和死亡的普遍法則所致；

他也像柏拉圖一樣，在其後的《普魯士主義和社會主義》（*Prussianism and Socialism*）中，倡言一種新的秩序，一種產生歷史力量的孤注一擲的實驗，採用共產主義或「社會主義」的經濟管制而使普魯士統治階級再生。關於史賓格勒的問題，我大抵上同意納爾遜（L. Nelson）的說法，他用一個很長的諷刺性題目發表他的批評；這個題目的開頭可譯為：《巫術：探求史賓格勒算命術的祕密，及其不可駁斥的占卜真理最具證據之證明》。我認為這是對史賓格勒很公正的說明。納爾遜可以說是首先反對我所謂的歷史定論主義的人士（依據康德對於赫德的批評；見：第十二章注56）。

（二）我之所以說史賓格勒並非最後一個「沒落和傾圮」論者，是因為其後還有湯恩比。湯恩比的著作遠勝於史賓格勒的著作，是故我難以相提並論；不過他所以優於史賓格勒，主要是由於湯恩比觀念的豐富及其優越的知識（他和史賓格勒不一樣，他不在同一天同一個時間處理一切事物）。不過，他們兩者的目的和探求的方法是相同的。他們都是極為堅定的歷史定論主義者（見：我在《歷史定論主義的貧困》中之批評），同時基本上也都是黑格爾式的思想家（雖然我沒有看到湯恩比理解及此）。湯恩比以「文明成長之判準」為「朝自我決定進展」，足以明白指出這點；因為黑格爾的朝「自我意識」及「自由」的演進法則，是極容易為湯恩比承認的。湯恩比的黑格爾主義似乎是透過布萊德雷（Bradley）而形成的，例如他說在談論「關係」時（vol. III, p. 223）說：「『事物』或『存有』之間的關係」包含著一種「邏輯上的矛盾……如何超越這種矛盾呢？」（我無法在此討論關係的問題，但我可肯定的指出，一切有關關係的問題，都

546

可用現代邏輯的簡單方法化約為性質或類的問題；換句話說，關於關係問題，在哲學上並不怎麼困難。我所提到方法得自韋勒爾（N. Wiener）和庫拉托夫斯基（K. Kuratowski）；見：Quine, *A System of Logistic*, 1934, pp. 16 ff.）。我現在並不認為把某種著作歸為某個學派就可以把該著作打發掉；不過在黑格爾的歷史定論主義的情況中確是如此，理由見本書第二部的討論。

關於湯恩比的歷史定論主義問題，我希望特別說明的是，我實在非常懷疑文明究竟是否真的由出生而成長、瓦解、死亡。我之要強調這點，因為我用了湯恩比所使用的一些語詞（如我所說的社會之「瓦解」及「停滯」等語詞）。不過我希望澄清一下，我所使用的「瓦解」並不涉及所有文明，而是指涉一種特別的現象：與巫術或部落的「封閉社會」的崩潰有關的尷尬感受。因此，我不相信湯恩比所認為的，希臘社會在伯羅奔尼撒戰爭時期遭到「瓦解」；我發現比湯恩比所描述的更早的瓦解徵兆（關於這點，見：第十章注6、注8及正文）。關於「停滯的社會」一詞，我只用在那種因為封閉自己而落入巫術形式，而以武力對抗開放社會影響的社會；或者用在那種試圖回到部落牢籠的社會。

我也不認為，我們西方的文明只是整個物種中的一個成員。我想有許多的封閉社會，它可能遭遇到各類的命運；然而我認為，一個「開放社會」唯有繼續努力下去，否則就會停滯下來而被迫回到牢籠中，亦即變成野獸（見：第十章，特別是最後的註解）。

（三）關於衰亡的故事，值得一提的是，幾乎所有這類故事都受到赫拉克里圖斯所說的「多數人像畜牲一樣狼吞虎嚥」，以及柏拉圖的「低等動物」本能理論的影響。我是說，他們都試圖指出，沒落都是由於統治階級採用「低等」的標準，認為這些標準對勞動階級而言，是自然而然的事。換個粗淺和直率的說法，這種理論認為，像波斯和羅馬帝國等文明的沒落，都是由於吃得太飽所致。

第五章

自然與約定

55

柏拉圖並不是第一位以科學探究的精神來研究社會現象的人。社會科學的肇始至少可以溯自普羅泰戈拉（Protagoras）時代，他是那些自稱為「辯士」（Sophists）的偉大思想家的先驅。辯士們最主要的特徵，就是了解到在人的環境中有兩種不同的元素必須加以區分，自然環境和社會環境。要提出且明白這種區分是很困難的，我們至今甚至仍然難以明白分辨。自普羅泰戈拉時代以來，這問題依然有待解決。我們大部分人似乎仍有種強烈的傾向，即認為們社會環境中的特殊事實是「自然」的事。

原始部落或「封閉」社會中巫術態度的主要特徵之一是，他們自認為生活在不變的禁忌、法律、習俗的「施咒的圈子」裡[1]，這些東西都被視為如同太陽東升、四季更迭或其他明顯的自然規律般的必然現象。只有這種巫術式的「封閉社會」實際瓦解以後，才能對於「自然」和「社會」之間的差異發展出一種理論性的理解。

1

我相信，要分析這種發展，首先必須清晰掌握下述的重要區別。這種區別就是：（a）**自然律**或自然法則，例如描述日月星球的運行、四季遞換的法則，或者是重力法則，或是熱力學法則；另一方面則是（b）**規範性的法則**或行為準則、禁例、命令等等，即指導行為模

56

式的規則；如十誡或國會議員選舉程序法，或雅典政體裡的法律等等。

由於這方面的討論往往會模糊了這個差別，所以我們要略加說明一下。就自然法則的意義來說，它是描述一種嚴格而恆常不變的規律，這個法則如果確實在自然界中成立，那麼便是個真的陳述，如果不成立，則是假的陳述。假如我們不知道某個自然法則是真是假，卻要面對這種不確定，便可以稱之為一種「假設」。自然法則是不可更改的、沒有例外的。因為如果我們發現某些事物和它矛盾，我們不會說該法則有例外或更改，而會說我們的假設被推翻，因為它所假設的嚴格規則顯然不成立了；或者換另一種說法，我們假設的自然法則並不是真正的自然法則，而只是個假的陳述。因為自然法則是不可更改的，我們既不能打破它，也不能強制它。它們是超出人類的控制以外的，雖然為了技術上的目的，我們可能利用某個自然法則，或者因為不理解或忽視它而導致困擾，但我們是不能改變自然法則的。

但是談到（b），也就是規範性法則，一切就截然不同了。一個規範性法則，不論它是法律規定或道德約束，都是人類可以行使的。此外，規範性法則是可以更改的，甚或可以臧否它的善惡對錯，評斷它是可以接受或不能接受的。只有在隱喻的意義上，我們才能談到它的真偽。因為它並不描述事實，而是對我們的行為的指導。規範性法則必須有違犯的可能性時才有意義；如果不能違犯的話，那就是多餘而沒有意義的。「量入為出」是個有意義的規範性法則，可能有道德或法律方面的意義，但更重要的是，它經常被違犯。「不要從皮包裡拿出超過皮包裡所有的錢」，字面來看也可以是個規範性法則；但並沒有人會認真的把它視為道德或法律系統中有意義的法則，因為它不可能被違犯。如果說我們遵守某個有意義的規範性法則，那往往是由於人為的控制，由於某個決定和行動。而且往往也是由於決定而規定罰則，以懲罰或限制違反法律的人。

57 我和許多偉大的思想家以及社會科學家一樣相信，（a）和（b）兩種規則的區分，也就是描述自然規則的陳述以及禁令或約束性的規範，是極為重要的。這兩種規則除了都叫作「法則」以外，幾乎沒有其他共同點。不過這種觀點並不是普遍被接受；相反的，許多思想家相信有些禁令或誡命是「自然的」，也就是依照（a）的自然法則去訂定的。例如他們說，某些法律規定是依照人性創設的，因此是依據（a）的意義下的心理學的自然法則，而有些法律規範則可能違背人性。他們又說，和人性相符合的規範其實和（a）意義下的自然法則無甚差別。也有些人說（a）意義下的自然法則相當類似於規範性法則，因為它們都是造物主的意志或決定；從自然法則借用規範性意義下的「法則」這點就可見一斑。所有這些觀點或許都值得討論。不過，為了討論它們，首先就必須分辨（a）的法則和（b）的法則，不要讓拙劣的術語混淆了我們的討論。然後，我們會保留「自然法則」來指涉（a），而不會應用到任何宣稱具有「自然」意義的規範。這種混亂是不必要的，因為如果我們要強調（b）法則中的「自然」特性，大可以用「自然權利」、「自然義務」或「自然規範」去表達。

2

我相信如果要理解柏拉圖的社會學，就有必要理解自然法則和規範性法則兩者的區分的發展。我會首先討論該發展的起點和終點，然後再討論其中的三個中間階段；這些都是柏拉圖理論中的一部分。它的起點可以說一種**素樸的一元論**。我們可以說，「素樸的一元論」是「封閉社會」的特徵。其次，我又把上述發展的最後階段描述為**批判的二元論**（或批判的約定主義〔critical conventionalism〕）。「批判的二元論」是「開放社會」的特徵。現在仍然有許多人企圖迴避這個階段，這個事實足以說明我們其實仍然處於封閉社會過渡到開放社會的中間階段（另見：第十章）。

58

我所描述的起點，「素樸的一元論」，是還沒有區分自然法則和規範性法則的階段。其時，人們從悲苦的經驗中學習適應環境。對於因為觸犯禁忌而遭致族人的懲罰，以及他在自然環境裡遭致的痛苦經驗，人們並沒有劃分畛域。在這個階段內，我們可以進一步區分兩種可能性，其一是「**素樸的自然主義**」（**näive naturalism**）。在這個階段裡，不論是自然的或是約定俗成的規則，都被認為是不可更改的。不過，我相信這個階段僅是一種也許從未實現的抽象可能性。更重要的是可以描述為「**素樸的約定主義**」（**näive conventionalism**）的階段

——在這個階段，把自然和規範性的規則視為可以從擬人的神或惡魔的意旨中經驗到。因此四季的循環，日月星球的特殊運行，都被解釋為服從支配著天上人間的「法則」、「天命」或「決定」，而且這些都是造物主在最初宣告訂定的[2]。可以想像得到，有這種想法的人難免會相信，即使自然的法則也可在某些例外情況下被修正。他們會相信，透過巫術，人有時也可以影響它們，同時，也相信這些自然法則會經由懲罰證實其存在，有如規範一般。赫拉克里圖斯說：「太陽不會越出它的軌道之外；不然的話，命運女神、正義的女僕會把它找出來。」

巫術式的部落主義的瓦解和以下事實息息相關，也就是理解到：各個部落都有各自不同的禁忌，而禁忌是由人訂定和執行的，只要能逃避別人的制裁，就可以打破禁忌，而不會遭到不愉快的反擊。明白了有些規則可以改變，便會更加深這方面的理解。我所說的不僅是像索倫這種人制定的法律，也包括民主城邦中由眾人制定和執行的法律；這些經驗使人們漸漸意識到，依據人們的決定或約定俗成而執行的規範性法則和超越人類力量的法則，兩者是不同的。當明白理解到這種殊異時，就可以說是進入「**批判的二元論**」或「批判的約定主義」的階段。在希臘哲學的發展中，這種事實和規範的二元論，是藉著自然和約定俗成兩者的對立來宣示的[3]。

事實上，早在辯士普羅泰戈拉（Protagoras）（比蘇格拉底年長）就已經進入這個階段，

59

但是我們至今所知不多，因此詳細的解釋也許是必要的。首先，我們不可以為「批判的二元論」蘊含著關於種種規範的歷史起源的理論，「批判的二元論」根本不涉及顯然站不住腳的歷史論斷，亦即認為規範最早是人類有意識地創設或引進的，而不是發現任何既存的規範（只要他有辦法發現到）。因此，「批判的二元論」既不涉及「規範源自人類而不是神」的主張，也不低估規範性法則的重要性。它更沒有主張說因為規範是人訂定的，所以是任意的。「批判的二元論」只是認為規範和規範性的法則，可以由人類創設和改變，特別是經由約定俗成或決定去遵守或改變它們，因此人們對它們就有了道德上的責任；或許不是對於那些不明究裡的規範負責，而是對於自覺有能力加入意見、因而可以忍受的規範負責。規範性法則是由人創設的，意即只有人對它負責，神或自然是不對它負責的。如果我們發現若干規範性法則應該反對，就應該儘量去改善它們。這意味著規範雖被視為約定俗成的，但並不是說它們一定是任意的，或者某一組規範性法則一定和其他規範性法則一樣完善。說若干法則系統可以改進，及某些法則可能優於其他法則，意思是說我們可以比較既有的規範法則（或社會制度）以及其他我們認為值得實現的標準規範。不過，即使是這些標準，也是我們自己訂定的，也就是說，我們決定支持它們，終究還是我們自己的決定，也只有我們自己要為採用這些標準負責。這些標準不是在自然中發現的。自然包含的是事實和規律，既不是道德的也不是不道德的。儘管人其餘也是自然世界的一部分，但畢竟是人把自己的標準加諸自然，並且以此把道德引入自然世界中[4]。我們是自然的產物，不過自然又使我們有能力改變世界、預期和計畫未來、並且作成影響深遠而我們有道德責任的決定。然而引進自然世界的種種責任和決定，都是來自於我們。

3

60

我們必須理解這些決定雖然和事實有關，卻不能從事實（或有關事實的命題）推論得到。例如廢奴的決定就不是依據「所有人生而自由平等，沒有人生而受束縛」的事實做成的。因為，即使所有人生而自由，仍然可能有人會想要束縛別人；他們甚至相信應該束縛別人。反之，即使人是生而受束縛的，我們許多人仍然可能要求廢除這些束縛。或者說得更清楚一點，如果我們考慮可以改變的事態，例如人的病痛，我們對於這類事實往往會抱持多種不同的態度；更具體地說，我們可以決定設法改變它，或決定抵制任何改變的企圖，甚或不聞不問。

所有道德性的決定和事實，尤其是社會生活中的事實，都具有前述的關連，對所有可更改的社會生活的事實，都有許多決定要我們去選擇。這點指出，這些決定絕不是從事實或是事實陳述裡演繹出來的。

不過它們也不能從另一類的事實中推論出來；亦即不能從我們以自然法則去描述的自然

中的規則中推論得到。當然我們的決定如果要有效，無疑必須和自然法則（包括人的生理學和心理學法則）相符；因為這些決定如果牴觸自然法則，就會無法實現。例如說，如果主張說人應該少吃而努力工作，但是超過了生理的限度，它就不可行，因為超過某種限度，就會牴觸生理的自然法則。同樣的，人應該多吃少做，但是如果超過若干理由的限度（包括經濟學的自然法則），也同樣不可行（在本章第四節，我們會看到在社會科學中也有自然的法則；我們稱之為「社會學的法則」）。

由於和某些自然法則（或「不可變更」的事實）矛盾，這些不可行的決定就可略而不談。當然不是說任何決定都可以從「不可變更的事實」衍生出來。而是說，不論我們考慮的是哪一種事實，也不管它是可變更的或不可變更的，我們都可以有各種不同的決定，諸如改變它、不讓它有所改變、或是不干涉等等。不過，一旦事實是無法改變的事實，無論是由於無法改變我們所知的既存自然法則，或由於其他理由使人覺得難以改變它，那麼任何要改變它的決定都會不切實際；事實上，任何有關這類事實所做的決定，都是無意義且不重要的。

所以，「批判的二元論」就強調，我們不可能把種種決定和規範化約為事實；因此「批判的二元論」也可以稱為**事實和決定的二元論**。

不過，這種二元論似乎很容易遭致攻擊。有人會說，決定本身就是事實。如果我們決定採用某種規範，則這個決定本身就是個心理學或社會學上的事實。而如果說這類事實和另一

61 類事實之間沒有什麼共同點，那更是荒謬的。因為我們對於規範的決定，也就是我們對於規範的抉擇，顯然是取決於若干心理事實，例如我們成長的影響。所以說，事實和決定的二元論，或者說決定不能從事實推論出來，似乎是荒謬的。我們可以指出，由兩種不同的意義來談決定，可以回答這種反對。首先當我們提及「決定」（decision）一詞時，可以指我們提出、思索、作成或者抉擇的某種決定；或者，我們也可以指決定的行動本身，而稱為做決定。只有後者的意義才能把決定說成一種事實。這種情況可以和其他許多用語比較。就某種意義來說，我們可以談到對某個協會提出的某個決議，另一方面，也可把接受該決議的協會的作為說成協會的決議。同樣的，「提議」或「建議」可以指涉在我們面前的意見，也可指涉陳述意見的動作本身。眾所周知，在敘述性陳述的領域中也有相似的歧義。我們看看以下的述句：「拿破崙死在聖赫勒拿島。」把這個述句和它描述的事實分辨清楚，是很有益的；我們把拿破崙死在聖赫勒拿島稱作「第一事實」（primary fact）。現在假定有個歷史學家，當他撰寫拿破崙傳記時，可能寫到上述的那句話，因而是在描述我們所說的第一事實。不過也有一種迥異於第一事實的「第二事實」（secondary fact），也就是他在做這個陳述的事實本身；此外，另一個歷史學家，他在撰寫前一位歷史學家的傳記時，可能描寫這個第二種事實而說：「他說拿破崙死在聖赫勒拿島。」如是描述的第二種事實自身，碰巧也是一種描述。不過這種描述的意義不同於「拿破崙死在聖赫勒拿島」這個描述的意義。作成一個描述或述句，這是社

62

會學的或心理學的事實。**但所作成的描述，和作成描述的這個事實是不同的**。我們不能從作成描述這個事實，推論出描述的內容，因為如果可以的話，這就意味著我們可以有效的從「甲說拿破崙死在聖赫勒勒拉」演繹出「拿破崙死在聖赫勒勒拉」，這顯然是行不通的。

在決定的領域中，情況是相似的。做成一個決定，採用某個規範或標準，那是個事實。不過被採用的規範或標準本身，並不是事實。大部分人同意「不可偷竊」的規範是個社會學的事實。不過「不可偷竊」並不是事實，而且不能自描述事實的語句中推論出來。如果我們還記得，對於某個特定的相關事實，可以有許多不同甚至相反的決定，我們就會更明白這點。例如，即使面對大部分人都採用「不可偷竊」的這個社會學事實，我們仍然可以決定要採用或反對採用該規範；我們亦可鼓勵採用該規範的人，或是勸阻他們，進而說服他們採用另一個規範。總的說來，**從陳述事實的語句，我們不可能導衍出陳述規範或決定或是政策提議的語句**，也就是說，從事實是無法衍生出規範、決定或**提議**的[5]。

「規範是由人創設的。」這句話往往遭人誤解（所謂「人為的」，並不是說由人刻意加以設計，而是說人可以判斷和更改它們，也就是說，完全要由人來為規範負責任）。幾乎所有的誤解，都可追溯到一個基本的錯誤，即以為「約定俗成」包含了「任意性」；也就是，如果我們自由地選擇自己喜歡的規範系統，則任何系統就和另外系統並沒有什麼高下之分。當然，我們必須承認規範是約定俗成或人為的，也就顯示其中包含某種任意的元素，亦即可能有不同的規範系統，而在各系統之間就沒有必要做什麼重大的抉擇（普羅泰戈拉也強調這個事實）。不過所謂人為的，並不意味著完全的任意。例如數學演算或交響曲、戲劇等，都是高度人為的，但是不能說任何演算、交響曲或戲劇，都無從比較高下。人創造了許多新的世界，語言世界、音樂世界、詩的世界、科學世界，尤其是要求平等、自由、濟弱扶傾的道德世界[6]。如果把道德的領域拿來和音樂或數學的領域作比較，我並不想暗示說它們有多麼相似。在道德的決定和藝術領域中的決定之間尤其有重大的差異。許多道德決定都涉及他人的生死問題。在藝術領域裡的決定就沒有這麼攸關生死的重大問題。正因為如此，我們實在不能說一個人的贊成或反對蓄奴，和對於某種音樂或文學作品的好惡沒什麼兩樣，也不可以說道德的決定但憑各人鑑賞力。道德的決定並不只是要把世界變得更美好，它毋寧是為了更迫切的事務（另見第九章）。我們的比較是要指出：道德是由人決定的，但並不意味著它們完全是任意的。

63

令人驚訝的是，竟然有人認為「規範是人為的」這個觀點是在抨擊宗教。當然，我們承認，這個觀點是對若干宗教形式的攻擊，如攻擊宗教的盲從權威、巫術和禁忌等等。不過我並不認為這和以個人責任和自由良知為基礎的宗教有什麼對立可言。我所指的特別是基督教，至少是像一般民主國家所詮釋的基督教。反對任何禁忌的基督教在宣教時說：「你們聽見有吩咐古人的話說……只是我告訴你們……。」（《馬太福音 5:21-22》）基督教義反對在任何情況下都把良知交給對於律法的形式性服從和實踐。

我不認為主張倫理的法則是人為的，就會牴觸宗教所說的「律法是神賜予我們的」。從歷史上來說，所有倫理無疑都是自宗教開始；不過我現在並不打算處理這類歷史的問題，也不想追問，誰是第一個倫理法則的創設者。我只認為，只有我們才必須為了採用或拒絕某些被倡導的道德法則負責；也只有我們才必須要分辨什麼是真先知，什麼是假先知。一切規範都被宣稱是神賜予的。如果你認為「基督教」的平等、容忍和自由良知的倫理學是建立在神的權威上，則你的基礎會相當脆弱；因為也有人說不平等是神的意旨，而我們也必須對不信神的人不寬容。但是，若你接受基督教的倫理學，並不是因為被迫的，而是因為相信那是對的，那麼它就是你自己的決定。我認為主張決定是我們自己做的，責任應由我們自己負擔，並不蘊含著我們不應該以信仰、傳統或偉大的典範為支柱；它也不蘊含著道德決定的產生只是個「自然的」歷程，亦即一連串的生化過程。事實上，第一個「批判的二元論」者普羅泰戈拉說，自然是不知道人的規範的，是人引進了規範；這是人類最重要的成就。如巴奈特所說的，普羅泰戈拉因而認為「制度和習俗使得人高於禽獸」[7]。不過不管他如何堅持人創造規範，人是萬物的尺度，他終究還是相信，唯有超自然的力量才能使人創造規範。他認為透過宙斯的幫助，人才把規範加諸於既存的或自然的事物之上；由於宙斯的囑咐，荷美斯才讓人理解到榮譽和正義；他也把這個禮物平等賜給所有人。這個最早的「批判的二元論」形

式，為我們保留了以宗教去詮釋義務的空間；這就說明了「批判的二元論」並不會和宗教態

64

度對立。我相信，歷史裡的那位蘇格拉底的思想（見第十章）裡也可以看到類似的進路。由於良知和宗教信仰的驅使，他懷疑一切權威，並追尋他相信是正義的規範。「倫理的自律性」（autonomy of ethics）理論是獨立於宗教問題之外，卻不會和任何尊重個人良知的宗教不相容，甚至是宗教所必需的。

4

以上就是關於事實和決定的二元論，或倫理的自律性理論，也是普羅泰戈拉和蘇格拉底最初所提倡的[8]。我相信對於合理理解我們的社會環境而言，這是不可缺少的。當然這並不是說，一切的「社會法則」，亦即我們社會生活的一切規定，都是規範性的而且是人為的，相反的，社會生活中也有許多重要的自然法則，我們不妨稱為**社會學的法則**（**sociological laws**）。事實上，在我們社會生活中，既有規範性法則也有自然法則，所以兩者的劃分畛域是非常重要的。

當我提及「社會學的法則」或「社會生活的自然法則」時，我並不是指柏拉圖等歷史定論主義者關心的演化法則，就算真的存在著這類歷史發展的規則，它們的表述方式也應該

65

在社會學法則的範疇裡。我也不太考慮到「人性」的法則，亦即心理學和社會心理學所說的人類行為規則。我其實是指諸如近代經濟理論所形成的那種法則，就像國際貿易理論或景氣循環理論等。諸如此類重要的社會法則是關乎**社會體制**的功能運作（見第三章和第九章）。這些法則在我們社會生活中所扮演的角色，相當於機械工程裡的槓桿原理，如果我們要在人力之外成就任何事物的話，就會用到槓桿；社會體制也就像槓桿一樣。社會制度有如機械，可以使我們為善或做惡的能力倍增。如同機器一般，必須有人理解它的功能、尤其是理解它可能被誤用，才能聰明地監控它，因為我們沒辦法造出完全自動的機器。尤其甚者，我們必須具備若干社會規則的知識才能建構它，而這些規則也會替社會制度的成就設定限制[9]。（這些限制有點像能量守恆定律，總歸說，就是我們無法打造一部永動機。）不過，社會體制的建構基本上是遵守若干規範，而後者則是人為了某種目的而設計的，特別是刻意創設的體制；但即使是由人類無心插柳的行動結果（大多數是如此）造成的體制（見第十四章），也是由各種有意圖的行動間接所致；而且這些體制的運作也同樣取決於人們對於規範的遵守（即使是機械引擎，它不僅是由鋼鐵製成，更是把鋼鐵和規範的結合；亦即依照某種規範性規則、計畫或設計，去改造物理性的事物）。在社會體制裡，規範法則和所謂「社會生活中的自然法則」或「社會學的法則」是緊密交織在一起的，因此，若不能區分這兩種法則，就不可能理解種種社會體制的功能運作。（以上論述旨在提示某些問題而不在於解答。尤其，上述的機器和體制的類比，不可以被解釋為倡議某種本質論意義下的「體制即機器」的理論；社會體制當然不是機器。雖然我們提到了，如果我們自問某個體制是否真的有用，以及它的目的是什麼，則可能得到有用且有趣的結果。但這並不是說，每一種體制都是有個特定目的，亦即所謂本質上的目的。）

5

如上所述，從素樸的或神祕的一元論，發展到明白分辨規範性法則與自然法則，是要經過許多中間階段的。大部分的中間階段是由下述的誤解所引起的，即認為規範若是約定俗成或人為的，就全然是任意的。在柏拉圖的立場中，結合了所有中間階段的元素，為了理解他的立場，我們就必須考察三個最重要的中間立場。它們是（一）生物學的自然主義（biological naturalism），（二）倫理學或法律的實證主義（ethical or juridical positivism），以及（三）心理學的或精神的自然主義（psychological or spiritual naturalism）。耐人尋味的是，這些立場都被用來防衛若干相互敵對的倫理觀點；譬如說，它們都為崇拜權力辯護，卻也都為弱者的權利辯護。

（一）生物學的自然主義，或更精確的說，「倫理學的自然主義的生物學形式」，主張

66

道德法則以及國家的法則儘管是任意的，但在自然裡仍有若干永恆不變的法則，我們可自其中推論出種種規範。他們會辯稱，攝食的習慣，諸如吃飯的次數，攝取食物的種類等，就是約定俗成的任意性的例子；然而在這個領域裡無疑有某種自然法則；例如一個人攝取食物不足或過量都會致命。因此就像在表象後面有實在物一樣，在我們的任意慣例背後，也有若干不變的自然法則，特別是生物學的法則。

生物學的自然主義不僅被用來為平等主義辯護，也被用來辯護強者統治的反平等理論。詩人品達（**Pindar**）是最早主張這種自然主義的人，他用它來支持強者應該統治弱者的理論。品達認為強者完全支配弱者；這是一種法則，在整個自然界中都是有效[10]。因此保護弱者的法則不僅是任意的，並且是刻意曲解真正的自然法則，即唯有強者才有自由，而弱者應該作為強者的奴僕。柏拉圖也大篇幅地討論過這個觀點；在〈高爾吉亞篇〉中，他抨擊這點論點，這篇對話錄仍然深受蘇格拉底的影響；在〈國家篇〉中，則是化身塞拉西馬柯（**Thrasymachus**）來討論，並認為它就是倫理學的個人主義（**ethical individualism**）（見下一章）；在〈法篇〉裡，柏拉圖就沒有那麼反對品達的論點；不過他仍然拿它和哲人王做對比，柏拉圖認為哲人王是比較好的原則，而且合乎自然（另見本章後半部所引）。

首先以人道主義或平等主義來修正生物學自然主義的，是辯士安提芬（**Antiphon**）。安提芬是極端的自然主義論者，他把自然等同於真理，把約定俗成等同於意見（或欺人的意見）[11]。他相信大部分的規範不僅是任意的，而且和自然正好相反。他說規範都是外加的，而自然法則卻是無法迴避的。若是違反了人為的規範，並且被規定規範的人發現；那麼違犯者不僅不利而且有危險；但是那樣的規範並沒有任何內在的必然性，違反規範也沒有可恥可言；羞恥和處罰只不過是人們任意外加的懲戒。以這種對於約定俗成的道德批判作為基礎，安提芬建立了一種功利主義（utilitarian）的倫理學。他說：「在這裡列舉的行動裡，我們可以發現有許多是違反自然的。因為它們增加了不該有的痛苦，削減了原本該有的快樂，並且招致原本不必要的傷害。」[12]同時他還主張自制的必要。其平等主義的形式是這樣的：「我們尊敬且仰慕出身高貴的，但對低下的人就不如此，這是野蠻人的習慣。就自然的稟賦來說，所有人的立足點都是平等的，不管我們是希臘人或是蠻族……。我們都是透過鼻孔和嘴巴呼吸的。」

67

辯士希庇亞（Hippias）也提及類似的平等主義，柏拉圖提到他對聽眾演講時說：「先生們，我把你們都當作我的親友和同胞，這是根據本性來說的，而非依據習俗。依據本性，那麼同類相聚，但是習俗是人類的僭主，會對本性施加暴力。」[13]這種精神和雅典的廢奴運動息息相關（見第四章），優里庇底斯（Euripides）說過：「除了那奴隸的稱號使奴隸羞恥之外，他們在各方面都可以是很傑出的，真正和自由人一樣的平等。」又說：「人性的自然法則就是平等。」高爾吉亞的門徒，柏拉圖同時代的人阿爾西達馬斯（Alcidamas）說：「神使一切人自由；沒有人天生是奴僕。」另一個高爾吉亞學派的呂哥弗隆（Lycophron）也說：「所謂出生高貴的顯赫，完全是虛構的，他們的特權不過是奠基於字面上。」

柏拉圖和其門徒亞里士多德反對這種偉大的人道主義運動（我在第十章所說的「大世代運動」），卻闡述人類在生物學和道德上的不平等理論。希臘人和蠻族天生不平等；他們的對立有如主人和奴隸的天生對立。人天生不平等，這正是他們要共同生活的理由之一，因其自然的稟賦可以互補。社會生活始自天生的不平等，由於天生的不平等，這種不平等必定會繼續下去。我在後面會更詳細的討論這些理論。目前，我們只是用它來指出，生物學的自然主義如何用來支持各種不同的倫理學說，從前述規範不可能建立在事實之上這點來看，這種推論就不難設想到了。

但是，上面的種種考慮也許還不足以破除像生物學的自然主義這樣流行的理論；因此我提出兩個比較直接的批判。首先我們必須承認，某些行為的形式，可以被描述為更「自然」；例如裸體走路或生食等；有些人認為它本身就足以為選擇這些形式辯護。不過人當然不是在這個意義下「自然而然地」對於藝術、科學甚或自然主義的論證感到興趣。選擇以順應自然作為最高的標準，終究會導致人們不敢直接面對的結論：文化不但沒有更合乎自然，反而使人們更如禽獸[14]。第二個批評則更重要。生物學的自然主義者認為，如果他沒有那麼幼稚地相信，我們只要依照「自然法則」生活就行了，而不需要任何規範，那麼他可以從決定健康

68 條件等的自然法則中推論出種種規範。但是他忽略了其實是自己做了選擇、做了決定；有些人可能重視某些事情更甚於他的健康（例如，有很多人冒著生命危險做醫學實驗）。因此，他若認為自己並沒有做任何決定，或自認為是從生物學的法則推論出他的規範，他就錯了。

（二）「倫理學的實證主義」和「倫理學的自然主義的生物學形式」一樣，相信我們必須把規範化約為事實。不過這裡的事實是社會學的事實，即現實既存的規範。實證主義認為除了設定的（或即實證的）法則，而其存在也經過實證的證明之外，別無其他的規範可言。其他標準都是不實在的想像。既存的法則是善的唯一可能標準：存在即是善（強權就是公理）。依照這種理論的某些形式，如果認為個人可以判斷社會規範，那會是極大的錯誤；相反的，社會提供了評判個人的標準。

從歷史的事實來看，倫理學的（或道德的、法律的）實證主義，通常是保守的甚或威權主義的；它往往訴諸於神的權威。我相信其論證的根據是認為任何規範都是任意的。它主張說，我們必須相信既存的規範。因為我們沒辦法自己去發現更好的規範。為了回答這些主張，我們可以問道：所謂『我們必須相信』，這是什麼規範呢？如果只是既存的規範，則它就不能用來支持這些規範論證，因為它本身正是需要支持的；若它是訴諸我們的洞見的話，那麼就是承認我們能自己發現規範。同時，如果說我們不能判斷規範，而只要服從權威的規範就行了，那麼我們就沒辦法判斷哪個是真權威、哪個是假先知。又如果認為法則是任意的，所以沒有所謂假的先知，重要的是要有若干法則供人遵循，那麼我們可以問自己，為什麼擁有法則是這麼重要的事；因為如果沒有更進一步標準的話，那麼我們為什麼不乾脆選擇不要任何法則；這些批評或許可以指出為什麼我認為威權主義或保守主義的原則是一種倫理學的虛無主義（**ethical nihilism**），也就是一種極端的道德懷疑主義（**extreme moral scepticism**），不相信人以及人的種種可能性。

雖然在歷史的過程中，自然權利的理論常被用來支持平等主義和人道主義的觀念，倫理學的實證主義派卻往往站在相反的陣營。不過這種情況只是偶然事件。如前所述，倫理學的自然主義可以被使用於不同的意圖（近來有人把倫理學的自然主義用來替某些所謂的自然權利和自然義務宣傳）。相反的，也有人道主義和進步主義的倫理學實證主義。因為如果所有的規範是任意的話，為什麼不可以寬容一點？這是實證主義路線為人道主義辯護的一個典型。[69]

（三）心理學的或精神的自然主義，大抵上是上述兩種觀點的組合，它可以解釋為反對任何片面觀點的論證。這種論證認為，在強調所有的規範是約定俗成的，亦即由人以及人類社會產生的，倫理學的實證主義是對的；但他忽略了一種事實，亦即它們是人類的心理本質或精神本質，也是人類社會的本質表現。另一方面，生物學的自然主義者認為有某種自然的目的，從自然的目的能推論出自然的規範，這也是對的；但生物學的自然主義者也忽略了一種事實，即自然的目的並不必然是健康、愉快、食物、庇護以及繁殖之類的目的。人的本質（至少有些人）不只是吃飽就算了，他們還要尋求更高的、精神上的目的。這樣，我們就可從人自己的真正本質，亦即精神性和社會性，推論出人的真正自然目的。然後，我們可從人的自然目的進一步推論出人生的自然規範。

我相信這種合理的立場最早是由柏拉圖形成的。他在蘇格拉底的靈魂論（認為精神比肉體重要）的影響下，形成了這種立場[15]。無疑的，相較於前面兩種立場，這種理論更加使我們感動。但這樣的理論也可以和任何倫理的決定結盟，不管是人道主義的倫理或是權力崇拜。例如說，我們可以認為所有人都具有人類精神本質；或者可以像赫拉克里圖斯一樣，堅持「多數人像畜牲一樣狼吞虎嚥」，因此人性是低下的，只有極少數的選民才談得上人類的精神交往。這麼說，精神的自然主義就被用來替「高貴的」、「秀異的」或「生來即領袖」的自然特權辯護，尤其是柏拉圖（在底下各章我們會討論柏拉圖的這種態度）。另一方面，基督教以及其他人道主義的倫理[16]，如康德（**Kant**）和潘恩（**Paine**）則使用這種理論，要求承認每個人的「自然權利」。顯然，精神的自然主義可以用來捍衛任何「實證的」、既存的規範。因為它可以說，如果既存的規範不能代表人性的特質，它們就不會存在和推行。如此一來，精神的自然主義，不論其在傳統中如何和實證主義對立，在實際問題上，它和倫理學的實證主義倒是可以相容。事實上，這種自然主義的形式相當廣泛而含混，以致可以用來為任何主張辯護。就人類所發生的事來說，沒有任何事不可以說是「自然」的；因為如果不是來自人類的本質，它又怎麼會發生呢？

70

回顧一下上面的概述，我們也許可以分辨出妨礙採用「批判二元論」的兩種傾向。第一種是一元論的一般傾向，亦即把規範化約為事實[17]。第二種比較根深柢固，它可能是第一種的基礎。這種傾向在於不敢承認「倫理的決定完全是我們自己的責任，別人不能為我們負責，神、自然、社會或歷史，都不能為我們的倫理決定負責」。所有這類倫理學說都企圖找出某些人、或某些論證，來替我們自己的倫理決定負責[18]。然而我們是不能推卻這種責任的。不論我們接受什麼權威，接受的人是我們自己。如果我們不認識到這點，則只是自欺罷了。

6

我們現在轉而更詳細地分析柏拉圖的自然主義和他的歷史定論主義之間的關係。當然柏拉圖所謂的「自然」有若干意思。我相信他使用「自然」（本性）一詞的最重要的意義，其實是等於天生的「本質」。即使是現在的本質主義仍然如此使用「自然」一詞；例如他們會說到數學的本質、歸納推論的本質、或「快樂與不幸的本質」等等[19]。當柏拉圖如此使用時，「自然」就幾乎等於他的「理型」或「理念」；因為如前所指出的，一個事物的形式或理型，

71

也就是事物的本質。「自然」和理型的主要差別似乎如下：正像我們所知的，一個可感知事物的理型並不存在於該事物中，而是在該事物之外。它是事物的先祖；不過事物的先祖，亦即理型，也在可感知事物中留下某種東西；可感知事物是理型的子孫或族類，這個被留下的東西就是這些事物的自然本質。因此，「自然」就是個事物天生和源初的性質，是事物天生的本質；它是事物的原始力量或原始傾向，它也決定了事物的種種性質，而這些性質則是使事物相似於理型的基礎，或者說是使事物天生就分受了理型。

這樣一來，所謂「自然的」就是事物裡先天的、原有的、神聖的東西，而「人為的」則是透過外在的強制力，被人改變的、附加的事物。柏拉圖時常說，人的一切「藝術」產品，充其量是自然的可感知事物的摹本；而因為可感知事物是神聖理型的摹本，因此，藝術的產品便是摹本的摹本了，它既雙重地遠離了實體，因而比流變中的（自然）事物更不真實且低劣。[20]由此可見，柏拉圖至少有個方面和安提芬一致[21]，那就是認為自然和約定俗成（或人為）的對立，相當於真和偽、實在和表象、首要或本然的事物和次要和人造的事物、理性知識的對象和虛妄意見的對象之間的對立。依據柏拉圖，這種對立性也相當於「神聖造物者的產物」和「人為的產物」之間的。[22]柏拉圖所強調的一切具有內在價值的事物，它都主張是自然（本性）的，而和人為的對立。例如他在〈法篇〉中堅持靈魂（心靈）超越一切物質，其存在是自然存在的。他說：「靈魂是一切事物的本性和力量，但是大多數人對此一無所知；在這普遍的無知中，他們尤其不知道靈魂的起源，不知道靈魂在那些最初的事物當中是頭生的，先於一切形體……。『自然』這個詞的意思是位於開端的東西，但若我們可能說明靈魂先於自然出現，靈魂既不是火也不是氣，而是位於開端的東西，那麼我們完全可以正確地說，靈魂的存在是最『自然的』。」[23]（柏拉圖在此重申其原有的理論，即靈魂比肉體更接近理型；這也是其靈魂不滅論的基礎。）

不過柏拉圖不僅認為靈魂優於其他事物，而且是「自然」存在的；他所使用的「自然」如果應用到人類時，往往是一種精神力量或即本性，因此我們可以說一個人的「本性」（自然）即是他的靈魂；靈魂是神聖的原理，藉此原理分受了理型，也分受了他的族類的神聖先祖。同時，「族類」一詞也經常是同義的。因為「族類」是同一個先祖的子孫的團結，就必定由共同的性質團結在一起。因此，柏拉圖時常把「自然」（本性）和「族類」當作同義語，例如，當他說到「哲學家之類」（族類）和具有「哲學的本性」之類時，意義是相同的；因此，這兩個詞就與「本質」以及「靈魂」密切相關。

柏拉圖的「自然」理論是理解其歷史定論主義方法論的另一個途徑。因為考察事物的真正性質，似乎是一般科學的任務，而考察人類社會及國家的性質，就成為社會或政治科學的任務了。不過柏拉圖認為一個事物的本質就在於它的起源，或至少是由起源所決定。這樣，任何科學的方法就只是探求事物的起源（原因）了。把這種原則應用到社會和政治科學上時，就必須探求社會和國家的起源。因此研究歷史不再是為歷史而研究歷史，而是把歷史當作社會科學的真正方法。這便是**歷史定論主義的方法學**。

人類社會以及國家的本質是什麼呢？若依據歷史定論主義者的方法，這個社會學中的基本問題就必須改寫為：社會和國家的起源是什麼？柏拉圖在〈國家篇〉和〈法篇〉的答覆和上述「精神的自然主義」立場一致[24]。社會的起源來自約定俗成，一種社會契約。不過不只如此，它還是個合乎自然的慣例，亦即是植基於人性（本質）、特別是指人類的社會本性。

72

人的社會性源於個人的不完美。柏拉圖與蘇格拉底不同[25]，他認為個人不是自我完足的，這是由於人性裡天生的侷限。柏拉圖堅持人的完美有程度的不同，即使極少數更完美的人，仍然要依賴其他人（比較不完美）；例如說，他們要依賴比較不完美的人去從事低下的工作或手工業[26]。如此一來，即使「少數人以及稟賦秀異的人」，他們要成就完美，也得依賴社會和國家。也只有透過國家、並且在國家裡，他們才能成就完美。完美的國家必須為他們提供適當的「社會居處」，如果沒有適當的地位，他們就會腐化和墮落。由於只有國家才是自足而完美的，並且使必然不完美的個人為善，因此國家就必須高於個人。

社會和個人就是這樣相互依賴。他們唇齒相依。社會因人性而存在，因為社會缺乏自足性；而人又依賴社會而存在，因為人也不是自足的。不過在這種相互依賴的關係中，國家之所以優於個人，可見於以下不同的方面；例如說，國家的衰亡和分裂的種子，不是存在於國

73

家自身、而是在於個人；它深植於人的靈魂和人性的不完美；或更嚴格的說，人類其實天生就是容易墮落的。我會在下文討論政治沒落的起源，以及沒落何以存在於人性的墮落；不過，首先我想略述柏拉圖社會學的若干要點，特別是他的社會契約論，以及國家超越個人的這種生物性或有機體的國家理論。

法律是源自社會契約，第一個提出這種理論的，究竟是普羅泰戈拉或是呂哥弗隆（我們會在下章討論到他的理論），我們不得而知。無論如何，這種看法相當接近普羅泰戈拉的約定主義。柏拉圖刻意把若干約定主義者的觀念甚至契約說和他的自然主義相提並論，這就說明了約定主義在其最初的形式中，並不認為法則完全是任意的。柏拉圖對普羅泰戈拉的評論也證實了這點[27]。柏拉圖在談到自然主義時如何思考約定主義者的元素，可見〈法篇〉裡的段落。他列舉各種原理，據以樹立政治的權威，並述及品達的生物學的自然主義（見上），即「強者統治，弱者服從」。柏拉圖認為「這是依照自然的原理，就像詩人品達所說的」。柏拉圖拿這種原理和另一種他讚賞的原理比較，此另一種原理是將約定主義和自然主義結合在一起，他說：「這種資格在整個動物王國盛行，這是自然本身的安排，如底比斯的品達所說。第六種我們可以宣布是最重要的，這就是愚蠢的人追隨和接受聰明人的領導和統治。然而就是這種資格，它是對自願的服從者的非暴力統治，我多才多藝的品達，我不能稱之為不自然的。」[28]

在〈國家篇〉中，我們可以發現約定主義的契約理論的若干觀點，也以同樣的方法和自然主義（及功利主義）的元素結合在一起。我們看到：「城市的起源……我們每個人都不能自給自足……還有別的什麼原因嗎？……？由於有種種需要，我們聚集在一起，成為夥伴和幫手……。一個人給別人提供一些東西，也從別人那裡取得一些東西，每個人都認為這樣有進有出對自己有好處。」[29]所以每個人為了謀求自己的利益，大家就聚居在一起了，這是契約說的觀點。不過背後的事實是，「人無法自給自足」這個人性的事實。這又是自然主義的觀點。這種觀點進一步開展：「我們大家的各種品性生來就不一樣，有些人適合做這樣工作，有些人適合做那樣工作……。那麼一個人做許多工作好，還是只做一樣工作好？……當一個人在適當的時機從事與他品性相適應的工作，而不去從事其他職業，那麼他生產的東西就會更多，更好，也更容易。」

以此方式，柏拉圖引進了分工的經濟原則（這裡提醒我們，柏拉圖的歷史定論主義和唯物史觀有密切的關係），不過它是奠基於生物學的自然主義的觀點，亦即奠基在人的天生不平等之上。最初，這個觀念並不大為人注意，而且是無意中提到的。不過在下一章，我們就可看到這個觀念產生了深遠的結果；事實上，真正唯一重要的分工，轉變成為統治者和被統治者的問題；後者被宣稱奠基於主人和奴隸、智者和愚者的天生不平等之上。

74 我們已看到柏拉圖的立場中有相當多的約定主義和生物學的自然主義的元素；若我們

能考慮到這種立場，那麼即使看到精神的自然主義把約定主義和生物學的自然主義混合在一起，那也不足為奇了。在〈法篇〉中，我們看到柏拉圖對於精神自然主義的絕妙描述，他說：「所以他們說，一切偉大而又美好的事物顯然都是自然和命運的產物，只有技藝的產物是微不足道的。」他同意這種觀點，但唯物論者進一步的說法，就令他難以苟同了。唯物論者說：「火、水、地、氣的存在全都可以歸結為自然和命運……同樣，立法完全是一件非自然的事情，是技藝，它的地位是不真實的。」為了攻擊這種觀點，他首先指出，真正「自然存在的」，既不是物體也不是元素，而是靈魂（同前揭）[30]；由此，柏拉圖論斷秩序和法則也必定是自然的，因為它們來自靈魂：「靈魂先於物體，物體是第二位的，是派生出來的，靈魂支配著事物的真正秩序，物體則服從這種統治。」這種說法為下面的論點提供了理論的基礎，即：「法律本身和技藝是自然的，並不比自然的東西不真實，因為它們都是心靈的產物。」這是精神的自然主義極為清楚的陳述；同時它也和保守的實證主義的信仰匯流：「這樣的論證對於理智的立法來說是一種最有價值的幫助，因為在立法中，一旦成文，法律就要保留在記錄中。」

由此可見，從柏拉圖的精神自然主義所衍生的論證，對於任何個殊法則的「公正」或「自然性」問題的解答束手無策。精神的自然主義過於含混，不能應用到任何實際問題。除了為保守主義提供一般的論證外，它並沒有更大的作用。其實每個事物都留給了偉大的立法者去處理。（這位偉大的立法者，就像神一樣的哲學家，他的形像無疑是個自畫像，從〈法篇〉中特別看得出來；另見：第八章。）但是，和他精神的自然主義相反，柏拉圖的社會和個人相互依賴的理論卻又提供了更多具體的成果；他的反平等主義的生物學之自然主義也是如此。

7

75 我們已在前文指出，由於理想國家的自足性，柏拉圖遂把它視為完美的個體，而個別的公民就是理想國家的不完美的摹本。這種觀點引進了國家的有機體論或生物學理論，使國家變成超級的有機體或巨靈（**Leviathan**）。我們會在後面批評這個理論的原理[31]。在此我只希望指出，柏拉圖並不為這理論辯護，事實上，也並未明白闡述這種理論。不過在柏拉圖思想中，顯然蘊含著這個思想；事實上，國家和個人之間的基本類比，是〈國家篇〉的標準論題之一。在這方面值得一提的是，這種「類比」對於個人或國家的進一步分析，是比較有助於前者。有人也許會為下列觀點辯護（也許是受阿爾克邁翁〔**Alcmaeon**〕的影響），亦即柏拉圖生物學式的國家論，並不如他所提到的個人的政治理論那樣多[32]。我想這種觀點和他的個人低於國家、個人是國家不完全的摹本之類的理論相符。在〈國家篇〉中，柏拉圖就如是引進了他

76

的基本類比，也就是一種解釋和說明個人的方法。城邦比個人偉大，因此探求起來也就比較容易。柏拉圖以此作為他下列主張的理由：「我們可以說，有個人的正義，也有整個城邦的正義……。讓我們先探討正義在城邦裡的性質，然後再到個別人身上考察正義……如果能做到這一點，那麼我們可以期待比較容易地發現我們要尋找的東西，是嗎？」

從柏拉圖所引進的這種方法，我們可以看出，他認為這個基本類比是理所當然的事。我相信，這種事實是他渴望一個更統一而和諧的有機體國家，渴望一種更原始的社會表現（見第十章）。他認為城邦國家應該小國寡民；城邦的擴大以不危害統一為原則。就城邦的性質來說，整個城邦該是單一的，而不是雜多[33]。因此柏拉圖強調城邦的「單一性」（oneness）或城邦的唯一性。不過他也強調人類個人的「多數性」（manyness）。在他分析個人的靈魂，並將它分為理性、活動力、動物本能三部分，以對應到統治者、戰士、工人（如赫拉克里圖斯所說的「多數人像畜牲一樣狼吞虎嚥」）三種階級時，柏拉圖的分析竟使這三個部分互相敵對，好像它們是「不同的、衝突的個人」[34]。葛洛特（Grote）說：「雖然個人外表是『一』，但實際上卻是『多』……雖然國家外表上是『多』，實際上卻是『一』。」這種說法顯然呼應了視國家為「理型」、而個人是其不完美摹本的說法。這種特別強調單一性和整體性——尤其指國家，或也可包括世界——我們可以稱為「全體論」（holism）。我相信，柏拉圖的全體論與前幾章所說的部落的集體主義密切相關。柏拉圖渴望早已沒落的部落生活中的統一性。在社會變遷中，變動的生活對他來說是虛妄不實的。只有穩定的整體，永恆的集體，而不是倏忽生滅的個體，才有實在性。個人對整體有助益，那是「自然的」；全體並不等於個體的總和，而是在更高層次上的「自然的」單一體。

對於這種「自然性」，亦即部落和集體主義模式的社會生活，柏拉圖有許多精采的社會學描述。他在〈國家篇〉中說：「我們的立法不涉及這個國家中某個階層的具體幸福，而是想要為整個城邦造就一個環境，通過說服和強制的手段使全體公民彼此協調合作，要求他們把各自能為集體提供的利益與他人分享。這種環境本身在城邦裡造就這樣的人，不是讓他們隨心所欲，各行其是，而是用他們來團結這個共同體。」[35]在這種全體論中有某種情緒上的唯美主義（aestheticism），一種對美的渴求，這可從〈法篇〉中的一段論述中看出來，「任何醫生或各種匠人的所有工作，都是為了某種整體的原因，他們創造出的部分也是為了這個整體，要對這個普遍的善作出貢獻，而非整體為了部分而存在。」在同一個地方，我們也發現真正道德的全體論的古典陳述：「這個整體不是為你而造的，而是你為這個整體而造。」在這個整體裡，各個不同的個體和團體，由於自然的不平等，必須依各人所長，從事特殊的工作。

所有這些都指出，柏拉圖的理論是一種國家有機體的理論，即使他有時沒有把國家說成一種有機體。無疑的，我們可以說他是這種理論的詮釋者，甚至是創始者。因為他對國家的描述，並不像其他有機體論的一般方法，而是把國家比作個人，特別是比作人的靈魂，因此，他對這種理論的闡述可以說是人格或心理學式的。特別是把國家的病症，國家的瓦解，和人心和人性的疾病相提並論。事實上，國家的病症不僅與人性有關，而且直接因人性的墮落而產生，特別是因統治階級的墮落而產生。在國家墮落的每個典型階段中，都有人心、人性以及種族墮落的階段與之對應。又因為這種道德的墮落是由於種族的墮落，我們可以說，在柏拉圖自然主義中的生物因素，最終就成為他建立歷史定論主義的最重要部分。因為最初的或是最完美國家的衰亡史，正就是人類這種生物的退化史。

77

8

我們在上一章說過變動和壞滅的開端問題，是柏拉圖社會的歷史定論主義的主要難題。首先，自然的完美城邦國家裡當然不會有瓦解的種子，「若城邦內有瓦解的種子，就不是完美的城邦。」[36]柏拉圖企圖以其普遍有效的歷史、生物甚至宇宙的演化的壞滅法則，而不是以完美或源初的城邦的特殊組成來克服這個困難[37]：「一切被產生出來的事物必定要走向毀壞。」不過這種一般理論並不能提供令人滿意的解決，因為它並沒有解釋為什麼即使是十分完美的國家，也不能避免壞滅的法則。事實上，柏拉圖暗示說，如果最初的或自然的國家的統治者是個訓練有素的哲學家的話，也許能避免歷史的沒落。然而那些統治者並不是哲學家[38]。他們沒有數學和辯證法的訓練（柏拉圖認為，理想的城邦統治者是要接受數學和辯證法的訓練）；為了避免墮落：統治者一開始就該被傳授以優生學的祕密，這是一門維持「統治者的種族純淨」的科學，以及避免統治者的高貴血統和工人的卑賤血統混合。不過，這種神祕的東西是難以說明的。柏拉圖在數學、聲音學、和天文學的領域裡區分了兩種截然不同的東西，一種是被經驗污染的不精確的、低層次的、虛幻的意見，另一種是不受經驗干擾、完全精確的、純理性的知識。他也把這種分別應用到優生學的領域中。只懂得養育的實際技術是不夠精確的，它不能保持種族的完全純淨。這點解釋了原來好的（亦即和理型相似的）城邦（「依這樣方式建立的城邦，是不會動搖的。」）瓦解的原因。所以柏拉圖又繼續說到：「但城邦分裂的原因就在這裡。」然後，他開始列舉教養的理論、幾何數的理論以及人類墮落的理論。

柏拉圖告訴我們，所有的動物和植物，如果要避免絕種和退化的話，就必須按照一定的時節去繁殖養育。這種和種族生命長短有關的時間表知識，有助於最好的國家的統治者，他們可以用來養育統治階級的下一代。不過無論如何，這不是一種理性的知識，而是經驗的知識；**這種知識是奠基在知覺上，或藉知覺之助而獲得的**（見下一個摘引）。不過，如上所述，知覺和經驗是不嚴格且不可信賴的，因為它的對象不是純粹理型，而是流變世界中的事物。

78

由於統治者不具備充足的知識，不能使教養保持純淨，所以就造成種族的墮落了。這便是柏拉圖解釋的：「被你們當作統治者來培養的人，他們的理性由於和感性糾纏在一起，因此不能保證在一切事務中作準確無誤的判斷。」由於缺少一種純淨的理性方法[39]，「他們會違反法律，不合季節地生孩子。」後來柏拉圖又莫測高深地暗示說，有一種方法可避免上述的錯誤，那就是透過純粹理性的數學科學，這種科學裡的「柏拉圖的幾何數」（Platonic number）（一種決定人類生育周期的數），有啟開優生學法則的金鑰匙。不過，因為古時國家的統治者不知道畢達哥拉斯的「幾何數的神祕主義」（關於教養的更高深的知識之門），因此完美的國家就逃脫不了滅亡。在概述他的神祕數的祕密後，柏拉圖繼續說到：「這種完整的幾何數決定了生育這種事，決定了是優生還是劣生。如果你們的護衛者不懂這種幾何數，不合時宜地讓新郎新娘結婚，那麼他們生育的子女不可能優秀或幸福。[40]即使其中最優秀的人，在繼承先祖的權力時，也會證明是不配的：同時，一旦他們成為國家的護衛者時，他們就不會聽他人的意見了」，亦即關於音樂和體育，尤其是柏拉圖特別強調的養育的監控。「因此，從他們當中挑選出來的統治者也無法改善他們自己，喪失了真正護衛者的識別不同種的能力，按赫西奧德所說，人的種可以分為金種、銀種、銅種、鐵種。鐵和銀、銅和金之間的混合會產生不一致、不平衡和不和諧。哪裡有不一致和不和諧，哪裡就有戰爭和仇恨。『瞧不起你們這個世系的人』，無論何時何地發生衝突，我們都必須明白它是由血統不一致所引起的。」

上面便是柏拉圖關於幾何數以及人的墮落的說法。這是他的歷史定論主義社會學的基礎，特別是上一章討論的社會演變的基本法則的基礎[41]。因為種族的墮落解釋了統治階級不和諧的起源，而這正是一切歷史發展的起源。人性內在的分裂，內心的分離，導致了統治階級的分裂。正如赫拉克里圖斯所說的，戰爭、階級戰爭，是一切變動之父，而人的歷史也正是社會的衰亡史。我們看到，柏拉圖理型論的歷史定論主義並不是建立在精神上，而是建立[79]在生物學的基礎上；它是建立在人種的後設生物學（meta-biology）上[42]。柏拉圖不僅是提出國家生物學理論的自然主義者，也是第一位對於政治史以及社會動力提出生物種族理論的人。亞當（Adam）說：「柏拉圖的幾何數，就是柏拉圖的歷史哲學賴以建立的基礎。」[43]

我想現在可以結束柏拉圖的描述社會學的速寫了，我們替他做個總結和評價。

雖然有點理想化，但是柏拉圖無疑非常真實地重建了斯巴達式的早期希臘部落和集體社會。對於各種力量，特別是威脅社會穩定的經濟力量的分析，促使他提出防止社會變動的一般政策和社會體制。同時他也更合理地重構了希臘城邦國家的經濟和歷史的發展。

由於他憎惡所處的社會，並且浪漫地嚮往古代部落形式的社會生活，使得柏拉圖的成就蒙塵。這個態度使他形成一種不堪一擊的歷史發展法則，亦即普遍墮落或壞滅的法則。這種態度也使得他的其他傑出分析裡蘊含著非理性的、虛幻和浪漫的元素。反過來說，由於他個人的興趣和偏見，使得他見識鋒利，因而成就非凡。他從他的荒誕離奇的哲學理論推論出歷史定論主義的理論，亦即變動的感覺世界只是不變的非感覺世界的墮落摹本。不過這種企圖把歷史定論主義的悲觀主義和存有學上（ontological）的樂觀主義混合在一起的天才安排，卻導致許多困難。迫使柏拉圖採取生物學式的自然主義（結合「心理主義」〔psychologism〕，即主張社會取決於社會成員的「人性」）[44]，因而導致神祕主義和迷信，終而產生一種似是而非的關於教養的數學理論。它甚至危害了他的理論巨構上的堅固統一性。

9

回顧這個巨構，我們略為檢視一下它的基礎設計[45]。這是由一位偉大建築師設計的，展示了柏拉圖思想裡根本的形上學二元論。在邏輯的領域，這種二元論表現為全稱（universal）（共相）和特稱（particular）（殊相）的對立。在數學思考的領域裡則表現為一與多的對立。在知識論的領域中，它是以純粹思想為基礎的理性知識以及以個殊經驗為基礎的意見之間的80對立。在存有學的領域中，則是一、原始、不變、真實、實在界，以及多、殊異、虛幻、現象界之間的對立；是存有和與生成變化，或更嚴格的說，是存有和流變之間的對立。在宇宙論的領域裡，它是創造者和被造者、必然會腐朽的事物之間的對立。在倫理學裡，它是恆常的「善」和會腐化的「惡」之間的對立。在政治學中，它是一個由集體達成完美而自身完足的國家，以及眾多特殊個人之間的對立；這些個人終究是不完美的、依賴的，為了國家的團結，他們的獨特性必須被壓抑（見下章）。我相信這整個二元論的哲學，是由於迫切希望解釋一個理想社會的願景，和令人憎惡的社會生活的實況，這兩者間的對比，亦即一個穩定的社會和一個變動不居的社會的對比。

546

注釋

注1：「施咒的圈子」（charmed circle）引自：Burnet, *Greek Philosophy*, I, 106）。然而，我並不同意巴奈特所說的：「早期人們對於生活規則的明白理解，更超過對自然歷程的理解。」我相信這種預設的分化是後來的事，也就是「法律和習俗的施咒的圈子」解體時期的特徵。尤有甚者，自然的時期（如季節變化等等，見：第二章注6；*Epinomis* 978d ff.）應在早期就有所理解。關於自然法則和規範性法則的區分，特別見：本章注18（4）。

注2：（補註）見：R. Eisler, *The Royal Art of Astrology*。艾斯勒說巴比倫的泥版作者解釋行星的個殊運行，「他們建立了亞述巴尼拔爾（Assurbanipal）圖書館」。見：op. cit., 288。「他們依據控制『天

體和地球』（pirishtē shamē u irsiti）的『法則』或『決定』來解釋天體的運行，並說這是由造物主在大初時宣告的。」（見：*op. cit.*, 232 ff.。）他又指出（*op. cit.*, 288），自然之「普遍法則」的觀念源自「『天地的神旨命』的神話學概念」。

關於赫拉克里圖斯，見：D5，B29；第二章注7（2）；另見：該章注6及正文。並請見：前引巴奈特的註解；他有不同的解釋，他認為：「當開始觀察到自然有規律的歷程後，除了說它是正當和公義之外，就沒有其他更好的名稱名之……，它可能意味著指導人類生活的不變習俗。」我並不相信這語詞最早是某種社會性的意義，然後才予以延伸的；不過我認為社會的和自然的規則（秩序）最初是沒有分化的，它們都被解釋為一種神祕的現象。

547

注3：這種對立有時被視為「自然」和「法則」（「規範」或「約定」）之間的對立，有時則為「自然」與「定立」或「規定」（規範性的法則）之間的對立，另外被解釋為「自然」和「技藝」或「自然的」與「人為的」之間的對立。

有人說是阿契勞斯（Archelaus）提出自然和約定俗成之間的對立（*Diogenes Laertius*, II, 16 and 4; *Doxogr*, 564b）。據說阿契勞斯曾為蘇格拉底的老師。不過我認為在*Laws*,690b中，柏拉圖明白表示他認為這種對立說是「詩人品達開始的」。撇開有關品達的斷片（柏拉圖引用的；另見：Herodotus, III, 38），以及希羅多德的若干評論不談（同前揭），現有最早的原始資料之一，是辯士安提芬（Antiphon）「論真理」的斷片（見：本章注11及注12）。依據柏拉圖的〈普羅泰戈拉篇〉，辯士希庇亞似乎是上述相同觀點的先驅（見本章注13）。不過早期對此問題最有影響的探討，似乎是普羅泰戈拉，雖然他可能使用不同的術語（值得一提的是，德謨克里圖斯處理對立的問題，是把對立應用到社會「體制」中的語言上）；柏拉圖〈*Cratylus* 384e〉也這樣處理過。

注4：羅素（Bertrand Russell, 'A Free Man's Worship', in *Mysticism and Logic*），有極相似的觀點；薛林頓（Sherrington）（*Man on His Nature*）也有相似的觀點。

注5：（一）當然實證主義者會回答說，規範不能自事實命題中推論出來的理由是，規範是沒有意義的；不過這點僅指出（如維根斯坦在其《邏輯哲學論叢》中指出的），他們這樣任意的界定「意義」，就唯有事實命題才「有意義」。（關於此點，見拙著：*Logik der Forschung*, pp. 8 ff., and 21。）另一方面，心理主義者則試圖把命令句解釋為情緒的表現，把規範說成是慣例，把種種標準說成是觀點。雖然不得偷盜的慣例的確是個事實，但正如在正文中所解釋的，我們必須把該事實和對應的規範區分開來。關於規範的邏輯問題，我完全同意孟格爾（K. Menger）（*Moral, Wille und Weltgestaltung*, 1935）的大部分觀點。我相信他是最早提出規範邏輯的基礎的人。我也許可在此表示意見，那就是，不願承認規範是重要且不可化約的，是我們這個時代知識份子及其他「進步主義」圈子裡所有缺點的主要來源。

（二）我主張不可能從陳述事實的語句推論出陳述規範或決定的語句，也許可加上底下的說明。在分析「語句」和「事實」的關係時，我們是在邏輯探究的領域中打轉，塔斯基（A. Tarski）稱作語意學（見：第三章注29），第八章注23）。語意學的基本概念是關於「真」的概念。如塔斯基指出的，在語句「A先生說，拿破侖死在聖赫勒拿島」加上「A所說的為真」這個陳述，根據卡納普（R. Carnap）的語意學系統，可以推論出語句：「拿破侖死在聖赫勒拿島。」（如果廣義使用「事實」一詞，亦即不僅說及語句所描述的事實，更也包括該語句為真之事實，那麼，我們甚至可以說，從兩種「事實」：「A先生說」的事實以及「A所說的為真」的事實，推論出「拿破侖死在聖赫勒拿島」。）現在要說的是，沒有理由指出何以我們在規範領域中，不能提出類似的說法。因此對照於「真」的概念，我們可引進一種在規範上有效性或正當的概念。這意味著某種規範N（在規範的語意學中），可以從「**N是有效的或正當**」的語句推論出來；換句話說，「不可偷盜」這個規範或誡命等於下述的述句：「『不可偷盜』的規範是有效的或正當的。」（同時，如果我們廣義使用「事實」一詞，亦即包括「**述及某規範為有效的語句是真的」這個事實**，則我們甚至可自事實中推論出規範。然而，這點並不會損害到我們在正文中所考慮的正確性，正文中唯一考慮的是不可自心理學的、社會學的或非語意學的事實推論出種種規範。）

補註：（三）在我初次討論這些問題時，我說到種種規範或決定，但未說到種種「提議」。「提議」是羅素（L. G. Russell）所提出的，見：'Propositions and Proposals', in the *Library of the Tenth International Congress of Philosophy*（Amsterdam, August 11-18, 1948）。在這篇重要的論文中，他區分了事實陳述或「命題」以及採用某種政策、規範或目的的指導性建議，把後者稱為「提議」。這種用法最大的好處是，如每個人所知道的，雖然我們不確定是否可以討論規範，但提議無疑是可以討論的；至於「規範」和「決定」就變成人們無法討論的（對獨斷的神學家或形上學家而言，它們是神聖而不可討論的，對實證主義者而言，它們是無意義而不值得討論的）。採用羅素的術語，我們可以說命題是可以被斷言或陳述的（可以被接受的假設），而提議則是要人採用的；我們會區分「**採用該提議的事實**」以及「**被採用的提議**」。因此我們的二元論的論題，就成為下述論題，那就是「提議即使涉及到事實，也不可化約為事實」（或不可化約為事實之陳述或命題）。

注6：見：第十章注71。

雖然我相信自己的立場已在正文中說得很清楚了，我也許可以簡短說一說被視為最重要的平等主義和人道主義的倫理學原則：

（一）對於既沒有不寬容也沒有宣揚不寬容的人，要寬容以待（關於這個例外，見：第七章注4和注6）。這點特別意味著應該尊重他人的道德決定，只要那些決定沒有牴觸寬容的原則。

（二）承認在迫近的災難與痛苦中，一切道德的緊急措施都有其依據。為了這個理由，我認為功利主義的公式「最大多數人的最大幸福」或簡短的說「最大幸福原理」應該改為「使一切人的災難減少至最小程度」或簡短的說「最小災難原理」。我相信這個簡單的公式可以作為公共政策的基本原則之一（當然不是唯一的基本原則）。最大幸福的原則似乎易於產生一種慈善家式的獨裁。我們應該理解，從道德的觀點來看，不可以對稱的方式處理災難與幸福；也就是說，在任何情況下，促進幸福總是不如幫助人減少災難或防止災難來得要緊（後者的任務不涉及「偏好」的問題，前者卻涉及更多偏好問題），見：第九章注2。

549

（三）對抗專制，或者換句話說，企圖以立法來保護其他原則，而不是乞憐於掌權者（見：第七章第二節）。

注7：見：Burnet, *Greek Philosophy*, I, 117。在〈普羅泰戈拉篇〉中的這個段落涉及普羅泰戈拉的理論；另見：*Theaetetus*, 172b；本章注27。

柏拉圖主義和普羅泰戈拉主義之間的差別可以概述如下：

柏拉圖主義：在這個世界上有一種內在的、「自然的」正義秩序，亦即最初或原始的秩序；自然是在這種秩序中被造的。因此，過去是好的，而任何導致新的規範的發展都是壞的。

普羅泰戈拉主義：人在這個世界是一種道德的存在。自然既不是道德的，也不是不道德的。因此人有可能改進事物。普羅泰戈拉可能受到贊諾芬的影響；贊諾芬是第一位提出開放社會觀點的人，他也批評赫希奧德的歷史悲觀主義：「太初之時，諸神並沒有告訴人類說他是不足的；不過在時間的歷程中，人可以尋求更好的事物，而且也發現了更好的事物。」（Diels5, 18）

柏拉圖的侄子和門徒史波西普斯（Speusippus）似乎回到這種進步主義的觀點（見：Aristotle, *Metaphysics*,1072b30 以及第十一章注11），在政治領域中，亞里士多德的「學院」（Academy）則採取了更自由主義的態度。

關於普羅泰戈拉的理論和宗教教義的關係，值得一提的是：他相信神是透個人而工作；我看不出這種立場會與基督教矛盾。例如：卡爾・巴特（K.Barth）所說的：「聖經是**人的文獻**。」（意即人是神的工具。）（*Credo*, 1936, p. 188）

注8：蘇格拉底主張倫理學的自律性（和他堅持的倫理學不涉及自然問題有關），特別表現在他在「有德行」的個人的自身完足（autarky）的理論裡。我們將看到柏拉圖有關個人的觀點迥異於上述蘇格拉底的理論，見：本章注25及下章注36和正文，另見：第十章注56。

注9：例如說，我們不可能建立不需要人的推行就能自行運作的體制，見：第七章注7至注8正文，以及注22至注23；特別見：第九章。

注10：關於柏拉圖討論品達的自然主義問題，見：*Gorgias*, 484b, 488b; *Laws*, 690b, 714e/715a；890a/b（另見：Adam's note to *Republic*, 359c20）。

注11：安提芬所使用的這個語詞與柏拉圖以及巴門尼德有關，我譯為「虛幻的意見」（delusive opinion）（見：第三章注15），安氏同時把它和「真理」對立。另見：Barker, *Greek Political Theory*, I; *Plato and His Predecessors* (1918), 83。

注12：見：安提芬《論真理》；另見：Barker, op.cit., 83-5。另見：注13 (2)。

550

注13：柏拉圖（*Protagoras*, 337e）曾經述及希庇亞。其後四個引文，見：Euripides, *Ion*, 854 ff.; *Phoenissae*, 538。另見：Gomperz, *Greek Thinkers*, German ed., I, 325）；Barker, op. cit., 75；*Republic*, 568a-d（柏拉圖對優里庇底斯的犀利攻擊）；Alcidamas in *Schol. To Aristotle's Rhet*, 1, 13, 1373618；Lycophron in Aristotle's *Fragm.*, 91 (Rose)；Pseudo Plutarch, *De Nobil.*, 18. 2。關於雅典廢奴運動的問題，見：第四章注18、注29；另見：第十章注18。

（一）、值得一提的是，大部分的柏拉圖主義者很少同情這種平等主義的運動。例如巴克爾討論此問題時就是放在「普遍破除偶像」題目下討論的（op. cit., 75）（另見：第六章注 3 第二段引文）。無疑的，這種對於廢奴運動的冷漠是受到柏拉圖的影響。

（二）、柏拉圖和亞里士多德的反平等主義問題，見：第八章注49、第四章注3以及第十一章正文。

塔恩（W. W. Tarn, 'Alexander the Great and the Unity of Mankind', *Proc. of the British Acad.*, XIX, 1933, pp. 123 ff.）描述了這種反平等主義及其災禍性的結果。塔恩承認，在西元前五世紀時，希臘人和蠻族之間的堅壁清野似乎有改善的跡象，他說：「不過對歷史來說，這種事情是不重要的，因為**任何這類的事情都被唯心論哲學扼殺了**。柏拉圖和亞里士多德一點也不懷疑自己的觀點。柏拉圖說：一切的蠻族天生都是敵人；對他們發動戰爭是正當的，即使奴役他們……也是正當的。亞里士多德說：一切蠻族天生是奴隸……。」（見：Tarn, p. 124；黑體字是我強調的。）我完全同意塔恩對於唯心論哲學的看法，也就是柏拉圖和亞里士多德的哲學惡毒的反人道主義的影響。我也同意塔恩強調人類團結的觀念，強調平等主義的重大意義（見：op.cit., p. 147）。我唯一不同意之處，是塔恩所說的西元前五世紀的平等主義運動以及早期犬儒學派。他認為和亞歷山大大帝相比，這些運動對於歷史的影響比較小，我想他所說的是對的。不過我相信，只要他留意世界主義（cosmopolitan）和廢奴運動之間的相似性，他對它們的評價就會更高一些。在此所引塔恩的段落裡清楚顯示這兩個運動的相似處：**希臘人和蠻族，以及奴隸和自由人**。所以如果我們考慮到廢奴運動的巨大力量（見：第四章注18），那麼對於希臘人和蠻族之間的分野的

551

批評，就應該得到更高的評價。見：Aristotole, *Politics*, III, 5, 7 (1278a); IV (VI), 4, 16 (1319b); III, 2, 2 (1275b)。另見：第八章注48。

注14：關於「回到禽獸」的問題，見：第十章注71及正文。

注15：關於蘇格拉底的靈魂理論，見第十章注44。

注16：「自然權利」一詞，是透過斯多噶學派（Stoics）而以平等主義的意義傳到羅馬（受到安提西尼〔Antisthenes〕的影響，見：第八章注48）；羅馬法使人普遍理解到這個觀念（見：*Institutiones*, II, 1, 2; I, 2, 2）。聖多瑪斯（Thomas Aquinas）也使用這個觀念（*Summa*, II, 91, 2）。近代多瑪士主義者（Thomist）以「自然法」替代「自然權利」，但他們並不太強調平等主義，令人有些遺憾。

注17：一元論的傾向最早是企圖把規範解釋為自然的；近來這種傾向已經翻轉，而把自然法則解釋為慣例。這種物理的**約定論**（conventionalism），朋加萊（Poincare）認為是由於認識到所有定義都有約定俗成的性質，也都受語言的影響。朋加萊和艾丁頓（Eddington）都指出，我們是依其自然實體所遵循的法則去界定它的。依據這種解釋可以推論說，這些自然法則都只是定義，亦即語言上的約定。見：Eddington, *Nature*, 148 (1941)。他說：「物理理論中的組成元素……，只能由其所服從的法則來界定；因此，我們只是在純粹的形式系統裡追逐著自己的尾巴。」我也批評和分析過這種約定論的形式（*Logik der Forschung*, pp. 78 ff.）。

注18：（一）我相信所謂「科學的」倫理學的基本動機之一，是想要找到某種論證或理論來分擔我們的責任。明目張膽的「科學的」倫理學，是令人瞠目結舌的社會現象。這種倫理的目的何在呢？

它是要告訴我們應該怎麼做嗎？亦即依據科學的基礎建立一種典範的法典；這樣，如果我們面對困難的道德決定，只需看法典索引就行了？很顯然這是荒謬的；姑且不論是否真能編出這套法典，它也完全摧毀個人應負的責任及一切倫理學。或者，它是要替道德判斷的真偽訂定科學的標準？替像是「好」和「壞」之類的判斷規定真偽的科學標準？但是，這顯然與道德的**判斷**毫不相干。只有想要惡意中傷的人，才有興趣去判斷（裁決）他人或他人的行動。對我們某些人來說，「不要評斷他人」是基本的、習焉而不察的人道主義倫理學法則（為了防止某人再犯罪，我們可以逮捕罪犯入獄，然而過多的道德判斷，特別是道德上的憤怒，頂多是虛偽和偽善的徵象）。因此，道德判斷的倫理學，不僅是不切題的，而且是不道德的事。道德問題的重點在於我們要能依據先見之明去行動，我們也可以問自己的目的應該是什麼，亦即我們應該怎麼做。幾乎所有探討我們應然的行為問題的道德哲學家（康德例外），都試圖訴諸「人性」（即使康德亦然，他也訴諸人的理性），或訴諸「善」的本質來回答這個問題。在這些方式中，第一種什麼都沒解決，因為人類所有可能的行動幾乎都可以說是出於人性，所以問題依然是我應該遵守和擴充人性中的哪一個部分，應該克制哪一個部分。而第二種方法同樣沒有解決問題；他們為了分析「善」，就以下述語句的形式說：「善是如此如此的」（或「如此如此是善的」），我們可以問：那又怎樣？它與我何干？只有以倫理的意義來使用「善」，亦即其意義是「我應該那樣做」，才能從「X 是善的」的陳述中推論出「我應該去做 X」。換句話說，如果「善」這個字眼要有任何倫理學意義，就必須界定為「我應該去做或去促進某事」。然而，如果真是

552

如此界定，則定義本身就包含了整個意義；因而在每個語句脈絡中，善都可由這個界說來替代，亦即「善」這個語詞對我們的問題沒有任何實質用處（見：第十一章注49（3））。因此，關於「善」一詞的界說的所有討論，或關於界定的可能性的討論，都是無益戲論。它們僅只指出「科學的」倫理學多麼遠離了道德生活的迫切問題。因此，「科學的」倫理學只是一種逃避的形式；它逃避實際的道德生活，規避我們在道德上的責任（從這些考慮來看，倫理學的自然主義形式，亦即「科學的」倫理學的肇始，難怪會和個人責任的倫理學同時出現。見：第十章注27至注38以及注55至注57正文討論開放社會和大世代的部分）。

（二）在此可以再提到另一種逃避的形式，這種特別的形式可見於黑格爾學派的法實證主義以及其親密的盟友精神的自然主義。卡特林（Catlin）的傑出著作對這個重要論點，也和許多其他人士一樣，仍是依賴於黑格爾；以下我要批評卡特林贊成精神的自然主義形式，及其反對自然法則和規範性法則之間的差異（G. G. Catlin, *A Study of the Principles of Politics*, 1930, pp. 96-99）卡特林的研究以明白區分自然法則和「人類立法者所造的……法則」為開端；他首先承認如果將「自然法則」一詞應用到規範上，則「似乎是不科學的，因為那會無法區分需要去執行的人類法則和無所逃遁的物理法則」。然而他指出這只是「似乎」如此，認為「我們批評」如此使用「自然法則」的方式是「過於草率」。他繼續陳述其精神的自然主義，亦即區分「合乎自然」的「健全法則」以及其他法則，他說：「健全的法則，因而包括人的傾向。或簡單的說，是『自然的法則』之摹本，是由政治科學『發現的』。這種意義所強調的是，健全的法則是被發現的，

553

不是被制定的。它是自然的社會法則之摹本」（即我所稱的「社會學的法則」；見：本章注8）。他在結論主張說，就法律系統變得更為合理來看，其種種規則「就不再設定為具有恣意命令的特性，而成為只是自原始的社會法則演繹出來的規則」（即從我所稱的「社會學的法則」中演繹出的規則）。

（三）這是精神主義非常有力的陳述。由於卡特林把他的理論和一種「社會工程學」結合，這種社會工程學乍看下和本書所宣揚的極為相似（見：第三章注9正文，第九章注1至注3正文，及注8至注11），所以對他的批評就更重要了。在討論之前，我想解釋何以我認為他的觀點是依附在黑格爾的道德實證主義。這種解釋是必要的，因卡特林使用自然主義，為的就是要區分「健全」的法則和其他法則，換句話說，是為了區分「正義」和「不義的」法則，當然這種區分看起來不像實證主義，後者是認定既存的法則就是正義的唯一標準。撇開這一切不談，我相信卡特林的觀點和實證主義相當接近；因為他相信只有「健全」的法則才是有效的，也才能依據黑格爾的「存在」的意義而存在。因為卡特林說，當我們的法典「不健全」的時候，亦即不合乎人性，則「我們的法規就徒具虛文」。這種說法完全是實證主義的；因為我們得以基於是某個法既不是「徒具虛文」而且可行，而演繹說它是個健全的法則，換句話說，所有的立法，只要它不是徒具虛文，那就是人性的摹本，因此就是正義的。

（四）我現在簡短批評一下卡特林反對自然法則和規範性法則之差異的論述，（a）自然法則是不可違抗的，（b）規範性法則是人為的，是藉懲罰去施行的；這是卡特林自己最初的明白分野。卡特林的論證是兩面的。他指出（a'）從某種意義來說，自然法則也是人為的，所以它們是可以打破的；而（b'）從某種意義來說，規範性法則也是不能被打破的。我的批評自（a'）開始，卡特林說：「物理學家的自然法則並非空洞的事實，它們是物理世界的合理化表現，不管是人類加上去的或是看到的都是如此，因為物理世界是本然合理而有序的。」他繼續指出，當「活生生的事實」逼使我們修改法則時，自然法則便沒有用了。我對這種論證的回答是這樣的：旨在說明自然法則如何形構的陳述，的確是人為的。我們作出假設，認為有個不變的規則，亦即我們以陳述去描述所假想的自然法則。然而，如科學家所說的，我們隨時都準備跟自然學習，知道我們的錯誤。如果活生生的事實和我們的假設矛盾，**指出我們所假想的法則不是法則，因為它被打破了**，我們就會修改法則；換句話說，科學家隨時都準備接受自然界的宣判，科學家所接受的是那些還沒有出現否證的假設，也就是說，科學家把自然法則視為不會被打破的法則；因為科學家認為，他的法則一旦被打破，就證明他所闡述的法則並不是自然法則。尤有甚者：雖然假設是人為的，但我們不能阻止否證的出現。這點指出，雖然假設建立了，但假設中預期的規則並不因此就成立了（雖然我們確是創立了一組新的問題，同時或可導致的觀察與解釋）。（b'）卡特林說：「當犯罪者觸犯禁止的行為時，說他『打破』了法則，是不對的。……法規並沒有說：『你沒辦法……。』而是說：『你不應該，或者這麼做會受處罰。』」他繼續說到，如同命令一樣，「它可被打破，但作為法則，就其實際意義來說，只有在沒有處罰時，它才算是被打破……。只要法律設計得完美，執行其賞罰亦極為澈底……，它就幾近於物理法

554

則。」對於上述觀點的回答很簡單。無論從那種意義來談「打破」法則，法律的規定都能被打破；沒有任何文字的矯飾可改變這點。讓我們先接受卡特林的觀點，那就是罪犯不能「打破」法律，同時只有犯罪者沒有受到法律制裁時才算是「打破」法律。但是，即使從這種觀點來看，法律仍能被打破；例如國家官員若拒絕處罰犯罪者，它就被打破了。同時，即使在某個國家裡，所有的制裁事實上都執行了，但只要官員選擇不作為，他就能夠阻止執行，因而「打破」了卡特林所說的法則（就算依據一般「法律」的定義，官員也可能「破壞法律」，亦即他們自己成為罪犯，至於他們是否受到處罰，那是另一個問題）。換句話說，規範性法則總是由人們及其種種制裁去執行的，因此基本上和假設不同。就法律來說，我們可強制禁止殺人或善行、說謊或說真話、義或不義。但是我們不能強制太陽改變其軌道；再多的論述都不能改變這兩種法則之間的鴻溝。

注19：關於「幸福和災難的性質」，見：*Theaetetus*, 175c。關於「自然」、「理型」或「理念」之間的密切關係，見：*Republic*, 597a-d，柏拉圖在此首次討論到一種床之理型問題，並說它是「自然存在的床，係神所創造」（*Republic*, 597b）。他也在該處提出「人為」（或「被造的」事物，是一種「摹本」）和「真理」之間的差異。見：Adam's note to *Republic*, 597b10, 476b13, 501b9, 525c15；另見：*Theaetetus*,174b（同時見：Conford's note 1 to p. 85 in his *Plato's Theory of Knowledge*）。另見：Aristotle, *Metaphysics*,1015a14。

注20：關於柏拉圖抨擊藝術的問題，見：*Republic*, 600a-605b；第四章注39。

注21：見：本章注11、注12、注13及正文。我主張柏拉圖至少部分同意安提芬自然主義的理論（雖然他當然不同意安提芬的平等主義），這或許會使許多人（特別是使巴克爾的讀者）感到奇怪，見：前揭巴克爾著作。他們聽到下面的意見，可能也會感到驚奇：那就是兩者的主要差異並不在於理論上有多大的差異，而是在道德實踐上的差異，就平等主義之實際面來看，道德上站得住腳的是安提芬，而不是柏拉圖（關於柏拉圖同意安提芬所說的合乎自然就是真的和正當的這個原則問題，見本章注23、注28以及注30正文。）

注22：引自：*Sophist*, 266b, 265e。不過該處（265c）也包含一種批評（與〈法篇〉相似，摘引見：本章注23正文及注30），它批評自然主義的唯物論解釋，如安提芬所持者；我的意思是指：「相信……自然……之生產是不透過理性。」

注23：見：*Laws*,892a, c。關於靈魂和理念的密切關係問題，見第三章注15（8）。至於「靈魂」與「自然」的密切關係，見Aristotle, *Metaphysics*, 1015a14，該處引用了〈法篇〉中的內容（在896d/e）說：「靈魂存在於一切運行的事物中……。」關於「自然」與「靈魂」之觀念，以下明顯使用相同的意義，見：*Republic*, 485a/b, 485e/486a, d, 486b（論「自然」）；486b, d（論「靈魂」）；490e/491a, 491b（兩者皆論及），及其他許多地方兩者都談到（另見：Adam's note to 370a7）。在490b10中，直接說出了這種密切關係。關於「自然」、「靈魂」與「種族」之間的密切關係，見：501e。在該處，「哲學的本性」或「靈魂」之相似內容被「哲學家之族類」替代。

555

在「靈魂」或「自然」及社會階級或階級之間也有密切的關係；例如：*Republic*, 435b。種族和階級之間的關係是基本的，因為從 415a 開始，階級與種族是同一的。

Laws,648d, 650b, 655e, 710b, 766a, 875c，以「才能」或「靈魂之性質」之意義來使用「自然」一詞。*Laws*,889a 指出自然超越藝術之優越性和先行性。關於以「正當」或「真」的意義來使用「自然」一詞的問題，見：*Laws*,686d, 818e。

注24：摘引見：第四章注32（1）（2）（3）。

注25：在 *Republic*, 387d/e，談到蘇格拉底的自身完足理論（見：*Apology*, 410, ff.; Adam's note to *Republic*, 387d/25）。這僅是少數散見回憶蘇格拉底的理論之一；不過它直接與正文中解釋的〈國家篇〉的主要理論相矛盾（見第六章注36及正文；另見：369c, ff.。

注26：例如：第四章注24引文。關於「稀有和不尋常的性質」的問題，見：*Republic*, 419a/b。例如（Timaeus, 51e）：「理性是神與少數人分享的。」關於社會居處（social habitat），見：491d（另見：第二十三章）。

雖然柏拉圖堅持手工藝是墮落的工作，但蘇格拉底似乎有很不同的立場（見：Xenophon, *Memorabilia*, II, 7; 7-10；在某種程度上，安提西尼及戴奧吉尼斯對匠人的態度證實了贊諾芬的故事；另見：第十章注50）。

注27：特別見：*Theaetetus*,172b（另見：Cornford, *Plato's Theory of Knowledge*）。見：本章注 7。在柏拉圖學說中的約定主義因素，也許可以用來解釋為何那些仍持普羅泰戈拉觀點的人，認為〈國

家篇〉和約定主義的若干元素相似（見：*Diogenes Laertius*, III, 37）。關於呂哥弗隆的契約理論，見：第六章注43至注54及正文，特別見：注46。

注28：見：*Laws*,690b/c；本章注10。柏拉圖（*Gorgias*, 484b, 488b; *Laws*,714c, 890a）也提到品達的自然主義。關於「外在的強迫」和（a）「自然行動」以及（b）「自然」之間的對比，見：*Republic*, 603c, *Timaeus*, 64d（另見：*Republic*, 466c-d，引文見本章注30）。

注29：見：*Republic*, 369b-c，是契約論的一部分。下一段引文見：370a/b-c，也是美好國家**自然主義原則**的首次說明。（*Republic*, 385e, ff.；在該處，格老孔首次提到自然主義，不過這當然不是柏拉圖自己的自然主義理論。）

（一）、關於自然主義中分工原則的闡述，以及這個原則在柏拉圖正義理論中扮演的角色，特別見：第六章注6、注23及注40。

（二）、關於近代激進的自然主義原則，見馬克思的共產主義的說法（摘引自：Louis Blanc）：「各盡所能，各取所需。」（E. Burns, *A Handbook of Marxism*, 1935, p. 752）；另見：第十三章注8、第十三章注3、第二十四章注48及正文。

關於這種「共產主義原則」之歷史根源，見：柏拉圖的箴言：「朋友是共同擁有一切事物。」（見：第六章注36及正文；關於柏拉圖的共產主義，見第六章注34、第四章注30及正文），比較下面的說法：「有志一同，共擁所有；……，散財人間，以哺眾口。」（2, 44-45）「人人無虞匱乏；因為……，依各人所需而分配。」（4, 34-35）。

556

注30：見 注23及正文。摘引自：*Laws*,899a-d（類似內容另見：*Theaetetus*, 172b）；896c-e；890e/891a。

關於下一段正文（主張柏拉圖的自然主義不足以解決實際的問題），下列內容也許可為舉證。許多自然主義者認為男人與女人在精神上和生理上本質是不同的，因此，在社會生活中應該履行不同的功能。然而，柏拉圖卻用同樣自然主義的論證去反證它；他認為公狗和母狗不是一樣可以看門和作獵犬嗎？他（*Republic*, 466c-d）寫道：「你也承認，男女衛士無論是在城邦裡擔任警衛，還是出國打仗，都應當像獵犬一樣共同守衛國家，一道追擊敵人，還要盡一切可能以各種方式共享一切。只有這樣，他們才能把事情做得最好，而且既不違反女子的天性，也不違反男女之間的夥伴關係。」（另見本章注28）關於獵犬是理想護衛者的問題，見：第四章注32（2）及正文。

注31：關於對國家的生物學理論的簡評，見：第十章注7及正文。補註：這種理論之起源自東方，見：R. Eisler, *Revue de Synthèse Historique*, Vol. 41, p. 15.

注32：關於柏拉圖政治的靈魂理論的某些應用以及它的推論，見第十章注58至注59及正文。關於城邦和個人在基本方法學上的相似性問題，特別見：*Republic*, 368e, 445c, 577c。關於阿爾克邁翁（Alcmaeon）關於個人或生理的政治理論，見：第六章注13。

注33：見：*Republic*, 423b, d。

注34：引文見：G. Grote, *Plato and the Other Companions of Socrates* (1875), vol. III, 124。〈國家篇〉的主

要段落是在 439c f.（勒翁提烏斯的故事）；571c（獸性野蠻的部分相對於理性的部分）；588c（古代傳說中的怪物）；603d, 604b（人和自己戰鬥）。另見：*Laws*, 689a-b；第十章注58至注59。

557

注35：見：*Republic*, 519e（另見：第八章注10）；正文兩處引文見：*Laws*, 903c（我把順序顛倒）。值得一提的是，這兩個段落涉及的「整體」（「pan」和「holon」）不是指國家，而是指世界；然而，這種宇宙論的全體主義無疑傾向於政治的全體主義；見：*Laws*, 903d-e（醫生、工匠和政治家的對比），不過事實上，柏拉圖常用「整體」（以多數出現）一詞意指「國家」和「世界」。再者，第一段（依所引順序），是對於 *Republic*, 420b-421c 的簡短說明；第二段則是針對 *Republic*, 520b（「你們除了為自己而生，更為了國家而生」）。**至於全體主義或集體主義的進一步內容，**見：*Republic*, 424a, 449e, 462a；*Laws*, 715b, 739c, 875a f., 903b, 923b, 942a（另見第六章注31）。關於本節的評論，亦即柏拉圖認為國家是個有機體的問題，見：*Republic*, 462c; *Laws*, 994e。在此甚至把國家比擬為人的身體。

注36：見：Adam, *Republic*, vol. II, 303; note 3 to chapter 4。

注37：亞當強調這點，見：*op.cit.*, note to 546a, b7, pp. 288, 307。另一處引文見：*Republic*, 546a; *Republic*, 485a/b，另見：第三章注26（1）及第八章注33。

注38：這是我與亞當解釋的主要差異。我相信柏拉圖在卷六和卷七中指出，那些對於源始和不朽的事物感興趣的普羅泰戈拉主義哲人王們，由於他們的數學和辯證學訓練，使他們獲有「柏拉圖數」的知識，並由此獲致消弭社會腐化甚而國家衰亡的利器（Rep., 485b）。特別見：注39正文。

本段以下的引文是：「保持護衛者的種族純淨。」見：*Republic*, 460c；第四章注34。關於「一個城邦是如此建立的等等」，見：546a。

關於柏拉圖在數學、聲音學、天文學領域中，**提出理性的知識和經驗或感覺的虛幻意見之間的區分**，見：*Republic*, 523a, 525d（討論到「計數」；特別見：526a; 527d; 529b; 531a-534a; 537d）；另見：509d-511e。

注39：有人指責我竄入（沒有放在引號裡）一段話：「缺少一種純淨的理性方法」；不過就 *Republic*, 523a-537d 來看，柏拉圖所論及的「知覺」，似乎就蘊含著這種差異。

本段引文見：*Republic*, 546b。

在我解釋墮落和幾何數的故事中，我小心避免一種困難：即柏拉圖數的計算問題，其困難在於沒有定論，或者說，根本不可能有定論（因為柏拉圖語焉不詳）。我要解釋的，是描寫幾何數本身的前後段落；我相信這些段落已經很明白了。雖然我知道，我的詮釋也偏離了先前的企圖。

（一）我的詮釋所依據的關鍵句子是：（A）國家護衛者的工作是由「**以知覺之助的計算**」來實現；另一個句子是為（B）「他們不會**偶然**獲得生育良好後代的正確方法」；（C）他們會「**盲動**的和以錯誤的方式生育兒女」；（D）他們對諸如「幾何數」之類的事物**一無所知**。

關於（A），每個細讀柏拉圖著作的讀者應該會明白，如此涉及知覺，實際上旨在對其方法的批評。*Republic*, 546a 的這種觀點，緊接在 523a-537d 之後出現（見上注），由此可證。在其中，純粹理性知識以及以知覺為基礎的意見之間的對立是其主題，更特別的是，「計算」一詞用在

558

強調理性知識和經驗之間的對立。而「知覺」（511/d）則有確定的技術性和貶義（見：Plutarch, Life of Marcellus, 306）。這就是我的意見，特別因（B）、（C）、（D）而得到佐證，柏拉圖的評述A，意謂著：（a）「計算建立在知覺上」，是不好的方法，（b）有更好的方法，即數學與辯證法的方法，能產生純粹理性的知識。我極力說明的論點其實很明白，若非連亞當都沒看到，我就不會這樣費事來處理這個問題。他將「計算」解釋為涉及統治者之任務，決定他們允許的婚姻人數（note to *Republic*, 546a, b7）。而「知覺」則為「如何決定配對，養育什麼樣的兒女等」。這也就是說亞當將柏拉圖的評論視作簡單的概述，不認為是批評經驗方法的種種缺點。如此一來，亞當就不會將（C）「統治者將會盲動的……」和（D）「他們無知於……」這兩點和統治者使用經驗方法的事實扯在一起。（如果我們依亞當的看法，則（B）所說的：「他們不會偶然獲得生育良好後代的正確方法」就無法翻譯了。）

在解釋這些內容時，我們必須記住的，在〈國家篇〉卷八中，即在上述內容之前，柏拉圖又回頭討論卷二和卷四所談的最早的城邦（見：Adam's note to 449a, 543a），不過這種城邦的護衛者既非數學家，亦非辯證法家。因此，不具有在525-534極力強調的純粹理性方法。就這方面來說，引入對知覺的評論，亦即評論經驗方法的貧乏性、及城邦統治者的無知，是沒有錯的。

關於（B），亦即統治者他們不會「偶然獲得生育良好的後代的正確方法，或全無好的後代」，在我的解釋中很清楚。既然統治者只有經驗的方法，則他們只能依賴幸運的意外，來獲致那些原本以數學或其他理性方法決定的正確方法。亞當對於546a, b7的譯文是：「雖然把計算和知

559

覺結合在一起，仍可獲得優良的後裔。」他只在括弧中加上：「碰到；碰巧獲得。」我想他沒有解釋「碰巧」，是因為他沒有看出（B）的含義。

在這裡的解釋使得（C）和（D）完全可以理解；而柏拉圖的評論，即他的「幾何數」是「掌握著優生或劣生」也得到適當的解釋。可以評論的是，亞當沒有評論（D），亦即沒有評論「無知」的問題，然而依據他的理論（note to 546d22），這種評論是必要的，他的理論是：「幾何數不是一種婚姻……之數目。」它沒有技術上的優生學意義。

我認為，如果我們考慮到關於幾何數的段落，則幾何數出現在優生學的段落中，的確具有技術的和優生學的意義。在幾何數的學說出現之前，我們看到（A）、（B）、（C）；之後又出現了（D），以及新娘與新郎及其墮落的子孫的故事。除此之外，在幾何數之前的（C）和之後的（D）互相指涉；因為（C）所說的「盲動」是與「以錯誤途徑生育」相關的。（D）的「無知」也有相同的指涉，「以不當方式結合新娘與新郎」。

我最後的辯護是，只要理解「幾何數」，就能得到影響「生育好壞」的力量。這當然不是因為柏拉圖自己說過幾何數自身有這種力量；因為如果亞當的解釋是正確的話，則幾何數操控生育，它會決定不可改變的階段，在該階段之後，則註定要墮落。不過我認為如果柏拉圖不認為城邦護衛者只要具有適當數學和純粹合理的知識，就不會盲動的話，則柏拉圖所指涉的「知覺」、「盲動」和「無知」就沒有什麼意義了。不過這樣一來，就不可免的要推論說，「幾何數」有技術上的優生學意義，「幾何數」的知識是防止墮落的主要力量。（我認為這也是唯一和前述迷信相符的推論；例如一切占星學都包含顯然矛盾的概念，那就是我們對命運的知識可以幫助我們改變這種命運。）

我想人們拒絕把「幾何數」解釋為神祕的養育禁忌，那是由於即使柏拉圖已經說得夠明白了，他們也不願相信柏拉圖有這種粗糙的觀念。換句話說，是由於他們想把柏拉圖理想化。

（二）就這方面來說，我必須提到泰勒（A. E. Taylor）的一篇文章（'The Decline and Fall of The State in *Republic*', VIII, in Mind, 48, 1939, pp. 23 ff.）。泰勒在文中批評亞當（我認為並不公正）；他反對亞當的意見說：「當然，在546b中，是提到當統治階級『不在適當的季節生兒女』時，理想的國家就開始沒落了……。不過我不認為這就意味著柏拉圖關注優生學的問題。那不過是個簡單的想法，即國家自身蘊藏著瓦解的種子，像每個人所作的事情一樣，則那些擁有至高權力的人，遲早會比其前人低劣。」（25 ff.）我認為從柏拉圖相當確定的說法來看，這種解釋不僅站不住腳，而且是企圖掩飾柏拉圖著作裡的種族主義或迷信等等尷尬元素的典型例子。亞當否認「幾何數」在技術優生學上的重要性，又主張說它不是「關於婚姻」的幾何數，而只是一個宇宙論的周期。至此，泰勒接著又否認柏拉圖對於「優生學」的興趣。然而柏拉圖的著作中的確暗示到這些問題，泰勒承認「沒有任何地方暗示」幾何數不是「生育好壞問題」的決定因素。除此以外，不僅以上所引段落，甚至是整個〈國家篇〉（另見：*Statesman*, 310b, 310e）都充分強調「優生學問題」。泰勒認為，柏拉圖在談到「人類」（或如泰勒所說的「人的世代」）時意指的是「國家」，而柏拉圖想要指出一種事實，那就是國家是為立法者所創造的，我認為這

560

種說法在柏拉圖著作裡找不到任何佐證。整個段落從變動中的感性事物開始，談到衍生和必朽的事物（見本章注37及注38），更特別的是談到動植物以及他們的種族問題。除此之外，如果在柏拉圖的著作中強調「人為的」事物，那都是意指低劣的「人為」事物，因為它是實體的再度摹倣（見：本章注20至注23，〈國家篇〉卷十）。柏拉圖沒有要人們把「人的產物」解釋成圓滿的「自然的」國家；反倒是要人們將「人的產物」視為低劣的事物（就像詩一樣；見：第四章注39）。泰勒的「人的世代」這個譯法，只要譯為「人的事物」，所有的難題就會排除了。

（三）假使我的解釋其實是正確的話，那麼就可以再提一點，把柏拉圖的「種族墮落的意義」和「統治者的人數應保持一定」關連在一起（這個忠告顯示身為社會學家的柏拉圖明白人口增加招致的不安影響）。關於本段落描述的柏拉圖的思想方式（見：注45；第八章注37），特別是他反對一個人執政，反對少數人的榮譽政治及多數人的暴民政治的思考方式，可能暗示著他的一種信仰，那就是：**人口的增加和衰亡成正比**（*Laws*,710d可以看到這方面的思想）。如果這種假設正確的話，則他可以推論說，**人口的增加和種族的墮落有關，甚至是因為種族的墮落而造成**。因為人口的增加，事實上是早期希臘部落社會不安和瓦解的主要原因（見：第十章注6、注7、注63及正文），這種假設足以解釋柏拉圖何以相信「真正的」原因是種族的墮落（為了維持其「自然」與「變動」的一般理論）。

注40：（一）亞當主張（note to 546d22）該處不可譯為「錯誤的時刻」，而應譯為「不合時宜」。我可以說的，我的詮釋和這個問題完全無關；不管是「不合時宜」或「錯誤的」、或「錯誤的時刻」、

或「不合時節」，它都相容（語詞的原義是有點像是「和適當的措施相反」；通常是指「錯誤的時刻」）。

補註：（二）關於柏拉圖評論「混雜」和「混合」的問題，我們可以看到，柏拉圖似乎主張一種原始但是很通俗的遺傳理論（養馬者顯然仍然堅持這套理論），依據這個理論，子孫是父母的性格、或「性質」的平均混合。同時，他們的性格或性質、「能力」（耐力、速度，或者是〈國家篇〉、〈政治家篇〉和〈法篇〉所說的優雅、勇猛、大膽、自制等），都是依據具有這些性格的祖先（祖父母、曾祖父母等）數目比例而混合的。這樣一來，養育的藝術就是有見識的、科學的、數學的混合性質，或為合乎自然的和諧混雜或混合。特別見：〈政治家篇〉，其中說到王室的統治技巧或技術很類似編織，治理國家的編織者，必須混雜著大膽和自制的性格（見：*Republic*, 375c-e, 410c, ff.; *Laws*, 731b；第四章注34；第八章注39及正文）。

注41：關於柏拉圖社會革命的法則，另見：第四章注26及正文。

注42：蕭伯納（G. B. Shaw）所說的「後設生物學」（Metabiology）就是這個意思，也就是指涉一種宗教（the preface to *Back to Methuselah*；另見：第十二章注66）。

注43：見：Adam's note to *Republic*, 547a3。

注44：對於我所說的社會學方法中的「心理主義」的批評，見：第十三章注19正文及第十四章，其中討論到仍然很流行的穆勒（Mill）的方法學上的心理主義。

注45：常常有人說，不可把柏拉圖的哲學擠進一種「系統」裡，於是，我以畢達哥拉斯的對照表解釋

561

柏拉圖思想的系統性，也許會遭致批評。然而我相信，這種系統化是任何詮釋的必要檢驗。相信他們不需要任何詮釋，或者相信他們如實「認識」某個哲學家或其著作，這種想法是錯誤的。他們不得不詮釋其人及其著作；不過，因為他們不自覺他們是在『詮釋』（由於傳統和個人氣質，他們的詮點總會帶有色彩），他們的詮釋必然是幼稚而不加批判的（見：第十章注1至注5及注56；第二十五章）。無論如何，批判性的詮釋必須採取一種合理的建構形式，而且必須是系統化的；它必須把某個哲學思想重構成一致性的大廈。另見：A. C. Ewing, *A Short Commentary on Kant's Critique of Pure Reason*, 1938, p. 4。他說：「……我們應該以一種設定為開端，那就是一位偉大的哲學家不會一直自我矛盾，因此，如果有兩種詮釋，其中一種使康德一致，另一種使康德不一致；那麼可能的話，我們會選舉前者。」這點可以應用到柏拉圖的哲學上，甚至可應用到一般的詮釋上。

柏拉圖的政治方案

第六章

極權主義的正義

83

分析了柏拉圖的社會學，就很容易說明他的政治方案。柏拉圖的基本要求，可由下列兩個公式中任擇其一來表示，其一是和他關於變動和靜止的理型論對應，其二則是和他的自然主義對應。理型論的公式是：**阻止一切政治的變動！**變動是罪惡，靜止才是好的[1]。如果國家是城邦的理型的正確摹本，它應該可以阻隔一切變動。如果要問現實上怎麼做得到的話，就可以由自然主義的公式來回答：**回到自然！**回到我們祖先原始的國家形式；原始的國家是依據人性建立的，因此是穩定的；回到人類還沒有墮落的部落家父長時代，以及少數聰明人統治無知眾人的自然階級統治時代。

我相信，柏拉圖政治方案的所有元素其實都可以從上述的要求推論出來。它們又是奠基於他的歷史定論主義；同時也必然和他關於階級統治的穩定條件的社會學理論相結合。我認為其主要元素是：

（a）嚴格的階級劃分；也就是由牧人和牧犬組成的統治階級，必須和如牛羊一般的人民（牛民）嚴格劃分。

（b）國家的命運等於統治階級的命運；統治階級的排他性利益等於整體利益；大家都要服從統治階級，統治階級的培育要嚴厲規定，成員的利益要集體化和嚴格管理。

84

從這些主要元素，可以推論出以下其他元素。

（c）統治階級要獨占諸如軍事素養以及教育和攜帶武器的權利；但要禁止統治階級從

事經濟活動，尤其不准營利。

（d）統治階級的所有知識活動都必須經過審查；必須不斷宣傳以凝聚統治階級的想法。教育、立法以及宗教的任何創新都必須禁止或壓抑。

（e）國家必須自給自足。經濟上要做到自給自足；否則統治者不是得依靠商人，就是自己成為商人。前者會損害統治者的權力基礎，後者則損害統治階級的團結和國家的穩定。

我認為，這些方案都被可以形容為極權主義而不為過。而且它確實是建立在一個歷史定論主義的社會學之上。

不過，柏拉圖的政治方案難道沒有其他內容，而只有前述的這些嗎？譬如說，既非極權主義的，也不是建立在歷史定論主義上的理論？柏拉圖熱中的善與美，或是對於智慧和真理的愛，究竟是什麼？他主張智者和哲學家應該治理國家，又是怎麼回事？他要讓國家人民擁有德行和快樂，他要求國家建立在正義之上，這些又都是什麼？即使批評柏拉圖的學者，也會相信他的政治目標（例如公民的幸福、正義的統治）使他的政治理論，除了少數的雷同以外，和近代的極權主義迥然不同。克羅斯曼（Crossman）的批評態度，就可以從下列論點看出來，他認為「柏拉圖的哲學是對於歷史中的自由觀念予以最猛烈而深刻的攻擊」[2]；他似乎相信柏拉圖的計畫是在「建立每個人實際上都很快樂的完美國家」。另一個例子是約德（Joad），他詳盡地探討柏拉圖的政治方案和法西斯主義的相似性，卻又認為兩者之間有根本的差異，因為在柏拉圖的最好的國家中，「一般人都得到合乎本性的快樂」，而且這種國家也是建立在「絕對的善和絕對的正義」觀念之上。

撇開以上論證不談，我相信柏拉圖的政治方案不僅在道德上不比極權主義高明多少，甚至基本上等同於極權主義。我相信反對我的論點的人，是基於古老而根深柢固的偏見，那就是意圖把柏拉圖理想化。克羅斯曼極力並駁斥這種傾向：「在第一次大戰以前……很少有人公然斥責柏拉圖是反動者、斷然反對自由信條的各種原則。相反的，他被抬舉到崇高的地位……遠離實際的人生，夢想一個超越性的『上帝之城』。」[3]但是，克羅斯曼自己也沒有擺脫他所揭露的這種傾向。有趣的是，雖然葛洛特和康培茲指出了〈國家篇〉和〈法篇〉中某些理論的反動性，這種傾向卻維持了那麼長的時間。不過，即使他們沒有看到這些理論的所有涵蘊，他們也從不懷疑說柏拉圖基本上是人道主義者。同時，他們對柏拉圖的不利批評也被忽略，或者被解釋為不理解或欣賞基督徒眼裡的這個「耶穌基督以前的基督徒」、以及革命家眼裡的「革命者」的柏拉圖。這種對柏拉圖思想的完全信任，無疑仍然佔據優勢。例如說，費爾德認為必須警告讀者說：「如果我們以為柏拉圖是個革命性的思想家，我們就完全誤解了柏拉圖。」誠哉斯言。不過，如果不是把柏拉圖視為革命性的思想家、或進步主義者的傾向太普遍，很明顯的，這點真就沒有什麼特別的意義了。但是，費爾德對柏拉圖也是抱持同樣的信任態度；因為當他繼續說柏拉圖「強烈反對當時甚囂塵上的敗壞風氣」時，費爾德不假思索地相信柏拉圖對於當時敗壞風氣的證明。自由的敵人往往會說捍衛自由的人士是敗壞的。他們在說服善良正直之士的信任時，幾乎是屢試不爽。

把偉大的理型論者的思想理想化，不但充斥在對於柏拉圖的詮釋著作中，在柏拉圖著作的譯本裡也司空見慣。柏拉圖作品中不像是一個人道主義者會說的極端意見，他們時常會去緩頰或曲解它們；這種傾向肇端自「理想國」（*Republic*）一詞的翻譯。當我們聽到「理想國」的名稱，第一個反應是作者不是革命人士就是自由主義者。然而，「理想國」不過是希臘文的拉丁譯名再轉譯成英文的形式，它和「共和」（或「理想」）一點關係都沒有，比較適當的英譯應該是「**the Constitution**」、「**the City State**」或「**the State**」；譯成「理想國」無疑使人相信柏拉圖不可能是反動的。

86

當考慮到柏拉圖關於善、正義和其他觀念的論述時，我說他的政治要求只不過是極權主義和反人道主義的論點，就有必要加以辯護。為了這個目的，本書以下四章會暫停分析歷史定論主義，而對於上述的倫理觀念以及它們在柏拉圖政治學說中的真正面目做個批判性的檢視。在本章中，我要考察他的正義觀念；下面三章中則分別評述他主張最聰明和最好的人應該統治國家、以及真、美、善和智慧等種種理念。

1

當我們說到「正義」時，真正的意思是什麼呢？我並不認為字面的問題有多麼重要，或者能有什麼確定的回答，因為這類詞彙的用法時常是多義的。但是，我想大部分人，特別一般看來是人道主義的人士，他們所謂的「正義」的意思是（a）每個人都有同等的公民責任，即在社會生活中，每個人的自由必須有同樣的限定[4]；（b）法律之前人人平等；假如（c）法律本自身不偏袒任何個人、團體或階級；（d）公正的司法；（e）所有人平等分享國家賦予人民的福祉（人民對國家不只是責任）。如果柏拉圖所說的「正義」具有以上意義，而我還主張他的政治方案完全是極權主義的，那麼我當然就是錯的，而相信柏拉圖的政治學是奠基於合理的人道主義的人，他們就是對的了。不過，事實上柏拉圖所謂的「正義」完全不是這麼一回事。

那麼，柏拉圖所謂的「正義」是什麼呢？我認為他在〈國家篇〉中把「正義」一詞等同於「最好國家的利益」。什麼是最好的國家的利益呢？那就是以嚴格的階級劃分和階級統治，阻擋任何的變動。如果我這個詮釋是對的，則我們就應該說柏拉圖所要求的正義使得他的政治方案必須奠基於極權主義層次；同時我們也可以推論說，我們應該防止任何望文生義的危險。

「正義」是〈國家篇〉的中心題旨；事實上「論正義」是該篇傳統上的副標題。在探求正義的性質時，柏拉圖使用的方法在上章已經說過[5]；他首先企圖在國家中探求這個理念，然後再把探究的結果應用到個人上。我們不能說柏拉圖關於「什麼是正義」的問題很容易就可以找到答案，因為他到〈國家篇〉卷四才回答這個問題。而在推論出答案以前的種種考慮，我們會在本章後半部詳加分析，但是簡單說，它們不外乎以下幾點。

87

城邦是基於人性、人性的需要、人性的限度而建立的[6]。「你還記得吧，我們確定下來並且經常說到的這條原則就是每個生活在這個國家裡的人都必須承擔一項最適合他的天性的社會工作。」基於這點，柏拉圖論斷說每個人應照顧他自己的事；木匠應該專注在木匠的事務上，鞋匠要專注在鞋匠的事務上。不過，如果兩個工作者改變他們的自然位置，也沒有多大的害處。「但是，如果一個人生來就是工匠或商人……試圖進入軍人的等級，或者一名軍人試圖進入議員和衛士的等級，儘管這些工作對他並不合適……那麼我認為，你也會相信，這種交換和干涉意味著國家的毀滅。」這種論證和主張戰士成為特權階級的原則息息相關，柏拉圖由此得出他最後的結論，即在三種階級裡的任何變動或干涉都是違反正義的；反之便是正義：「國家的正義在於構成國家的三個階層的人各司其職。都能各得其所，這就是正義了。」接著他又摘述這個結論說：「每個人都要使自身的每個部分各司其職，這樣的話，一個人就是正義的，也就是做他份內的事。」但這個說法意味著柏拉圖把正義等同於階級統治和階級特權的原則。因為每個階級各安其所的原則，簡短且率直的說，就是「統治者治人，工人做工，奴隸終身為奴隸，這樣的國家便是正義了。」[7]

從上面的分析我們可以看到，柏拉圖的正義概念基本上和一般人的觀點並不相同。他把階級特權稱作正義，而我們一般所說的正義則沒有這種特權。差異還不止於此。我們所謂的正義是一律平等地對待**每個人**，而柏拉圖的正義並不是論及個人之間的關係，而是**國家整體**的性質，這種性質是奠基於各個階級之間的某種關係。如果國家健全、強大、團結，因而穩定，那麼國家就是正義的。

2

不過柏拉圖對正義的看法有沒有可能才是對的呢？正義是否真如他所說的那樣？如果有人認為，所謂「正義」就是一個階級不可以被挑戰的統治的話，那麼我會乾脆回答說我支持不正義算了。換句話說，我相信沒有什麼事情是取決於文字，每件事情都依賴我們實際的需要，或者是依賴關於我們形成所要採用的政策的一些提議。在柏拉圖的正義界說背後，他基本上是要求一個極權主義的階級統治，以及實現這種統治的決定。

不過，是否可從另一個意義來說柏拉圖是對呢？柏拉圖的「正義」一詞是否符合希臘人所意指的正義？像「國家的健康」一樣，希臘人是否認為「正義」具有全體論的意思呢？若是如此，那麼要求柏拉圖在幾千年前就使用我們近代「法律之前人人平等」的正義意含，那豈不是有失公允而且不符歷史？事實上，這些問題已經有人予以肯定的回答，他們認為柏拉圖全體論式的「社會正義」觀念其實是傳統希臘的觀念及「希臘人的天賦」。它「不是羅馬的精神，尤其不像是重視法律的羅馬」，倒是「相當有形上學意味」[8]。但這種主張是站不住腳的。事實上，希臘人所說的「正義」和我們個人主義和平等主義的意含有驚人的相似性。

為了指出這點，我要先提到柏拉圖早於〈國家篇〉寫就的〈高爾吉亞篇〉，裡頭提到大部分人民認為「正義是平等」，以及正義不僅和「契約」一致，而且符合「天性」。甚且，我還可以引述另一個反平等主義的思想，那就是亞里士多德。他在柏拉圖的自然主義影響下，悉心開展出一種理論，認為有些人生來就是奴隸[9]。對於「正義」一詞，他比任何人都熱中宣揚平等主義的和個人主義的詮釋。但當談到法官時，亞里士多德卻他們是「正義的化身」。亞里士多德說「恢復平等是法官的責任」。他告訴我們「所有人都認為正義是一種平等」，亦即，「屬於個人的平等」。他甚至認為希臘的「正義」是衍生自一個有「公平分配」的意思的字根（不過他的這種看法是錯的）。亞里士多德把「正義」視作「對人民公平分配戰利品和榮譽」，和柏拉圖在〈法篇〉裡的觀點相同。在〈法篇〉中區分了兩種分配戰利品和榮譽的公平：「計數」或「算術」的平等，以及「比例」的平等；第二種的平等要考慮到個人的德性、教養和財富程度，這種比例平等據說構成了「政治上的正義」。當亞里士多德討論到民主的原理時，他說：「民主的正義是應用算術的平等原則（與比例的平等不同）。」實在說來，所有這些並不僅是他對於正義的個人印象，也不僅是他受柏拉圖〈法篇〉和〈高爾吉亞篇〉影響的描述，而是說出了「正義」在古代相當普遍的用法[10]。

89 依據上面的證據，我認為我們必須說，在〈國家篇〉中反平等主義的和全體主義的「正義」詮釋其實是個創舉，柏拉圖意圖把極權主義的階級統治視為「正義」，而一般人對這個語詞的用法卻剛好和他相反。

這種結果相當令人咋舌，同時也招致許多問題。如果正義的一般用法是意指著平等的話，柏拉圖為什麼在〈國家篇〉裡把正義當作不平等呢？對我來說，唯一可能的回答，似乎是他要宣揚他的極權主義的國家，要說服人民：極權主義的國家是正義的國家。不過如果不從字面而從事實來考慮的話，柏拉圖的這種企圖是否值得呢？當然是值得的。從他說服了直到今天的讀者就可見一斑，柏拉圖宣揚正義，他的讀者也就努力追求他所謂的正義。柏拉圖在平等主義者和懾服於他的權威的個人主義者之間散佈懷疑和混淆，他們不禁自問，相較於他們自己的正義觀念，柏拉圖的正義觀念會不會更加真實且美好？因為對我們而言，「正義」象徵著一個重要的目標，許多人為了實現正義而拋頭顱灑熱血；把人道主義的力量列入黑名單，或者至少癱瘓平等主義，當然就是極權主義信徒值得一試的目標。不過柏拉圖是否理解正義對於人們的重要性呢？他當然明白。他在〈國家篇〉說：「當一個人認為自己錯了，……他的激情拒絕被發動起來反對這種行為，這樣說對嗎？……但若一個人相信自己受到了不公正的待遇……他的激情就會發動起來，加入到由他判別是正義的那方面去作戰，不是嗎？由於靈魂高尚，他會堅忍不拔，爭取勝利，不達目的絕不罷休，至死不渝。」[11]

讀到這裡，我們就不能懷疑柏拉圖是否知道信仰的力量，尤其是信仰正義的力量。我們也不能懷疑他的〈國家篇〉的確是在曲解這種信仰，並以完全相反的信仰取代它。從上面的證據來看，柏拉圖似乎相當清楚自己在做什麼？平等主義是他的主要敵人，他必須摧毀平等主義；無疑的，他相信平等主義相當危險和邪惡。不過他抨擊平等主義的手段不是很光明正大；柏拉圖不敢公開的面對他的敵人。

我可繼續舉出證據來支持這種說法。

3

90

〈國家篇〉也許是所有著作中探討「正義」最匠心獨運之作。它考察了正義的各種不同觀點，而且考察的方式使我們相信柏拉圖並沒有遺漏他所知的任何重要理論。事實上，柏拉圖顯然暗示說，只探索既存的觀點只是無益戲論，所以有必要重新探究正義[12]。然而，他在考察和討論當時的理論的時候，並沒有提到正義即「法律之前人人平等」（isonomy）的這個觀點。這種忽視只有兩種解釋。他不是疏忽了平等的理論，就是故意忽略這個理論[13]。但是，若考慮〈國家篇〉的用心程度，以及為了彰顯自己的理論，柏拉圖必須分析對方的所有理論，則第一種情況是不太可能成立的。再說，如果考慮到平等理論原本是眾所周知的，那麼這種情況就更不可能成立了。然而，我們不必依賴一種只是有可能的論證，因為我們可以容易指出，柏拉圖在寫〈國家篇〉時，不僅熟知平等主義的理論，而且也知道這個理論的重要性。正如在本章第二節中指出的（在第八節還會詳細說明），在早期的〈高爾吉亞篇〉中，平等主義就扮演重要的角色，他甚且為它辯護。而且雖然在〈國家篇〉中沒有就平等主義的優缺點詳加討論，但是關於該理論的影響，柏拉圖是沒有改變他的看法，因為〈國家篇〉本身就說明了該理論有多麼盛行。他在該篇裡影射說這個理論是很流行的民主信仰，但是語帶嘲諷，所以我們看到的都是蔑視和尖刻的評語[14]，並且夾帶了對雅典民主的侮辱，而且在不是以正義為主題的段落裡討論它。這樣說來，柏拉圖不可能疏忽了平等理論。因此就只有一種可能，那就是他不認為有必要討論和他自己立場正好相反對的理論。他在〈國家篇〉裡僅以寥寥幾句詼諧的評論，來打破對於平等主義的沉默（顯然他知道該理論沛然莫可禦）[15]，這個事實只能解釋為他有意拒絕討論該理論。有鑑於這一切，柏拉圖讓讀者相信他考察了各種重要理論的方法，我認為牴觸了他對於知識的誠實。不過，我們必須加個但書，他之所以沒有這麼做，無疑是由於他沉醉在他所深信為善的理想之中。

為了充分理解柏拉圖對這個問題保持沉默的意義，首先我們必須了解，柏拉圖所知的平等主義的運動是他所憎恨的，而他在〈國家篇〉及其他著作中的理論，則大部分是在回應新興的平等主義以及人道主義的強力挑戰。為了證明這點，我將討論人道主義運動的主要原理，並且和柏拉圖的極權主義的原理作個對比。[91]

人道主義有關正義的理論，有三種主要要求或提議，即（一）真正的平等主義原則，也就是消滅「自然」特權；（二）個人主義的一般原則；（三）國家應該以保護人民的自由為其職責和目的之原則。和上述三種政治要求或建議正好相反，柏拉圖主義也有三種原則，即（一）自然特權的原則；（二）全體主義或集體主義的一般原則；（三）個人要以維護且加強國家穩定為其職責和目的之原則。我將在本章四、五、六節中依序來討論這三種原則。

4

真正的平等主義會要求國家應該公平對待人民。無論出身、家世、財富，都不可以影響對公民的執法。換句話說，雖然人民可以把若干特權交付予他們相信的人，但是並不承認任何「自然」特權。

在柏拉圖出生的前幾年，伯里克里斯在一次演說中踔厲風發地提出了這個平等主義原則，史家修昔底德保存了這次演說[16]。本書第十章會詳細引用他的演說詞，不過在此我們可以先摘引兩句話，伯里克里斯說：「解決私人爭執的時候，每個人在法律上都是平等的，讓一個人負擔公職優先於他人的時候，所考慮的不是某一個特殊階級的成員，而是他們擁有的真正才能。任何人，只要他能夠對國家有所貢獻，絕對不會因為貧窮而在政治上湮沒無聞……。」**（按：引文中譯見：《伯羅奔尼撒戰爭史》，黃文龍譯，權力書局，1984）**這些話表現了偉大的平等主義運動的若干基本目的，我們看到，這種運動甚至敢於抨擊奴隸制度。在伯里克里斯的時代，支持這個運動的優里庇底斯（Euripides），安提芬，希庇亞，這些人的思想我們都會在下一章引用，另外，希羅多德也支持這個運動[17]。柏拉圖時代的阿爾西達馬斯、呂哥弗隆也都代表這個運動，他們兩人的思想都在前文引用過；另外支持這個運動的還有安提西尼（Antisthenes），他是蘇格拉底的摯友之一。

當然，柏拉圖的正義原則和上述眾人的思想正好相反。他主張天生的領袖有天生的特權，不過柏拉圖如何和平等主義的原則頡頏呢？他又如何證明他自己的主張呢？

我們記得在上一章中有些眾所周知的平等主義主張隱藏在令人動容卻有疑問的「自然權利」一詞裡，也有些代表性人物，以「自然的」（人類生物性的）平等來支持他們的主張。

我們也看到這種論證是不相關的。人在某些重要方面雖是平等的，在其他方面卻又不平等。從這種事實或任何其他事實，都無法推論不出規範性的要求。因此，有趣的是，並不是所有平等主義者都會採用自然主義的論證，主張平等主義的伯里克里斯，就根本沒有提到這個論證[18]。

柏拉圖很快發現，在平等主義的理論裡，自然主義是個弱點；於是他充分利用這個弱點。說人是平等的，當然是有點訴諸情緒。不過比起柏拉圖說某些人是比另一些人優越，某些人比別人低下，上述說法就不怎麼吸引了。你是否和生活得有如牛馬的僕人、奴隸、匠人在天性上平等呢？這種問題太可笑了！柏拉圖似乎是第一個怎麼去利用這種可能的反應的人，於是他反駁、斥責、嘲笑主張天性平等的人。這點解釋了他為什麼急於把自然主義的論證塞到反對者的嘴巴裡。柏拉圖的〈美涅克塞努篇〉裡模仿伯里克里斯的演說詞，刻意把法律平等的主張和自然平等掛勾。「我們這種統治形式的基礎在於出生平等。」他譏諷說：「我們的公民是兄弟，全都是同一個母親的孩子……這種天生的平等也推動著我們尋求法律的平等。」[19]

後來在〈法篇〉裡，柏拉圖總結他對於平等主義的回答：「以平等的方式對待不平等的對象……就會以不平等的結果而告終。」[20]亞里士多德又發展了這個觀點，他說：「平等對待平等的人，不平等對待不平等的人。」這種說法可以說是標準的反平等主義：如果人是平等的話，平等也許是好的，但這是不可能的，因為人是不平等的，而且不可能使人平等。這種看似務實的反平等主義，事實上一點都不務實；因為政治的特權從來就不是奠基於性格的天生差異。實在說來，當柏拉圖寫〈國家篇〉時，並沒有多大的信心去支持這種反平等的主張，因為在〈國家篇〉中，它只在柏拉圖嘲諷民主的段落裡出現過一次，他說平等主義「是給予平等及不平等的人一致的對待」[21]。除了這句評語，柏拉圖對平等主義毋寧是採取沉默勝於雄辯的策略。

總的說來，我們可以說柏拉圖並沒有低估諸如伯里克里斯之類的人士支持的平等主義的重要性，不過在〈國家篇〉裡，他並未處理這個問題；他抨擊平等主義，但沒有直截了當而公開地攻擊它。

93

然而他如何試圖建立自己的反平等主義以及自然特權的原理呢？在〈國家篇〉中，他提出三種不同的論證，雖然其中兩種說不上是什麼論證。第一種更是令人驚訝的論斷[22]，他說：因為有關國家的其他三種德行都檢視過了而不滿意，剩下的第四種「做好自己份內的事」就必定是「正義」了。我不願相信這是論證，但又不得不把它視為論證，因為在這些話之前，柏拉圖藉著蘇格拉底之口說：「你知道我如何得到這結論嗎？」第二個論證更有趣，因為這個論證企圖指出他的反平等主義可以從時下的觀點（平等主義的主張），即「正義是公平」，推論出來。我將把全文引出來。在說到國家的統治者應該同時是國家的審判者（法官）之後，

「蘇格拉底」說：「無人可以占有屬於他人的東西，而他擁有的東西也不能被剝奪，這不就是審理案件的主要目的嗎？」對話者格老孔回答說：「這個目的是唯一的。」「我們可以假設這就是正義嗎？」「這就是正義。」「那麼由此可見，正義就是做自己份內的事和擁有屬於自己的東西。」[23]於是就這麼推論出符合我們一般正義觀念的結論：正義審判的原則是「擁有屬於自己的東西」。第二種論證就此打住，而第三種論證（下面分析）緊隨而來，結論是，所謂正義，就是各人固守崗位（做好自己份內的事），亦即固守**自己所屬的階級**。

第二個論證的唯一目的，在使讀者有一種印象，即一般所謂的正義就是恪守各人的崗位，因為我們有權保有屬於自己的東西；也就是說，柏拉圖希望他的讀者得出下面的推論：「擁有屬於自己的東西是正義的。我的地位（或事務）是我自己的，因此恪守我的地位（或做我份內的事）就是正義。」這種推論的效力和下列推論的效力似乎並無二致：「擁有屬於自己的東西是正義的。計畫偷你的錢是我自己的事務。因此保有我的計畫並付諸實際，即偷你的錢，就是正當的。」顯然，柏拉圖希望我們推論出來的，不過是一種粗糙的語意混淆。（因為問題在於：正義是否要求每一件「屬於自己」的東西，例如「我們自己的」階級，不僅是要讓它屬於自己，而且不可讓渡的？但是柏拉圖自己是不抱持這種原則的；因為如果相信的話，顯然就不可能過渡到共產主義。例如說，擁有兒女的問題就會產生矛盾。）這種膚淺的混淆，就是柏拉圖在亞當所稱的「為他自己的正義觀點和正義的一般意義之間找到連接點」

時所用的方法。這位最偉大的哲學家就是這麼說服我們說他發現了正義的真正性質。

柏拉圖提出的這第三個論證則更加嚴肅。它訴諸全體主義或集體主義的原則，而且與「個人的目的在維護國家的穩定」之原則有關。我們在本章第五節和第六節會分析該原則。

但在開始討論這些論點以前，我希望討論一下柏拉圖在描述其「發現」時所寫的「開場白」。我們必須從前面的評述去考量它。由此觀之，柏拉圖自己所說的「冗長開場白」似乎是個天才發明，企圖使讀者相信他「所發現的正義」有論證支持；而實際上讀者看到的，只不過是戲劇道具，以圖鬆懈讀者的批判能力。

在闡述了國家護衛者要有智慧、保護國家的人要勇敢之後，「蘇格拉底」宣稱說他的意圖最後是要發現正義。他說：「還剩下兩種東西要在我們的這個城邦裡尋找：一個是節制，一個是我們整個研究的對象——正義。」「正是，」格老孔說[24]。現在蘇格拉底建議不必理會節制。但是格老孔抗議。結果蘇氏讓步了，說：「這樣想肯定是錯的。」這個小小的爭執為讀者重新導入正義的議題，提醒讀者說，蘇格拉底有「發現」正義的方法，並向讀者保證，格老孔注意到柏拉圖在處理論證時的知識誠信，所以讀者就不必再理會這點了[25]。

然後蘇格拉底開始討論節制（中庸），認為這是工人的唯一德行。（在此柏拉圖的「正義」是否和「中庸」不同的問題，就很容易回答了。正義意味著**恪守個人的崗位**；中庸則是**明白自己的地位**，更準確地說，也就是做好各人份內的事。像野獸一樣飽實終日的工匠，還有什麼其他更適合的德行呢？）發現了中庸以後，蘇格拉底再問道：「剩下的那個能使我們城邦再具有一種美德的性質是什麼？因為剩下來要尋找的顯然就是正義！」格老孔回答說：「這很清楚。」[95]

蘇格拉底繼續說：「格老孔，現在是時候了，我們要像獵人包圍野獸藏身處一樣密切注意正義，別讓它從我們的視野中溜走和消失。它顯然就在附近。把你的眼睛睜大些，努力去發現它。如果你先看見了，請你趕快告訴我。」像讀者一樣，格老孔當然找不到，只好請求蘇格拉底帶路。蘇格拉底說：「為了勝利，那就請你跟我來吧！」不過即使是蘇格拉底也發現，「這地方好像無法靠近，一片漆黑。」蘇格拉底又說：「無論如何，我們總得前進。」但是依據什麼前進呢？依據我們的探索，也就是論證嗎？但是我們根本還沒有開始呢。眼前一片漆黑。格老孔像天真的讀者一般謙虛地回答說：「好吧，我們繼續前進。」這時蘇格拉底說：「我看到一線微光了！」（我們還沒有）蘇格拉底興奮地大叫：「我想我們已經發現了這隻野獸的蹤跡，我不相信它還能從我們眼前溜走。」格老孔說：「聽你這樣說我很高興。」蘇格拉底說：「我們的確太馬虎了。……我們要找的這樣東西一開始就在我們面前晃來晃去，但是我們卻總是視而不見。」蘇格拉底感嘆了一會兒，再說了一次剛才的話。格老孔像讀者一樣，打斷蘇格拉底的話，問蘇氏他到底發現了什麼。但蘇格拉底只是說：「我的意思是我們一直在以某種方式談論它，但卻不明白或不知道自己正在談論它。」格老孔又像讀者一樣不耐煩地問：「對一個性急的聽眾來說，你這番開場白太冗長了，還是言歸正傳吧。」這時，柏拉圖才列出前述的那兩點論證。

格老孔最後的評論也許可用來說明柏拉圖其實知道「冗長的開場白」的用意何在。除了企圖痲痺讀者的批判能力（事實上很成功），用語言的煙幕彈轉移讀者對其貧乏的對話的注意力以外，我實找不出其他任何解釋。這樣我們就會想到，柏拉圖的確知道其弱點，也知道如何隱藏他的弱點。

5

個人主義（individualism）和集體主義（collectivism）的問題，與平等和不平等的問題關係密切。在討論之前，必須澄清若干術語的問題。

依據牛津字典，「個人主義」一詞有兩種不同的用法：（a）和集體主義相反，（b）[96]和利他主義（altruism）相反。沒有其他語詞可以用來表示前者的意義，倒是後者的用法有幾個同義詞，例如「利己主義」或「自私」。這就是為什麼我僅僅以（a）的意思去使用「個人主義」一詞，如果指的（b）的意思，那麼我則用利己主義（egoism）或自私（selfishness）。我們可以列一個表：

（a）個人主義與（a’）集體主義相反；

（b）利己主義與（b’）利他主義相反。

上述四個語詞都是用來描述人們對規範性法則的態度、要求、抉擇或建議。雖然這些名詞必然有些含混，但我相信很容易就可以用例子來說明，所以仍然符合目前的討論所需。因為我們在討論柏拉圖的全體主義時，就已經明白集體主義的態度，所以我們就從集體主義開始吧[26]。柏拉圖主張個人應為整體的利益服務，不論整體是世界、城邦、部落、種族、或任何集體性的組織，這點我們已在上一章以若干段落略述過。現在我再引用一次比較完整的一段話：「這個整體不是為你而造的，而是你為這個整體而造。……他們創造出來的部分也是為了這個整體……而非整體為了部分而存在。」[27]。這段不僅說明了全體主義和集體主義，而且也顯示其情感訴求有多麼強烈，柏拉圖也意識到這點（可以從他的開場白看出來）。他訴諸各種不同的情感，例如渴望歸屬於某個團體或部落；其中的因素之一，則是主張利他主義而反對自私或利己主義的道德訴求。柏拉圖暗示說，如果你不能為整體犧牲自己的利益，那麼你就是自私的。

看一下上列的對照，我們就知道並非如此。集體主義並沒有和利己主義相反，也不等於利他或不自私。集體的或群體的利己主義，例如階級的利己主義，是很普通的事，柏拉圖心知肚明[28]。這明顯指出，這樣的集體主義並沒有和自私相反。另一方面，一個反集體主義者或即個人主義者，同時也可以是利他主義者，他可以為了幫助他人而犧牲自己。狄更斯（Dickens）也許是這種態度的最好例子之一[29]。他既憎恨自私自利，又對具有形形色色弱點的個人懷有興趣，這兩種情緒難分軒輊，這個態度中還混雜有下述的憎惡，他不僅憎惡集體，[97]甚且厭惡以抽象而不可知的集體而不是具體個人為其對象的利他主義。（順便提醒讀者，《荒涼山莊》（*Bleak House*）書中的耶利比夫人就是「一位醉心於公共責任的女士」。）我想這些足以解釋這四個語詞的意義，同時指出對照中的任何一組語詞都可以和另一組語詞其中的任何一項配對，於是總共可能有四種組合。

有趣的是，對於柏拉圖和大部分的柏拉圖信徒來說，並沒有利他的個人主義（像狄更斯一樣）這種東西。依照柏拉圖的說法，集體主義之外的唯一可能選擇就是利己主義；他逕自把利他主義等同於集體主義，並且把任何個人主義等同於利己主義。這不只是術語或語詞的問題，因為在四種組合中，柏拉圖只認識到兩種組合。這樣在考慮倫理學的問題時會產生相當的紛擾，而這個紛擾迄今依然存在。

柏拉圖把個人主義等同於利己主義，使他擁有火力強大的武器，以捍衛集體主義並且攻擊個人主義。在捍衛集體主義時，他可以訴諸我們不自私的人道主義感情；當他攻擊個人主義時，就可以說任何個人主義都是自私的，除了為自己以外，不會獻身於任何事物。雖然在我們的語詞用法裡，柏拉圖攻擊的是個人主義，也就是反對個人的權利，但是他其實打到了一個完全不同的靶子：利己主義。但是柏拉圖和多數信徒往往忽視這個差別。

柏拉圖為什麼企圖攻擊個人主義呢？我想當他開始就攻擊位置時，他很清楚知道自己在做什麼，因為個人主義甚至超過平等主義，在捍衛新人道主義信條時，是一道堅強的堡壘；個人的解放事實上是偉大的精神革命，它使得部落主義瓦解，民主得以興起。柏拉圖他那神祕的社會學直觀，使得不管他到哪裡都會認得這個敵手。

個人主義是對於正義的古老直覺式觀念之一。這種正義並不是如柏拉圖所主張的和諧和健全的國家，而是對待個人的方式；亞里士多德就強調過這點，他說：「正義是涉及個人的。」[30]伯里克里斯的時代也強調個人的元素，他明白地說，法律必須保障「解決私人爭執的時候，每個在法律上都是平等的。」但他進一步說：「當我們隔壁鄰居為所欲為的時候，我們不致於因此而生氣。」（請比較柏拉圖所說的：「國家目的並不是讓人自由地各行其

98

是。」）[31]伯里克里斯堅持說，這種個人主義必須和利他主義互相結合：「我們服從法律本身，特別是那些保護被壓迫者的法律。」他的演講在描述年輕的雅典人時達到高潮：「在表現獨立自主的時候，能夠特別的表現溫文爾雅和多才多藝。」

這種和利他主義結合在一起的個人主義已經成為我們西方文明的基礎。它是基督教的中心理論（聖經說「愛你的鄰人」而不是說「愛你的部落」），成為從我們文明生長出來、並且刺激我們文明進步的所有倫理理論的核心。例如說，它也是康德實踐理論的中心（「永遠

要把個人當作目的，不可僅僅把人當作自身目的的工具。」）；在人類的道德發展中，沒有任何其他思想如此強大有力。

柏拉圖認定這種理論是他的階級國家的敵人，他的認識是對的。在當時各種「敗壞的」理論中，柏拉圖對這個理論也最為痛深惡絕。為了更清楚起見，我們引用〈法篇〉的兩段話[32]，他對個人主義流露的驚人憎恨，實在令人難以苟同。首先，我們來看和〈國家篇〉和「女人、小孩、財產」問題有關的著名段落。柏拉圖把〈國家篇〉裡的體制形容為「國家的最高形式」。在這種最高形式的國家裡，柏拉圖告訴我們，「妻子、兒女以及一切財產公有，假如用某種方法消滅了我們生活中用『所有權』這個詞來表示的一切事物，假如用一切可能的辦法使我們天然擁有的東西都成了某個意義上的公共財產，我的意思是，假如我們用來看、聽、做的眼睛、耳朵和雙手都服務於公共事務，還有，假如我們都能完全一致地表示贊同或表示譴責，從同樣的源泉中產生快樂與痛苦，簡言之，假如一種社會體制使其成員變得完全像一個人，」柏拉圖進一步說：「那麼我們再也找不到比這個標準更真實、更好、更能衡量他們品質的標準了。」他把這樣的國家描寫成「神聖的」國家，為國家的「典型」、「模型」或「原型」，亦即其「理型」。這是柏拉圖〈國家篇〉的觀點，一個在他放棄實現其政治理想時所說的觀點。

同樣出自〈法篇〉的第二段引文則更加直言不諱了。應該強調的是，這段話雖然主要在

99

探討軍事的征戰以及軍隊訓練問題。不過柏拉圖不僅把軍事的原理應用到戰爭中，更應用到「平時及兒童的早年成長」。就像其他斯巴達的極權主義軍事專家以及擁護者一樣，柏拉圖呼籲，即使在和平時期，一切重要的軍事訓練要求也是極重要的，它們必須決定所有人民的整個生活。因為不僅是成年人（均為士兵）和兒童，就連野獸在其一生中也都必須隨時處在全體動員的狀態[33]。他說：「但總的原則是：男女武士都不能沒有上級的監管，任何武士無論在遊戲中還是在正式場合都不能按自己的意願自行其是，他們無論在戰時還是平時都要與長官住在一起，接受他的領導，立定、前進、操練、洗澡、吃飯、站崗、巡邏、放哨，一舉一動都要按長官的命令辦事[34]……。總而言之一句話，要使全體武士習慣共同生活，共同戰鬥，成為一個堅不可摧的團體。人們既沒有也不可能發現比這更好的規則和保證軍隊取勝的軍事技藝了。在和平時期，我們從小開始就要接受這種訓練，掌握這種指揮和被指揮的技藝。無政府主義——缺乏指導員——應當從人類生活中根除，而一切獸類處在人的支配之下。」

這些都是很重的話。從來沒有人像他這樣厭惡個人。這個憎恨深植於他的根本的二元論哲學；他憎惡個人以及個人自由，就像他憎惡變動的個殊經驗以及各種變動的感覺世界一樣。在政治學的領域中，個人對於柏拉圖而言無異於「惡魔」。

這種反人道主義和反基督教的態度卻一直被理想化。它被詮釋為人道的、不自私的、利他的和基督教式的。例如英格蘭德（E. B. England）就說上述〈法篇〉所引的兩段中的前一段是在「強力譴責自私」[35]。巴克爾討論到柏拉圖的正義理論時也有相似的見解。他說柏拉圖旨在「以和諧代替自私和社會的不和」，以及「在柏拉圖的學說裡，恢復了國家利益和個人利益的古老和諧。……但是已轉到新的、更高的層次，因為它已經提升到一種有意識的和諧。」如果我們想到，柏拉圖把個人主義等同於利己主義，那麼此處所舉的以及其他無數類似的論述就不難解釋了。因為所有柏拉圖主義者都相信，反個人主義就是無私。這就證明了我所說的，這種等同極具反人道主義的宣傳效果，直到今天，這種等同仍然混淆了時人對倫 100 理問題的思考。但是我們也必須理解，受這種等同和高調的大話欺騙的人，他們說柏拉圖是道德的導師，並對世界宣揚其倫理學是在基督以前最符合基督教義的倫理學，其實在是替極權主義鋪路，尤其是對於基督教的極權主義式的、敵基督的詮釋。這是極為危險的事，因為基督教數次被極權主義的觀念支配。基督教以前有宗教裁判，以後它也可能改頭換面再度出現。

因此，在此值得提出更多的理由，說明為什麼忠厚老實的人會相信柏拉圖的意圖是人道主義的，其中理由之一是，當柏拉圖準備為其極權主義的理論提供基礎時，柏拉圖通常會引用一段格言或箴言（似乎是來自畢達哥拉斯學派）：「朋友必共有一切事物。」[35]毫無疑問，這是不自私的、高尚的、優美情操的行為。誰會懷疑從這種可貴的假設出發，竟然會得出完全違反人道主義的結論呢？另外重要的一點是，在柏拉圖的對話錄，也有許多人道主義的情操，特別是〈國家篇〉之前的著作，其時還有蘇格拉底的影響。讓我們看看蘇格拉底在〈高爾吉亞〉裡的理論：行不義的事比遭受不義還要不堪。很明顯的，這種理論不僅是利他的，而且是個人主義的；因為在集體主義的正義理論中，例如〈國家篇〉，不義是指侵犯國家的行為，而不是侵犯個人的行為，所以雖然個人行不義的事，但只有集體才會遭受不義。但是在〈高爾吉亞篇〉中，我們並有發現這種情形。正義的理論在此是個相當一般的理論：「蘇格拉底」（或許有真正的蘇格拉底的影子）替不義列舉的例子，是諸如打人耳括子或傷人或打死人的行為。蘇格拉底教導人說，遭受不義比違反正義還要好一些，的確很接近基督教教義，而他的正義理論也和伯里克里斯的精神非常吻合（我們會在本書第十章解釋這點）。

而今〈國家篇〉開展了有關正義的一種新理論，它不但和上述的個人主義不相容，而且擺明了仇視個人主義。但是讀者可能誤以為柏拉圖仍然主張〈高爾吉亞篇〉的理論。因為在〈國家篇〉裡，柏拉圖時常提到遭受不義比行不義好一些，雖然從他的集體主義理論來看，這句話並沒有多大的意義。更有甚者，在〈國家篇〉中，我們聽到蘇格拉底的對手唱反調說，行不義的事是善的、快樂的，忍受不義是不好的。當然，每個人道主義者都會討厭這種論調。101 而當柏拉圖藉蘇格拉底的口主張說「我在一息尚存還能說話的時候卻袖手旁觀，不為正義辯護，那對我來說確實是一樁不虔誠的罪過」[37]。一時失察的讀者很可能相信柏拉圖的善意而亦步亦趨。

柏拉圖接下來提到塞拉西馬柯（Thrasymachus）犬儒而自私的演說，拿它來和自己做對比，把塞拉西馬柯說最惡毒的政治無賴[38]，更加強了柏拉圖保證的效果。同時，這也誘使讀者把個人主義等同於塞拉西馬柯的觀點一樣，認為柏拉圖在攻擊個人主義時就是在攻擊當時敗壞的無政府主義潮流。不過，我們不必被類似塞拉西馬柯式的個人主義嚇怕（他的面目倒很像現代集體主義的布爾什維克黨徒），因而接受更真實有害的東西，只因為它看起來沒有那麼野蠻。因為，柏拉圖只是以同樣野蠻的理論取代塞拉西馬柯個人強權才是正義的理論，主張說任何能鞏固強國家穩定和力量的事物都是正義的。

總的說來，由於柏拉圖強烈的集體主義，他甚至對一般所說的正義問題不感興趣：也就是公正衡量個人之間相互頡頏的主張。他也無意調解個人主張和國家主張之間的問題。因為個人根本就是低下的。他說：「我僅以對整個國家是最好的來立法……因為我公正的將個人的利益置於較低的價值層面上」[39]。柏拉圖所關注的，只是整體的集體；正義對他來說不是別的，只不過是整體性的組織之穩定、健全與統一。

6

我們已經看到人道主義的倫理學主張以平等主義和個人主義去解釋正義。但是我們還沒有列出人道主義的國家觀點。另一方面，我們看到柏拉圖的國家理論是極權主義的，但是我們還沒有解釋這種理論如何應用到個人的倫理上。我們現在要討論這二個問題論，先從第二個問題著手，分析柏拉圖「發現」正義時的第三種論證，我們以前只是概略地提到它。下面是柏拉圖的第三種論證[40]：

102

「現在請你考慮是否同意我的下列看法，」蘇格拉底說：「假定一個木匠做鞋匠的事，或者一個鞋匠做木匠的事……那麼不認為這是對國家的巨大危害嗎？」

「這種危害不算大。」

「我想，如果一個生來就是工匠或商人……試圖進入軍人的等級，或者一名軍人試圖進入議員和衛士的等級，儘管這些工作對他並不合適……那麼我認為，你也會相信，這種交換和干涉意味著國家的毀滅。」

「必定如此。」

「三個現存等級的人相互干涉、相互取代他人的事務，這是對國家最大的危害……可以說確定為主要危害國家的事情。」

「完全正確。」

「對一個人自己的城邦起著最大危害作用的事情，你難道不斥之為不正義嗎？」

「這種事當然是不正義的。」

「那麼這就是不正義。讓我們再換個方式把這個意思說清楚。與我們剛才所說的相反，如果商人、輔助者和衛士在國家中都做他自己的事、發揮其特定的功能，那麼這就是正義，就能使整個城邦正義。」

現在如果我們考察這個論證，就發現（a）有個社會學的假設，假設只要涇渭分明的階級制度有一點鬆弛，就必定導致城邦的瓦解；（b）一再強調傷害城邦是不義的；所以（c）推論說與此相反的即是正義。現在我們或可承認（a）的社會學論證。因為防堵一切社會的變動是柏拉圖的理想，而「危害」一詞於柏拉圖是指任何可能導致變動的事物，而唯有鞏固階級壁壘才能防止社會的變動。甚而我們還可以進一步推論出（c），亦即不義的相反是正義。但較令人感到興趣的是（b）；我們只要看一眼柏拉圖的論證即可以證明，他整個的思想傾向是由下述問題所支配：這件事是否會危害城邦？危害是大是小？他一再強調，任何危害城邦的事，在道德上就是邪惡和不義。

在此，我們看到柏拉圖只承認一種終極的標準，那就是國家的利益。凡是有利於國家的，就是善、德行、正義；威脅國家利益的就是不善、邪惡、不義。能增長國家利益的行動是道德的，危害國家利益的行動是不道德的。換句話說，柏拉圖的道德法典完全是功利主義的；它是一套集體主義的、或政治功利主義的法典。**國家的利益就是道德的判準**。道德只不過是一種政治的衛生學。

這就是集體主義的、部落的、極權主義的道德理論。「對我的團體、部落或國家有利者即是善。」我們也不難看出這種道德在國際關係上的蘊含：只要國家強盛，國家自身的任何行為都不會錯；只要是能提高國家的力量，國家不僅有權利對人民施暴，也有權利攻擊其他國家，只要侵略不會削弱自己（黑格爾就做此推論，明顯承認國家的不道德性，從而為國際關係中的道德虛無主義辯護）。

103

從極權主義的倫理學以及集體效益的觀點來看，柏拉圖的正義理論是完全正確的。各安其位即是德行（virtue）。這和公民德行以及戰技訓練的需求完全相符。而且這種德行所扮演的角色正好符合柏拉圖的道德系統裡的「正義」。在像大鐘一樣的國家中，個人就像齒輪一樣，只有兩種途徑去表現他們的德行。首先是人盡其才，依據其身材、體型和力氣；其次是適才適任，各安其位。第一種類型的德行，也就是人盡其才，可以推論出根據齒輪分工方式的差別化。某些齒輪的「德行」，亦即勝任其工作，在於它們（「本性上」）夠大；有些是因為強固或平滑。但是各安其位的「德行」則是它們都共通的，它同時也是整體的德行，能使所有部分嵌合的德行——使全體和諧的德行。這種普遍的德行，柏拉圖就稱之為「正義」。從極權主義道德的觀點來看，這種論證程序是完全一致而且充分證成的。如果個人只不過是一個齒輪，則倫理學只不過是在研究如何使其在整體中作齒輪而已。

我相信柏拉圖對於極權主義的信仰極為誠篤，這點我希望能表明清楚。關於某個階級統治其他階級的主張，他沒有絲毫妥協餘地。但是他的理想不是要上層階級剝削勞動階級，而是整個國家的穩定。不過對於限制剝削的理由，也完全是功利主義的，那就是穩固統治階級的利益。柏拉圖認為如果治理國家的人巧取豪奪，終將一無所有。「如果一名衛士……滿足於過一種節制而又安穩的，在我們看來是最好的生活……利用他的權力在城邦裡為自己攫取一切，那麼他會認為赫西奧德確實聰明，因為赫西奧德說過：『一半在某個意義上多於全部。』」[41]但是我們必須理解，即使這種限制特權階級的剝削傾向，也是極權主義中常見的元素。極權主義不是完全不道德的，它的封閉社會的道德是團體的或部落的道德；它不是個人的自私，但它是集體的自私。

考慮到柏拉圖的第三個論相當直截了當而一致，我們也許會問，為什麼他還需要前面兩個論證以及冗長的「開場白」？為什麼要那麼不安？（柏拉圖主義者當然可以回答說，這種不安只是我的想像。也許是我的想像，但所引各段落很難解釋那只是我的想像。）我相信對這種問題的回答是：如果直截了當而赤裸裸地說出來，那麼柏拉圖的集體主義大鐘恐怕就無104法引起讀者共鳴了。柏拉圖是不安的，因為他既知道也畏懼他企圖打破的那些勢力的力量以及道德訴求。他不敢挑戰他們，只敢誘使他們入其彀中。在柏拉圖的著作中，是否看得到柏拉圖為了自己的目的，嘲諷而刻意地利用新人道主義的道德情操？我們是否看得到柏拉圖的悲劇性企圖，要使他自己更高尚的良知相信個人主義的罪惡？我們無從確知。而根據我個人的印象，我認為後者比較有可能，而這種內在衝突是柏拉圖的魅力的主要祕密。我認為新的觀念，特別是偉大的個人主義者蘇格拉底及其殉道，其實深植於柏拉圖心靈中。我也認為柏拉圖是在殫精竭慮地祕密對抗他自己和別人身上的這種影響。這也說明了為什麼在他的極權主義中，往往會出現若干人道主義的觀念。這也說明了為什麼過去有些哲學家把柏拉圖說成人道主義者。

柏拉圖在處理或粗暴對待方興未艾的人道主義而理性的國家理論時所用的方法，是支持這種解釋的有力論證。

要明白呈現這種理論，我們必須用到**政治主張或政治提案的語言**（見第五章第三節）；也就是說，我們不必回答本質主義的問題：什麼是國家？什麼是國家的真正性質？什麼是國家的實在意義？我們也不必回答歷史定論主義者的問題：國家如何產生？什麼是政治責任的起源？我們要回答的是下述問題：我們要求國家的是什麼？我們認為國家事務的正當性目標是什麼？為了探究我們基本的政治要求是什麼，我們可以問：為什麼我們選擇一個良序的國家生活，而不是無政府？我們這種提出問題的方式是理性的。專家們在建構或重構任何政治制度以前，都必須回答這些問題。因為一個人只有知道自己要什麼，才能決定某種制度是否適用。

現在，如果我們以這種方式來問我們的問題，人道主義者的回答將是：我所要求國家的

105

是保護；不僅是保護我自己，也保護別人。為了我的自由和他人的自由，我要求保護。我不希望在別人更粗大的拳頭或口徑更大的槍枝威脅下苟且偷生。換句話說，我希望得到保護，免受他人的攻擊。我要求承認侵略和防衛的差異，防衛是要以國家的組織力量來支持（防衛是一種**維持現狀**，而其原則可以說是，不可以暴力改變現狀，而只能依據法律去調停或者仲裁，除非該變動無法定的程序可循）。因為我知道對於我的自由加以若干限定是必要的，假使我其他的自由能得到保障，我會願意讓國家削減我自己的自由；例如，如果我希望國家防衛任何的攻擊，我就必須放棄我攻擊他人的「自由」。但是，我會要求國家的基本目的不可以被忽略；這就是說，保護那些不會傷害到別人的自由。因此，我要求國家，如果要限定自由，就必須平等對待每個人的自由，同時這種限定不可逾越為了平等而對自由所做的限定。

人道主義、平等主義以及個人主義都有類似這種的要求。這種要求允許社會技術專家（social technologists）以理性的方法處理政治問題，亦即以清晰而明確的目標為著眼點。

許多人不認為我們有辦法訂定出足夠清晰明確的目標。有人說，一旦承認自由必須有所限定，整個自由原則就瓦解了，而什麼限定是必要的，什麼是不成立的，其實無法作出合理的決定，而唯有訴諸權威。但這種反對理由是肇因於一種混淆。它把我們對於國家的要求的這個根本問題，和實現我們的目標的若干重大技術困難混為一談。人民可以有多大的自由，而不會危及國家所要保護的自由，的確難以取決。但根據經驗，應該還是可以找出若干程度的逼近決定，例如民主國家的經驗。事實上，這種逼近決定的過程正是民主國家中立法的主要工作之一。這是個困難的歷程，但並不致於迫使我們改變基本的要求。簡短的說，這要求就是要把國家當成一個防衛犯罪和侵略的社會。反對者的理由是說，我們難以確定自由的終點以及犯罪的起點，對此，我們可以用一個著名的不良少年的故事回答；一個自由公民說他有朝他所喜歡的任何方向揮拳的自由；然而，法官卻聰明地回答說：「你有向任何方向揮拳的自由，只要不去碰到你鄰人的鼻子，你都可以自由地揮拳。」

106

我在此所闡述的國家觀點，可以稱為「保護主義」（protectionism）。「保護主義」一詞常被用來描述種種反對自由的傾向。例如經濟學家所說的保護主義旨在保護特定產業的利益，使其免於競爭的壓力。衛道人士則是說國家官員要在道德上為民表率。雖然我所說的保護主義政治理論和這些傾向無關，它基本上是一種自由主義的理論，不過雖然是自由主義的，卻和狹義的「不干涉政策」（non-intervention）不相干（不干涉政策時常被稱作「放任主義」（laissez faire），雖然並不完全正確）。自由主義和國家干預並不是互相敵對的。相反的，除非受到國家的保護，任何自由就都不可能[42]。例如說，為了不致於因為疏於管教而使得年輕人無法捍衛他們的自由，國家在教育上的管控是有必要的，國家應該注意到所有教育設施是為每個人設立的。但是國家對教育的過度控制，會對於自由產生極大的危害。前面提到的重要而又困難的自由限定問題，沒辦法以一成不變的公式去解決。事實上會有許多周邊問題，我們應該歡迎這些問題，因為如果沒有這類的政治問題和政治爭論，人民為自由奮鬥的意願很快就會消失無蹤，有了它們，人民也才有了自由。（從這個觀點來看，所謂由國家保障的安全和自由之間有所衝突，實在是個怪念頭；因為沒有國家的保障，自由就不會不存在，反之，只有在自由公民監控之下的國家，才能提供合理的安全保障。）

上述保護主義的國家理論中，沒有任何歷史定論主義或本質主義的成分。它不會主張說國家的產生是因為一群人基於保護主義的目標而結合起來的，也不會說是歷史中任何國家都是基於這個目標在治理的。它不談國家的本質，也不談自由的自然權利，更不談國家如何實際發揮它的功能。它只提出一種政治**主張**，或更精確地說，一種政策**提案**。不過，我懷疑有許多認為國家是基於保護主義目的而結合的約定論者也會有上述的主張，雖然他們使用了既笨拙而又錯誤的歷史定論主義語言。另一種錯誤的語言則是宣稱保護其成員是國家本質上的[107]功能，或謂國家應該是基於相互保護而組成的；在認真討論它們以前，所有這些理論必須轉化為所謂的政治主張或政策提案的語言。否則就只是文字上的無益戲論而已。

我們可以提供一個轉譯的例子；亞里士多德批評過我所說的那種保護主義[43]，柏克（Burke）和當代的許多柏拉圖主義者也重複了這個批評，認為國家的任務（用柏克的說法）在「照顧其他應該尊敬的事，因為國家並不只是照顧人們暫時而會死亡的動物性存在」。換句話說，國家是更高貴的東西，而不只是基於理性的目的而形成的組合。國家是個膜拜的對象。國家的目標不只是保護人民的生命和權利，它更有其道德任務。亞里士多德說：「要真正配得上城邦這一名稱而非徒有其名，就必須關心德性問題，這是毋庸置疑的。」如果我們把這些批評轉譯為政治主張的語言，會發現對於保護主義的批評有兩種主張。首先，他們企圖把國家當成一個膜拜的對象。從我們的觀點來看，並沒有必要反對這種企圖。這是宗教性的問題。膜拜國家的人必須自己去解決如何和其他宗教信仰妥協的問題，例如如何和其督教十誡中的第一誡妥協。第二個主張則是政治上的。其實這個主張只是說，國家官員應該關心公民的道德問題，同時應該把他們的權力用於控制人民的道德生活，而不是保護公民的自由。換句話說，這是要求擴大法律的管轄範圍，亦即國家訂定的規範，而限縮真正的道德的領域，也就是由我們的道德抉擇（也就是良知）去訂定的規範，而不是由國家。這個主張或提案可以合理討論。同時我們可以反對說，提出這個主張的人顯然沒有看到這會終結了個人的道德責任，它不僅沒辦法促進道德，反而會毀滅它。個人的責任會被部落主義的禁忌和個人無從負責的極權主義取代。為了反對這種態度，個人主義者必須堅持說，國家的道德（如果有所謂國家道德的話）遠低於一般公民的道德，所以寧可由公民控制國家的道德而非反之。我們所需要和意欲的，是把政治道德化，而不是把道德政治化。

在此應該一提的是，從保護主義的觀點來看，現在的民主國家雖然距離完美還很遠，然而在正確的社會工程道路上成就不凡。許多犯罪的形式，許多對個人權利的侵害，其實都被壓制或大幅減少，而在處理利益的衝突方面，司法單位也處理得宜。很多人認為把這些方法擴及到國際犯罪和國際衝突上面，只是個烏托邦的夢想[44]。但是，對於飽受犯罪威脅的人們，一個制度有效維繫國內秩序的政府，這個烏托邦的夢想沒有多久就實現了，現在有許多國家都能維持境內的和平。我也認為，國際犯罪的控制問題，如果可以合理而誠實的面對，實在也不是什麼困難的事。如果可以正本清源，大家不難同意，區域性和全球性的防護體制是必要的。讓膜拜國家的人繼續膜拜吧，但我們必須要求設計制度的專家不僅改進國家內部的體制，更要防範國際犯罪建立良好的組織。

7

現在回顧這些運動的歷史，保護主義的國家理論似乎是由高爾吉亞（Gorgias）的學生呂哥弗隆（Lycophron）首先提出的。我多次說過，他是第一個攻擊天生特權論的人（高爾吉亞另一學生阿爾西達馬斯也是）。他堅持我所說的「保護主義」的理論，亞里士多德暗示說這個理論很可能是呂哥弗隆創立的。我們也從亞里士多德那裡知道他的理論之清晰明白是後人無法比擬的。

亞里士多德告訴我們，呂哥弗隆認為國家的法律是個「彼此間對公正的承諾」（然而這

109

樣的法律無力培養出善良而公正的公民）。他又告訴我們[45]，呂哥弗隆認為國家是防止不公正的侵害行為的工具（使人民能和平往來，特別是交易）。他主張國家應該是「為阻止犯罪的合作組織」。在亞里士多德的說明中，呂哥弗隆並未以歷史定論主義者的方式來表達他的理論，他們沒有以社會契約論來說明國家的歷史起源，這是很耐人尋味的。相反的，從亞里士多德的記錄中，我們清楚看到呂哥弗隆理論只著眼於國家的目的；因為亞里士多德說呂哥弗隆沒有考慮到國家的本質目的是使人民具有德行。這就指出，呂哥弗隆很理性地詮釋了國家的目的，他從技術的觀點，採用了平等主義、個人主義和保護主義的主張。

這種形式使呂哥弗隆的理論免於傳統歷史定論主義的契約說經常遭受的反駁。例如巴克爾（Barker）就說「近代思想家已經逐一解決了契約論的問題」。[46]這種說法也許是真的；但是細究巴克爾的論點，就可看出他們其實沒有討論到呂哥弗隆的理論，巴克爾知道呂哥弗隆可能是社會契約論最早的創立者（我也認為如此）。巴克爾的論點可以分為：（a）歷史中從來沒有契約存在過；（b）就歷史而言，國家並不是依體制建立的；（c）法律並不是約定俗成的，而是從傳統、優勢力量或人的本能等產生的；法律成為法典之前，其實就只是風俗習慣；（d）法律的力量不在於處罰或是在於訂定它的國家的保護力量，而在於個人是否願意接受法律，亦即在於個人的道德意志。

我們立即可以看出（a）、（b）、（c）雖然公認是正確的（歷史上的確有過若干契約）。

但是（a）、（b）、（c）三者只是以歷史定論主義的形式去探討契約，而和呂哥弗隆的看法不相干，因此我們完全不需考慮它們。而（d）則是值得密切注意的。它的意思是什麼呢？這個抨擊的理論比任何其他理論都更加強調意願或個人的決定；事實上，「契約」一詞暗示了「自由意志」的合意；它指出法律的力量在於個人願意接受和服從法律。那麼，（d）如何能成為反對契約論的理由呢？唯一的解釋似乎是巴克爾並不以為契約是出於個人的「道德意志」，而是自私的意志。這個詮釋很可能採取了柏拉圖的批評。但是作為保護主義者，一個人並不一定是自私自利的。保護並不意味自我保護。許多人是以保護他人而不是保護自己為人生職志。同時，要求國家保護也可能是為了他人，而很少或根本不是為了自己。保護主義的主要觀念是濟弱扶傾，保護弱者不受強者欺凌。這種主張不僅是弱者提出的，強者也往往會提出這種主張。說它是自私或不道德的主張，那是一種誤導。

110 我想呂哥弗隆的保護主義是可以免於前述的那些批評。它是伯里克里斯時代人道主義和平等主義運動最恰當的代表，然而我們卻錯失了它。流傳下來的則是種種曲解的形式，例如以社會契約作為國家起源的歷史定論主義形式，或是宣稱國家的本質是一種約定的本質主義形式；要不然就是以人的不道德本性為基礎的自私理論。所有這些都是肇因於柏拉圖權威的壓倒性影響。

8

柏拉圖無疑對於呂哥弗隆的理論知之甚詳，因為他是和呂哥弗隆同時代的年輕一輩。事實上，這種理論和在〈高爾吉亞篇〉以及〈國家篇〉裡先後出現的理論一模一樣（柏拉圖都沒有提及作者，這是柏拉圖對於仍然在世的敵手的慣用手法）。在〈高爾吉亞篇〉裡，他藉著卡利克勒（Callicles）說明這個理論，就像〈國家篇〉裡的塞拉西馬柯一樣，他也是個道德虛無主義者。在〈國家篇〉中，這個理論則是由格老孔提出的。在這兩個地方，他們都沒有說那是他們自己的理論。

這兩個段落在很許多方面都極為相似。兩者都以歷史定論主義的形式來闡述理論，亦即視其為關於「正義」起源的理論。它們也都說它必須以自私甚或虛無主義為其邏輯前提，好像主張國家的保護主義理論的人，只不過是本來「喜歡」行不義卻因為力有未逮而作罷的人，因而主張強者也不可以侵犯他人，這種說法當然是不公平的，因為該理論的唯一必要前提，就只是主張必須壓抑犯罪或不義。

至此，〈高爾吉亞篇〉和〈國家篇〉中的這兩個段落一直很接近，許多評註也時常會提到這個類似之處。然而其中卻也有個重大的差異，就我所知，許多評論者都疏忽了它。在〈高爾吉亞篇〉中，卡利克勒說他反對這個理論；而由於他也反對蘇格拉底，所以這似乎暗示著柏拉圖並沒有反對保護主義理論，而是在為它辯護。事實上，我們細看之下就知道，蘇格拉底反對虛無主義的卡利克勒而支持保護主義。但在〈國家篇〉中，這個理論是由格老孔提出來的，以闡述虛無主義者塞拉西馬柯的觀念。在此，塞拉西馬柯取代了卡利克勒。換句話說，這理論現在成為虛無主義的東西，而蘇格拉底卻成為摧毀這個自私邪說的英雄。

這樣說來，大部分的評論者都發現〈高爾吉亞篇〉和〈國家篇〉的顯著相似性，但是它們的論調卻完全不同。不管卡利克勒有多麼厭惡它，〈高爾吉亞篇〉的確是偏向保護主義的；而〈國家篇〉則是強烈反對保護主義。

111

在此，我們引卡利克勒在〈高爾吉亞篇〉裡的一段話：「我認為那些立法的人是一群弱者，多數人是弱者。他們為自己立法，為自己的利益立法……。是為了防止強者超過他們，奪取他們的利益。他們嚇唬強者說，超過其他人是可恥的，是一種邪惡，向他人謀求利益是不義的。我假定，這些人是低劣的，因此希望享有與他人平等的待遇，從中得到滿足。」[47]如果我們研究一下這段話，而撇開卡利克勒的公開嘲諷和敵對不談，就會發現它具有呂哥弗隆的理論裡的所有元素：平等主義、個人主義以及保護人們對抗不義。就連其中提到的「強者」以及自知其弱點的「弱者」，也完全符合保護主義的理論；呂哥弗隆不無可能是在明白主張國家應該保護弱者，這個主張當然一點也不可恥。（基督教義也盼望有一天能實現這種主張：「溫柔的人……必承受地土。」）

卡利克勒自己並不喜歡保護主義；他贊成強者的「自然權利」。重要的是，蘇格拉底在反對卡利克勒的討論中卻替保護主義辯護，他甚至把它等同於自己的理論：「作惡比受惡更可恥。」例如他說：「正義就是平等地分享而不過分，作惡比受惡更可恥，這是多數人的觀點嗎？」又說：「作惡比受惡更可恥，真正的正義就平等地分享，這個觀點不僅是習俗的，而且也是自然的。」48（除了個人主義、平等主義、及保護主義的傾向外，〈高爾吉亞篇〉也展示了強烈反民主的說法。有可能是柏拉圖在寫作〈高爾吉亞篇〉時還沒有開展他的極權主義理論；雖然他傾向反民主，卻仍然在受到蘇格拉底影響的階段。我無法理解為什麼有人會認為〈高爾吉亞篇〉和〈國家篇〉都可用來說明蘇格拉底的思想。）

現在讓我們轉到〈國家篇〉一書上，在〈國家篇〉中，格老孔將保護主義展現為一種在邏輯上更嚴格的理論，但在倫理上仍沿襲塞拉西馬柯的虛無主義觀點。格老孔說：「那就聽我說第一個問題：正義的本質和起源。人們說，從正義的本質來看，做不正義的事會得到好處，承受不正義的行為要受害，但是承受不正義受到的危害要超過做不正義的事所得到的好處。因此，當人們在交往中既傷害他人又受到他人的傷害，兩種味道都嘗到以後，那些沒有力量避免受害的人就覺得最好還是為了大家的利益而相互訂立一個契約，既不要行不義之事，又不要受不正義之害，這就是人們之間立法和立約的開端，他們把守法踐約叫作合法的、

112

正義的。這就是正義的起源與本質。」[49]

至此的合理內容都屬於同樣的理論；它的表述方式也和卡利克勒在〈高爾吉亞篇〉裡的說法相似。[50]然而柏拉圖卻隨即完全改變論調。保護主義的理論不再反駁說它是奠基於犬儒的利己主義。相反的，由塞拉西馬柯的虛無主義挑起的人道主義情操、道德的憤怒，使我們成為保護主義的敵人。在〈高爾吉亞篇〉的人道主義特性，在柏拉圖筆下變成反人道主義，成為一種難以令人信服的理論產物，這個理論認為不義是件好事，強者認為他們能抵抗任何侵犯，所以提出這個理論；柏拉圖毫不猶豫地再三講述這點。在所引段落之後的絕大部分中，格老孔詳盡列出他所認為的保護主義的必要設準或前提。其中還包括行不義「是一切事務中最好的」[51]；正義之所以要建立，只由於許多人軟弱到沒辦法犯罪，對個人來說，犯罪的生活是最有利的。同時，蘇格拉底，亦即柏拉圖，明白表示他能保證格老孔對於這理論的詮釋的忠實性[52]。柏拉圖於是說服了大部分的讀者，至少說服了所有的柏拉圖主義者，使他們相信這裡所說的保護主義理論，就是塞拉西馬柯無情而冷嘲熱諷的自私[53]；更重要的結論是，任何形式的個人主義，到頭來就是自私。不過柏拉圖不僅說服了敬佩他的人，甚且說服了他的敵手，特別是那些信仰契約論的人。從卡尼亞德斯（Carneades）到霍布士（Hobbes）[54]，他們不僅採用了柏拉圖毀滅性的歷史定論主義說法，更接受柏拉圖信誓旦旦的主張，認為他們的理論基礎就是倫理的虛無主義。

現在我們應該理解，柏拉圖反對保護主義的整個論證就是在闡述它所謂的自私基礎。如果我們看看這個推論的篇幅，應該可以臆測到，柏拉圖之所以沒有提出更好的論證，並不是因為他不想說，而是因為他根本就沒有更好的論證。因此，我們的道德情操會放棄保護主義——它對於我們的正義觀念和正直感是一種侮辱。[113]

這就是柏拉圖處理他那可怕的敵對理論時的方法，這個理論也是新人道主義和個人主義信念的代表，亦即柏拉圖所喜愛的一切事物的頭號敵人。這是個聰明的方法，由其成就即可證明。但是，我若不徇私的話，我不得不說柏拉圖所用的方法是不誠實的。因為他所攻擊的理論，除了假設不義是罪惡之外，並不需要任何其他更不道德的假設；亦即不義應該避免，應予控制。柏拉圖也很清楚，這理論不是建立在自私上，因為在〈高爾吉亞篇〉中，他說它並不等於虛無主義的理論，反倒是在〈國家篇〉中，他從虛無主義裡推論出這個理論而迎頭痛擊。

總而言之，我們可以說，柏拉圖在〈國家篇〉及其後著作中所提出的正義理論，旨在超越當時的平等主義、個人主義和保護主義的潮流，而開展出極權主義的道德，以重建部落主義的主張。同時，新人道主義的道德對柏拉圖有極深的衝擊；然而他不但不以論證來反擊平等主義，反而避免討論。柏拉圖擄獲了人道主義者的同情（柏拉圖很清楚人道主義的強大力量），使他們贊成他所說的天生優越的主人族類應該實行極權主義的階級統治理論。

柏拉圖認為，種種階級特權是維持國家穩定的必要條件。因此，它們構成正義的本質。歸根究柢地說，這種主張其實是奠基於一種論證，即正義是使國家更強大、健全和穩定的東西。這種論證與現代極權主義對於正義的界說極為相似：對於我的國家、階級或黨的力量有助益的，就是對的。

但是以上所說並不是全部的真相。由於強調階級特權，柏拉圖的正義理論在政治理論核心中留下「該由誰統治」的問題。他對這個問題的回答是：最聰明、最好的人應該統治。這個絕妙的回答不是正好可以修正他的理論性格嗎？

注釋

561

注1：見：第四章注3及正文，特別是該段末尾。尤其重要的是，見：該章注2（2）。關於「回到自然」這個公式，我希望提醒一個事實，就是盧梭深受柏拉圖的影響。事實上，稍微看一下盧梭的契約論，就會證明它和我們在前一章所評論的柏拉圖的自然主義極為相似。請特別見：第九章注14；*Republic*, 591a ff.; *Gorgias*, 472e ff.（論個人主義），以及盧梭和黑格爾關於懲罰的著名

理論。巴克爾（*Greek Political Theory*, I, 388 ff.）正確強調了柏拉圖對盧梭的影響。但是大抵說來，他沒認識到透過薩納扎諾（Sanazzaro）的《阿卡迪亞》（*Arcadia*）而影響法國和莎士比亞的英國的鄉村浪漫主義，是源於柏拉圖的多利安牧人；見：第四章注11（3）、注26、注32，第九章注14。

注2：見：R. H. S. Crossman, *Plato To-Day* (1937), p. 132；接下來的引文見：p. 111。像葛洛特（Grote）和康培茲（T. Gomperz）一樣，這部有趣的著作鼓舞我發展了對柏拉圖不太正統的觀點，並繼承他們不討喜的結論。關於引用約德（C. E. M. Joad）著作的問題，見：*Guide to the Philosophy of Morals and Politics*, 1938, 661, 660。在此可以一提的是，史第文遜（C. L. Stevenson）對於柏拉圖有關正義的觀點所作的卓越的評論，見：'Persuasive Definitions', in *Mind*, N. S. vol. 47, 1938, pp. 331 ff.。

注3：見：*op.cit.*, 132。次兩摘引為：Field, *Plato*, etc, 91；另見：Barker, *Greek Political Theory*（見第五章注13）。對柏拉圖的理想化，在有關柏拉圖的著作的真實性爭論中扮演相當重要的角色。許多批評者拒絕其中一些內容，僅因為適合他們理想中的柏拉圖觀點。有一種天真的和典型的態度，見：Davies and Vaughan, *The Golden Treasury edition of the Republic*, p. vi（導論）：「葛洛特先生急著要將柏拉圖自凡人難及的祭臺上趕下來，就草率賦與柏拉圖一些早就被判定不配這神聖哲學的文獻。」對這些作者來說，他們似乎沒有看到一件事實，他們對柏拉圖的判斷，應該依據柏拉圖寫了什麼；而非反之；如果他們賦予柏拉圖哲學的性質是不值得的、且不真實的，

那麼柏拉圖就不是他們所設想的那個神聖的哲學家了。（關於柏拉圖論神性，見：Simplicius in Arist. de coelo, 32b44, 319a15）

注4：（a）的公式可以與康德所說的相比；他說正義的憲章是一種「能獲致各人最大可能自由的憲章，這種憲章構成的原則是使個人之自由能與他人之自由共存。」（*Critique of Pure Reason*, 373）；另見：*Theory of Right*。康德在該處說：「權利（或正義），根據自由的普遍法則，是那些使個人之自由選擇與他人之自由選擇共存的必要條件的總和。」康德相信，這是柏拉圖在〈國家篇〉追求的目的；從這點我們可以看出康德是那些若非被柏拉圖欺騙、就是把自己的人道觀念投射到柏拉圖哲學中、而把柏拉圖理想化的哲學家之一。我可以說，康德在此所表現的熱烈自由主義，極少受到英美政治哲學著作的欣賞（除了：Hastie, *Kant's Principles of Politics*）。他只是被人認為是黑格爾的先驅；不過，從他聲明赫德（Herder）和費希特（Fichte）的浪漫主義和他自己的思想相反這點來看；這種說法對康德是極不公平的。無疑，他會強烈憎惡這點。我相信，由於黑格爾主義的巨大影響，這種完全站不住腳的主張才會被廣泛接受。

注5：見：第五章注32、注33。

注6：見：第五章注25至注29正文。本處摘引見：*Republic*, 433a; *Republic*, 434a/b; *Republic*, 441d。關於在第一個摘引中柏拉圖所說的：「我們一再重覆述說」，另見：*Republic*, 397e，在此為正義的理論作了準備，*Republic*, 369b-c 也談及這點，引文見：第五章注29。另見：本章注23及注40。

注7：在第四章所指出的（見注18正文、注29），柏拉圖在《國家篇》中並未多談奴隸問題，但就這

些也足以傳達其意義了；不過在〈法篇〉中，他就完全放棄他的懷疑態度。（另見：莫羅（R. G. Morrow）在《心靈》（Mind）的文章，見：第四章注29。）

注8：引自：Barker, *Greek Political Theory*, vol. I, p. 180。巴克爾（p. 176 ff.）指出「柏拉圖的正義」是「社會的正義」，而且正確強調了其全體主義的特質。巴克爾（p. 178 ff.）指出一種批評，認為這種形式「……沒有觸及一般人所稱的正義之本質」，亦即「正義是處理意願衝突的一種原則」，亦即正義是涉及個人的。不過他認為「這種批評是離題的」，柏拉圖的觀念「不是法律的問題」，而是「社會道德的概念」（p. 179）；他又認為這樣處理正義，就某方面來說，是符合希臘流行的正義觀念：「從這種意義來看正義，柏拉圖並沒有完全偏離希臘流行的正義觀念。」但他對下一個注解及正文所提的某些反證卻隻字未提。

注9：見：*Gorgias*, 488e ff.；第八節會更充分討論這方面的問題（見本章注48及正文）。關於亞里士多德的奴隸理論，見第十一章注3及正文。本節所引亞里士多德的著作，見：*Nicomachean Ethics*, V, 4, 7, 8；*Politics*, III, 12, 1（1282b；另見本章注20及注30其中涉及《尼可馬赫倫理學》者）；*Nicom. Ethics*, 4, 9: *Politics*, IV (VI), 2, 1 (1317b)；*Nicomachean Ethics*, V, 3, 7（另見：*Politics*, III, 9, 1; 1280a）。亞里士多德也提到在民主、寡頭、貴族政治的國度中依據不同的「價值」觀念，「正義」的意義也就不同。關於柏拉圖在〈法篇〉中討論的政治正義及平等問題，見：*Laws*, 757b-d。本節討論的兩種平等問題；我們摘引在下面（一）。在此正文中提及之事實問題，亦即在分配榮譽和戰利品時，不僅應依道德和才能，更要依財富來做決定（甚至依形體和相貌

來分配），見：*Laws*,744c，摘引在本章注20（1）中，在此也討論到相關的內容。

（一）在*Laws*,757b-d中，柏拉圖討論到「兩種平等」：「其一為……量度、重量或數（即數目，或算術上）的平等；然而真正的、最好的平等……是將多一些給較大的，少一些給較小的，依自然本性給每人適當的量……。對那些在道德上優越的人給以較大的榮譽，在道德和教養上低劣的人給以較少的榮譽，依據這種合理的比例原則，適當的分配給每人。這就是我們所稱的『政治上的正義』。任何國家都必須以此為其立法的唯一目的……，只有這種正義才是自然的平等，形勢所趨，必然導致不等的分配。」這兩種平等中的第二種，形成了柏拉圖所稱的「政治正義」（亞里士多德稱為「分配正義」），柏拉圖和亞里士多德都描述其為「比例的平等」——真正的、最好的、自然的平等，後來又稱為「幾何學的平等」（*Gorgias*, 508a; 465 b/c; Plutarch, *Moralia*, 719b），並與第一種較差的、民主的算術的平等對立。對這種劃分，見（二）的評論。

（二）依據傳統（見：*Comm. in Arist. Graeca*, pars XV, Berlin, 1897, p. 117, 29, and pars XVIII, Berlin, 1900, p. 118, 18），柏拉圖「學院」的大門題字說：「未受幾何學訓練者勿入我門！」我懷疑這種說法的意義不僅是強調數學研究的重要性，它的意義還有：「算術（更清楚的說，即畢達哥拉斯的幾何數理論）是不夠的；你必須知道幾何學！」同時我試圖略述使我相信最後這段話可以適當總結柏拉圖對於希臘科學最重要的貢獻之一的理由。

如現在一般所相信的，早期畢達哥拉斯對幾何學的處理，採取了有點像今日所稱的「算術化」的方法。幾何學被視為整數理論的一部分（或「自然」數，即包含單子或「不可分割的單位」

564

之數，見：*Republic*, 525e），及其「有理數」比例，亦即分數理論的一部分。例如畢達哥拉斯的直角三角形，就是依這種有理數比例的三邊構成的（例如：「3:4:5」；或「5:12:13」）。畢達哥拉公式的一般說法子是：$2n + 1 : 2n(n + 1) : 2n(n + 1) + 1$。不過例如「8:15:17」的例子指出的，推論自平行四邊形（ghōmōn）的這種公式並不周延。令 $m = n + 1$，畢氏可得到一般的式子，$m^2 - n^2 : 2mn : m^2 + n^2$（$m>n$）。因為這個式子是所謂「畢達哥拉斯定理」之直接結果（這是說，如果與早期柏拉圖之畢達哥拉斯學派所知的代數一起來看），又因為這個公式不僅畢達哥拉斯顯然不知道，即使柏拉圖也不知道（依據普羅克魯斯（Proclus）的說法，柏拉圖提出的是另一個不周延的公式），這樣一來，不僅是畢達哥拉斯，甚至柏拉圖都不知道「畢達哥拉斯定理」的普遍形式。（比較不激進的觀點，請看：T. Heath, *A History of Greek Mathematics*, 1921, vol. I, pp. 80-82。我所描寫的「普遍」公式，基本上是歐幾里得幾何的；根據希茲（p. 82）的方法，自他那不太必要的複雜公式，首先得到三角形的三邊，然乘以 $2/mn$，以 m, n, p, q 取代之，可得上述普遍公式。）

「二的平方根的無理數」的發現（見：*Greater Hippias, Meno*；另見：第八章注10；Aristotle, *Anal. Priora*, 41a26 f.）摧毀了畢達哥拉斯學派把幾何「算術化」的計畫，似乎也摧毀了畢達哥拉斯教派（Pythagorean Order）的活力。傳統上認為這種發現原本是祕傳的，似可由一種事實來支持，那就是柏拉圖一直說無理數是個祕密（arrhētos），不可說的神祕；見：*Greater Hippias*, 303b/c; *Republic*, 546c（後來稱作「非量度的數」；見：*Theaetetus*, 174c; *Laws*, 820c。「alogos」一詞似乎首次出現在德謨克里斯（Democritus）的《論不合邏輯的線與原子》（On Illogical Lines and Atoms），不過失傳了，柏拉圖知道著作名稱（*Republic*, 534d），語帶輕蔑地提到德謨克里圖斯，不過他本人沒有說那是「祕密」（arrh ē tos）。現存最早且明白使用這種意義的是：Aristotle, *Anal. Post.*,76b9。另見：Heath, *op.cit., vol.* I, pp. 84 f., 156 f.；以及本書附錄。

畢達哥拉斯計畫的破產，亦即幾何學的算術方法的失敗，似乎導致了歐幾里得幾何方法（公設法）的發展，這方法一方面拯救了能被拯救的（其中包括有理數的證明方法），另一方面接受幾何不能化約成算術之事實。在這些假設下，在從舊有的畢達哥拉斯的方法，過渡到歐幾里得的方法中，柏拉圖很可能扮演著極重要的角色；事實上，柏拉圖是最早開展特殊幾何學方法的人士之一，其目的在拯救畢達哥拉斯算術的瓦解，以及免於犧牲畢達哥拉斯的算術。這大部分必須視為不確定的歷史假設，不過，在亞里士多德的《分析後論》76b9可以發現一些佐證；如果將這方面內容與*Laws*,818c, 195e（偶數和奇數），以及819e/820a, 820c（不可通約）作比較就更清楚了。內容是這樣的：「算術設定了『奇數』和『偶數』的意義，幾何學則設定『無理數』的意義……。」（或「不可通約」；見：*Anal. Priora.*, 41a26, 50a37。另見：*Metaphysics*, 983a20, 1061b1-3，將無理數當作幾何學的性質。在*Metaphysisc*, 1089a以及Anal. Post., 76b40，都提及*Theaetetus*,147d的「平方根」）。柏拉圖對無理數問題的極大興趣由此可見，在*Theaetetus*,147c-148a和*Laws*,819d-822d，柏拉圖宣稱希臘人對於不可通約的量這個大問題竟無反應，令他感到羞恥。

我現在認為「初基物體的理論」（Theory of the Primary Bodies）（見：*Timaeus*, 53c-62c, 64a；另見：*Republic*, 528b-d）是柏拉圖對這個挑戰的回答之一。它一方面保存了畢達哥拉斯學說的原子論特性——不可分割的單位（「單子」），這種學說在原子論學派中也扮演要角；另一方面，它引進了無理數（二與三的平方根），這些無理數終究不可免的進入了世界。導入的方式是：取兩個直角三角形，其中之一個三角形為正方形的一半，其一邊之長為$\sqrt{2}$；另一直角三角形是正三角形的一半，其一邊長為$\sqrt{3}$；由此單元的一邊含有無理數（$\sqrt{2}+\sqrt{3}$）r。其他所有量可由$\sqrt{2}r$, $\sqrt{3}r$來組成。這兩個三角形是所有其他物體的基本組成，這種學說可說是《蒂邁歐篇》中有關物體的學說的中心理論之一。這一切指出，對未受幾何學訓練的人所提出的這些警告（在*Timaeus*, 54a中也可發現這種提示），可能有如上所說的更重要的意義，同時它可能與一種信仰相關，那就是幾何學比算術更重要（見：*Timaeus*, 31c。）同時這點又反過來說明何以柏拉圖會認為「比例的平等」比民主的、算術的、數目的平等更高貴，並將它等同於〈高爾吉亞篇〉（508a）提到的「幾何學的平等」（本章注48）。同時，這也說明他何以將算術和幾何學的關係比擬作民主和斯巴達的貴族政治，雖然事實上，畢達哥拉斯的心靈和柏拉圖的心靈都是貴族政治的；他們的計畫曾強調算術；而在他們的語言中，「幾何」卻是某種數的（算術的）比例。這些事實顯然當時都被忘了。

（三）在〈蒂邁歐篇〉中，柏拉圖為了構建他的初基物體，需要一個基本的正方形和基本的正三角形。兩者又由兩種不同的次基三角形組成（subelementary triangles）：一個是正方形的一半，

$\sqrt{2}$為其邊，另一個是正三角形的一半$\sqrt{3}$為其邊。問題是他何以選擇兩個次基三角形，而不選擇正方形和等邊三角形自身，這個問題曾大大的被討論；同樣的，第二個問題是他何以自四個為正方形一半的次基三角形建構正方形，而不自兩個三角形建構正方形，以及自六個三角形而不自兩個三角形建構其基本的等邊三角形。（見以下圖一、圖二）。

關於第一個問題，一般似乎都忽略了極熱中於無理數問題的柏拉圖，如果他沒有迫切想要導入

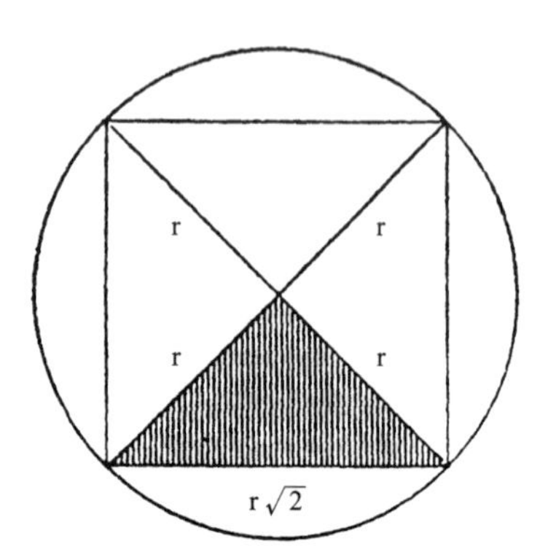

圖一：柏拉圖的基本正方形，包含四個等邊直角三角形

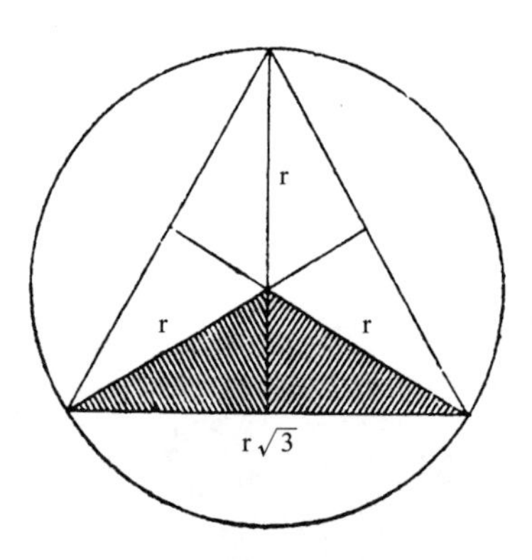

圖二：柏拉圖的基本等腰三角形，包含六個不等邊直角三角形

566

無理數作為其世界中不可化約的元素，就不會導入無理數$\sqrt{2}$及$\sqrt{3}$（他在54b中明顯談到）。另見：Cornford, *Plato's Cosmology*, pp. 214, 231 ff.。他冗長地討論這兩個問題，不過他的共同解決方法（p. 234），即他所稱的「假設」，我認為是難以接受的；假若柏拉圖曾經要達成如康福德所說的某種「層級」（Grading）。（我們應注意柏拉圖並未提示有任何小於康福德所稱的「B層級」的事物之存在）——只須將基本正方形及等邊三角形劃分為二，成為康福德所稱的「B級」，從四個不包含任何無理數的基本三角形來建構，這就足夠了。）不過，如果柏拉圖導入無理數，並使其為次基三角形的邊，由此構成所有事物，則我想他必然相信由此可以解決一種問題；這問題，我想即是「不可通約」和「可通約」的問題（見：*Laws*,820c）。但是很清楚的，原子式的宇宙論是難以解決這問題的。因為任何無理數並不是可以通約的有理數的單位量的乘積。不過如果量度單位自身含有「無理數比例」的邊，則這個難題可能可以解決；因為它們可以量度兩者，從而無理數不再是不可理解的或「無理」了。

不過柏拉圖知道除$\sqrt{2}$及$\sqrt{3}$外，有更多的無理數，因為他在〈蒂邁歐篇〉中談到發現一種無限系列的無理數平方根。他也「同樣考慮到立方體」（148b），不過不必涉及立方根，但可以涉及到立方體的對角線，即$\sqrt{3}$。他也提到（*Greater Hippias* 303b-c；另見：Heath, op. cit., p. 304），無理數相加（或其他組合）可以得到其他無理數（也可以得到有理數，例如「$2-\sqrt{2}$」是無理數；這個數加$\sqrt{2}$當然是有理數）。從這些情況來看，柏拉圖要以他的基本三角形來解決無理數的問題，一定想到一切無理數（至少其倍數）可以由加上（a）基本單位（b）$\sqrt{2}$（c）$\sqrt{3}$來組成；

以及由（a）、（b）、（c）三種倍數組成。這當然是錯誤的。但我們有各種理由相信當時並沒有反證；如果我們考慮無理數之間的比例特性，則認為只有兩種基本無理數——正方形對角線及立方體對角線，以及認為其他無理數相對於基本單位$\sqrt{2}$、$\sqrt{3}$來說都是可通約的，就似乎也有點道理。（我是指，具有單位邊的正方形的對角線為無理數，或對角線為單位長的正方形邊為無理數這兩種說法，是同樣可以成立的。）我們也應該記得歐幾里得說過：「不可量度的平方根可由其平方來量度。」（Book X def. 2）故柏拉圖可能相信這個命題，雖然他不可能給予有效的證明。（顯然是歐幾里得首先提出了反證。）在〈蒂邁歐篇〉中，柏拉圖引用一些無法證明的猜測，提到他選擇次基三角形的理由，因為他說（*Timaeus*, 53c-d）：「一切三角形從根本上來說只有兩種，各有一個直角和兩個銳角，其中一種三角形連接底邊兩端，構成其半個直角的兩條邊是相等的，另一種三角形則可分成不相等的部分，有不相等的邊……。我們設定這些為首要原則……。這是根據一種結合可能（可能的推測）和必然（證明）的解釋。至於其他的原則只有天知道了，現在這原則是天賜的。」在解釋有無數的不等邊三角形，以及應選擇「最好的」，並且等邊三角形之半為最好的三角形之後（他認為等邊三角形是最好的三角形），他說（*Timaeus*, 54a/b；康福德為了適合他的解釋而修改該處的內容；見：*op. cit.*, note to p. 214）：「理由太長了；不過如果有任何人將此事訴諸驗證，同時證明它有此性質，則就功德無量了。」柏拉圖並未明白的說出這種「性質」是什麼。它一定是一種數學的性質（也許可以成立，或者不能成立），這種性質足以說明邊的單位為$\sqrt{2}$及$\sqrt{3}$之三角形是最好的三角形；從前述所設想的來看，我認為柏拉圖心中所想的「性質」是指無理數的有理數比例「性質」，也就是基本單位$\sqrt{2}$與$\sqrt{3}$的比例。

567

（四）從下面的考慮來看，也許可為我們的解釋增加一點理由，雖然我沒有從柏拉圖的著作中發現進一步的證據。有個非常奇特的事實是，「$\sqrt{2}+\sqrt{3}$」的結果幾近於 π。（另見：E. Borel, *Space and Time*, 1926, 1960, p.216；馬里奈里〔W. Marinelli〕的著作使我注意到這點。）兩者的

568

差小於 0.0047，亦即小於 π 的 1.5‰，同時我們有理由相信，當時並沒有找到更逼近的 π 值。這種奇特的事實的一種解釋是，圓的外切六角形面積和圓的內接八角形面積的算術平均數，是圓的面積的一個很好的逼近值。布萊森（Bryson）一方面依內切圓和外接圓的多角形平均數來運算（Heath, op. cit., p. 224），我們知道，另一方面，柏拉圖對於無理數的相加深具興趣，因此他必定會加上（$\sqrt{2}+\sqrt{3}$）。這樣就有兩種方式使得$\sqrt{2}+\sqrt{3}$幾近於 π。第二種方法似乎是他一定會使用的。看來有個也許可信的假設是，柏拉圖知道這個問題，但不能證明它是相等或只是近似值。

如果以上所說的成立，我們也許能回答（三）中的第二個問題，亦即柏拉圖何以用四個三角形而不用兩個三角形來構成他的基本正方形，以及何以用六個三角形，而不用兩個三角形來構成他的正三角形。如果我們考察前兩個圖，就會看到柏拉圖這種作法是在強調外接圓和內切圓的中心，以及兩圓當中外接圓的半徑。（在等邊三角形情況中，也出現內切圓的半徑；不過柏拉圖似乎想到外接圓，因為他在描述等邊三角形之組成時提及對角線；見：*Timaeus*, 54d-e;

569

54b。）

上面圖中的兩個外接圓，或更嚴格的說，將基本正方形及等邊三角形內，接於一具有 r 半徑之圓內，我們就會發現兩圖形中各邊之總和幾近 π；換句話說，柏拉圖所建構的，如三個圖形所指出的，是以最簡單的逼近值解決圓內的正方形問題。由此看來，柏拉圖的猜測和他所說的「功德無量」，不僅包含無理數的可通約性的一般問題，也包含$\sqrt{2}+\sqrt{3}$是否為單位圓（半徑為一）的面積之特殊問題。

必須再強調的是，我並沒有直接證據指出以上所說是柏拉圖所想的；不過，如果我們考慮間接證據，那麼這個假設似乎就不是一種附會。我並不以為這種假說比康福德的假設更加穿鑿附會；如果所說是真的，就能對相關段落提供比較好的解釋。

（五）如果我們在（二）中所說的，柏拉圖學院座右銘的意思是「算術是不夠的；你必須知道幾何！」也就是對於幾何的強調，它其實和$\sqrt{2}$和$\sqrt{3}$這兩個無理數的發現有關，那麼它對於柏拉圖的理型論和亞里士多德備受爭議的報告的了解會助益甚大。這個發現可以解釋何以畢達哥拉斯認為事物（形式、形態）是數以及認為道德觀念是數之比例的觀點必須廢除，或者以〈蒂邁歐篇〉的「一切事物的基本形式、限制、形狀、或理念都是三角形」這個學說代替。不過它也能解釋一個世代以後，學院又回到畢達哥拉斯的理論。一旦發現無理數的震撼平息以後，數學家便又開始認為，不管任何什麼，無理數必定是數，因為它們是比較有理數為大或為小的數。到此階段，導入無理數以後，雖然認為形狀是數或數的比例，這個意思和以前的意思不同，但

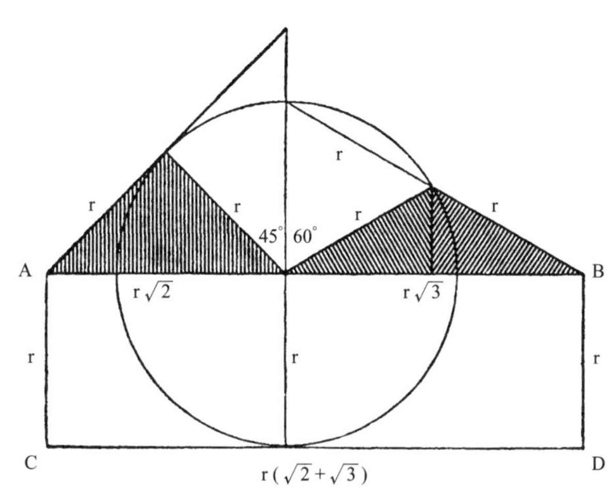

圖三：長方形ABCD的面積超過圓的面積小於1.5‰

反對畢達哥拉斯學派的理由卻消失了（以前所說的可能不被新理論完全接受）。

注10：正義的女神狄米斯（Themis）可做為平等觀念的正義的象徵，她既是蒙著眼，以表一視同仁，又是帶著比例尺，以表公正衡量爭論雙方的要求。然而，在此不可把這種象徵當作一種證據，而認為這種觀念在柏拉圖的時代非常流行；因為宮布利希教授友好地告訴我說，這個觀念的流行可以從文藝復興時代上溯到普魯塔克的時代，但不能及於古希臘。

注11：見：*Republic*, 440c-d。以牧羊犬的譬喻作結束：「或者人是否要像狗被他的主人召回來一樣，由他自己的理性之聲召回來？平息下來呢？」見第四章注32（2）。

注12：當柏拉圖兩次以蘇格拉底的口吻懷疑是否要追求正義時，柏拉圖其實就暗示了這點。

注13：在柏拉圖的影響下，亞當（note to *Republic*, 331e ff.）明顯疏忽了平等主義的理論；他說：「正義包含著對朋友好，對敵人壞，這個觀點是希臘流行的道德觀的忠實反應。」這點可能是對的，不過當他說這是「全體相信的普遍觀點」，他就不對了；因為他忘記了自己的證據（note to *Republic*, 561e28），它指出法律之前的平等「是民主的驕傲主張」。見本章注14及注17。

最早提到「法律之前人人平等」的例子之一，可在和阿爾克邁翁（Alcmaeon）有關的片斷資料中發現，他是西元前五世紀初期的醫生（見：*Diels5*, chapter 24, fr. 4）；他談到法律之前人人平等是心身健康的條件之一，同時反對「君主政體」，反對一人支配多數人。在此我們看到關於人體或生理學的政治理論。另見：第五章注32及第十章注59。

570

注14：*Republic*, 359c中，格老孔的演說簡短提到平等（另見：*Gorgias*, 483c/d；此註解以下部分及本章注47）；不過這個論題並未在該處充分討論。關於其內容，見：本章注50。

在柏拉圖荒謬的攻擊民主中（見第四章注14至注18），有三次嘲諷平等主義。第一次是談到「平等分配給平等的人，和平等分配給不平等的人」的民主所產生的結果（見：558c；Adam's note to 558c16；另見本章注21）；其目的是諷刺性的批評。（以前平等是和民主相連的，即與民主的革命相連；見：*Republic*, 557a；摘引在第四章注13正文中。）第二種諷刺是談到「民主人士」「平等的」滿足其一切欲望，不論欲望好壞；因此這種人是「平等主義者」（法律之前人人平等），這是用雙關語談到「一切人的平等法律」或「法律之前的平等」。（見：本章注13及注17。）這種雙關語出現在*Republic*, 561e中。出現的方式非常技巧，因為「平等」一詞已三次被用來（*Republic*, 561b/c）表現某種人的態度，那就是一切的欲望和任性對其都是「平等」的。第三種諷刺的方法是訴諸讀者的想像，是現今典型的宣傳：「我幾近忘了提到這些有名的『平等法律』以及有名的『自由』，在男女相互關係之間扮演的角色……。」（*Republic*, 563b）除了有關平等主義的重要性之證據外（以及本章注9至注10正文中的證據），我們必須特別考慮柏拉圖自己的證據：（1）〈高爾吉亞篇〉，柏拉圖說（488e/489a，另見本章注47、注48及注50）：「眾人難道不相信……正義是平等嗎？」（2）〈美涅克塞努篇〉（*Menexenus*, 238e-239a；見本章注19及正文）。〈法篇〉中論及平等的段落比〈國家篇〉晚出，所以不能用來證明柏拉圖寫〈國家篇〉時是否知道這個論題；不過另見：本章注9正文，及注20與注21。

注15：涉及第三種評論時，柏拉圖本人說（563b，見：上一個註解）：「我們是否應暢所欲言？」顯然，他想說的是他想不出有什麼理由來停止這種笑謔。

注16：我相信修昔底德所記載的伯里克里斯的演說，是極可信服的（II, 37）。當伯里克里斯演說的時候，他多半在場；且無論如何，他也會儘可能真實的記載此演說。有充分的理由使我們相信，在那個時代，一個人默記另一人的演說，並不是一種不尋常的事情，而忠實地重述這種演說，也並不如人想像的那麼困難。柏拉圖知道這個演說，不論他是來自修昔底德或其他的來源，一定是與原講詞雷同，見：第十章注31及注34。（在此可以一提的是，在伯里克里斯的早期生涯中，他曾對流行的部落天性和團體的利己主義很猶豫地讓步；我指的是西元前四五一年關於公民人權的立法問題。不過後來他修正了對這類事情的態度，也許是受普羅泰戈拉等人的影響。）

571

注17：見：Herodotus, III, 80。特別是對法律之前的人人平等的頌辭；另見本章注13及注14。希羅多德的這段文學雖也在其他方面影響了柏拉圖，但在〈國家篇〉中，如同伯里克里斯的演講一樣地受到他的嘲笑；見：第四章注14及第十章注34。

注18：即使自然主義者亞里士多德，也並不一直提到以自然主義詮釋的平等主義；例如他在《政治學》（1317b）建構的民主的原則（見：本章注9正文），就與其無關。不過，也許更令人感到有趣的是，在〈高爾吉亞篇〉中，自然與約定的對立扮演很重要的角色，但柏拉圖在此展示平等主義時，卻未提到那會令人生疑的、一切人自然平等的理論（見：488e, 489a，摘引在本章注14中，另見：483d, 484a, 508a）。

注19：見：*Menexenus*, 238-239a。緊隨該段落之後的，即是伯里克里斯演說的引述（即本章注17正文中摘引的第二句）。內容中一再提到的「生而平等」，極可能是諷刺影射阿斯伯細亞（Aspasia）及伯里克里斯的兒子，他於西元前四二九年透過特別立法而被承認為雅典公民（見：E. Meyer,*Gesch. d. Altertums*, vol. IV, p. 14, note to No. 392 and p. 323, No. 558）。有人認為（葛洛特也如此，見：*Plato*, III, p. 11）柏拉圖在〈美涅克塞努篇〉中「注重修辭的討論……，消除了反諷的情緒」，也就是該篇中間部分（正文摘引了該段落），並不是在諷刺。然而就所引有關平等及柏拉圖在〈國家篇〉中討論此問題時直言不諱的諷刺來看（見：本章注14），這種意見似乎是無法成立。我在正文中所引的內容之前的段落，無疑也是諷刺性的；柏拉圖談到雅典（見：238c/d）：「在此時代……我們的政

府一直是一種貴族的政府；雖然有時稱作民主，然而實際上是貴族政治，亦即透過多數的同意，由最好的人來統治……。」從他對於民主的痛恨看來，實在無庸多做解釋。另一個段落的諷刺更無可懷疑（245c-d；見：第八章注48）：「蘇格拉底稱讚雅典人的一致憎恨外邦人和蠻族人。」而因為在另一處（*Republic*, 562e f.，摘引在第八章注48）對民主的攻擊中（即雅典的民主），柏拉圖諷刺雅典人對待外國人太寬容，所以他在〈美涅克塞努篇〉中的稱讚雅典人，只能說是一種諷刺；雅典的自由信念再度遭到親斯巴達派的嘲笑。萊克爾加斯（Lycurgus）的法律禁止外國人在斯巴達居住。見：Aristophanes, *Birds*, 1012。在這方面，還有一件有趣的事，在〈美涅克塞努篇〉中（見：236a；本書第十章注15（1）），蘇格拉底是一位攻擊雅典人的演說家，柏拉圖卻說蘇格拉底是寡頭黨派領袖、是演說家安提芬（Antiphon the Orator）的學生（他是拉姆努斯人〔Rhamnus〕，不要和辯士雅典人安提芬混淆）。從下面這事來看尤其有趣，蘇格拉底對修昔底德記載的一篇演講做過一首打油詩，而事實上，修昔底德才可能是安提芬的學生，他曾對安提芬備加讚揚；他相當欣賞安提芬。關於〈美涅克塞努篇〉的真實性問題，見：第十章注35。

注20：見：*Laws*, 757a-e；本章注9（1）摘引其主要部分。

（一）我所謂的標準的反平等主義，見：*Laws*, 744b ff.。「如果每個人，在一切事物上皆能相等，那真是太好了……；但這是不可能的。」該內容特別令人感到有趣。許多作者經常把柏拉圖描寫成為金權政治的反對者；他們只是從〈國家篇〉去評斷柏拉圖。然而在〈法篇〉重要的內容中（744b ff.），柏拉圖主張「政治的職位、貢獻和酬賞，應該與一個人的財富的價值成比例。他們不僅要依藉其道德、身世、體型、相貌，而且要依憑他是富有還是貧窮。依此方式，某人之得到榮譽和職位，就能儘可能的平等了，亦即依其財富的比例而平等，雖然這是依據不平等的分配原則。」這種依財富和體型作不平等的分配榮譽與戰利品的理論，我想也許是征戰時代英雄主義的殘餘。輕裘肥馬的富人和驍勇善戰的強者，對勝利的貢獻自然要比他人為多。在荷馬時代就接受這個原則，如艾斯勒（R. Eisler）的著作說，我們可以發現在所有著名的侵略戰爭裡，遊牧部落其實都接受這個原則。這種態度的基本觀念是，平等對待不平等的人是不義的，〈普羅泰戈拉篇〉（337a）中有簡短的評論（另見：〈高爾吉亞篇〉，本章注9及注48提及），不過在柏拉圖寫〈法篇〉以前，則對此著墨不多。

（二）關於亞里士多德對這些觀念的開展，見：*Politics*, III, 9, 1, 1280a（另見：1282d-1284b, 1301b29），他說：「所有人都持有某種公正觀念，然而他們都中止於某個地方，並且未能完整地闡明公正一詞的主要含義。例如，公正被認為（民主派）是而且事實上也是平等，但並非是對所有人而言，而是對彼此平等的人而言，不平等被認為（寡頭政治）是而且事實上也是公正的，不過也不是對所有人而是對彼此不平等的人而言。」另見：*Nicom. Eth.*, 1131b27, 1158b30 以下。

（三）在反對平等主義上，我同意康德的觀點，即一切道德的原則是「沒有人可以自覺比他人更有價值」。若一個人能不偏不倚地評斷自己，我認為這是唯一可接受的原則。因此對於卡特

573

林（Catlin, *Principle*, p. 314）的說法，我實在感到不解：「在康德的道德中，企圖將所有人置於同一個水平上，這是很不道德的事。他忽略了亞里士多德的理論，即是把平等給平等的人，把不平等給不平等的人。一個人不能像另一個人一樣擁有相同的社會權利……。作者不準備否認……有『血統』這東西存在。」現在我要問的是：如果在「血統」中有某個事物，或者諸如天賦的不平等，即使浪費時間去估定這些差異也是值得；或假設真能估算它們，那麼又如何把這些拿來作為要求更大權利、卻不負更多的責任的基礎呢？（見：第四章注31、注32正文。）我實在看不出康德的平等主義中有什麼「不道德」的地方？既然卡特林認為道德完全是品味的問題，我就不懂卡特林所謂的「道德」判斷是根據什麼？為什麼康德的「品味」就特別的低下？（這也是基督式的品味啊！）我所能想到的唯一回答是，卡特林是從他的實證主義觀點作判斷（見：第五章注18（2）），認為康德和基督教的主張牴觸了我們現實的道德評價，所以是不道德的。

（四）對這些反平等主義的最佳回答之一是盧梭。雖然我認為他的浪漫主義（見：本章注1）對於社會哲學危害甚巨，但他也是平等主義領域中少數傑出作者之一。我引述《論人類不平等的起源》（*Origin of Inequality*）（另見：*Social Contract*, p. 174），讀者注意其中意味深長的最後一句話：「我認為人類種族中有兩種不平等：一種是自然的或形體上的不平等，這是因自然而形成的，其中包括年齡、健康和體力的不同，以及在心靈或靈魂品質上的不同；另一種是道德的或政治的不平等，這是透過約定而形成的，或者至少是透過人的同意而形成的。後者包括各種不同的特權；這些特權是某些人所享受的……。諸如有的人更富有，更有權力……。要問自然的不平等的來源是什麼，是沒有什麼用處的，因為自然一詞的簡單界說，就對這個問題作了答覆。再者，**要探求這兩種不平等之間是否有任何本質性的關連，更是沒有用**；因為換句話說，這只是在問下命令的人是否必然比接受命令的人為優，或者是問身體、心靈、智慧、道德的力量……，是否一直與一個人所具有的權力或財富成比例；**這種問題或許適於奴隸要巴結主人時來談論，但對一個自由追求真理的、理性的人而言，這問題真是極不適宜的。**」

注21：見：*Republic*, 558c；本章注14（第一個段落攻擊民主的內容）。

注22：見：*Republic*, 433b。亞當雖也知道該段落旨在作為一個論證，因而企圖重建某論證（note to 433b11）；不過他認為「在柏拉圖的推理中，很少留下這麼多必須花腦筋填補的空檔」。

注23：*Republic*, 433e-434a。關於該段落其後的內容，見：本章注40正文；至於在〈國家篇〉前面的部分為它所作的鋪排問題，見：本章注6。亞當評論我所說的「第二論證」段落（notet to 433e35）說：「柏拉圖想在他自己的正義觀點和當時具司法審判意義的正義觀點之間找尋一個連接點……。」（見摘引在正文中下一節的內容。）亞當試圖為柏拉圖的論證辯護，以反對克洛恩（Krohn）的批評，克洛恩確看到其中有些錯誤，雖然所看到的並不十分明確。

注24：引自：*Republic*, 430d ff.。

注25：這種設計似乎是成功的，即使對康培茲這種敏銳的批評家亦然。在其簡短批評中（見：Gomperz, *Greek Thinkers*, Book V, II, 10; Germ. Edn, vol II, pp. 378/379），未能提到該論證的弱點；他

在評論前兩卷時（V, II, 5; p. 368）甚至說：「接下來的陳述真可說是充滿明晰、精確和純粹科學特質的奇蹟……。」加上柏拉圖對話錄中格老孔和阿德曼圖斯（Adeimantus）這兩位對話者：「他們受熱火般的熱情驅使……，拋棄並防止了一切膚淺的解決方式。」

關於我對「中庸」（節制）的評論（正文第二節），見：Davies and Vaughan, *Republic*, the Golden Treasury edition, p. xviii）：「中庸的本質是約束。政治的中庸本質在於承認**統治機構有權讓被統治者服從和順服**。」這點可以指出我對柏拉圖的節制觀念的解釋，是柏拉圖的追隨者所接受的（雖然用不同的語詞解釋）。我可以再說明的是，「節制」也就是安於其位，那是一種德行；雖然這是工匠唯一可能的德行，三個階級都應具有這個德行。因此，工匠或商人的德行就是節制（中庸）。戰士所的德行是節制和勇敢；國家護衛者的德行是節制、勇敢和智慧。

下一節的「冗長開場白」，見：*Republic*, 432b ff.。

574

注26：關於「集體主義」一詞，可以略作術語上的評論。威爾斯（H. G. Wells）的「集體主義」和我所說的集體主義無關。威爾斯是個人主義者（我所謂的個人主義），特別是他的《人的權利》（*Rights of Man*）以及《戰爭與和平的共識》（*Common Sense of War and Peace*），對於平等主義的個人主義的主張有令人信服的表述。不過他也相信，若要增進人類自由和個人福祉，政治制度的理性規劃是必要的；他稱之為「集體主義」。為了描述他的「集體主義」，我應該作如下的陳述：「為自由作合理的、制度上的規劃。」這個說法可能囉嗦和笨拙，但避免他被誤解為反個人主義的「集體主義」，這種解釋不僅在本書中經常使用，而且其他人也經常使用。

注27：*Laws*, 903c。第五章注35。在正文中提到的「開場白」，出自：*Laws*, 903b（「不過他需要……某些忠告，像咒語一樣使其行動。」）

注28：在〈國家篇〉及〈法篇〉有無數地方警告不受控制的團體利己主義，例如：*Republic*, 519e；本章注41。

關於把集體主義等同於利他主義的問題，我可以提一下薛林頓（Sherrington）適切提到的一個問題（*Man On His Nature*, p. 388）：「魚群與獸群是否有利他主義呢？」

注29：關於狄更斯對議會的誤解問題，見：第七章注23。

注30：見：Aristotle, *Politics*, III, 12, 1 (1282b)；本章注9及注20。另見：*Politics*, III, 9,3 (1280a)。大意是說，正義不僅適合事物也適合人。本節摘引的伯里克里斯的內容，見：本章注18正文及第十章注31。

注31：引自：*Republic*, 519e，另見：第五章注35正文。

注32：摘引自〈法篇〉中的重要內容，分別是：

（一）見：*Laws*, 739c ff.。柏拉圖明顯提到〈國家篇〉（*Republic*, 462a ff., 424a, 449e）。（在第五章注35中列出了集體主義和全體主義的相關段落。關於他的共產主義，見：第五章注29（2）以及其他地方。）在此摘引的段落，照例自畢達哥拉斯的格言開始：「朋友是共享一切。」見：注30及正文；另見：注34提到的「共餐」。

（二）見：*Laws*, 942a；見下一個註解。康培茲把這些視作反個人主義的內容（見：*op. cit.*,

vol. II, 406）。

注33：見：本章注42及正文。引自：*Laws*, 9042a。（見上一個註解）。

我們決不可忘記〈法篇〉和〈國家篇〉中的軍事教育是所有公民（有公民權的人）的義務教育（見：*Laws*, 753b），其他人如果不是奴隸就是工匠，所以不必受軍事教育（見：*Laws*, 741e, 743d；第十一章注4）。

耐人尋味的是，憎惡軍國主義的巴克爾（Barker）卻相信柏拉圖有類似的觀點（見：*Greek Political Theory*, 298-301）。當然，柏拉圖沒有歌頌戰爭，他甚至說反對戰爭。然而許多軍國主義者雖然嘴裡說要和平，實際上卻是要戰爭。而柏拉圖的國家是由軍人階級統治，由接受軍事訓練的聰明軍人統治。這個評論適用於〈法篇〉（753b）和〈國家篇〉。

575

注34：嚴格的餐食規定，特別是「共餐」，在柏拉圖的著作中佔了相當多的份量。例如：*Republic*, 416e, 458c, 547d/e；*Laws*, 625e, 633a（談到強迫性共餐是基於戰爭的觀點）；762b, 780-783, 806c, f., 839c, 842b。柏拉圖一直強調共餐的重要，共餐是克里特和斯巴達的習俗。有趣的是他的叔叔克里底亞也注重這些事情。（見：Diels2, Critias, fr. 33）。

關於摘引末尾提到「野獸」的無政府狀態問題，見：*Republic*, 563c。

注35：見：E. B. England, *Laws*, vol. I, p. 514 (note to 739b8 ff.)。巴克爾的引文見：*op. cit.*, pp.149, 148。在大部分柏拉圖信徒的著作中都可發現無數與此相同的內容。無論如何，薛林頓認為說魚群、獸群是受利他主義所致，那是不對的。動物天性和部落的利己主義以及天性或本能的訴求，不應和

無私混淆在一起。

注36：見：*Republic*, 424a, 449c; *Phaedrus*, 279c; *Laws*, 739c；見注32（1）（另見：*Lysis*, 207c）。關於這種原則和早期基督教和馬克思主義之間的關係，見第五章注29（2）。至於〈高爾吉亞篇〉中談到個人主義的正義和不義的理論問題，見：*Gorgias*, 468b ff., 508d/e。這些內容仍顯示出蘇格拉底的影響（見：第十章注56）。蘇格拉底的個人主義明白表示在好人應當自身完足的理論中；在〈國家篇〉（387d/e）也提到這種理論，雖然事實上這種理論抵觸〈國家篇〉的主要論題，也就是認為只有國家才能自身完足。（見：第五章注25、注26、注27。）

注37：見：*Republic*, 368b/c。

注38：特別見：*Republic*, 344a ff.。

注39：見：*Laws*, 923b。

注40：見：*Republic*, 434a-e（見：本章注6正文及注23，第四章注27（3）及注31）。

注41：見：*Republic*, 466b/c；*Laws*, 715b/c，批評反對全體主義的人誤用了階級特權。另見本章注2，第七章注25（4）。

注42：在此所提到的問題是「自由的弔詭」的問題；見：第七章注4。關於國家監督教育之問題，見：第七章注13。

注43：見：Aristotle, *Politics*, II, 9, 6 (1280a ff.)。見：Burke, *French Revolution* (1815), vol. 5, p. 184；喬韋特（Jowett）在評注亞里士多德的上述段落時也引述到（*Politics*, vol. II, 126）。

576

下一個引文見：*op.cit.*, III, 9, 8 (1280b)。

費爾德（Field）也有相同的批評（見：*Plato and His Contemporaries*, 117）：「城邦與城邦的法律會對其公民的道德特質產生教育的效果，這是毫無問題的。」然而，葛林（Green）明白指出（見：*Lectures on Political Obligation*），國家沒辦法用法律促進道德。他應該會同意下面的說法：「我們要把政治道德化，不是把道德政治化。」（見正文中末尾部分）斯賓諾沙（Spinoza）也預示了這種觀點（見：*Tractatus Theologico-Politicus*, chapter 20）：「任何想要以法律來規定一切事物的人，他所鼓舞的罪惡會遠甚於他所壓抑的罪惡。」

注44：我認為理解國內和平與國際和平、一般犯罪與國際犯罪兩者之間的相似性，對任何企圖控制國際犯罪來說，都是很重要的。關於這種相似性及其限制，以及在這類問題上歷史定論主義的貧乏等，見：第九章注7。

補註：認為國際和平的建立有理性方法可尋，那是烏托邦夢想，見：H. J. Morgenthau, *Scientific Man versus Power Politics*, 1947。總結說來，摩根索可以說是個失望的歷史定論主義者。他理解到歷史的預言是不可能的；不過因為他設定（例如馬克思主義者）理性（或科學方法）的應用領域是限定在可預測的領域內，他從歷史事件之不可預測推論出理性不可能應用到國際事務中。這種結論是不能成立的，因為科學的預測和歷史預言式的預測是不同的。（差不多除了太陽系的理論以外，自然科學不曾創造和歷史預言近似的東西。）社會科學的任務不是要預言發展的方向或趨向，這也不是自然科學的任務。「所謂**社會法則**和**自然法則**一樣，都在指出某種趨向；

至於何者是有助於『趨向』實現的條件，不論是自然科學或社會科學，都無法預言。它們所預言的不過是比較程度的或然率，亦即預言在某些條件的出現下，某種**趨向**可能會實現。」（p. 20）不過，自然科學不會預測趨向，只有歷史定論主義者才相信他們和社會科學的任務在此。這樣一來，理解這些目的是不可能實現的，就只有歷史定論主義者會失望了。我當然同意摩根索所說的話：「但是，有很多政治科學家宣稱他們能準確預測某些社會事件；事實上，他們是被錯覺愚弄了。」不過這只是指出應該拒斥歷史定論主義。然而，若設定拒斥歷史定論主義即意謂拒斥政治學中的理性主義，就又顯示出一種根本的歷史定論主義的偏見，認為歷史定論主義者的預言是任何理性的政治學之基礎。（在本書第一章，我說過這種觀點是歷史定論主義的主要特徵。）

摩根索嘲笑一切企圖將權力置於理性之下以及以理性去阻止戰爭的人，他認為這是源自根本不適於社會現象的理性主義和科學主義。不過，他顯然過度推論了。雖然根據摩根索的理論，基本的權力欲會阻礙國內秩序的建立，但事實上，已有很多國家建立了這種國內和平。當然他承認這些事實，但他未看到這會摧毀他的浪漫主張的理論基礎。

577

注45：摘引自：Aristotle, *Politics*, III, 9, 8 (1280)。

（一）我在正文中說「進一步……」，因為我相信在正文中提到的內容（*Politics*, III, 9, 6; 9, 12）可能代表著呂哥弗隆的觀點。我的理由是，從卷三第九章第六節至十二節，亞里士多德是在批評我所稱的保護主義（Aristotle, *Politics*, III, 9, 8），他直接說呂哥弗隆對於這理論有個清晰明白的說法。從亞里士多德其他有關呂哥弗隆的資料來看，若考慮呂哥弗隆的年紀，他雖然不是第一位，但至少是最早提倡保護主義的人士之一。因此我們可以推測對保護主義的整個攻擊（*Politics*, III, 9, 6; 9, 12）是在攻擊呂哥弗隆以及他各種不同形式但意義相同的保護主義。（必須一提的是，柏拉圖把保護主義當作一種「共同的觀點」，見：*Republic*, 385c。）

亞里士多德的種種反駁都在指出保護主義者的理論不足以維護地方和國邦的內部團結。他認為保護主義疏忽了國家是為美好的人生而存在的（亦即為有德行的地主、而不是為了沒有公民權的工匠），但奴隸和禽獸不能分享那種美好人生（III, 9, 6）。它也疏忽了「真正」國家的部落團結，「這種國家是家庭聚集的福祉社會，是完全自足的人生建立的社會……。是生活在同一個地方、彼此通婚的人們建立的社會。」

（二）關於呂哥弗隆的平等主義，見第五章注13。喬韋特說呂哥弗隆是個「含混的修辭學者」（見：*Aristotle's Politics*, II, 126）；然而亞里士多德的想法一定不同於此，在他現存的著作中，他至少六次提到呂哥弗隆（in *Pol., Rhet., Fragm., Metaph., Phys., Soph., El.*）。

說呂哥弗隆比他在高爾吉亞學派的同僚阿爾西達馬斯年輕得多，那是不太可能的。因為如果他的平等主義是在阿爾西達馬斯繼承高爾吉亞成為該學派的領袖以後才被大家所知，那麼他的平等主義就不會引起那樣多的注意。呂哥弗隆在知識論上的興趣也是如此，因為這可能是使他成為高爾吉亞早期學生的原因，亦即在高爾吉亞集中全力研究修辭學之前。當然由於資料的缺乏，任何對呂哥弗隆的說法都只是可能的臆測。

注46：見：Barker, *Greek Political Theory*, I, p. 160；關於休謨對歷史定論主義契約論的批評，見：第四章注43。至於巴克爾進一步的主張說（p. 161），柏拉圖的正義、和契約論對立的正義，並非「某種外在的事物」，而是靈魂的內在事物。我要提醒讀者的是，柏拉圖時常建議以嚴刑重罰伸張正義，也不時提到「說服與強迫並用」的方法（見：第八章注5、注10及注18）。另一方面，若干現代民主國家已經經驗到，更自由而溫和的社會並不一定會增加犯罪率。對巴克爾認為呂哥弗隆為契約論的首倡者，我對於這個觀點的評論，另見：*op.cit.*, p. 63：「普羅泰戈拉並未先於辯士呂哥弗隆主張契約理論。」（見：第五章注27正文）。

注47：見：*Gorgias*, 483b ff.。

注48：見：*Gorgias*, 488e-489b；另見：527b。從蘇格拉底在此回答卡利克勒的方式來看，似乎，歷史上的蘇格拉底可能如是反駁類似品達的生物自然主義論證：如果強者應該統治是很自然的事，那麼平等地治理也是自然的事，因為眾人的力量主張平等治理（因為眾人治理已為事實）。換句話說，他可能指出自然主義主張是空洞而曖昧的。他的成就也可能鼓舞了柏拉圖提出自己對於自然主義的看法。我看不出有任何理由要蘇格拉底後來評論「幾何學的平等」（508a）解釋為必然反對平等主義的，亦即何以要把它解釋成和〈法篇〉（*Laws*,744b ff., 757a-e）所說的「比例的平等」同義（見：本章注9及注20（1））。這是亞當（note to *Republic*, 558c15）的說法。不過在這種說法中也許對〈高爾吉亞篇〉（508a）的「幾何的平等」提供了某種事實，它似乎暗示了畢達哥拉斯的影響（見：

第十章注56（6）；另見：note to *Cratylus*），並暗示了「幾何的比例」。

注49：見：*Republic*, 358e。在358c中，格老孔否定了其根源。在讀這段時，讀者的注意力很容易被「自然與約定」的問題所迷惑。「自然與約定」在該段落以及卡利克勒在〈高爾吉亞篇〉的演講中都扮演了重要的角色。不過，柏拉圖在〈國家篇〉主要關心的不在打敗約定主義，而在駁斥合理的保護主義方法，認為那些方法是自私的。（約定主義者的契約理論不是柏拉圖的主要敵人，見：第五章注27至注28及正文。）

注50：如果比較柏拉圖在〈國家篇〉以及〈高爾吉亞篇〉中關於保護主義的討論，則會發現兩者實為同一個理論，不過〈國家篇〉中對平等著墨極少罷了，倒是稍微提到了平等（*Republic*, 359c）：「自然……，因約定的法律而被扭曲、且被迫要尊重平等。」這個評論和卡利克勒講詞更加相似。（見：*Gorgias*, 483c/d。）不過，柏拉圖立即就此捨棄對於平等的討論，這種態度迥然不同於〈高爾吉亞篇〉，這只不過更顯示出他在痛苦地迴避這個問題。他轉而描述犬儒的利己主義，認為這是保護主義的唯一源泉（關於柏拉圖對於平等主義的保持沉默，見：本章注14及正文）。泰勒（A. E. Taylor, *Plato: The Man and His Work* (1962), p. 268）認為卡利克勒是從「自然」出發，格老孔則是從「約定」出發。

注51：見：*Republic*, 359a。在正文中提到的是：359b, 360d ff.；另見：358c。關於「再三講述」（Rubbing in），見359a-362c/367e。在人人文庫版的〈國家篇〉中，柏拉圖用了九頁篇幅描述保護主義的虛無主義傾向，顯示他對這個問題的重視。（*Laws*, 890a也有相似內容。）

579

注52：當格老孔說完他的意見以後，阿德曼圖斯接著發言（以極有趣而中肯的挑戰，對著蘇格拉底批評功利主義），不過是在蘇氏讚美格老孔之後（362d）。阿德曼圖斯修正格老孔的發言，一再重申他的保護主義是來自塞拉西馬柯的虛無主義（見：367a）。阿德曼圖斯說完以後由蘇格拉底接著發言，他盛讚格老孔和阿德曼圖斯，說他們對正義的信仰難以動搖，雖然他們對於不義的辯護相當精采，他們說只要能逃避制裁，作惡也是一件好事。在讚美格老孔和阿德曼圖斯的論證以後，「蘇格拉底」（實即柏拉圖）暗示說這些論證就是對於所討論的觀點的公正說明；同時他終於說出自己的理論，不是要修正格老孔的說法，而是要強調（和保護主義者的意見相反）正義是好的，不義是罪惡。（不要忘記柏拉圖的攻擊不在直接攻擊契約理論，而只在攻擊保護主義。見：本章注49）因為不久柏拉圖自己也採用了契約理論，至少部分採用了契約理論（見：*Republic*, 369b-c；第五章注29正文）；其中包括「群居」理論，因為「每個人都希望以此方式來促進自己的利益」。）

值得一提的是，本段落的高潮在於本章注37之正文中所引的蘇格拉底那段感人的評論。它指出柏拉圖的攻擊保護主義只是要把它當作不道德的、利己主義的邪惡形式。

最後，在評斷柏拉圖的過程中，我們不可忘記柏拉圖喜歡反駁修辭和詭辯之類的事情；他也攻擊「辯士」，才使得這個語詞有壞的聯想。因此當他用修辭和詭辯來替代論證時，我相信我們有充分理由來批評他（見：第八章注10）。

注53：亞當和巴克爾可以說是柏拉圖信徒的代表；亞當認為格老孔復辟了塞拉西馬柯的理論（note

to 358e ff.），同時認為「塞拉西馬柯的理論就是後來格老孔所陳述的那種理論」（note to 373a ff.）。巴克爾認為我所說的保護主義（他稱為「實用主義」）和「塞拉西馬柯的精神相同」（見：*op. cit.*, p. 159）。

注54：偉大的懷疑論者卡尼亞德斯（Carneades）相信柏拉圖所說的，見：Cicero, *De Republica*, III, 8; 13; 23。在該處原封不動地陳述格老孔的說法，而卡尼亞德斯即是採用了該理論。（見第十章注65正文以及注66、注56。）

就這方面來說，我可以表示一下我的意見。令人欣慰的是，反人道主義一直不得不訴諸人道主義的情操；他們一直要說服我們相信他們是真誠的。這指出他們很清楚這些情操深植人心，許多人都是如此善良、坦誠而天真，而沒有那麼邪惡，但是他們很容易相信那些無恥的「好人」的話，說他們都是卑鄙的、物質主義的利己主義者，只求「像野獸般填飽肚子」。

第七章

領袖的原理

智者治人，愚者治於人。

——柏拉圖

114 有些人反對我們對於柏拉圖政治方案的解釋[1]，使我們不得不進一步探討他的政治方案裡的若干道德觀念：正義、善、美、智慧、真理、幸福等。本章和以下兩章要繼續分析這方面的問題，至於「智慧」在柏拉圖政治學中的意義，則見下一章討論。

我們都知道，柏拉圖的正義觀念基本上是主張天生的統治者統治人，天生的奴隸就要被人奴役。為了防止任何變動，國家應該是理型或是它的「本性」的摹本，這是歷史定論主義者的部分主張。這種正義理論充分顯示柏拉圖認為政治的基本問題在於：應該由誰來統治國家？

1

我相信，「該由誰統治」或「以誰的意願為尊」這種形式的政治問題，使得柏拉圖在政治哲學中攪亂了一池春水。這個混亂其實極其類似他在道德哲學中把集體主義等同於利他主義所造成的混亂（見上一章）。顯然，一旦我們問「該由誰統治」的問題，就很難不回答說：115 「最好的人」、「最聰明的人」、「天生的統治者」、「善於治理的人」（或者是「共同意志」、「統治者民族」、「工人階級」、「人民」）。不過這種回答雖然看似有說服力（誰會說該由「最差的」、「最笨的」或「天生的奴才」來統治？），但我會指出它們其實沒什麼用。

首先，這種回答會使我們相信某些政治理論的基本問題已經解決。但是如果我們從不同的角度來看，就會發現沒有解決任何根本問題，只是把「該由誰統治」的問題視為政治的根本問題，而跳過所有其他問題。因為，即使採用柏拉圖看法的人也會承認，統治者不會永遠是「善良」或「聰明」的（我們不必擔心這些名詞的精確定義）。同時，要找到絕對「善良」和「聰明」的政府，也殊非易事。如果承認這點的話，我們就必須問：政治思想是否不應該一開始就面對壞政府的可能性問題。我們是否不應該防範壞的政府而期待好的政府？不過這就導致處理政治問題的新途徑，因為它迫使我們以新的問題來代替「該由誰統治」的問題，這個問題便是：我們如何建構一個使壞的或無能的統治者不致於為害更大的政治體制？[2]

那些相信「該由誰統治」的問題是政治的根本問題的人，默認了政治權力「本質上」是不受控制的。他們認為有些人天生應該擁有權力，例如某個人或諸如階級的集體組織。他們也認定擁有權力的人幾乎可以為所欲為，特別是擴張自己的權力到了近乎無限或不受制衡的地步。他們認為政治權力本質上就是擁有主權。如果我們接受這些假定，那麼「誰應該擁有主權」的確是唯一重要的問題了。

我會把這種假定稱為「不受限制的主權理論」（theory of unchecked sovereignty），這種說法並不是要用來稱呼某種特殊的「主權論」，如布丹（Bodin）、盧梭（Rousseau）和黑格爾等人，而是要指稱更一般化的假設，認為政治權力實際上是不受限制的；這種假設暗示著接下來的主要問題就是「如何把權力交到最好的人手裡」。柏拉圖的理論蘊含著這種主權論，並一直讓這種理論扮演重要的角色。近代的一些學人也默認這種理論，他們相信主要的問題是：誰該指導國家？是工人還是資本家？

116 在詳細批評以前，我想舉一些對於不假思索就接受該理論所作的嚴厲批評。不管這個理論有什麼思辨價值，它無疑是個極為不切實際的假設，沒有任何政治權力是不受限制的；只要我們還是凡人（只要所謂「美麗的新世界」尚未實現），就不可能有絕對而沒有拘束的權力。只要一個人不能具足力量去支配所有其他人，他就必須依賴其他人的幫助。即使最有權力的暴君，也要依賴他的祕密警察、親信和劊子手。這意味著他的權力不論多麼大，都不是沒有限制的，他必須做某些讓步，唆使某個團體對抗另一個團體。這就意味著除了他自己的政治權力外，還有其他政治權力，他必須安撫和利用這些力量，才能遂行他的統治。這就指出即使最極端的主權，也不是至高無上的。從來沒有人可以不必犧牲他的若干意願和權力去拉攏他無法支配的力量，就能直接成就他的願望；團體亦然。在許多情況中，權力的限制往往超過我們在此所說的。

我強調這些經驗的面向，並不是要用它們作為論證，而只在避免某些反對意見。我認為，每個主權理論都沒有面對更根本的問題，那就是：我們是否要致力尋求一種體制來約束統治者，使其權力制衡於其他權力。這種「制衡理論」（theory of checks and balance）是值得我們仔細考慮的。就我所知，對這種主張唯一可能的反對是：（一）這種控制實際上不可能；或（二）這**本質上**是無法想像的，因為政治權力**本質上**就是主權[3]。我相信這些武斷的反對是可以就事實去駁斥的；我們也可以就事實去駁斥許多其他有影響力的觀點（例如「一個階級的獨裁的替代選項就是另一個階級的獨裁」的理論）。

為了提出「以體制去控制統治者」的問題，我們除了認定政府並不永遠是善良或聰明的以外，並不做其他更多的假定。但是因為我已經談到若干歷史事實，所以必須承認我想略為踰越這個假定。我認為統治者不論在道德或認知上都不比一般人高明到哪裡去，有時甚至更低下。同時，我們當然致力追求好的政治，但也要為最差的政治做準備，我想這是相當合理的原則。讓所有的政治努力完全取決一個最善良、最有能力的統治者，在我看來，這個渺茫的希望真是瘋狂。雖然我對這個問題感同身受，但我必須再三強調，我對這個「主權論」的批評，並不是奠基於個人的意見。

117

除了個人的意見以及上述反對一般主權理論的經驗論證，另外還有一種邏輯上的論證，可以用來指出任何特殊的主權理論的不一致性；更精確地說，邏輯的論證可以提供不同卻類似的形式，去駁斥應該由最聰明的人去統治，或者是以最好的理論、法律或多數人去治理。這種邏輯論證有個特殊形式，用來反駁一種太天真的自由主義，它主張由民主或多數人統治的原則。這種論證類似大家所知的「自由的弔詭」（paradox of freedom），柏拉圖是第一位使用自由的弔詭的人。在柏拉圖批評民主以及談到僭主的誕生時，他隱約提出下面的問題：民眾會不會認為不應由他們自己來治理，而應該由一個僭主來統治他們呢？柏拉圖指出，自由人可能濫用他的絕對自由，首先蔑視法律，最後根本就蔑視自由自身，終至要求由僭主統治[4]。這種可能性並不牽強，歷史上多次發生這種情形：每次都使所有民主人士的理智瀕臨無助的地步；因為他們的政治信條的終極基礎是多數人統治或類似的原則。他們的原則會使他們反對除了多數人統治以外的任何其他統治形式，因此也會反對新的專制統治；另一方面，他們的原則也主張接受由大多數人形成的決定，因此就產生依據多數人的意見而接受專制統治的情況。這種不一致的理論當然會癱瘓他們的行動[5]。所以我們這些主張使用體制、由被統治者來控制統治者的民主人士，特別是主張由大多數人投票來廢除政府權力的人，就必須把這種主張建立在更好的基礎上，而不是建立在自相矛盾的主權理論上（本章下一節會略加指出其可能性）。

我們已經看到柏拉圖幾乎要發現了民主和自由的矛盾。但柏拉圖及其信徒忽略了：所有其他形式的主權理論都有這種不一致。所有主權理論都是矛盾的。例如說，我們可以選擇「最聰明的人」或「最善良的人」為統治者。但「最聰明的」人根據其智慧，或許會認為應該由「最善良的人」來統治；而由於「最善良的」人的善良，他可能決定應該由「大多數人」統治。我們要注意，即使主張「依法而治」的主權理論形式也無法免於這類的反駁。事實上，

118

這點很早就被看出來了，赫拉克里圖斯就指出：「法律也可要求所有的人服從某一個人的意志。」[6]

總結這些簡短的評論，我相信我們可以斷言，無論在經驗或邏輯上，「主權論」的立場都很脆弱。我們至少得要求，在未經仔細考慮其他可能性之前，絕不接受這種主張。

2

事實上，要發展一種免於主權論的矛盾的民主控制理論並非難事。我所想像的那種理論並不是認為多數人統治在本質上就是善的、正義的，而是基於專制是邪惡的。或更精確地說，它依賴的是決策、或者政策的抉擇，來避免和抵制專制。

因為我們可以分辨政府的兩種主要型態；第一種型態的政府是，我們可以不流血就換掉它，例如普遍選舉，也就是說由社會制度提供一些方法，藉這些方法被統治者就可以解雇統治者，同時社會的許多傳統能保障這些制度不容易被在位的人摧毀[7]；第二種型態的政府則是，除了革命以外無法更換統治者。我所用的「民主」一詞即為第一種型態政府的速記符號，「專制」或「獨裁」則為第二種政府型態的速記符號。我相信這很符合傳統的使用法。但我希望讀者能明白，我的論證沒有絲毫是依賴這兩個「符號」本身。如果有任何人要反過來使

119

用的話（今天常有人這樣使用），那麼我要說我贊成他所說的「專制」，反對他所說的「民主」。同時，我也拒絕任何企圖探討「民主」一詞的「根本」或「本質」意義的行為，我認為這些是不相干的；例如把民主一詞譯成「人民的統治」。（因為雖然「人民」可用罷免的威脅來影響統治者的行動，但是從任何具體而實際的意義來說，他們從來不曾治理過自己。）

如果我們使用上述兩種速記符號，則現在可以說，創造、開展且保護種種避免專制的政治制度，就是民主政策的原則。這種原則並不蘊含著我們一直會開展出無誤的、安全無比的政治制度，也不保證民主政府採用的政策都是對的、好的或聰明的——或一定比一個仁慈的專制政府的政策更好、更聰明（既然我們不做這些假設，那麼民主中的矛盾自然可以避免了）。但是我們可以說，這個民主原則蘊涵著我們相信，在民主中採用的政策，即使是壞的（只要我們能運用和平的改變方法），也比起任何聰明或仁慈的專制政府可取得多。從這點來看，民主的理論不是建立在多數人統治的原則之上，而是以民主制衡的各種平等主義方法為基礎，諸如普遍選舉、代議政府——這些都是千錘百鍊的方法；並且在普遍不信任專制的傳統中，證明可以有效阻止專制，它們都能不斷改進，甚至還有自我修正的方法。

接受這種意義的民主原則的人，並不一定要把民主的投票結果當作決定是非的權威表現。為了遂行民主制度，他雖然可以接受大多數人的決定，但透過民主方法，他可以和大多數人的決定抗爭，為修正大多數人的決定而努力。如果看到多數的投票破壞了民主的制度，則這種可悲的經驗只不過告訴他，並沒有一種極其簡單的方法來避免專制。但這並不會削弱他反抗專制的決定，也不表示他的理論是不一致的。

3

再回到柏拉圖的時代，我們看到由於他強調「該由誰統治」的問題，他暗地裡假定了前述的一般主權論。關於以制度去約束統治者、制衡統治者的權力問題，柏拉圖則是隻字未提而省略掉了。他的興趣從制度轉移到人選的問題上，現在最迫切的問題成為選擇天生的領袖以及訓練他們以便領導國家。

從這種事實來看，有些人便認為在柏拉圖的理論中，國家的福祉根本是個倫理的和精神的問題，依賴於個人和個人的責任，而不是依賴無關個人的體制。我相信這個對於柏拉圖主義的觀點是很膚淺的。「任何長期的政治都得依賴制度。」這是沒有迴避餘地的，即使柏拉圖也是如此。這種領袖的原理並沒有人選的問題代替體制的問題，它只是造成了另一個體制問題；我們會看到這麼做甚至會使體制捉襟見肘；例如，**如何選擇未來的領導者的問題**。[120]因此，認為平衡理論和主權理論之間的對立，相當於制度主義（institutionalism）和人治主義（personalism）之間的對立，那是錯誤的想法。柏拉圖的領袖原理絕不是純粹的人治主義，更涉及到體制的問題。事實上，我們可以說，政治上純粹的人治主義是不可能的。但我們也必須說，單單由制度決定政治問題的制度主義也不可能。這不僅因為制度的建立包含重要的個人決定，更因為制度的功能，即如最好的體制（民主制衡），大抵上也都要依賴相關的當事人；制度就像軍事要塞一樣，必須善加設計和配置適當的人員。

批評民主的人士，常常忽略了在社會情境中區分體制和個人這兩個元素。他們對於民主制度的不滿，大部分是因為他們認為民主制度不一定能防止國家或政策無法滿足若干道德標準和政治主張，這些標準和主張不僅是可貴的，更是必要的。不過這些批評搞錯了攻擊的方向；他們不理解民主的制度可以做到什麼，而不同於民主的其他制度又能做些什麼。民主（基於上述速記符號的意義）為政治制度的改革提供了一個體制架構，它使非暴力的體制改革成為可能，讓我們可以透過理性去設計新制度以修正舊制度。民主並不能提供理性。民主制度下的人民的知識和道德標準問題，大部分是個人的問題（我不認為可以由體制上的優生學以及教育來解決這個問題；下面會指出我的理由）。只因為民主國家的政治缺點就去譴責民主，那是引喻失義的。應該譴責的是我們自己，也就是譴責那個民主國家的人。在非民主的國家裡，以暴力推翻政府，接著導入民主架構，那是合理改革的唯一途徑。以任何「道德」基礎上去批評民主的人，他們沒有辦法區分個人和體制之間的問題；民主還是得靠我們自己去澄清天下。民主裡的制度並不會自己去改善。它們的改進問題永遠是要由**個人**負責，而不是「制度」。但如果我們要改進制度，就必須先弄明白我們要改進的是什麼樣的**制度**。

在政治問題的領域中，還有一種區分和制度以及個人之間的區別相互呼應，那就是當下的問題和未來的問題的區分。雖然當下的問題大部分屬於個人的問題，但打造未來則必然是[121]制度的問題。如果從「該由誰統治」這個進路來處理政治問題，並接受柏拉圖所謂「應該由最好的人來統治」的領袖原理，那麼關於未來的問題就必定是如何設計一種遴選未來領袖的制度。

這是柏拉圖的教育理論中最重要的問題之一。在探討這問題時，我堅信由於柏拉圖把教育和他的領袖理論混為一談，而徹底敗壞且混淆了教育的理論和實務。相較於在探討倫理學時把集體主義等同於利他主義，在探討政治理論時導入主權理論，這個做法危害更大。柏拉圖認為教育的任務（更精確地說，是教育體制的任務）在於揀選未來的領袖，訓練他們如何統理大眾，現在仍有許多人相信這種理論。要制度擔負超出其範圍的任務，這個可悲的狀況，柏拉圖是要負部分責任的。但是在全面探討他的教育任務的觀點之前，我想要仔細討論他的領袖原理：也就是智者的領導。

4

我認為柏拉圖的領袖原理中大部分的元素是受到蘇格拉底的影響。蘇格拉底的道德主知主義（**moral intellectualism**）是他的基本學說之一。我所理解的是：一、他把善等同於智慧，認為人的行為不會違反自己更好的知識，一切道德錯誤都是由於知識不足的緣故；二、他認為道德上的卓越是可以教導的；而且除了人類普遍具有的認知能力外，並不必假定什麼特殊的道德天賦。

蘇格拉底是個衛道人士和狂熱份子。任何形式的政府只要有缺點，他都會大加撻伐（事實上，雖然只有在民主體制下才有可能去批評，但這種批評對任何政府都是必要且有益的）。但他也承認服從國家法律的重要性。蘇格拉底一生大部分是生活在民主政體下；身為優秀的民主人士，他覺得有責任揭露當時若干民主領袖的無能和空論。他也反對任何形式的專制；如果我們考慮他在「三十僭主」時期的勇敢行為，我們實在沒有理由認定他是基於反民主的 122 傾向才去批評民主領袖的[8]。他不是不可能像柏拉圖一樣，主張由最好的人來統治，這個最好的人，依據他的觀點，應該是指最有智慧或認識正義是什麼的人。但我們必須記住，他所說的正義是平等主義的正義（如前一章的〈高爾吉亞篇〉引文），而且蘇格拉底不僅是個平等主義者，也是個人主義者，甚至可能是所有時代中最偉大的個人主義倫理學使徒。我們也必須理解到，如果蘇格拉底主張應該最有智慧的人來統治，他所強的智慧，並不是指博學多聞；事實上，對於所有專業的博學之士，不論是過去的哲學家或當時的辯士，他都是存疑的。他所謂的智慧和別人所說的不同。在他看來，智慧只是意味著一種體認：認識到自己所知貧乏！他說，沒有理解到這點的人，就是一無所知。（這是真正的科學精神。就像柏拉圖把自己塑造成博學的畢達哥拉斯式的賢人一般[9]，有些人仍然以為蘇格拉底的不可知論態度是由於當時缺少科學成就，但這僅是顯示他們不理解這種精神，仍然堅持先蘇時期對於科學及科學家的巫術態度，在他們眼中，科學家宛若尊貴的巫師，既有智慧又博學，而且擁有祕傳知識。他們以蘇格拉底的科學知識來評斷蘇格拉底，而不以蘇格拉底的無知之知去衡量他的科學水平和知識誠實。）

我們要知道，蘇格拉底這種主知主義其實就是平等主義的，他相信有教無類。在柏拉圖〈美諾篇〉（Meno）中，我們看到他對一個年輕的僕人教導現在所謂的畢達哥拉斯定理，而企圖說明沒有受教育的僕人也有能力把握抽象事物[10]。他的主知主義也是反威權主義的。依據蘇氏的說法，一種專門技藝，例如修辭學，也許可以由專家照本宣科地教授；但真正的知識，如智慧和德行，就只有由一種教授方法，他稱之為「助產術」。如果有人求知若渴，那就幫助他們脫離偏見，讓他們學習自我批判，並且理解到真理並不是一蹴可幾的。但是他也可以學到果斷而批判性地信賴自己的決定和洞察力。從這種教導來看，我們清楚理解到蘇格拉底的主張（如果他確曾提出這些主張的話）應該由最好的人，也就是有知識而誠實的人，去統治，迥異於威權主義者的主張由最博學的人、或者貴族的主張由最高貴的人統治（蘇格拉底相信即使勇敢也是智慧，我想這可以解釋他為什麼直接批評貴族天生就是英雄的理論）。

123

不過蘇格拉底這種道德主知主義是一種兩面刃。它有平等主義和民主的面向，後來由安提西尼闡述這方面的思想。但是它的另一面向則導致強烈的反民主傾向。由於強調啟蒙和教育的必要性，很容易被曲解為主張**威權主義**。這點似乎和極度困擾著蘇格拉底的另一個問題有關，也就是：那些沒有受足夠教育的人，以致於無法自知其缺點的人，正是最需要教育的人。只要有志於學，就足以證明擁有智慧；事實上，這就是蘇格拉底所謂「智慧」的全部內容。如此一來，沒有受過教育的人，似乎需要權威去喚醒他，因為我們不能期望他能夠自我批判。不過蘇氏強調這種威權主義不得超過前述的範圍，也唯有自我批判才能使威權主義得到平衡。只有讓缺少教育的人學會自我批判，才是真正的老師。「無論什麼權威，我只知道我所知貧乏。」這就是蘇格拉底教人避免武斷的方法。他相信這種教育的使命也是政治的使命。他認為城邦的政治清明在於教導人民自我批判。就這層意義來說，他宣稱自己是「當時唯一的政治家」[11]，以反對那些只知討好群眾而不思增進群眾真正利益的政客。

蘇格拉底把教育等同於政治活動，很容易被曲解成柏拉圖和亞里士多德的主張，也就是

124

國家應該照顧人民的道德生活；也很容易被轉化成一種危險的說詞：任何民主監控都是不道德的。因為那些從事教育的人，怎麼能由沒有受教育的人來審判呢？更好的人怎麼能由更差的人監控呢？不過，這種論證當然完全不像是蘇格拉底的風格。它假定聰明和博學之士最有權威，而且這權威超過了蘇格拉底為人師表自知所學有限的謙虛典範。事實上，在這些事務中，國家的權威往往和蘇格拉底的目標背道而馳。它很容易產生獨斷的自滿自足以及嚴重的知識大頭症，而不會渴望批判性的自省和進步。這種危險往往被人視若無睹，但是我認為有強調它的必要。即使是深入理解蘇格拉底的真正精神的作家克羅斯曼，也同意柏拉圖對於雅典的第三種批評觀點[12]：「**教育應該是國家的主要責任**，卻任人恣意妄為……。這又是一件必得交付予誠實而正直的人的任務。任何國家的未來都倚賴年輕的下一代，如果任由個人嗜好及環境去塑造幼童的心靈，那真是瘋狂的事。對於教師、校長、雄辯的演說家等，國家如果也採取放任政策，也同樣會帶來災禍。」[13]不過克羅斯曼以及柏拉圖所批評的雅典政府的放任政策，對於幫助某些雄辯的演說家的教學，特別是最偉大的蘇格拉底本人，產生了難以評估的後果。當雅典政府放棄了這種政策，其結果就是蘇格拉底的死亡。這點應該能告訴我們，國家監控教育事務是危險的。而對於「公認正直的人」的渴望，這可能導致壓迫最好的教育家（英國哲學家羅素近年遭受的壓迫即為明證）。但就教育的基本政策來說，有個根深柢固的偏見，認為教育不是自由放任，就是由政府全面監控。我深信，政府是有責任要人民接受教育，使他們參與社會生活，利用各種機會來開展他們的特殊興趣和天賦。如同克羅斯曼強調的，國家應該幫助無力負擔高等教育的人。我相信這點是政府的保護功能。但是如果主張說「任何國家的未來都倚賴年輕的下一代，如果任由個人嗜好及環境去塑造幼童的心靈，那真是瘋狂的事」，我認為是為極權主義大開方便之門。我們不可以為了國家的利益而任意危害所有自由中最寶貴的自由：知識的自由（學術自由）。雖然我並不鼓吹「對於老師和校長的自由放任」，但我相信這種政策絕對比以下威權主義的政策要好得多：威權主義的教育政策充分授權政府官員去塑造人的心靈、控制科學教育，由國家支持所謂專家的可疑權威，就像時下流行的把科學當作權威理論去教授，因而傷害了科學，破壞科學研究的精神，那是一種追求真理而不是自認為擁有真理的精神。

我指出了蘇格拉底的主知主義基本上是平等主義和個人主義的，由於蘇格拉底在知識上的謙虛和他的科學態度，把其中的威權主義元素限縮到最低程度。柏拉圖的主知主義則完全不同。〈國家篇〉裡柏拉圖式的「蘇格拉底」，十足是個極權主義者（即使他的自嘲，也不

125

是因為理解到自己的限度，而是以反諷的方式去證明自己的優越[14]）。他的教育目標不是喚醒自我的批判以及一般性的批判思想，而是要教化或塑造人的頭腦和心靈；我們回頭再看一次〈法篇〉的一段話[15]：「任何武士無論在遊戲中還是在正式場合都不能按自己的意願自行其是。」蘇格拉底偉大的平等主義及自由的觀念，也就是可以和奴隸說理、人與人之間可以

有知識上的溝通，亦即以「理性」作為相互理解的媒介，現在卻被柏拉圖主張統治階級的壟斷教育取代了，更加上密不透風的審查制度，即使言詞辯論也要監控。

蘇格拉底強調自己不是智者，他沒有擁有真理，而是個追求真理、探索真理、愛好真理的人。他稱之為「哲學家」：意指愛智、追求智慧的人，而和辯士正好相反。如果他主張由哲學家治國，唯一的意義應該是說，主政者的責任要更大；他們應該追求真理，理解自己所知有限。

柏拉圖如何翻轉這個理論呢？乍看下，柏拉圖仍然主張應由哲學家主政，所以這理論似乎沒什麼改變；尤其是他和蘇格拉底一樣，也把哲學家定義為「愛好真理者」。不過柏拉圖的改變其實是極大的。他的真理愛好者不再是溫和的追求真理者，而是真理的擁有者、受過訓練的辯證學家、能夠直觀真理、照見真理、和永恆而至上的理型往來，而高高在眾人之上的人，即使「不是神，至少也很像了」[16]。柏拉圖理想的哲學家是全知全能的；他自己就是「哲人王」。我認為他們兩人對於哲學家的定義可以說天差地遠。他們完全是兩個不同的世界，一是謙虛而理性的個人主義者，另一個則是極權主義的半人半神。

柏拉圖主張應該由智者（聰明的人）治理國家，他們是擁有真理、完全合格的哲學家；這樣當然就產生了揀選和教育統治者的問題[17]。在單純的人治主義理論（和制度主義的理論相反）裡，這個問題的解答很簡單，有智慧的統治者會以其智慧聰明地選出最好的繼位者。

126

然而這種解決之道是不太令人滿意的。它太過依賴無法控制的環境了。只要有什麼偶然事件，就可能破壞國家未來的穩定。但是如果要控制環境，預測未來會發生什麼事，就可能必須放棄單純的人治主義途徑，而以制度代替個人。如前所述，如果要為了未來作規劃，很少不會導向制度主義的。

5

柏拉圖那個必須揀選國家未來領袖的機構，我們不妨稱為國家的教育部。單從政治觀點來看，在柏拉圖的社會裡，它是最重要的機構。它掌握了權力的鑰匙。由此可見，統治者至少必須直接掌握高等教育。但除了這個理由外，還有其他理由，尤其是如同克羅斯曼所說的，只有「專家……或公認正直的人」，或柏拉圖所謂的智者，也就是統治者自己，才有資格教授未來賢人，授以種種更高深的智慧奧祕，尤其是辯證學（dialectics），那是一種知性直觀的技藝，觀照神聖的原型，亦即觀照理型，揭開人們日常表象世界背後的大奧祕。

關於這種最高等的教育，柏拉圖有什麼制度方面的主張呢？他的主張相當令人嘆為觀止。他說只有渡過人生黃金時期的人才能接受最高等的教育。「當他們的體力轉衰，過了從事政治和軍務的年齡時……那麼我們應當給他們機會，讓他們逍遙自在，不再讓他們承擔繁重的工作，而只讓他們從事哲學研究……。」[18]亦即最高的辯證研究領域。柏拉圖的這個令人驚訝的規定，其原因昭然若揭。他畏懼思想的力量。「一切偉大的事業都有風險」是他的說明[19]，他承認害怕人在年老之前，哲學思想對於腦袋的可能影響（所有這些都是藉由蘇格拉底說出來的，但是蘇格拉底本人卻為了爭取和青年自由討論的權利而犧牲自己）。如果我們記得柏拉圖的基本目的是防止政治上的變動的話，那麼柏拉圖會有這種態度也就可想而知了。上層階級的年輕人必須四處征戰。當他們因為太老了而無法獨立思考時，他們就要成為教條的學生，被灌輸智慧和權威，以成為賢人，把智慧（集體主義和威權主義的學說）傳給下一代。

有趣的是：在其後更加繁複的段落裡，為了替統治者搽脂抹粉，柏拉圖修正了他的建議。127 現在他容許未來的賢人在三十歲時就為了研究辯證法做許多預備性功課；他當然強調「必須嚴肅認真起來」以及「不順從的危險，『不順從』使得許多辯證學家敗壞」[20]。同時柏拉圖要求學習辯證法的人「必須具有適度和穩定的品格」。這種改變當然使畫面明亮起來。但基本的傾向仍是一樣的，因為在這個段落之後，他說未來的領袖在五十歲左右通過各種試驗和誘惑以前，不可以從事更高的哲學研究，也就是不可以討論善的本質。

這些都是〈國家篇〉的說法。在〈巴門尼德篇〉中似乎也有類似的學說，在那裡，蘇格拉底被描寫成頭角崢嶸而且對於純粹哲學浸淫甚深的青年，但是在被問及關於理型論的深奧問題時，他就啞口無言了[21]。於是，年老的巴門尼德就呵斥蘇格拉底說，在還不嫻熟抽象思考的技術之前，不宜躐等進入更高的哲學研究領域。在此，我們似乎聽到了柏拉圖對於學生的回答，他們要求柏拉圖啟蒙他們，但柏拉圖認為他們的心智還沒有成熟。柏拉圖說：即使像蘇格拉底，也曾經由於太年輕而無法研究辯證法呢！

柏拉圖為什麼不願意讓他的未來領袖們具有創意和主動精神呢？我想理由很明白。他憎惡任何變動，不想看到任何更弦易轍的必要。不過對柏拉圖的態度而言，這種解釋還不夠深入。事實上，我們在此看到了領袖原理的基本困難。揀選或教育未來領袖是自相矛盾的。在體格方面某個程度上的優越，也許可解決這個問題。體格的優勢和勇敢或許不難確認。但知識上的卓越的祕密卻在於批判精神，亦即知性獨立。同時，這又導致若干困難，這些困難對於任何威權主義來說都是難以克服的。一般而言，威權主義者會選擇服從且相信他、對他拳拳服膺的人。但這麼做的話，威權主義者必然會選擇平庸之輩。因為他定會排除反對、懷疑且敢於抵抗他的權威的人。沒有任何威權主義者會承認在知性上勇敢的人是最優秀的，亦即敢於反抗其權威的人。當然，威權主義者會一直相信他們有能力找到具有主動精神的人。但是，他們所謂的主動精神，只是知道揣摩上意，而不會有各種不同的創造力。（我們也許可 128 以恍然大悟選擇優秀的軍事領袖有多麼困難了。軍事紀律的要求加深了我們所說的困難，同時，軍隊裡的擢升又往往把有辦法獨立思考的人排擠在外。對於知性的主動精神而言，認為唯唯諾諾的人和指揮若定的人不分軒輊，這個說法再荒謬不過了[22]。政治黨派也有類似的困難：政黨領袖的忠心僕人，很少會成為有能力的繼位者。）

我相信我們在此可以得出若干重要的結論，其中之一甚至可以概括化。那就是我們難以設計出揀選傑出人士的制度。由制度來選擇，或許可以達成柏拉圖的若干目的，例如防止改變等等。但是如果我們的要求不僅止於此，它就難以勝任了，因為它總是傾向於排除創造性和主動精神，或更一般的來說，排擠掉任何不尋常或出人意料的性質。這不是在批評政治上的制度主義，而只是重申我們以前說過的，雖然我們應當找尋最好的領袖，卻也必須永遠為最壞的領袖做準備。但是我的確是在批評對於制度的過度期待，特別是教育體制，它是不可能選出最好的領袖的。教育制度不應該負擔這個任務。這會把我們的教育系統搞成跨欄賽跑：鼓勵學者為自己的生涯而研究，而不是為了研究而研究，更不是為了對於該主題的興趣而研究[23]。如此一來，學者的任何研究都只是為了排除升等的障礙而已。換句話說，即使在科學領域中，我們的遴選方法也只是基於某種赤裸裸的個人野心（如果是個野心勃勃又遭到同學猜忌的學生，這種反應就很自然了）。我們不可能要求以體制去挑選知識上的領袖；這不僅會危害科學圈，而且也危害知性。

據說中學和大學都是柏拉圖發明的，也許是真的。除了以下事實之外，我不知還有什麼更能證明樂觀主義的觀點，更能證明人對真理和正義的熱愛，證明他的原創性、擇善固執和健全的思想。這個事實就是：在這種災難性的教育系統下，人類竟然沒有完全毀滅。雖然有許多領袖們是不好的，卻仍然有許多人，或老或少，是正直的、聰慧的、獻身於他們的工作。巴特勒說（Samuel Butler）：「我有時真懷疑有些不幸的作為為什麼不能被看清楚。雖然有那麼多阻礙和歪曲年輕人成長的手段，但是他們仍然長大成為明理善良的人。的確，有些人受到傷害，而且這種傷害是終身的。不過有些人卻是越挫越勇。理由似乎是，在大部分的情況中，青少年會本能地反抗那些訓練，老師再怎麼費盡心力，他們都不屑於一顧。」[24]

129

在此值得一提的是，作為政治領袖的遴選者，柏拉圖其實並不怎樣成功。我倒不是指他在敘拉古的年輕君主戴奧尼索斯二世身上所作的實驗，而是指柏拉圖的學院參與了迪奧（Dio）對於戴奧尼索斯二世的征討。柏拉圖的學院裡有許多成員支持他那位著名的朋友迪奧遠征敘拉古。其中一人就是卡里普斯（Callippus），他成為迪奧最信任的夥伴。當迪奧自己成為敘拉古的君王後，就指使謀殺他的盟友（也許是他的競爭者）赫拉克里德斯（Heraclides）。不久後，卡里普斯篡奪王朝，謀殺了迪奧，但卡氏的王朝只有十三個月而已（他自己被畢達哥拉斯學派的哲學家列普丁〔Leptines〕殺死）。不過在柏拉圖身為老師的生涯中，類似的事件層出不窮。克里爾丘斯（Clearchus），柏拉圖和伊索克雷茲（Isocrates）的學生，佯稱是民主領袖，自己卻當上赫拉克里亞（Heraclea）的僭主。但克里爾丘斯卻被他的親戚齊旺（Chion）所殺（他是柏拉圖學院的另一個成員，我們不知道有理想主義色彩的齊旺會有什麼成就，因為他不久也被殺了）。柏拉圖的這些經驗[25]（雖然他或許可以自誇說他的學生和朋友當中出了九個僭主）說明了，要揀選出一個可以託付絕對權力的人有多麼困難，在這種環境下，要找出一個性格不會敗壞的人，的確是很困難的事。如同阿克頓爵士（Lord Acton）所說的：「權力使人腐敗，絕對權力使人絕對腐敗。」

總的說來，柏拉圖的政治方案對於制度的訴求還是多於個人。在領導權的繼承上，他希望以制度的監控來防止政治的變動。這種監控是透過教育的控制，奠基於威權主義的學習觀點：奠基於博學的專家以及「公認正直的人」的權威。這就是柏拉圖對於蘇格拉底的主張的理解，蘇格拉底原本是主張說，有責任感的政治家應該是真理和智慧的愛好者而不是專家，而且只有知道自己所知有限，他才是有智慧的人[26]。

注釋

本章開頭的格言引自：*Laws*, 690b（見：第五章注28）。

580

注1：見：第六章注2及注3。

注2：穆勒（J. S. Mill）也曾表示相同的概念；例如（*Logic* (1st edn, p. 557 f.)：「雖然統治者的行動並不是完全由其自私的利益決定的，但為了防範那些自私的利益，就需要制度上的制衡。」他在《女人的服從》（*The Subjection of Women*, p. 251）：「**在一個由好人所構成的獨裁政府之下**，誰會懷疑偉大的愛、偉大的幸福和感情？同時，**法律和制度的採行並不是要防範好人，而是防範壞人**。」雖然我同意粗體字的那句話，但是認為不必然如此（見：本章注3）。穆勒的《代議政府》（*Representive Government*, 1861, see esp. p. 49）也有相同的看法；他反駁柏拉圖的「哲人王」理想，因為如果「哲人王」的統治是個仁政的話，那就要「放棄」一般人民評斷政策的意願和能力。

值得一提的是，穆勒的說法部分旨在解決詹姆斯・穆勒（James Mill）的《政府論》（*Essay on Government*）和麥考萊（Macaulay）對該論文的「著名攻擊」的衝突（見：J. S. Mill, *Autobiography*, chapter 5, One Stage Onward, 1st edition, 1873, pp. 157-61; Macaulay, *Edinburgh Review*, March 1829, June 1829, and October 1829）。在穆勒的思想發展中，這個衝突扮演重要的角色；實際上他解決此問題的企圖，決定了《邏輯系統》的最終目的和特性（我們在其《自傳》裡看到：「其中主要的段落會刊印在《道德科學之邏輯》中。」）

穆勒解決麥考萊及其父親詹姆斯・穆勒之間的衝突的方案如下。他說，他父親的主張「政治學是一種演繹科學」是對的，不過相信「演繹的型態是……純幾何學」則有偏誤；而麥氏之相信「政治學比幾何學更有實驗性」也是對的，但是說它像「化學的純粹實驗方法」就錯了。穆勒認為以下是真正的解決方法（*Autobiography*, pp. 159 ff.）：政治學的適當方法是一種演繹的動力學；他相信這種方法的特點有如「力的合成」原理，是各種作用的總和。

我不認為這個分析有什麼值得多說的地方（別的不說，這種說法是對於動力學和化學的誤解），然而它似乎言之成理。

麥考萊說，詹姆斯・穆勒和其他人一樣，都試圖自「人性原理裡演繹出政府的科學」，我也同意麥考萊的看法：「這根本是不可能的。」（第一篇論文末尾部分）；麥考萊為了駁斥詹姆斯的武斷理論而舉證了許多歷史事實，他所使用的方法也許可以說是更有經驗性。不過他的方法卻和化學無關，也和穆勒所相信的化學方法無關（更和麥考萊讚賞的培根的歸納法無關，他只是對於穆勒的三段論法不以為然而已）。他只是在一個沒辦法以邏輯方式得出任何有意義的東西的學科裡，拒絕一個無效的邏輯論證；而且，它是從其他理論、可能性以及實際的歷史證據來討論種種理論和可能的處境。主要的爭論之一是，穆勒認為他證明了君主政治和貴族政治導致恐怖統治的必然性；這個論點很容易被穆勒自己的例子駁斥，而這裡所引的兩個段落也指出這種駁斥的影響。

麥考萊一直強調他只是要拒絕穆勒的證明，並不想對其結論的真偽提出意見。這點就足以明白指出他並不企圖運用他讚賞的歸納方法。

581

注3：見：梅葉的評論（E. Meyer, *Gesch. D. Altertums*, V, p. 4）：「權力就其本質而言，是不可分割的。」

注4：見：*Republic*, 562b-565e。我特別提到562c：「不顧一切過分追求自由的結果破壞了這種體制，

為專制的必要性開闢了道路。」另見563d/e：「因為你知道，他們最後變得根本不把法律當一回事，不管是成文的還是不成文的；也不要任何主人。」（第一節起始部分，見第四章注19。）

關於柏拉圖對**自由和民主的弔詭**之評論，見*Republic*, 564a：「因此，過度自由的結果不可能是別的，只能是個人和國家兩方面的極端的奴役……。因此，我認為，僭主政制或許只能從民主政制發展而來，從極端的自己中產生最凶狠的奴役。」（另見：*Republic*, 565c/d：「通常每個德莫總要推舉一個人出來領頭，做他們的保護人，區裡的民眾也會珍視他，提高他的威望，對嗎？」「對，通常是這樣的。」「由此可見，僭主的產生只能從『保護』這個根源上去找。」）

所謂**自由的弔詭**，指的是一種論證，認為在沒有任何限制的意義下的自由，會導致極大的限制，因為它給了霸凌者奴役弱者的自由。柏拉圖的說法略有不同，而意圖則天差地遠。

寬容的弔詭（paradox of tolerance）則比較不為人知：沒有限制的寬容必然導致不寬容。如果我們對於不寬容者也採無限寬容的原則；如果我們不想捍衛一個寬容的社會，對抗不寬容者的攻擊；那麼寬容者和寬容會被摧毀殆盡。但我並不意味著這種說法暗示要鎮壓不寬容的哲學；只要能夠以理性證論反擊他們，以輿論制衡他們，壓抑就顯得極為不智。不過我們應該主張有壓抑它們的權利，如果必要的話，甚至使用武力；因為他們很可能根本不想以理性論證來和我們對陣，一開始就排拒任何反對他們的意見；他們可能禁止其從眾聆聽合理的論證，說那些都是謊言，只要用拳頭和手槍來回答就行了。因此，我們應該主張以寬容為名，有權利不寬容那些不寬容的人。我們應該主張說，任何宣揚不寬容的運動都是違法的，我們應該把教唆不寬容

582

和迫害視為犯罪，如同教唆殺人、勒索或販奴。

另外一種也是少為人知的弔詭，是**民主的弔詭**（**paradox of democracy**），或更精確地說，即**多數人統治的弔詭**。這種弔詭認為多數決定可能造成專制統治。柏拉圖對民主的批評可以由這個方面去解釋。多數人統治的原則可能自相矛盾，就我所知，這個說法是納爾遜（Leonard Nelson）首先提出的（見：本章注25（2））。然而，撇開他熟悉的人道主義和為自由奮戰的熱誠不談，他採用了柏拉圖許多政治理論的觀點，尤其是柏拉圖的領袖原理。我想他可能不自知地使用了類似論證來反駁不同形式的「主權理論」。

如果我們依據本章第二節所提的或是類似的方式，來建構我們的政治主張，那麼這一切弔詭（或矛盾）都可以輕易避免。我們所要的政府，其統治是依據平等主義和保護主義的原則；它會寬容所有相互寬容的人，它是由人民治理且負責的政府。我們還可以再加上監督這種政府的最好方法：某種形式的多數決，能讓民眾資訊充足的制度等；雖然我們不能保證這些方法不會犯錯。見：第六章注42之前的正文中最後四段；第七章注20正文；第二十四章注7（4）；本章注6。

注5：關於這點的進一步評論，見第十九章。

注6：見：第二章注4（7）。以下對於自由和主權的弔詭的評論可能冗長了一點；然而，因為這裡的論證很形式性，所以即使有點吹毛求疵，恐怕也是必要的。此外，由於我在這類問題的論辯經驗，我預期到那種領袖原理（亦即最善良或有智慧的人應該擁有至高權力）可能會提出下列的反辯：（a）如果「最有智慧的人」決定由多數人統治，那麼他就不是最有智慧的人。為了進

一步的考慮，他們可能提出（b）的假設以支持（a）：（b）一個智者絕不會建立一個自相矛盾的原則，譬如多數人統治這個原則。我對（b）的回答是，我們只要以下述方式來改變「有智慧人」的「決定」，即可使其決定免於矛盾。（例如他可以支持建立一個平等主義和保護主義的政府，它可以由多數投票來監督。這個決定無疑要放棄「主權」原則；而且因為這樣就能夠免於矛盾，所以可以由「有智慧的人」去決定。不過，這當然還是沒有免除「應該由有智慧的人統治」的原則中的矛盾。）另一個論證（a）則是不同的情況。它導致一種危險的情況，那就是以下述方式去界說政治人物的「智慧」或「善良」：這位政治人之所以「有智慧」或「善良」，只是因為他決定不放棄其權力。如此，唯一能免於矛盾的主權論會是「唯有決定死守其權力的人才能統治」的理論；相信領袖原則的人，應該坦然面對其信條的這種邏輯結果。如果要免於矛盾，那就意指味著統治者不是最善良的人或最有智慧的人，而是最強的人、最有權力的人（見：第二十四章注7）。

583

注7：（補註）見：我的講詞：'Towards a Rational Theory of Tradition,' in *The Rationalist Yearbook*, 1949, now in *Conjuctures and Refutations*。我在文中試圖指出在個人（以及個人的決定）和制度之間，傳統扮演中介和調停的角色。

注8：關於蘇格拉底在「三十僭主」統治之下的行為，見：*Apology*, 32c。三十僭主企圖拉攏蘇格拉底加入他們的罪行，但是他拒絕了。如果「三十僭主」的統治更長一點，蘇格拉底應該會難逃死劫。另見：第十章注5）及注56。關於在後面段落中主張智慧意指著知道個人的知識限度，見：

Charmides, 167a, 170a。其中「了解你自己」的意義就是這樣解釋的；〈申辯篇〉（23a-b）也表現了相同的傾向（另見：*Timaeus*, 72）。關於在〈斐萊布篇〉（Philebus）中對於「了解你自己」一詞的解釋的重大變動，見：本章注26；另見：第八章注15。

注9：見：*Phaedo*, 96-99。我相信〈斐多篇〉只有一部分內容是蘇格拉底的思想，大部分則是柏拉圖的。蘇格拉底對其哲學發展的自述，引起許多討論。我相信它既不是蘇格拉底的、也不是柏拉圖的真實自述；我認為它只是柏拉圖在**詮釋**蘇格拉底的哲學發展。蘇格拉底對於科學的態度，對柏拉圖來說，是難以理解的。（這種態度包含了對於理性論證的熱中以及謙虛的不可知論。）他試圖以蘇格拉底時代雅典科學的沒落來解釋這點。因此柏拉圖如是說明這種不可知論的態度，那就是從他剛剛聽到的畢達哥拉斯學說來看，不可知論再也無法證成。（他也試圖指出關於靈魂的新興形上學理論，對於極為熱中於個人的蘇格拉底來說，是很有吸引力的；見：第十章注44及注5、第八章注58。）

注10：它是關於二之平方根以及無理數的問題陳述；無理數的問題加速了畢達哥拉斯學說的瓦解。拒絕畢達哥拉斯幾何算術化的企圖，孕育了歐幾里得的演繹幾何學（見：第六章注9（2））。〈美諾篇〉也提到這個問題，這可能是因為是在該對話錄中炫耀作者（不是蘇格拉底）熟諳這個「新興的」哲學發展和方向。

注11：見：*Gorgias*, 521d。

注12：見：Crossman, *Plato To-Day*, 118。「面對雅典民主的這三個主要錯誤……。」克羅斯曼關於蘇格

拉底的真知灼見，見：*op. cit.*, 93：「我們西方文化中所有美好的事物，都是源自這種精神，無論是科學家、宗教家、政治家，或一般男女中發現的精神，都不願選擇政治的虛假而捨棄簡單的真理……。最後他們所有的典範，就是唯一能打倒一切勢力和貪欲的獨裁的力量……。蘇格拉底指出，哲學只是正直地反對偏見和非理性。」

注13：見：*op. cit.*, 117。克羅斯曼似乎忘記了，在柏拉圖的國家中，教育是階級壟斷的。在〈國家篇〉中，有錢並不是接受高等教育的關鍵，重要的是只有統治階級的成員接受教育（見：第四章注33）。除此以外，柏拉圖反對財閥政治；至少在他晚年是如此。見：*Laws*, 774b，摘引在第六章注20（1）中。關於國家監控教育的問題，見：第六章注42及第四章注39至注41。

注14：巴奈特（Burnet, *Greek Philosophy*, I, 178）認為〈國家篇〉完全是蘇格拉底的思想（甚或是先蘇時期的，這種觀點可能比較接近事實；特別見：A. D. Winspear, *The Genesis of Plato's Thought*, 1940）。不過，他並沒有認真設法把這種意見和柏拉圖第七封信（326a）的重要內容相互印證（見：*op. cit.*, I, 218），他相信這方面的內容也是可信的（見：第十章注56（5）d）。

注15：*Laws*, 924c，第六章注33正文有更多摘引。

注16：*Republic*, 540c。

注17：引自：*Republic*, 473e；摘引在第八章注14正文中。

注18：見：*Republic*, 498b-c；另見：*Laws*, 634d-e。柏拉圖稱讚多利安人的法律：「年輕人得提出這些法應是什麼樣的這樣一類問題，而應當一致認可它們是神的恩賜，是可敬畏的，不得不同意的

聲音。」這位上了年紀的作者說，只有老年人才可以批評法律；老年人批評法律時也不可以讓沒有年輕人聽到。另見本章注2、注17、注2，及第四章注40。

注19：見：*Republic*,497d。

注20：見：537c。另一摘引為：537d-e, 539d。本節「緊接著的內容」見：540b-c。另一個有趣的評論見：536c-d，柏拉圖說，那些被揀選研究辯證法的人年紀太大了，難以學習新的事物。

注21：（補註）見：Cherniss, *The Riddle of the Early Academy*, p. 79; *Parmenides*, 135c-d。偉大的民主人士葛洛特（Grote）強烈批評這點（即我所謂「搽脂抹粉」的段落）。見：537c-540：「禁止和青年人辯論的意見……，絕對是違反蘇格拉底的……。這其實就是梅勒杜斯（Meletus）和阿尼圖斯（Anytus）控告蘇格拉底的罪名……。他們也控告蘇格拉底敗壞青年……。當我們發現柏拉圖禁止三十歲以下的人學習辯論時，可以說這是巧合，剛好也是克里底亞（Critias）和赫里克利斯（Charicles）禁止蘇格拉底去做的事，當時是雅典三十寡頭短暫的統治期。」見：Grote, *Plato and the other Companions of Socrates*, edn. 1875, vol. III, 239。

注22：正文中爭論的觀念：善於服從的人也善於指揮，這是柏拉圖的觀點。見：*Laws*, 762e。湯恩比讚美說，柏拉圖的教育統治者的制度會運作得很成功，在一個停止變動的社會裡。見：*A Study of History*, III, esp. 33 ff.；見：第四章注32（3）及注45（2）。

注23：有人也許要問，一位個人主義者如何能要求獻身於任何事業，特別是獻身於諸如科學探求的這種抽象的事業。然而，這個問題只顯示出舊有的錯誤而已（在前章討論過），那就是將個人主

義等同於利己主義。一個個人主義者可以是不自私的：他不但可以助人為樂，也可以獻身於種種公益機構（此外我也不認為「獻身」是一種要求，而應該是個鼓勵）。我相信獻身於某種制度，例如獻身於民主國家，甚至若干傳統，仍然是在個人主義的範圍裡，只要這些目標是人道主義的。不可以把個人主義和反制度的人治主義混為一談。這是個人主義者時常犯的一種錯誤。他們敵視集體主義是對的，但是如果把制度當作集體，那就錯了（後者是以自身視為目的），這樣反而成為反制度的人治主義者，使他們很危險地靠攏領袖原理（我相信這是狄更斯厭惡議會的部分原因）。關於我所謂的「個人主義」和「集體主義」的意義，見：第六章注26至注29正文。

585

注24：見：Samuel Butler, *Erewhon* (1872), Everyman's edition, p. 135。

注25：關於這類事件，見：Meyer, *Gesch. d. Altertums*, V. pp. 522-525, 488 f.；另見：第十章注69。雅典學院以培養僭主而惡名昭彰。在柏拉圖的學生中有柴倫（Chairon），培侖（Pellene）的僭主，尤拉斯杜斯（Eurastus）和柯里斯古斯（Coriscus），均為阿塔尼烏斯（Atarneus）附近的史克普西斯（Skepsis）的僭主，以及阿塔尼烏斯（Atarneus）和阿索斯（Assos）後期的僭主赫米亞斯（Hermias）。見：*Athen*, XI, 508; Strabo, XIII, 610。史料顯示，赫米亞斯是柏拉圖的入門弟子；依據真實性有疑問的「第六封信」，他也許是唯一景仰柏拉圖的僭主，也願意接受柏拉圖的諫言。赫米亞斯後來成為亞里士多德以及學院第三號人物，柏拉圖的學生齊諾克拉特斯（Xenocrates），的金主。

關於柏第卡斯三世（Perdiccas III），及其和柏拉圖學生尤發古斯（Euphacus）的關係，見：

586

Athen, XI, 508 ff.，文中提到卡里普斯（Callipus）是柏拉圖的學生。

（一）如果我們看看柏拉圖在〈法篇〉卷一裡擇才和教育的原則（見：637d, eps. 643a：「讓我來界定教育的本質和意義吧。」；650b），就不會驚訝為什麼這個教育者從來沒成功過。因為他在長篇大論裡提到的偉大教育或擇才的工具，竟然只是杯中物，讓人酩酊大醉，酒後吐真言，使別人認識他的真面目。「建議中的這種考驗相當好，與其他考驗相比具有低廉、安全、快捷的優點。」（649d/e）到現在為止，我還沒有看到任何讚美柏拉圖的教育家討論到酒的問題。這是很奇怪的，因為這個方法現在似乎還在流行，雖然酒不再便宜了，尤其在大學裡。

（二）為了對領袖原則公正起見，無論如何，我們必須承認在選擇成員方面，其他人比柏拉圖要幸運得多。例如說，相信這個原則的納爾遜（見：本章注4），似乎在吸引和選擇許多男女上面有特異的力量，他們在考驗和誘惑的環境下仍然忠於他們的信仰。不過，他們的信仰比柏拉圖的信仰要好一些；他們信仰自由和平等主義式的正義的人道主義觀念。（補註：納爾遜的英譯本見：*Socratic Method and Critical Philosophy*, 1949, Yale University Press；克拉夫特（Julius Kraft）寫了一篇非常有趣的序。）

（三）今日一些民主人士仍然流行仁慈獨裁者理論，它依然有個基本的弱點。我記得這種理論認為領導者是先天下之憂而憂而且可以寄百里之命的。即使這種理論沒問題，即使我們相信領導者可以不必接受監督和制衡：我們如何能夠認定這位領導者一定可以找到一個和他一樣有德行的繼位者呢？（見：第九章注3及注4，第十章注69）。

（四）關於正文中提到的權力問題，把〈高爾吉亞篇〉（525e）和〈國家篇〉（615d）作個比較，會是極有趣的；兩方面的內容若合符節。不過在〈高爾吉亞篇〉中，罪大惡極者總是「來自有權階級」；人也許是壞的，但並非不可救藥的。在〈國家篇〉中則省略了對於權力的腐化的警言。其中大部分窮凶極惡的罪人仍是僭主；不過他說「其中有些人是平民」。（在〈國家篇〉中，柏拉圖相信為了自己的利益起見，統治者不會濫權；見：*Republic*, 466b/c，摘引在第六章注41正文中。何以自利對於國家護衛者有好處，而對於僭主卻沒有，柏拉圖並沒有講清楚。）

注26：（補註）在早期（蘇格拉底的）的對話錄中（例如：〈申辯篇〉和〈查米德斯篇〉；見：本章注8、第八章注15、第十章注56（6）），把「了解你自己」解釋為「知道你是多麼無知」。然而在後期的（柏拉圖的）〈斐萊布篇〉中，則有個巧妙但重要的轉折。首先（48c/d），以同樣方式解釋「了解你自己」；對於大部分不了解自己的人，「自以為自己有智慧……，其實是欺騙自己。」不過這種詮釋現在發展如下：柏拉圖把人分為兩類，弱者和強者；弱者的愚昧和無知被描述為可笑的，而「強者的無知」則「應稱作『罪惡』或『可惡的』才適當……」。這就暗示柏拉圖和蘇格拉底的不同。柏拉圖的理論認為支配權力的人應是有智慧的，而不是愚昧的（或者說有智慧的人應支配權力）。而蘇格拉底則認為每個人、特別是支配權力的人，應理解自己的無知。（當然在〈斐萊布篇〉中並沒有提到要把「智慧」解釋為「了解自己的種種限制」；相反的，如同〈智者篇〉，在這裡的「智慧」一詞意指著熟諳畢達哥拉斯以及柏拉圖的理型論。）

第八章

哲人王

國家將為他們建立紀念碑，像祭神那樣向他們獻祭，否則也會把他們當作神聖的偉人來祭祀。

——柏拉圖

130

柏拉圖和蘇格拉底在信念上的差異比前述的還要大。我說過，柏拉圖遵循著蘇格拉底對於哲學家的定義。〈國家篇〉提到：「你心目的真正的哲學家是哪些人呢？……那些對真理情有獨鍾的人。」[1]但是當柏拉圖自己這麼說的時候，他並不是很老實。其實他並不相信這套，因為在其他地方，他公然宣稱統治者有說謊和欺騙的特權：「統治者為了國家的利益，可以用撒謊對付敵人或者公民，而其他任何人不能用謊言來達到自己的目的。」[2]

柏拉圖的主張是：「為了國家的利益。」我們再度發現，集體效益的原則是他終極的倫理考量。極權主義的道德可以否決一切事物，甚至是哲學家的定義和理念。而基於政治上的權宜原則，被統治者不可以對統治者說謊，更是不用說了。「如果統治者發現有人撒謊……都要懲罰他，因為他的行為就像水手顛覆船隻一樣，足以毀滅一個城邦。」[3]只有在這個有點突兀的意義下，柏拉圖的統治者（哲人王），才能稱作真理的愛好者。

131

1

柏拉圖以醫生為例，說明如何把他的集體效益原則應用到真理的問題。這個例子是悉心挑選的，因為柏拉圖喜歡把他的政治使命具象化為替社會看診。此外，柏拉圖也很重視醫療的角色，使我們看清楚他的理想社會裡的極權主義特質，國家的利益支配個人的一生，從生到死，完全由國家決定。柏拉圖把醫術詮釋為一種政治形式，或如他自己所說的「把醫神阿斯克勒庇俄斯（Aesculapius）當作一位政治家」[4]。他認為醫術的目的不是延長一個人的壽命，而是增進國家的利益。「因為阿斯克勒庇俄斯懂得在治理有序的城邦裡，每個人都有指定的工作，沒有工夫生病。」這樣一來，「如果一個人的身體無法過一個健全有序的生活，那麼他認為這種人根本不值得醫治，因為這樣的人對自己和對國家都沒有什麼用處。」此外，他又說這樣的人可能有「同樣生病的兒女」，也可能成為國家的負擔。（在柏拉圖晚年，儘管他憎惡個人主義，卻以更加個人的角度談到醫術。他抱怨醫生在醫治自由民時像在醫治奴隸一樣，「他就像一位鹵莽的抄寫員〔另譯為僭主〕，滿不在乎地依據經驗給病人一些囑咐，然後就匆匆離開，去給下一位生病的奴僕看病。」[5]他要求醫生在診治時溫和一點，有耐心一點，至少對那些不是奴隸的人要如此。）關於撒謊和欺騙的問題，柏拉圖主張「那只是當作藥方來用」[6]。但他堅持國家的統治者不可像庸醫那樣，不敢下猛藥。哲人王，一位真理愛好者的哲學家，既然作為國王，就必須是「更加英勇的人」。柏拉圖緊接著說，為了被統治者的利益，他必須堅定「使用一大堆謊言和詐欺」。就我們熟悉的以及柏拉圖所說的醫術而言，所謂被統治者的利益，指的無非「為了國家的利益」。（康德也以不同的意思談到「誠實是上策」，這句話固然有待商榷，但是如果改成「誠實勝過任何政策」，應該就毋庸置疑了吧。）[7]

當柏拉圖鼓勵統治者下猛藥時，他心中的謊言究竟是什麼呢？克羅斯曼說得好，柏拉圖的意思是「宣傳一種控制大多數被統治者的技術。」[8]當然，這些是柏拉圖心中的首務；不過，當克羅斯曼說宣傳的謊言僅在於使被統治者服從，而統治者應該是開明的知識階級，那我就不同意了。當柏拉圖兩次說到，即使統治者自身，至少在幾代以後，也應該想辦法相信自己最大的宣傳謊言，我想柏拉圖顯然完全悖離了蘇格拉底的主知主義。所謂最大的謊言，指的是他的「種族主義」、「血統和土地的神話」，也就是大家知道的「人的金屬成份以及地生人的神話」。在此我們看到柏拉圖的功利主義和極權主義的原則凌駕一切事物，即使是統治者的知識特權，子民不得說謊的義務，也都由這些原則來決定。柏拉圖要統治者自己也相信宣傳的謊言，只是為了增加整體的效益，也就是加強主人種族的統治，而最終目的則是阻止任何政治的變動。

132

2

柏拉圖導入他的「血統和土地的神話」，並公然承認那是詐欺。〈國家篇〉裡的蘇格拉底說：「現在我們可不可以虛構一個有用的假話，用這個高尚的（**按：波普譯作「貴族的」**）謊言，如果可能的話，去說服統治者，如果不可能，也要說服城邦裡的其他人，行嗎？」[9]

133

有趣的是使用「說服」一詞。說服某人相信謊言，更精確地講，就是誆騙和愚弄他。如果我們改成「如果我們幸運的話，那麼統治者也可以被愚弄」，就更符合其中明目張膽的犬儒主義了。但柏拉圖常用「說服」一詞，可以和其他段落印證一下。它可能是暗示我們，這些段落裡都有他的宣傳謊言。尤其是當他認為政治家應該以「說服和武力」來統治的時候[10]。

在敘述他那「貴族的謊言」之後，柏拉圖並不直接提到他的神話，而是一段類似探討正義時的冗長開場白的長篇大論。我認為其中顯示出柏拉圖的不安。他似乎不敢期望讀者會贊成他在下文的說法。神話本身引伸出兩個觀念。一是加強防衛祖國，這觀念認為，戰士是土生土長的，是「由祖國泥土中孕育而生的」，決心防衛祖國大地、他們的母親。這個自古皆知的觀念，當然不是使柏拉圖躊躇不決的理由（雖然對話錄中的語氣很聰明的提到這點）。然而另一個觀念，「故事的其餘部分」，卻是種族的神話。「神在塑造那些適宜擔當統治重任的人時在他們身上摻了一些白銀，在農夫和其他手藝人身上摻了鐵和銅。」[11]這些金屬性質是世襲的；它們是種族的特徵。在本章中，柏拉圖猶豫地提出他的種族主義；他保留了一種可能性，就是兒童在出生時可能混合了父母原本金屬以外的金屬。但是我們必須承認，他也宣示了下述規定：如果在下層階級的兒童是由金銀混合而生的話，他們應該被指定為輔佐統治和護衛國家的人。但在〈國家篇〉後來的段落取消了這種讓步（〈法篇〉也如此），特別是在談到人的墮落和幾何數的故事時；其中一部分在第五章引用過[12]。我們知道，由任何低等的墮落金屬混合而生的人，不得晉身高等階級。因此，混合的可能性和相對應的身分變動，只是意味著出身高貴但是退化了的兒童，其身分可能下降；而不是說任何出身低賤的人可以提高身分。在人的墮落故事的結論中，談到任何金屬的混合必然導致毀滅：「鐵與銀、銅和金之間的混雜會產生不一致、不平衡和不和諧。哪裡有不一致與不和諧，哪裡就有戰爭和仇恨。……無論何時何地發生衝突，我們都必須明白它是由血統不一致所引起的。」[13]因此，我們必須體察「地生人的神話」何以要以虛構的先知嘲笑世人的預言作結：「銅鐵之人當政，國家便要傾覆。」[14]柏拉圖不喜歡立即以激烈的方式提出他的種族主義，這點顯示出他知道當時的民主派和人道主義者一定會鳴鼓而攻之。

有鑑於柏拉圖公然承認血統和地生人的神話是宣傳的謊言，評註這個神話的人們的態度就令我費解了。亞當說：「如果沒有這個神話，國家的輪廓就不完整了。我們需要某種城邦永存的保證……**他在信仰而不是理性裡找到保證**，這完全符合柏拉圖的教育觀點裡**無所不在的道德和宗教精神**。」[15]我同意沒有比鼓吹宣傳謊言更符合柏拉圖的極權主義（雖然這不完全是亞當的意思）。不過令我不解的是，何以這麼忠實的理想主義評論家，竟然會把宗教信仰和機會主義者的謊言混為一談。事實上，亞當的評論，使我們想起霍布士的約定主義，他認為宗教教義雖然不是真實的，卻是最方便而不可或缺的政治工具。這使我們了解到，柏拉圖終究是個約定主義者，而且其程度遠超過我們的想像。號稱為約定主義者的普羅泰戈拉

134 認為人們的立法是神明所賜，而柏拉圖則是毫不猶疑地以「約定」去證明一個宗教信仰（他公然承認那只是虛構，我們的確要佩服他的坦白）。難以理解的是，為什麼柏拉圖的評註者在讚美柏拉圖反對辯士們災難性的約定主義、建立了以宗教為基礎的精神自然主義（**spiritual naturalism**）時，未能指責柏拉圖把宗教奠基於他所構建的「約定」或「虛構」[16]。事實上，柏拉圖對於宗教的態度，一如「貴族的謊言」，其實和克里底亞並無二致。克里底亞是柏拉圖的舅舅，三十僭主時期傑出的領袖，伯羅奔尼撒戰爭以後，在雅典建立了不光榮的血腥政權。克里底亞也是詩人，是最早稱讚宣傳謊言者：在他的創作中，以鏗鏘有力的韻文讚美聰明而狡猾的人虛構宗教以「說服」人民，也就是威脅人民屈服。[17]

狡慧者興起，
首創諸神者，
以怖畏生死，
杜撰諸傳說，
引為最上義，
朦朦重紗裡，
隱覆其真理。

赫赫神靈居，
穹窿有雷鳴，
電掣使目眩，
世人懼其威；
善宅有神靈，
神靈佑世人，
神靈挫其威，
世間無律則，
於焉既有則，
於焉復有序。

在克里底亞的觀點中，宗教只不過是偉大而聰明的政治家的高尚（貴族）謊言而已。這和柏拉圖的觀點非常相似。在〈國家篇〉的神話裡，他公然承認神話是個謊言，在〈法篇〉裡則說儀式以及諸神的建置是「偉大思想家的任務」[18]。不過，這是否就是柏拉圖對於宗教態度的整個真相呢？在這些事務上，柏拉圖只是機會主義者嗎？他早期著作展現的迥然不同的精神，是否只是蘇格拉底的觀點？這些問題當然沒有明確的解答，然而，我還是直覺到，

135

即使在柏拉圖晚期的作品中，有時也會表現若干純真的宗教感情。不過我相信，只要扯到宗教和政治的關係，柏拉圖的政治機會主義就會把一切其他感情擱在一邊。因此柏拉圖在〈法篇〉中主張說，再怎麼誠實而德高望重的人民，如果關於神的意見背離了國家的觀點，也應該受到最嚴厲的處罰[19]。他們的靈魂是由午夜法庭審理的[20]，如果他們不悔改或再犯，可以依據不敬神的罪名處死。難道他忘了蘇格拉底就是因為這個罪名而喪生嗎？

由柏拉圖的宗教思想可以判斷，他的主張是基於國家的利益而不是宗教信仰。他在〈法篇〉中說，神會嚴懲在善惡衝突中站在錯誤一邊的人。這裡所謂的衝突是指集體主義和個人主義的衝突[21]。柏拉圖堅持說，諸神並不是旁觀者，祂們會主動關心人們。要平息祂們的怒氣是不可能的，無論是禱告或獻祭，都不能免除處罰[22]。在他的教義背後的，顯然是政治的利益。尤其是看到柏拉圖主張國家必須鎮壓對於宗教和政治教條的任何懷疑，而神明也絕對不會寬貸，我們就瞭然於胸了。

當然，柏拉圖的機會主義和說謊的理論，使我們難以詮釋他的真正意思。他是否真正相信他自己的正義？他是否真的相信他所說的宗教理論的真理？雖然他主張處罰其他（沒有那麼極端的）無神論者，或許他自己其實也是個無神論者？雖然我們不能確定這些問題的答案，但是我認為我們很難不去懷疑，而且在方法學上也是說不過去的。特別是他急於阻止一切變動，我想是毋庸置疑的（我們會在第十章討論）。另一方面，柏拉圖無疑讓蘇格拉底熱愛真理的這個原則臣服於加強階級統治的這個更根本的原則。

但是，柏拉圖的真理理論看起來沒有他的正義理論那麼極端，這點倒是很有趣。我們知道，他其實把正義定義為有助於極權主義國家的利益。當然他也可能以同樣的功利主義或實用主義方式去界說真理。柏拉圖可以說神話是真的，因為所有俾益於國家者皆應被相信，所以必須稱為真理；此外再沒有其他真理判準了。在理論上，黑格爾的實用主義繼承者其實也採用了類似的手段；在實踐上，黑格爾本人和他的種族主義繼承者也採用過。但是柏拉圖直言不諱地承認他在說謊，倒是保留了蘇格拉底的精神。黑爾格學採用的手段，我想是蘇格拉底的同伴們絕對不會採用的[23]。

136

3

真理這個理念，在柏拉圖的理想國家中扮演相當重要的角色。但是，我們在第六章詮釋說柏拉圖的政治方案是澈底的極權主義而且奠基於歷史定論主義，如果我們想要讓反駁者啞口無言的話，就必須探討正義和真理之外的其他觀念，例如善、美、幸福等。有鑑於我們在討論真理的理念時導致的負面結果，或許可以知道該以什麼進路去探討這些理念以及上一章略為討論過的「智慧」的理念。因為這個結果導致一個新的問題：如果柏拉圖把哲學家定義為愛好真理者，而又堅持統治者必須「更勇敢地」說謊；那麼，他為什麼堅持要哲學家成為國王，或者說國王要是哲學家？

問題唯一的答案當然就是，柏拉圖對於「哲學家」一詞另有見解。的確，在上一章我們也看到，柏拉圖所謂的哲學家並不是智慧的追尋者，而是個傲慢地自稱擁有智慧的人，他是博學之士，是一個先知。也許我可以說，柏拉圖所要的是**博學者的統治（sophocracy）**。為了理解這點，我們要盡力找出到底是什麼功能，使柏拉圖要求國家的統治者必須是博學之士不可，或如他所形容的「一位完全合格的哲學家」。我們要考慮的功能可以分成兩類：其一是關於國家的**建立**；另一類則是關於國家的**保存**。

4

哲人王的首要功能是國家的建立者和立法者。柏拉圖為什麼要哲學家擔任這個工作？答案很明白。如果要國家穩定，它就必須是國家的神聖理型的真實摹本。但只有熟諳最高深的科學和辯證法的哲學家，才能看到和複製這神聖的原本。在〈國家篇〉中，柏拉圖開展了他的哲人治國的論證，大大強調了這點[24]。哲學家「對於真理情有獨鍾」，真正的真理愛好者喜歡看到全部而不是部分。因此，他不像一般人一樣喜愛感覺事物，「喜歡美麗的聲調、色

137

彩和形狀」，而是要「看到、稱讚美的真實本質美的理型」。於是，**柏拉圖給了「哲學家」一個新的意義**，亦即理型世界的愛好者和見證者。如此一來，哲學家就成為道德城邦的建立者[25]：「和神親密交往的哲學家」可能會渴望把他所看到的天國理想城邦和理想子民在人間實現。他像製圖者或畫家一樣，「使用天上的模型的藝術家的描繪」。只有真正的哲學家才能「繪製城邦的草圖」；因為只有他們才看得到城邦的原形並予以複製，「他們在工作過程中會不時地左盼右顧，一面是正義、美、節制等等性質，另一面是他們依據這些性質努力在人間複製出來的各種摹本。」

作為「制度的繪製者」，哲學家必須假借善和智慧之光[26]。關於這兩個觀念以及它們對於作為城邦建立者之哲學家的作用，我們會稍事評論。

柏拉圖的善之理念在「理型」的階層中是至高的。它是理型的神聖世界的陽光；它不但普照其他一切，而且是它們的存在的源泉[27]。不僅如此，它還是一切知識和真理的原因或源泉[28]。因此，照見、欣賞和認識善的能力，是辯證哲學家不可或缺的[29]。因為它是理型界的太陽和光源，它幫助描繪者（哲學家）看清楚他的對象。因此，對城邦的建立者來說，其功能是最為重要的。但是我們只知道這些純粹理型的存在。柏拉圖的善的理念從來沒有扮演更直接的倫理或政治角色。除了大家所知的集體主義者的規範（其箴規的產生根本不必訴諸善的理念），我們從來沒有聽他說過什麼行為是善的，或可以產生善。光說善是目的，說善是每個人所欲的，並不能增加我們對它的理解[30]。在〈斐萊布篇〉中更表現了這種空洞的形式主義，把善等同於「尺度」或「中庸」的概念[31]。當我讀到柏拉圖在其著名的演說「論善」中，把善定義為「能確定被想像成一個整體者」，因而使一個沒有受教育的聽眾失望時，我對那位聽眾深表同情。在〈國家篇〉中，柏拉圖很直率地說，他不能解釋他所謂的「善」是什麼[32]。唯一的實際暗示，是我們在第四章開頭提到的：善是永恆的，惡是會導致腐敗和墮落的（無論如何，這裡所謂的「善」似乎不是善的理型，而是近似於理型的事物性質）。這樣說來，善是事物的不變的、停止的狀態；是靜止中的事物的狀態。

以上說法似乎仍然沒有脫離柏拉圖的政治極權主義；同時，對於柏拉圖的「智慧」理念的分析，也得到同樣令人失望的結果。我們知道，對柏拉圖來說，智慧並不是指蘇格拉底所謂對我們自己的侷限的洞察，也不是如我們大多數人所期望的熱中於理解人性以及人間世。柏拉圖的智者沉思著另一個更高世界的問題，「沒有時間去關心凡人的瑣事……。他的注意力放在那些有著永恆不變秩序的事物上。」這是一種能使人更有智慧的正確學問：「我們必須一致同意這是哲學家的天性方面的東西，他們永遠酷愛那種能把永恆的本質揭示出來的知識，而不會在生成與死亡這兩極動搖不定。」柏拉圖對智慧的探討看起來也不外乎「停止變動」這個理想。

5

對城邦建立者的功能分析，雖然沒有發掘出柏拉圖理論中任何新的倫理元素，卻指出了為什麼城邦的建立者必須是哲學家的確定理由。然而這並不能完全證成哲學家何以必須永久統治。它只能解釋為什麼哲學家必須是最初的立法者，但不能解釋國家需要哲學家作為永久的統治者，它更不能解釋為什麼踵繼者必須蕭規曹隨，不可有任何改變。如果要充分證成應該由哲學家統治的主張，我們必須著手分析種種和維持城邦有關的任務。

從柏拉圖的社會學理論中，我們知道一旦國家建立後，只要統治階級的團結一致，國家就可維持穩定。因此，這個階級的養成教育就是國家主權的專屬功能。它對於應該由哲學家統治的主張的證成效力有多大呢？要回答這個問題，我們再把這個功能分作兩個不同的活動：教育的監督和優生學的監督。

為什麼教育的指導者必須是哲學家呢？一旦建立了國家、建立了教育體系之後，由一位資深將領來負責，為什麼還不夠呢？如果說要受教育的不僅是戰士，還包括哲學家，因此必須有哲學家和戰士來主持教育，這個答案顯然不能令人滿意。因為，如果不需要哲學家來擔任教育的指導者和永久的統治者，那麼也就不必由教育體系產生新的哲學家了。教育體系

139

的需求，並不能拿來證明柏拉圖的國家需要哲學家、或統治者必須是哲學家的設定。如果柏拉圖的教育除了要符合國家利益以外，還有個人主義的目的，那麼情況就當然不同了，例如教育的目的也可能是培養他們各種哲學的能力。但有如上一章所述，柏拉圖非常畏懼獨立思考[33]。當我們看到他的哲學教育的終極理論性目標只是要去認識一個不可名狀的「善」的理型，我們便明白它根本算不上什麼解釋。如果我們記得在第四章中，柏拉圖也要求禁止雅典的「音樂」教育，我們在這方面的印象就更深刻了。柏拉圖之所以重視統治者的哲學教育的重視，必須以其他的理由去解釋，這些理由必定完全是政治性的。

我所理解的主要理由是為了使統治者的權威極大化。如果戰士的軍事教育成效卓著，就可以訓練出許多優秀的戰士。但是要建立一個不受挑戰而且不容受挑戰的權威，傑出的軍事才能是不夠的；它必須建立於更高的要求。柏拉圖的基奠是主張統治者必須培養超自然的、神祕的能力。這些領袖不像其他人，他們屬於另一個世界，可以和神親密交往。因此，哲人王似乎是部落的祭司國王的翻版，我們在討論赫拉克里圖斯時提過這個體制（部落祭司王、巫醫或薩滿，似乎也影響了古老的畢達哥拉斯教派，他們有極為天真的部落禁忌。顯然，即使大部分的禁忌在柏拉圖以前就消失了，但畢達哥拉斯教派仍然主張其權威有超自然的基礎）。因此，柏拉圖的哲學教育有其確定的政治功能，**旨在統治者身上作記號，並在統治者和被統治者之間架起障礙物**（至今，這種「高等」教育的主要功能仍然存在）。柏拉圖式的智慧主要是為了建立一個永久的統治者政治階級。我們可以稱其為政治「醫術」，通曉這種醫術的人，就擁有神祕的力量[34]。

但以上並不能完全回答哲學家在國家裡的功能的問題。也就是說，這個問題只被轉移了，現在我們要提出另一個類似的問題，那就是薩滿或巫醫的實際政治功能。當柏拉圖設計其特殊的哲學訓練時，他必定有其特定目的。我們必須替統治者找到一種永久性的功能，它類似於立法的臨時性功能。發現這種功能的唯一希望，似乎就在主人種族的培育上。

140

6

要探討為什麼需要哲學家擔任永久統治者，下面這個問題是最好的方式：根據柏拉圖的說法，如果國家不是由哲學家永久治理的話，那會怎麼樣？柏拉圖有個明確的答案。如果國家護衛者（即使它是個非常完滿的國家）不清楚畢達哥拉斯學派的思想和柏拉圖的「幾何數」的理論，那麼這個護衛者的種族以及他們的國家就會墮落。

如此一來，在柏拉圖的政治方案中，種族主義比我們預期的更加舉足輕重。柏拉圖的種族主義似乎是其描述社會學的基礎：「依此基礎形成了柏拉圖的歷史哲學。」（亞當語。）同樣的，它也是以哲學家治國的政治主張的基礎。在第四章談到柏拉圖的國家有個牧羊人的

141

比喻，我們不難發現他所謂的國王就像牧羊人一樣。不過更令人驚異的是，他的哲學家原來也是個哲學牧羊人。哲學家必須學習科學、數學、辯證法和哲學，這個問題根本不是用來證明哲學家的統治權的論證。

我們在第四章中指出，在柏拉圖〈國家篇〉的上半部，對於如何培育純種牧人的問題著墨甚多。不過，為什麼只有真正的、完全合格的哲學家才能勝任牧人的工作，我們沒有看到合理的理由。不過，養狗、馬或鳥的人都知道，如果沒有一套模式，沒有育種的目標，配種或選種的方法沒有一個理想，那就不會有合理的育種。如果沒有標準，他就沒辦判定哪些後代是「合格的」；他會沒辦法區分「優良」和「低劣」的後代。不過，這種標準剛好與柏拉圖培養種族的理念相符。

柏拉圖認為，唯有真正的哲學家、辯證學家才看得到國家的神聖原型，因此，也只有辯證學家看得到另一個神聖的原型，那就是人的理型。只有他才能複製這個模型，能使它自天上降到人間，並在人間實現[35]。那是個君臨天下的理型，人的理型。但這並不如某些人所想的，是所有人共有的。它不是關於「人」的普遍概念，而是人的神性原型，永恆不變的超人；它是上等的希臘人，上等的主人。哲學家必須在人間實現柏拉圖所描述的種族，他們「具有最堅定的、最勇敢的品質，有可能的話，也應當最有風度……他們不僅品格高尚（具有令人敬畏的特質），而且還要擁有適合接受這種類型教育的天賦。」[36]這種男女種族「被當作神聖的偉人……塑造了一尊最完美的雕像」[37]，他們是高貴的種族，天生是國王和主人。

我們看到哲人王的兩種基本功能很相似：他要複製國家的神聖原型、要複製人的神性原型。他是唯一能夠而且力圖「運用在彼岸看到的原型塑造公共和私人兩方面的人性」[38]。

現在我們明白了為什麼柏拉圖宣稱要以畜養動物的原則去牧養人群，卻又暗示我們，統治者必須具有超凡的才能。他說我們畜養動物要極為小心，「要不是這樣，你就會看到你的獵狗和公雞品種退化，不是嗎？」柏拉圖從這種論調推論說，人也必須同樣細心牧養，「蘇格拉底」感嘆到：「天啊！……。如果這個原則也同樣適用於人，那麼需要我們的統治者拿出多少高明的手段啊？」[39]這種感嘆是有意義的。這是前面提到的暗示，也就是統治者可能成為一種有自己的地位和訓練、「超卓不群」的階級。它也暗示了他後來主張說他們必須是哲學家。但更有意義的是，這個段落直接導出柏拉圖的另一個主張，認為有如醫生一般的統治者有義務在必要時撒謊和欺騙。柏拉圖堅持「如果要使你放牧的對象最完美」，說謊就有必要了。因為「若要使統治階級免於分裂，有些計畫必須保密不使統治階級以外的人們知曉」。上面的引文主張統治者要像醫生一樣，要更勇於說謊，它和下面的說法有關；它為讀者做好另一個主張的心理準備，這個主張對柏拉圖特別重要。他認為統治者應該替年輕戰士們擇偶，一定要設計「某種巧妙的抽籤方法，使那些較差的男子在每次不能得到婚配時只能怪自己運氣不好而不能責怪統治者」，統治者就是祕密設計抽籤的工程師[40]。在這種閃避責任的卑劣設計之後（這是以蘇格拉底的身分提出來的，柏拉圖毀謗了他偉大的老師），「蘇格拉底」的建議迅即被格老孔採用而大力推展，我們可以稱為**格老孔的敕令**[41]。這個蠻橫的法律[42]規定在戰爭期間，每個男女都有義務滿足勇士的願望：「對那些在戰爭……表現卓越的年輕人，我們一定要給他們榮譽和獎勵，還要給他們提供更多的機會，讓他們與婦女（**按：波普譯作：不論是男的或女的**）交媾，這樣就可以有更多的優秀後代了。」柏拉圖謹慎地指出國家會有兩種明顯的利益，重賞之下可以有更多的英雄；由於英雄的兒女增多，就會更多的英雄（從長遠的種族政策來看，第二種利益更重要，這是借用「蘇格拉底」的嘴巴說出來的）。

142

7

這種優生交配的方式並不需要什麼特別的哲學訓練。然而，在防止墮落方面，哲學的教養則扮演要角。要防止這種危險，就需要一個完全合格的哲學家，他要學習（包括立體幾何學的）純粹數學、純粹天文學、純粹和聲學，以及一切學問中最深奧的辯證法。只有理解柏拉圖「幾何數」理論裡的數學優生學祕密，才能替人類找回並保存墮落之前的幸福[43]。格老孔的敕令宣布之後（其間還有個區別希臘人和野蠻人的自然差異的插曲，柏拉圖認為它對應於主人和奴僕的差異，這一切都必須牢記在心），柏拉圖宣示說，哲人王的統治是他最核心而聳人聽聞的政治主張。他告訴我們，單憑這點就足以消弭社會生活裡的罪惡，充斥在國家裡的罪惡，也就是政治上的動盪不安，它更能消弭其背後的原因，也就是種族的墮落。這就是柏拉圖在這個段落所要說的[44]。

蘇格拉底說：「我說，我已經面臨我們所說的那個最大的悖論浪頭了。但我還是要說下去，哪怕我們被浪潮沖走，淹死在譏笑和藐視的浪濤之中，我也願意……。」「我一直全神貫注。」格老孔說。蘇格拉底說：「除非哲學家成為我們這些國家的國王，或者那些我們現在稱之為國王和（寡頭）統治者的人能夠用嚴肅認真的態度去研究哲學，使政治權力和哲學理智結合起來，而把那些現在只搞政治而不研究哲學或者只研究哲學而不搞政治的碌碌無為之輩排斥出去，否則，我親愛的格老孔啊，我們的國家就永遠不會得到安寧，全人類也不能免於災難。」（對於這問題，康德有個精闢的回答：「君王從事哲學思考，或者哲學家成為君王，這是不可遇，亦不可求的；因為權力之占有必然會腐蝕理性之自由判斷。但是，君王或君王般的（根據平等法則來自治的）民族不讓哲學家底階層消失或沉默，而讓他們公開發言，這對兩者之了解其工作是不可或缺的。」）[45]（**引文中譯見：李明輝譯：《康德歷史哲學論文集》，頁205-06。**）

143

柏拉圖的這麼重要段落被恰當地形容為柏拉圖的著作關鍵，而最後一句話說：「我相信……全人類也不能免於災難。」我想是不重要的附加語。不過因為慣於把柏拉圖理想化的人們詮釋說柏拉圖在這裡談的是「人性」，而把他的救世許諾由城邦擴展到「全人類」，所以我們有必要略加評論[46]。我們應該說，「人性」的倫理範疇是超越國家、種族和階級的，這是柏拉圖完全陌生的。事實上，我們有充分的證據指出，柏拉圖敵視平等的信念，這種敵視可見於他對於蘇格拉底的老學生和朋友安提西尼的態度[47]。就像阿爾西達馬斯和呂哥弗隆一樣，安提西尼也是高爾吉亞學派，其平等的理論似乎擴充至四海之內皆兄弟的理論，主張世界一家[48]。在〈國家篇〉中，柏拉圖把希臘人和野蠻人比喻成主人和奴隸的天生不平等而對這種平等信念大肆撻伐。在我們現在討論的這個關鍵段落之前，他就開始抨擊[49]。再加上其他理由[50]，我們似乎可以斷定說，當柏拉圖談到人類之間流行著一種罪惡時，他指的是讀者熟悉的一個理論，認為國家的福祉繫於統治階級成員的「本性」；而他們及其種族的本性正受到個人主義教育的種種惡行的威脅。柏拉圖明確引用到神聖的靜止以及變動和腐敗的邪惡之間的對立，由此預示了「幾何數」的故事和「人的墮落」[51]。

柏拉圖在這個宣示其最重要的政治主張的關鍵段落裡提出他的種族主義，可以說是恰到好處。因為如果沒有一位通曉優生學的所有預備學問的「真正合格的哲學家」，國家便會滅亡。在柏拉圖的幾何數和人類墮落的故事中，柏拉圖告訴我們，最初而致命的過失，是對於優生學喪失興趣，而沒有監視和檢查種族的純淨：「喪失了真正護衛者識別不同種的人的能

144

力，按赫西奧德所說，人的種可以分為金種、銀種、銅種、鐵種。」[52]

這一切都是因為統治者不了解關於婚配的神祕幾何數所致，但這個「幾何數」無疑是柏拉圖自己發明的（它預設了純粹和聲學，而後者又預設了柏拉圖在書寫〈國家篇〉時的新科學：立體幾何學）。因此我們看到除了柏拉圖本人外，沒有人知曉他所謂「正確的統治」的祕密，不過這只是意味著哲人王就是柏拉圖本人，而〈國家篇〉成為他要求王權的主張，他認為這是他應得的。事實上，他宣稱自己不但是哲學家、還是殉難的卡德洛斯王（Codrus）的子嗣和唯一合法的繼承人，這位雅典的最後國王據說「為了替後代子孫保留住王國」而犧牲了自己。

8

一旦得到上述結論，許多看來不相關的事情都變得盤根錯節而且昭然若揭了。例如，柏拉圖的著作無疑是在影射當時的問題和特性，而作者並無意把它當作理論性的論文，而只是典型的政治宣言。泰勒（A. E. Taylor）說：「如果我們忘記〈國家篇〉並不是關於政府的理論性討論……而是由一個雅典人倡導的重大實務改革計畫……，就像雪萊（Shelley）一樣『具有改革世界的熱情』，那我們就大大誤解柏拉圖了。」[53]。這種說法無疑是對的；由此觀之，

145

我們可以推論說，柏拉圖在描述其哲人王時，他必定想到當時的若干哲學家。但在書寫〈國家篇〉時，雅典只有三位傑出人士或許可以稱為哲學家：安提西尼、伊索克雷茲和柏拉圖本人。如果我們把握這點來理解〈國家篇〉，就會立即發現，在討論哲人王的特質時，有相當大的篇幅是柏拉圖在影射他自己。他一開場就提到一個聲名顯赫的人物，也就是阿爾西比亞德斯（Alcibiades）[54]，在結尾時談到一個名字，也就是塞亞革斯（Theages），而「蘇格拉底」也提到他自己[55]。結果是稱得上真正哲學家、有資格成為哲人王的人屈指可數。出生貴族的阿爾西比亞德斯可以說是名門正派，卻放棄了哲學，雖然蘇格拉底企圖拯救他。被拋棄而無助的哲學，於是任由「不適宜學文化的人」予取予求。最後，「只有少數人值得和哲學沾上一點邊」。從我們得到的觀點來看，應該想到，所謂的「不適宜學文化的人」指的就是安提西尼和伊索克雷茲及其學派（在柏拉圖論及哲人王的關鍵段落裡，他們也是柏拉圖所謂的「被武力所迫」）。事實上，有一些獨立的證據可以支持我們的看法[56]。同樣的，我們應該想到「少數和哲學沾上一點邊的人」應該包括柏拉圖或者他的朋友（可能包括迪奧）。事實上，接下來的內容無疑是柏拉圖在講他自己：「極少數人……已經充分理解了民眾的瘋狂，看到在當前的政治事務中沒有什麼可以說是健全的或正確的……極少數真正的哲學就好像孤身一人落入猛獸群中，既不願意參與作惡，又不能單槍匹馬地抗拒所有人的野蠻行徑，在這種情況下他一事無成，無法以任何方式為朋友或城邦做好事，在他能這樣做之前就英年早逝。由於上述原因，哲學家都保持沉默，獨善其身……。」[57]這些酸溜溜而且完全不像蘇格拉底的口吻的話語所透露的強烈憎惡，顯然是出自柏拉圖本人[58]。然而，為了完全領略柏拉圖的個人自白，我們必須對照以下句子：「因為，說船長應當懇求水手接受他的領導，智者應當去叩富人的大門，都是不自然的……真正順應自然的事情是：病人應當上門去見醫生，而無論他是窮人還是富人；如果某個統治者確實擅長統治，那麼那些需要接受統治的人應當上門去見知道如何統治的人，而不是統治者請求下屬讓他來統治。」在這個段落裡顯現的無盡個人驕傲，誰能視若無睹呢？在這裡，柏拉圖說，我就是你們的自然統治者，一位知道如何統治的哲人王。如果你們需要我，就必須到我這裡來。如果你們抵制我，我還是可能成為你們的統治者，但我不會乞求你們。

柏拉圖是否相信人們會到他那裡求他呢？像許多偉大的文學著作一樣，〈國家篇〉指出了柏拉圖心中充滿了強烈而興奮的鴻鵠之志，但其中不時夾以失望的時刻[59]。柏拉圖至少有時候希望人們會去到他那裡；他著作的成功，智慧的聲望，會使他們去到那裡。但他同時又感到他們只是會被煽動攻擊的暴民，他只會使自己「淹死在譏笑和藐視的浪濤之中」，甚至是死亡。

柏拉圖是否有野心呢？有的，他的野心是要扶搖眾星之上，成為神人。我有時會懷疑，他的熱情可能不是因為他談到許多神祕的夢境[60]。即使在他批評野心的時候，我們也會感覺

146

到他正受到野心的唆使。柏拉圖向我們保證說，哲學家是沒有野心的[61]，雖然「哲學家註定要治人，但他對統治人是最淡泊的」。但淡泊的理由卻是因為他的地位太高了。他是可以和諸神往來的人，他從上界降到短暫的下界，其實是為了城邦的利益而犧牲自己。他不會汲汲於統治人；但身為天生的統治者和救贖者，他卻隨時準備好擔負這個任務。貧乏的世人需要他，沒有他，國家就會毀滅，因為只有他知道如何保存國家的祕密，一個停止墮落的祕密。

我想我們必須面對一個事實，在哲人王統治的背後，有著對於權力的渴望。統治的美麗畫像是一幅自畫像。當我們從這種發現中驚醒過來時，對於這幅令人肅然起敬的畫像就會有新的觀感；同時，如果我們以蘇格拉底的反諷法來武裝自己，或許就不會覺得它那麼可怕。我們可以從辨識它的人性面開始，事實上，這幅畫像未免太人性了。我們甚至會替柏拉圖感到難過，因為他只能滿足於成為第一位專職的哲學教授，而不是第一位哲人王，他那自畫像式的國王理念永遠無法實現。相當諷刺的是，我們甚至很遺憾地看到柏拉圖的故事居然有點神似《醜小狗》（*The Ugly Dachshund*）裡對於柏拉圖主義天真而不自覺的諷刺，也就是那隻大丹犬托諾（Tono）的故事；在那個故事中，大丹犬以自己的形像塑造了「偉大的狗」的高貴概念（但最後牠很快樂地發現那隻偉大的狗就是牠自己）[62]。

像這樣的哲人王的觀念，正好說明了人類有多麼渺小！蘇格拉底警告說，政治家應提防被自己的權力、優越、智慧沖昏頭腦；他告誡政治家說，最重要的事是應知道每個人都是脆弱的，包括他自己在內。蘇格拉底所表現的純真和慈悲，和柏拉圖有霄壤之別！從理性和真實的世界，飛升到柏拉圖的哲人王國，擁有神祕的權力，凌駕凡人之上；這又是什麼樣的墮落！雖然凌駕於凡人之上，卻沒有超然到捨棄撒謊，也沒有忽略薩滿的把戲；為了得到統治的權力，竟然淪落到推銷種種咒術，種種優生配種的咒術。

注釋

586

本章格言摘自：*Republic*, 540c-d，本章注37以及第九章注12有更完整的摘引。

注1：見：*Republic*, 475e，另見：485b, 501c。

注2：見：*Republic*, 389b。

注3：見：*op. cit.*,389c/d，另見：*Laws*,730b。

注4：本引文及其下三個引文，見：*Republic*, 407e, 406c，另見：*Statesman*, 293a f., 295b-296e。

注5：見：*Laws*,720c。有趣的是：在718c-722b提到政治家應使用說服和武力（722b）的觀念。同時，

587

柏拉圖所謂「說服群眾」，主要指的是謊言宣傳。見：本章注9及注10，摘引自：*Republic*, 414b/c 的內容，引在該注釋正文中。所以儘管在所引〈法篇〉的段落中，柏拉圖表現了前所未有的溫和，但是他的思想仍是老套，亦即仍為搞謊言的醫生式的政治家。在〈法篇〉857c/d 中，柏拉圖抱怨一種相反類型的醫生：這種醫生對病人大談哲學而不專心在醫療上。似乎很有可能柏拉圖在此談的是他自己患病的一些遭遇。

注6：見：*Republic*, 389b，隨後較短的摘引見：*Republic*, 459c。

注7：見：Kant, *On Eternal Peace*, Appendix. (*Werke*, ed. Cassirer, 1914, vol. VI, 457); cp. M.Campbell Smith,trans. (1903), pp. 162 ff.。

注8：見：Crossman, *PlatoTo-Day* (1937), 130；另見：前揭處前幾頁。克羅斯曼似乎仍然相信謊言的宣傳僅僅旨在讓被統治者接受，柏拉圖旨在教育統治者，要他們充分發揮他們的批評能力，因為我看到克羅斯曼說：「柏拉圖相信只有被揀選的少數人有言論自由。」（*The Listener*, vol. 27, p. 750）不過事實上，柏拉圖根本不信這些。他在〈國家篇〉和〈法篇〉中（見：第七章注18及注21正文）說他擔心年紀不成熟的人的自由思想和言論會破壞了關於靜止的學說，從而破壞靜止社會的僵固性。另見：以下兩個注釋。

注9：見：*Republic*, 414b-c。柏拉圖再次肯定希望說服「統治者和軍事階級和城邦中其他人」（*Republic*, 414d）相信他的謊言之真實性。後來，他又似乎後悔自己這麼坦白；因為他說（*Statesman*,269b ff, 271b；另見第三章注6（4））他在〈國家篇〉中甚至不願意以「貴族的謊言」去談論「地生

人神話」，但是現在倒像是他自己相信這個神話的真實性了。

補註：我所譯的「貴族的謊言」一般譯為「高尚的謊言」或「高尚的虛假」，甚至譯為「精神化的虛構」。我譯為「貴族」的拉丁文作「gennaios」，直譯是「出身高貴的」或「貴族血統的」。所以「貴族的謊言」至少是和「高尚的謊言」一樣的直譯，不過避免了「高尚的謊言」可能的暗示聯想，這種聯想是毫無根據的，它並不是一種基於高貴的情操而決心犧牲自己的謊言，不是像湯姆（Tom Sawyer）為了替貝琪（Becky）頂罪而被法官查契爾形容為「高貴的、慷慨的、寬仁的」謊言。無論如何，柏拉圖的「貴族的謊言」決沒有這種意含；因此，譯為「高尚的謊言」，恰好又是一種企圖將柏拉圖理想化的典型。康福德（Cornford）翻譯成：「一種……大膽的、放縱的創造」，他並在註解中反對「高尚的謊言」的翻譯，而將「gennaios」解說為「寬大的程度」；同時又認為「大的謊言」或「巨大的謊言」為適當的翻譯。但他同時又反對使用「謊言」一詞，他說「地生人的神話」是「柏拉圖無害的寓言」，並反對認為「柏拉圖會支持謊言或今日所謂的宣傳」；他在其下的註解中說：「應注意國家護衛者大抵上也接受了這個寓言；它不是統治者欺騙群眾的『宣傳』。」不過，這一切把柏拉圖理想化的企圖都失敗了。柏拉圖本人明白地說，這是應該感到羞恥的謊言，見注11的摘引。（在本書第一版中，我譯為「激勵式的謊言」，暗示其「高貴的出身」，或譯為「精巧的謊言」；不過若干研究柏拉圖的朋友們批評我的譯法太自由而且有特定目的。然而，康福德將「gennaios」譯為「大膽的、放縱的創造」，恰好具有同樣的意義。）見本章注10及注18。

注10：見：*Republic*, 519e，摘引在第五章注35中。關於「說服與武力」，見：*Republic*, 366d，在本註解、本章注5及注18都會提到。

希臘文「peithō」一詞（它的人格化是意指一個迷人的女神，她是阿芙羅狄特〔Aphrodite〕的侍女）一般譯為「說服」，其意思可能是：（a）「以正當的方式說服」、（b）「以不正當的方法取信」，亦即「以欺騙取信」（見：*Republic*, 414c），甚或指「以禮物說服」，亦即賄賂（見：*Republic*, 390e）。特別是在「說服和強迫」一詞，「說服」往往解釋作（a）的意義，也譯為「以公正的或不正當的方法」，有時這種解釋是恰當的。（戴維斯和鮑根在 *Republic*, 365d 的譯法）。然而我相信當柏拉圖建議以「說服和強迫」作為政治技術的工具，他是著重字面的意思，建議使用委婉的宣傳再加上暴力。

關於柏拉圖以（b）使用「說服」一詞，尤其是和政治宣傳有關時，下面段落則很重要。（一）見：*Gorgias*, 453a-466a, esp. 454b-455a; *Phaedrus*, 260b ff.; *Theaetetus*, 201a; *Sophist*, 222c; *Statesman*, 296b, ff., 304c/d; *Philebus*, 58a。在上述內容中，說服（「或說服的藝術」、「和灌輸真實知識截然不同的技巧」）是和雄辯、偽裝及宣傳有關的。見：*Republic*, 364b, esp. 364e-365d; *Laws*,909b。（二）在 *Republic*, 364e（「他們不僅說服，亦即不僅欺騙個人，更欺騙全城的人相信他們所說的」，「說服」和 414b/c 的意義相似（摘引在本章注9），亦即「貴族的謊言」。（三）365d 則很有趣，因為其中使用了一個語詞（林德賽〔Lindsay〕恰當地譯為「欺騙」）：「為了不被逮住……我們有很多精通說服之術的大師來幫我們！……因此使用說服和武力，我們可以逃避處罰。然而或許有人會反對，人們不能用欺騙或用武力來對付神……。」尤其是（四）在 *Republic*, 390e 的「說服」一詞則有賄賂的意思。（可能是古老的用法，據稱是引述自赫希奧德。有趣的是，柏拉圖反對人可以說服或賄賂諸神，然而他在其後的 399a/b 卻作了讓步。）然後是 414b-c，「貴族的謊言」；接著（414c）是「蘇格拉底」的諷刺評論（五）：「要使人相信這種故事，需要用太多的說服。」最後我要說的是（六）：*Republic*, 511d, 533e。柏拉圖把說服、信仰或誠信說成靈魂的低等認知功能（希臘文「說服」的字根和「faith」相同），亦即認識、判斷流變世界的能力（見：第三章注21；*Timaeus*, 51e），而和關於永恆理型的理性知識相對。關於「道德」說服的問題，見：第六章注62、注54及正文，以及第十章，特別是注56正文、注65及注69正文。

589

注11：見：*Republic*, 415a。下一個引文見：415c（另見：*Cratylus*, 398a）。見：本章注12注14及正文，以及注27（3）、注29、第四章注31。

（一）關於柏拉圖的不安，見：*Republic*, 414c/d；以及上一個注釋（五）。「要使人相信這種故事，需要用太多的說服。」蘇格拉底說。「你似乎嫌惡說這個故事。」格老孔回答說。「當我講完它時，你會了解我的嫌惡。」蘇格拉底說。「說吧，用不著害怕，」格老孔說。這個對話導引出我所謂**第一個神話觀念**（柏拉圖在〈政治家篇〉中，把它當作真實故事提出來；見：本章註（注9）；另見 *Laws*,740a。）如正文所述，柏拉圖指出**第一個觀念**使得他有些躊躇，因為格老孔回答時說：「你這樣遲遲羞於說出你的謊言，不是沒有理由的。」在蘇格拉底說完這個「故事的其餘部分」之後，也就是種族主義的神話，則沒有類似的評論。

（二）（補註）關於地生戰士的問題，我們必須記住，雅典的貴族主張他們是希臘土生土長的（和多利安人相反），「就像蚱蜢一樣」生自大地（*Symposium*, 191b；另見本章注52）。有個友好的批評使我想到，在（一）中談到的蘇格拉底的不安，格老孔說蘇格拉底有理由感到羞恥，那是柏拉圖在暗諷雅典人說，他們雖然認為自己是土生土長的，卻不會像保護母親一樣護衛他們的國家。不過我想這種巧妙的暗諷不大可能成立。公開說寧肯當斯巴達人的柏拉圖，怎麼會指控雅典人不愛國；況且這種指控也不公平，因為在伯羅奔尼撒戰爭中，雅典的民主人士並沒有對斯巴達人俯首稱臣（見：第十章），而柏拉圖的舅舅克里底亞反而屈服了，成為在斯巴達傀儡政府的首長。如果柏拉圖有意暗諷雅典人的軟弱，也只可能影射伯羅奔尼撒戰爭，反而是在批評克里底亞，他是柏拉圖最不想這麼批評的人。

（三）柏拉圖把他的神話稱作「腓尼基人的謊言」。艾斯勒（R. Eisler）解釋說，衣索匹亞人、希臘人（銀礦）、蘇丹人、敘利亞人（大馬士革），依序被視為東方的金、銀、銅、鐵族，埃及為了政治宣傳的目的，曾經利用這種說法（見：《聖經・但以理書》2:31）；同時，他又指出，這四個種族的故事在赫希奧德的時代由腓尼基人傳入希臘。（正如我們猜測的，柏拉圖知道這個事實。）

注12：引自：*Republic*, 546a ff.；見：第五章注36至注40。435c 明白禁止階級的混雜；見：第四章注27（3）、注31、注34及第六章注40。

590

引自：*Laws*, 930d-e，提到一種原則，那就是混合婚生的小孩的身分階級，要繼承父母階級中比較低的那一個階級。

注13：見：*Republic*, 547a。（關於遺傳的混合理論，見第五章注39、注40正文，特別是注40（2）及本章注39至注43、注52。）

注14：見：*Republic*, 415c。

注15：見：Adam's note to *Republic*, 414b ff.。另見：Grote, *Plato, and the Other Companions of Socrates*, London, 1875, III, 240。葛洛特總結〈國家篇〉的精神，及其和〈申辯篇〉的對照部分說：「在……〈申辯篇〉中，我們發現蘇格拉底承認自己的無知……。然而〈國家篇〉卻顯露一種新的性格……。他自己高坐在法王（King Nomos）的王座上：是不移的權威，世俗的和精神的權威；群眾因而有個膜拜的對象，而決定了正統……。他現在要每個人各安其位，按照他的指示立約，**包括那些精心設計的倫理和政治故事**，例如有關……人是地生的。……不論是〈申辯篇〉裡的蘇格拉底，或是他的否定辯證法，都不可能存在於柏拉圖的〈國家篇〉裡。」（粗體字是作者加上去的，見：*op. cit.*, 188。）

「宗教是人民的鴉片」的理論也以另一種形式成為柏拉圖和柏拉圖學派的學說。（見：本章注17及正文，特別是注18。）它顯然是該學派若干祕傳理論之一，只有上層階級和年紀成熟的人才能討論（見第七章注18）。而所有洩漏祕密的人會被理型論者視為無神論者而加以迫害。

注16：例如：亞當（Adam）、巴克爾（Barker）、費爾德（Field）。

注17：見：Diels, *Vorsokratiker5*, Critias fragment, 25。（我在四十多行裡挑出比較有特色的十一行。）值得一提的是，這個段落是以一個概略的契約理論起始的（有點像呂哥弗隆的平等主義；見：第六章注45）。關於克里底亞方面，見：第十章注48。因為巴奈特認為以克里底亞為名的殘篇充滿著詩意和戲劇性，應該是三十僭主的祖先所作，我們也應注意，柏拉圖在〈查米德斯篇〉（157e）說是其後詩人所作；而在162d中，他甚至說克里底亞是個戲劇學家。（見：Xenophon, *Memorobilia*, I, iv, 18。）

注18：見：*Laws*,909e。克里底亞的觀點後來似乎成為柏拉圖學派的傳統，另見：Aristotle, *Metaphysics*, 1074b3。它也是「說服」即「宣傳」一詞的替身的另一個例子。（見：本章注5及注10）：「其餘的……，以一種神話的形式添上去，旨在說服暴民相信法律的和一般政治的權宜之計……。」另見：*Statesman*, 271a。柏拉圖企圖為神話的真實性辯護，他自己當然是不相信的。另見：本章注9及注15。

注19：見：*Laws*, 908b。

注20：見：*Laws*, 909a。

注21：關於善惡的衝突，見：*Laws*, 904-906; 906a/b。該處所謂的正義仍然是〈國家篇〉裡集體主義的正義。見：第五章注35正文及第六章注27摘引的 *Laws*, 903c。另見本章注32。

注22：見：*Laws*, 905d-907b。

注23：我贊成絕對論者（absolutist）對「真」這個問題的理論；它符合一般的觀念，認為「一個陳述為

591

真，若且唯若它所說的與事實相符」。這種「絕對的真理說」或「真理的符應說」（correspondence theory of truth）雖然可以溯及亞里士多德，但塔斯基（A. Tarski）是第一個清晰論述的人（見：*Der Wahrheitsbegriff in den formalisierten Sprachen*, Polish edn, 1933, German trans., 1936）；這種理論被他稱為語意學的邏輯理論基礎（見：第三章注29，第五章注5（2））；另見：R. Carnap: *Introduction to Semantics*, 1942, p. 28（它詳細闡述了真理理論）：「特別要注意的是，剛才所解釋的真的意義——我們可以稱為語意學的真理概念——是完全不同於『被相信的』（believed）、『被檢證的』（verified）、『高度印證的』（highly confirmed）等概念。」見拙著：*Logik der Forschung* (*The Logic of Scientific Discovery*, 1959)（「真」和「印證」）也有類似但沒有開展的觀點。在寫作該書時，我還不知道塔斯基的語意學，這是我的理論還很粗糙的原因。羅素於一九〇七年批評實用主義者的真理理論（從黑格爾主義引伸出來的）；他是從絕對論者之真理理論觀點去批評的；最近他更指出相對主義的真理理論和法西斯主義的信條之間有某種關連。見：Bertrand Russell, *Let the People Think*, pp. 77. 79。

注24：尤其是指：*Republic*, 474c-502d。下一個摘引見：475e。

注25：以下七段引文，見：*Republic*, 476b; *Republic*, 500d-e; *Republic*, 501a/b；另見：*Republic*, 484c; *Sophis* , 253d-e; *Laws*, 964a-966a, esp. 955b/c。

注26：見：*Republic*, 501c。

注27：見：*Republic*, 509a。（509b）：「太陽不僅使可見事物可以被看見，而且也使它們能夠生出。」

（儘管太陽本身不是被產生的）；同樣的，「你會說知識的對象不僅從善那裡得到可知性，而且從善那裡得到它們自己的存在和本質；但是善本身不是本質，而是比本質更加尊嚴、更有威力的東西。」（關於 *Republic*, 509b，另見：Aristotle, *De generatione et corruptione* 336a, 15, 31; *Physics*, 194b 13。）在 *Republic*, 510b 中，把「善」當作絕對的起源（不只是人設定或假設的），而在 511b 中則把「善」當作「每個事物的最初起源」。

注28：特別見：*Republic*, 508b ff.：「善生下來的兒子與善本身具有某種關係……就好像善作為理智的原因在理智領域內與理智具有某種關係，同樣，善作為視力的對象在可見世界裡與視力具有某種關係。」（508b/c）

注29：見：*Republic*, 505a, 534b ff.。

注30：見：*Republic*, 505d。

注31：見：*Philebus*, 66a。

注32：見：*Republic*, 506d ff., 509-511。引文把善界說為「可被確定的（或有限的或受限制的）視為單一整體的東西的集合」；我想這個界說並不是很難理解的；它與柏拉圖的其他想法相當一致。「確定的類」指的是理型之類，被視為陽性的原則或始祖，和陰性的、沒有限定或不確定的範疇相反（見：第三章注15（2））。這些理型或始基，就其為古老而不動的始基來說，就其和所產生的感覺事物的對立來說，當然是善的。但是如果我們認為始基或種屬的數目是有限的，那它們就不會是絕對善；因此只有把

592

它當作統一體，即「一」、「一個始源」，這個善才能形象化。（見：Aristotle, *Metaphysics,* 988a 10。）

柏拉圖的善之理型其實很空洞。他沒有指出什麼是善，也沒有依據道德的意義告訴我們應該怎麼做。從本章注27及注28，我們知道「善」在理型界裡是最高的；它是最上層的理型，其他理型由此而生並獲得其存在。我們從這個說明推論出，「善」是不變的，是最優先的或最基本的，也是最古老的（見：第四章注3），是「獨一的整體」；因此，分受這個不變事物（善）的事物因善而得以保存（見：第四章注2及注3），所以，所謂的善就是那保存一切的、古老的，更是古老的法則（見：第四章注23；第五章注7討論柏拉圖主義的部分），全體主義（holism）便是善（見：本章注21）；如此一來，我們其實又回到極權主義的道德（見：第六章注4及注41正文）。

如果〈第七封信〉是真的，柏拉圖（314b/c）認為他的「善」的理論是言語道斷的；因為他談到這個理論時說：「它不像其他各個學科的研究那樣能夠表述。」（見：第十章注57。）

葛洛特清楚批評柏拉圖的善之理型是空洞無物。他在問什麼是善以後說（Plato, III, 241 f.）：「問題是提出來了……。但不幸的是仍然沒有回答……。在描述其他人的心靈時，他們假定有個真正的善存在……，竭盡所能的要獲致它，但在把握和決定什麼是善的東西，卻又困惑不已——柏拉圖只是無意識地描述他的內心狀態。」我很訝異近代學人居然很少注意到葛洛特對於柏拉圖的精闢批評。

正文中下一段的摘引見：*Republic*, 500b-c; *Republic*, 485a/b。第二段之內容相當有趣（見：Adam's note to 485b9），它是類似科技意義下的「發生」（generation）和退化（degeneration）最早出現的地方。它涉及流變以及巴門尼德的不變實體，同時談到主張哲學家統治的論證。見第三章注26（1）及第四章注2（2）。在討論到由於「最壞的無知」（即不知如何服從天生的統治者，見：*Laws*, 689c-d）而導致多利安王國的墮落時（688c），柏拉圖解釋了所謂的智慧：只有最偉大的和諧才可以恰當地稱作最大的智慧。而所謂的「和諧」，就是〈國家篇〉（591b, d）所說的正義觀念（即各司其職）和中庸的觀念（各安其位）兩者的和諧。因此我們又回到原來的出發點。

注33：（補註）：有人對於這個段落批評說沒有發現柏拉圖有任何恐懼獨立思考的痕跡。然而，我們應記住柏拉圖堅持審查制度（見第四章注40及注41），在〈國家篇〉（見第七章注19及注21）也禁止任何未滿五十歲的人研習辯證法，〈法篇〉更是如此（見第七章注18及其他段落）。

注34：關於祭司階級的問題，見：*Timaeus*, 24a。其中有一段明顯談到最好或最「古老的」政府，祭司階級取代了〈國家篇〉中的「哲學家族類」的地位。見：*Statesman*, 290c（攻擊祭司（甚至攻擊埃及的祭司）、神職人員及薩滿；另見第八章注57（2），及第四章注29。

正文中引文見：Adam's note to *Republic*, 547a3（也摘引在第五章注43正文中）。

593

注35：見：*Republic*, 484c, 500e ff.。

注36：見 *Republic*, 535a/b。亞當對於被我譯為「使人敬畏」的種種意見，顯示他支持一般的觀點，認

為是該語詞意指「殘忍」或「可怖」，特別是意謂「使人感到恐怖」。亞當說一般會譯為「陽剛的」或「雄健的」，以緩和柏拉圖的語氣。林德賽則譯為：「屬於……堅實道德的。」

注37：見 *Republic*, 540c；另見 500c-d：「哲學家本人……，變成神一樣。」第九章注12有完整的引文。最有趣的是，柏拉圖在為貴族階層辯護時如何曲解了巴門尼德的「一」。「一」與「多」的對立並沒有保留下來，卻產生一種層級系統：一個理念、少數人接近它的人、多數的輔助階級、數量最多的庶民（在〈政治家篇〉中，這種劃分是很根本的）。相反的，安提西尼的一神論保存了最初伊利亞學派的「一」（神）與「多」（其成員相互視作兄弟，因為他們和神的距離相等）的對立。安提西尼透過齊諾對於高爾吉亞的影響而受到巴門尼德的影響；也許還有德謨克里圖斯的影響。德謨克里圖斯說：「整個大地對賢智的人是敞開著的，因為一個高尚的靈魂的祖國，就是這個宇宙。」

注38：見 *Republic*, 500d。

注39：摘引自：*Republic*, 459b ff.；見：第四章注34、第五章注40（2）。另見：〈政治家篇〉（310b）的三個譬喻，把統治者比喻為牧者、醫生、紡織匠，以巧妙的優生交配去混合人的性格。

注40：*Republic*, 460a。我認為柏拉圖相當重視這個法則，因為他在〈蒂邁歐篇〉裡概述〈國家篇〉時也提到它，見：*Timaeus*, 18d/e。

注41：見：*Republic*, 460b, 468c（「建議迅即被格老孔採用」）。

注42：見：*Republic*, 486c。

594

注43：關於「幾何數」和「人的墮落」的故事，見：本章注13、注52，第五章注39及注40正文。

注44：*Republic*, 437*c/e*。（神聖的）靜止和罪惡（以腐化或墮落為其形式的變動）之間的對立。關於這裡所譯的「寡頭」，見：注57。「寡頭」相當於「世襲的貴族」。

為了文體的理由，粗體的句子相當重要，因為柏拉圖「主張鎮壓一切『純粹的』哲學家」（以及非哲學家的政客）。這個語句的直譯應是：「今日許多人天生的、性向上或稟賦上在腐化或墮落中之飄浮，已經用力量使其減少了。」亞當承認柏拉圖的字面意思是：「柏拉圖不願承認可以獨立的追求知識。」不過他認為應譯為：「強力禁止『外人』追求。」以減弱片語最後語詞的意義（雙引號中的語詞是亞當強調的；見：note to *Republic*, 473d24, p. 330）；他這種說法沒有原文意義的基礎，只是他把柏拉圖理想化的做法。林德賽的譯法也是如此（「強力禁止這種行為」）。柏拉圖想要鎮壓誰呢？我相信柏拉圖貶斥的才能或「本性」有限而不完整的「眾人」，就是在〈國家篇〉（495d）所說的本性不完整的人（這是就哲學家來說），也相當於〈國家篇〉（489e, 490e, 491a）所說的不可避免邪惡的「眾人」。見：本章注47、注56及注59，第五章注23。因此，他的攻擊對象一方面是「沒有教養」的民主政客，另一方面極可能是有一半色雷斯人血統的安提西尼，這個「沒有教養的私生子」和平等主義的哲學家（見：注47）。

注45：見：Kant, *On Eternal Peace*, Second Supplement (*Werke*, ed. Cassirer, 1914, vol. VI, 456)。我刪掉康德的若干冗長敘述（「權力之占有」或許是影射腓特烈大帝）。

注46：另見：Gomperz, *Greek Thinkers*, V, 12, 2 (German edn, vol. II, 382)。或見：林德賽的〈國家篇〉翻譯。

關於這個解釋的批評，見：注50。

注47：我必須承認柏拉圖對安提西尼的態度有個費解的問題，當然是因為關於安提西尼的史料不足。斯多噶學派傳說為犬儒學派溯自安提西尼，不過現在的人往往對此存疑（見：G. C. Field, *Plato*, 1930; D. R. Dudley, *A History of Cynicism*, 1937），雖然不是很有根據（見：Fritz, op. cit., in *Mind*, vol. 47, p. 390）。就我們所知，尤其是亞里士多德的資料，我認為柏拉圖的著作中有多處影射到安提西尼，另外，除了柏拉圖以外，安提西尼是蘇格拉底圈子中唯一在雅典教授哲學的人，這便足以使我們在柏拉圖作品裡注意到關於安提西尼的部分。對我來說，更有可能的是，柏拉圖著作中一連串的攻擊對象都是安提西尼的思想。這個觀點是杜姆勒（Duemmler）最早提出來的（見：*Republic*, 495d/e，本章注56會引述；*Republic*, 535e; *Sophist*, 251b-e），這些內容很類似亞里士多德對於安提西尼的嘲諷（至少我認為是如此），他說安提西尼是個蠢貨，也說過「像安提西尼那樣沒有教養的人」（見：第十一章注54）。在這裡引述的段落裡，柏拉圖也有相同的說法，只不過更尖銳，例如〈辯士篇〉（251b），和亞里士多德的指摘內容相似。關於〈國家篇〉中的兩段內容，我們必須記住，傳說安提西尼是個「私生子」（他的母親來自蠻族色雷斯）。他在雅典教書的學校是讓「私生子」念的。我們發現在〈國家篇〉（*Republic*, 535e f.；另見：注52）有個很特別的攻擊，顯示是針對某人。柏拉圖談到「有一些哲學玩票者，絲毫不知自己實在是不夠格談論哲學」，同時他主張「出身低賤的人不可研究哲學」。他說這些人在工作和消遣上是錯亂而不平衡的（或「歪曲的」、「跛行的」）；更加人身攻擊的是，他提到某些「靈

595

魂殘缺」的人，雖然愛好真理（如蘇格拉底），卻不能得到真理，因他「沈溺於無知中」（也許是因為他沒有接受理型論）；他警告城邦不要信賴這類「跛足的私生子」；我想這種無疑的人身攻擊是針對安提西尼。在這麼暴烈的攻擊中承認對手是愛好真理的，這是很有力的論證。不過如果真是針對安提西尼的話，那麼有另一個相似的段落應該也是指安提西尼，那就是〈國家篇〉（495d/e）；柏拉圖說安提西尼有難看而殘缺的靈魂和肉體。他說他所輕視的對象雖然有志於成為哲學家，卻是極為墮落，甚至不覺得工匠之類鄙事是什麼羞恥的事（「工匠的職業」；見：第十一章注4）。我們知道安提西尼推薦手工藝，非常敬佩手工藝（至於蘇格拉底的態度，見：Xenophon, *Mem.* II, 7, 10），並且對自己的言教身體力行；這又是更有力的論證，說明那個殘缺靈魂的人就是安提西尼。

在〈國家篇〉（495d）也談到「許多本性不完整的人」卻有志於哲學。這似乎是提到同一群人（亞里士多德所說的「安提西尼之類的人」），在〈國家篇〉（473c/d），主張應予鎮壓的就是這群人，本章注44討論過這點。見：*Republic*, 489e；本章注59及注56。

注48：我們知道安提西尼是一神論者（見：Cicero, *De Natura Deorum*; Philodemus, *De Pietate*）；從他關於一神論的說法可知（「依照自然」亦即依照真理，只有一位神，雖然「依照約定」有許多神），他心中一定認為自然和約定是對立的，在前期高爾吉亞學派成員、阿爾西達馬斯以及呂哥弗隆的同儕心中，這種對立的觀念一定和平等主義有關（見第五章注13）。

以上當然還無法證明一半蠻族血統的安提西尼相信希臘人和蠻族是兄弟之邦的結論；但我還是

596

認為他很可能相信這點。

塔恩（W. W. Tarn, *Alexander the Great and the Unity of Mankind*；另見：第五章注13（2））認為，四海之內皆兄弟的觀念至少可以溯自亞歷山大大帝（我相信這個說法是可信的）。我想可以依據該推論再往前追溯，例如戴奧吉尼斯（Diogenes）、安提西尼，甚至蘇格拉底以及「大時代」的伯里克里斯（見：第十章注27及正文）。我們雖然沒有進一步的證據，不過那是極有可能的；世界主義是伯里克里斯時代的帝國主義傾向的必然結果（見：*Republic*, 494c/d；本章注50（5）；另見：*First Alcibiades*, 105b ff.；第十章注9至注22、注36及注47）。如果其他平等主義存在的話，那麼這種世界一家的傾向更可能存在。我無意貶低亞歷山大大帝的功蹟，不過我認為在某種意義下，他其實是重現了西元前五世紀的雅典帝國主義的觀念。

現在談到細節問題。我首先要說，至少在柏拉圖和亞里士多德的時代，就有強烈證據顯示平等主義的問題和下面兩種類似的區分有關：希臘人和蠻族、以及主人（自由人）和奴隸；關於這個問題，見：第五章注13。現在我們有證據指出西元前五世紀的希臘廢奴運動不只是少數主知主義者，例如優里庇底斯、阿爾西達馬斯、呂哥弗隆、安提芬、希庇亞等人。這個運動應該很成功。其證據就是關於雅典的民主敵人的一致說法（特別是「舊寡頭」、柏拉圖、亞里士多德；見：第四章注17、注18及注29；第十章注30）。

如果我們現在根據前述關於世界主義的存在的證據，再加上該運動的反對者對它的攻擊，那麼我認為這些證據是相當有力的。換句話說，如果我們要評估這個運動的成效，就必須考慮到舊寡頭、柏拉圖、亞里士多德等人對於這種人道主義運動的抨擊。如此一來，舊寡頭抨攻擊雅典世界主義的生活方式，柏拉圖攻擊世界主義之類的傾向，雖然並不多見，卻是相當有價值的資料。例如：*Republic*, 562e, 563a：「公民、外地居留民、外國人，在立足點上都是平等的。」另見：*Menexenus*, 245c/d（柏拉圖說雅典人澈頭澈尾的憎惡蠻族）；*Republic*, 494c/d, 449b-471c；第六章注16末尾部分。我相當敬佩塔恩的分析，卻很不滿意他對於西元前五世紀的這個運動的探討態度，他顯然沒有充分考慮到現存的資料，例如他對於安提芬（見：p. 149, note 6）、優里庇底斯、希庇亞或德謨克里圖斯（見：第十章注29）、戴奧吉尼斯（見：p. 150, note 12）或是安提西尼的說明。我並不認為安提芬只是想要強調人與人之間的生物血緣，因為他無疑是個社會改革者；而他所謂「天生的」就是「事實上」的意思。因此我認為他當然會抨擊說希臘人和蠻族的區別是虛構的。優里庇底斯的殘篇中有一段話：「高貴的人應該像蒼鷹翱翔天際一般的遨遊四海」，塔恩評注時說：「我知道蒼鷹都有個永久的岩穴。」這種評論我想並不是很公允；因為一個世界主義者，不一定要放棄他的長久居處不可。因此，我不明白為什麼戴奧吉尼斯在回答「你從那裡來?」時所說的「我是四海為家的世界公民」竟然被認為只是消極的答案；更何況蘇格拉底（「我是世界人」）以及德謨克里圖斯（「整個大地對賢智的人是敞開著的，因為一個高尚的靈魂的祖國，就是這個宇宙。」見：Diels, fr. 247，塔恩和迪爾斯都懷疑它的真實性。）都有相同的說法。

安提西尼的一神論也必須從這些證據去考慮。這種一神論當然不是猶太教的，它不是部落主義或排外心態。（如果說安提西尼真的在西諾撒格斯〔Cynosarges〕替「私生子」開設的學院教書〔*Diog. Laert.*, VI, 13〕，那麼他必定會極力強調他的蠻族血統。）塔恩（*op. cit.*, p. 145）正確地指出亞歷山大大帝的一神教觀念以及四海之內皆兄弟的說法。不過犬儒學派也應該是如此，我相信他們的觀念也受到安提西尼（見上一個註解）以及蘇格拉底的影響。（另見：Cicero, *Tuscul*, V., 37; Epictetus, I, 9, 1; *D. L.*, VI, 2, 63-71; *Gorgias*, 492e, *D.L.*, VI, 105; Epictetus, III, 22, 24。）因此，亞歷山大極可能如傳說的受到戴奧吉尼斯（塔恩影射說亞歷山大沒有受到他的老師亞里士多德太大的影響）以及平等主義的傳統精神的影響。但是有鑑於巴底安（E. Badian）對於塔恩的批評（*Historia*, 7, 1958, pp. 425 ff.），我不想接受塔恩的主張，但是我對於西元前五世紀的運動的看法當然不會改變。

597

注49：見：*Republic*, 469b-471c; eps. 470b/d, 469b/c。事實上，他似乎是影射一個新的倫理團體，它的範圍大於城邦，其實就是整個希臘。這的確是他的期望，柏拉圖細說了這方面的觀點。（康福德總結說：「在希臘世界以外，柏拉圖是沒有人道主義的同情的。」見：*The Republic of Plato*, 1941, p. 165。）

注50：我於此蒐集了更多的證據來討論〈國家篇〉（473e）以及柏拉圖的人道主義問題。我要特別感謝我的同事布羅海德教授（Prof. H. D. Broadhead）：他的批評幫助我完成且釐清我的論證。

（一）個人和整體（城邦）的對立和比較（方法學的評論見：*Republic*, 368e, 445c, 577c，以及第五章注32），是柏拉圖的標準論題之一。導入一個新的整體，也就是全人類，當然比城邦更加完備，這是全體主義者必須踏出的重要一步，他必須準備和開展它。我們沒有看到這個準備，反而看到了希臘人和蠻族的對立（*Republic*, 469b-471c）。其次，我們也只看到他收回了「人種」這個含混的語詞，而談不上什麼開展。在哲人王（473d/e）的段落之後，就是關於「人種」問題的說法，柏拉圖提出了典型的對比：以「**城邦和個人**」代替了「**城邦和人類**」的對立。這語句說：「沒有其他體制可以建立幸福的狀態，不論在私人事務或城邦事務上都不能。」第二，如果我們分析上述關鍵內容（473d/e）六種重複述說的地方，會發現相同的結果（即：487e, 499b, 500e, 501e, 536a-b；注52將討論到540d, 541b的思想）。其中兩處（487e, 500e）只提到城邦，其他都是柏拉圖的標準對立「城邦和個人」替代了「城邦和種族」的對立。此外，沒有任何地方提到柏拉圖的觀念，也就是認為唯有「博學者的統治」才能拯救苦難國家裡的人類。因此，在這些地方，柏拉圖心中顯然只有這個典型的對立（然而他不想突顯這個方面），也許是只有「博學者的統治」才可以獲致國家以及個人和後代的穩定和幸福、神聖的靜止（否則罪惡一定會增長）。

（二）柏拉圖一般會以「人」（anthrōpinos）和「神」對舉（因而有時多少有輕視的意味，特別是在強調人在知識或人性的限制；見：*Timaeus*, 29c/d, 77a; *Sophist*,266c; *Laws*, 691e, 854a。），或者在動物學的意義下，而和老鷹之類的動物對比。除了早期屬於蘇格拉底的對話錄以外，我沒有看到任何在人道主義的意義下（即超越民族、種族和階級分別的）的「人」。此外，在心智的意義下的「人」也很少見。我想到〈法篇〉（*Laws*, 737b）的一種用法：「人不可能犯的

598

蠢事」。事實上，費希特和史賓格勒之類的極端民族主義者（摘引在第十二章注27正文），完全表現了柏拉圖式的「人」，意指動物學的範疇而不是道德的。許多內容也影射了這種用法：*Republic*, 365d, 486a, 459b/c, 514b, 522c, 606e（把荷馬當作人類事務的導師而和讚美神的詩歌作者對比）；620b。*Phaedo*, 82b; *Cratylus*,392b; *Parmenides*, 134e; *Theaetetus*,107b; *Crito*,46e; *Protagoras*, 344c; *Statesman*, 274d（看顧人群的牧者是神而不是人）；*Laws*, 673d, 688b, 737b（890b 也是這種輕視的用法的例子；「人」似乎幾近於「群眾」）。

（三）柏拉圖假定一個**人的理型**，這麼說當然沒錯；不過主張它代表所有人的共同點，這就有問題了；它其實是驕傲的上層階級希臘人的貴族式理想，其信念是以它為基礎，那不是四海之內皆兄弟的信念，而是相信「自然」的階級，不管是貴族或奴隸，他們和原型的相似度有高下之分，亦即和先祖們的相似度。（希臘人比任何種族都更肖似先祖。）因此，「神只讓少數人分受睿智」（*Timaeus*, 51e；見：第十一章注3正文解釋亞里士多德）。

（四）亞當正確地指出，「天國中的城邦」（*Republic*, 592b）及其子民並不是希臘人；不過他們也不是如他所想的屬於「人類」（note to *Republic*, 570e30）；他們其實是排外的希臘上層階級，高於〈國家篇〉（470e）所說的希臘城邦，也優於任何蠻族。（這種評論並不蘊含說天國裡的城邦觀念——諸如天國或其他星座上的獅子——不可能來自東方。）

（五）最後值得一提的是，〈國家篇〉（499c/d）取消了過去、現在、未來之間的區別，也取消了希臘人和蠻族的分別：柏拉圖試圖提出一個時間和空間的全面概括化的極端說法。他無非是

599

想說：「如果不論何時何方（我們也可以說：即使在極為不可能的地方，例如蠻族的國度），竟然有這種事，那麼……。」在〈國家篇〉（494c/d）對於幾近於瀆神而荒謬的事物，也表現出更強烈的感受，那是阿爾西比亞德斯引起的，他想要建立一個希臘人和外邦人混處的世界帝國。我支持費爾德（見：*Plato and His Contemporaries*, 130, note 1）和塔恩的見解；另見：第五章注13（2）。

總結說來，除了仇視超越種族階級的四海之內皆兄弟的人道主義觀念之外，我看不出裡頭還有什麼東西；而且我相信反對者只是把柏拉圖理想化（見：第六章注3及正文），而看不到他的貴族的、反人道主義的排外思想和他的理型論之間的關係。另見：本章注51、注52、注57。

（六）（補註）就我所理解的，只有一個真正的例外，其內容和上述完全不同（見：*Theaetetus*, 174e f.），它旨在說明哲學家的開闊心胸和高瞻遠矚：「任何人都有無數代祖先，其中必有許多富人，也有許多乞丐；有國王，也有奴隸；有希臘人，也有野蠻人。」我不知道如何讓這種有趣而且人道主義的內容和柏拉圖的其他觀點並存，這個內容強調主人和奴隸、希臘人和蠻族並無二致，這使我們想起他所反對的種種理論。這也許就像是在〈高爾吉亞篇〉一樣，是屬於蘇格拉底的思想；〈泰阿泰德篇〉也許比〈國家篇〉更早出（和一般的看法相反）。

注51：我相信，這是影射柏拉圖以「幾何數的故事」指涉「人的種族」的兩個段落。「和你的種族有關」（546a/b，另見第五章注39及正文），並且「檢驗你的種族中的金屬成分」（546d/e，另見第五章注39和注40及次節內容）；另見：本章注52討論兩種內容的「橋樑」問題，亦即哲人王和幾

何數的故事的關連。

注52：*Republic, 546d/e*。摘引幾何數和人的墮落的故事的部分內容（546a-547a），引文另見第五章注39、注40；另見本章注13、注43。我認為（見上一個注釋之正文）哲人王的這個關鍵段落的評論（*Republic*, 473e，本章注44及注50），預示了「幾何數的故事」的問題，現在看到了這兩個段落的橋樑，更加證實了我的看法了。〈國家篇〉（536a/b）無疑預示了「幾何數的故事」。該節中也可以說是談哲人王（或者說是一種變體）；因為該節說到，如果選錯人作統治者，一定會有最悲慘的下場；同時，該節末了又提到大浪：「如果我們選了另一種人……，哲學又會淹死在譏笑和藐視的浪濤之中。」我相信柏拉圖意識到這個段落的特性（從*Republic*, 473c-e），他也說如果疏忽他的忠告，就會變生肘腋。這個段落（536a, b）可以說是「關鍵內容」（473c）和「幾何數的故事」（546a）之間的橋樑；因為它明白指出種族主義，預示了〈國家篇〉（546d）的內容，也就是本處討論的對象（這點可當作附加的證據，那就是他在哲人王的段落心中想到了種族主義）開頭的「談話」：「我們一定要特別注意須區分真假。因為個人或國家要是缺乏這種辨別真假的必要知識，就會無意中錯用殘廢或壞人做朋友或統治者。」（536a/b；見：本章注47。）

關於解釋柏拉圖專注於種族退化和優生育種之類的事情，見第十章注6、注7及注63正文，第五章注39及注40（2）。

關於引文中的殉道者卡德洛斯（Codrus），見：*Symposium*, 208d，第三章注有完整摘引。艾斯勒（R. Eisler, *Caucasica*, 5, 1928, p. 129, note 237）認為「卡德洛斯」是古希臘以前的語詞，意思為「國王」。這更加支持雅典的貴族是土著的說法。（見：本章注11（2）。）

注53：見：A. E. Taylor, *Plato* (1908, 1914), pp. 122 f.。我同意正文中摘引的有趣內容。然而我省略了「雅典人」之後的「愛國者」，因為我不十分同意泰勒以這個詞來形容柏拉圖。關於柏拉圖的「愛國主義」，見：第四章注14至注18正文，至於「祖國」，請見：第十章注23至注26及注46。

注54：*Republic*, 494b：「這種人甚至從童年起就會在同伴中間各方面拔尖。」

注55：*Republic*, 496c：「我自己的情況完全是個例外，這簡直是一個神蹟。」

注56：見：Adam's note to *Republic*, 495d23, 495e31；以及本章注47、注59。

注57：*Republic*, 496c-496c/d：the *Seventh Letter*, 325d。我不認為巴克爾對於我們所引段落之猜測是合理的：「有可能是……，柏拉圖所想的是犬儒學派。」（Barker, *Greek Political Theory*, I, 107, n. 2）這個段落一方面當然不會涉及到安提西尼；另一方面，戴奧吉尼斯在柏拉圖寫對話錄的時候不算是有名的人物，更不用說柏拉圖會以這種方式提到他。

（一）在〈國家篇〉中的早期部分內容，有個評論可能就是指涉柏拉圖本人。在談到這一小群有價值的人時，他提到「一位出身高貴和教養的人，因逃跑而得救」（或因「遭放逐而得救」；所謂得救，是免於阿爾西比亞德斯的命運，後者成為諂媚而被捨棄的蘇格拉底哲學的犧牲者）。亞當認為柏拉圖不是遭流放的（見：note to 496b9）；但蘇格拉底的弟子們在他的老師殉道以後都逃到麥加拉（Megara），那應該是柏拉圖記憶中的人生轉捩點之一。那些提及迪奧（Dio）的

601

段落幾乎是不可能的，因為他被流放的時候，迪奧已經四十歲，不再是危險的年輕人。蘇格拉底的同伴阿爾西比亞德斯的情況則不同（雖然柏拉圖其實極力阻止迪奧的放逐）。如果我們假定那是影射柏拉圖，那麼對於〈國家篇〉（502a）的內容，我們應作同樣的假設：「國王或貴族可能會有一位後代是天生的哲學家，誰會懷疑這種可能性呢？」因為以下的內容與前面的內容至為相似，就好像是要影射那個「出身高貴的人物」。對〈國家篇〉（502a）的這種解釋是可信的，因為我們必須記住柏拉圖一直在誇耀他的家世，例如在他歌頌他的父親和兄弟時，以「神聖的」來形容他們（*Republic*, 368a）；我不同意亞當認為這種評論是一種諷刺；另見：柏拉圖在〈會飲篇〉208d中所說的，先祖是卡德洛斯，而他則是希臘部落國王後代。如果採用這種解釋，則在〈國家篇〉（499b-c）提到的「統治者，國王或他們的子孫」（非常適合柏拉圖，他不僅是卡德洛斯家族的人，而且也是統治者德洛比德斯〔Dropides〕的後代），也應該從這方面來設想，即為〈國家篇〉（502a）內容的準備。而且這能解決另外一個困惑。我所提的是〈國家篇〉（499b, 502a）。我們不能說它是企圖諂媚年輕的戴奧尼索斯，因為如此解釋很難和柏拉圖猛烈而公然的攻擊老戴奧尼索斯調和（見576a, 572-580）。重要的是，柏拉圖在這三段裡（473d, 499b, 502a）都談到王位的世襲（他強烈反對僭主）及有關「王朝」的問題；不過亞里士多德的《政治學》（1292b2, 1293a11）（另見：Meyer, *Gesch. d. Altertums*, V, p. 56）裡的各個「王朝」都是世襲的寡頭家族，因而沒有太多家族像僭主戴奧尼索斯之類的，倒像是現在我們所說的**貴族**家族，如柏拉圖本人。修昔底德和贊諾芬也支持亞里士多德的說法（Thucydides, IV, 78; Xenophon,

Hellenica, V, 4, 46

（這些論據都是直接反證了亞當的說法，見：2nd note to 449b13。）另見：第三章注4。

（二）補註：另一個顯然是在自我影射的段落，見於〈政治家篇〉。主張說王室政治家的基本特性是其知識（258b, 292c），結果還是訴諸「博學者的統治」：「最卓越的政治體制，唯一配得上這個名稱的政制，其統治者……是真正科學地理解統治技藝的人。」（293c）柏拉圖也說明「只有擁有國王的統治技藝的人，才可稱作國王，而無論他實際上有無掌握王權。」（292e, 293a）。柏拉圖當然自稱具有統治的技藝，於是，該節內容無疑是在說他自己「應被稱作國王」。在以任何企圖解釋〈國家篇〉時，都不可疏忽這些寓意呼之欲出的段落。統治的技藝當然又是主人階級的傳奇教師和養育者，他必須以織布把其他的階級編織在一起，包括奴隸、工匠和祭司等等（見：289c ff.）。因此，統治的知識的任務就被描述成「編織」（混種、育種），「當人們透過統治技藝被納入團結一致的社會生活時，鑄造和混合人們的中庸和勇敢性格。」另見第五章注40（2）；第四章注29，本章注34。

注58：在〈斐多篇〉（89d）裡，蘇格拉底警告說，厭世者和恨世者是不足取的（他比擬作厭惡或不信任理性的論證）。見第十章注28及注56，第七章注9。

下一個引文見：*Republic*, 489b/c。它很接近〈國家篇〉（488-489），特別是攻擊「許多」必定產生邪惡的「哲學家」（489e），即本章注44及注47討論過的應受鎮壓的「許多」「本性不完整」的哲學家。

我相信在〈法篇〉（*Laws, 704a-707c*）可以發現柏拉圖夢想成為哲人王及雅典的救主，他在該處指出海洋、航海、貿易和帝國主義的危險。（見：Aristotle, *Politics*, 1326b-1327a；本書第十章注9至注2，注38及正文。）

特別見：*Laws*, 704d：「如果它（城邦）建在海邊，有很好的港口……那麼我們就需要一位強大的保護人和立法者來防範這種處境下產生出來的眾多精巧的罪惡。」這難道不是柏拉圖要指出，他在雅典的失敗是由於地理上人力無法克服的困難嗎？（不過撇開這些失望不談——見：第七章注25——柏拉圖仍舊相信他有辦法勸僭主；見：*Laws*, 710c/d，摘引在第四章注24正文。）

注59：柏拉圖（*Republic*, 498d/e；見：第九章注12）曾說他希望「多數人」一旦學習到分辨真正的哲學家和虛假的哲學家（也許可以從〈國家篇〉學習到？），就可能改變他們的想法，接受哲學家為統治者。

正文內容的最後兩行，見：*Republic*, 473e-474a, 517a/b。

601

注60：有人也公開承認有這種夢幻。尼采（F. Nietzsche）在《權力意志》（*The Will to Power*）中談到〈塞亞革斯篇〉（*Theages*, 125 e/126a）時說：「柏拉圖在〈塞亞革斯〉說：『每個人如果可能的話，都希望成為一切人的上帝，大部分都想成為上帝自身。』這是一種必定會重現的精神。」我不想評論尼采的政治觀點；然而有其他哲學家，柏拉圖主義者，天真地暗示說，如果一位柏拉圖主義者有幸在現代國家中掌權，那麼他就會實現朝柏拉圖的理想，使事物越來越超過他所發現的圓滿性。內容是這樣的（我想是指一九三九年的英國）：「人生來即在『寡頭』或『民主』中，

具有柏拉圖的哲學家之理想，同時，若由於某些幸運的環境改變，使他們具有無上的政治權力，則他們當然會試圖實現柏拉圖式的國家——即使不完全成功，至少也使社會越來越接近他們的範型。」（A. E. Taylor, 'The Decline and Fall of the State in *Republic*', *Mind*, N.S. 48, 1939, p. 31。）下一章的討論會直接反駁這種浪漫主義的夢想。

補註：克爾森（H. Kelsen, Platonic Love, *The American Imago*, Vol III, 1942. pp. 1 ff.）對於柏拉圖的渴望權力作了研究分析。

注61：見：*Republic*, 520a-521c，摘引自：520d。

注62：見：G. B. Stern, *The Ugly Dachshund*, 1938。

第九章

唯美主義、完美主義與烏托邦主義

「萬物啓始，註定成灰；大勢所趨，文明當滅。聖君賢相，英雄豪傑；導正世界，堪付與誰？」——馬丹・迪加爾（"Mourlan," in Roger Martin du Gard, *Les Thibaults*）

147

在柏拉圖的方案中，有一種我認為非常危險的政治學進路。從理性的社會工程學觀點來看，對於它的分析在實踐上非常重要。就我所知，柏拉圖的進路可以說是「烏托邦工程學」（utopian engineering），而另一種我認為唯一合理的社會工程學則是「細部工程學」（piecemeal engineering）。如果說烏托邦式的進路顯然採取澈底的歷史定論主義，一種極端的歷史進路，認為人類無法改變歷史的路徑，那麼這種進路就更危險了；同時，這種烏托邦進路對於沒有那麼極端的歷史定論主義（例如柏拉圖的歷史定論主義認為人類可以干預歷史的路徑），似乎也是一種必要的補充。

烏托邦進路可以描述如下：任何合理的行動，必定有某個目的；而行動的合理程度即反映在其有意而一致地追求該目的，並依據該目的決定其方法。因此，如果我們要想合理地行動，目標的擬定是首要之務；並且，我們還必須慎重決定真正的或終極的目標，以區分中介的或局部的目的，後者其實只是終極目標的手段或步驟而已。如果忽略這種區分，我們就一定不會質疑這些局部目的是否可以達成終極目標，因而也就無法合理地行動。如果適用到政治活動領域，上述原則就會要我們在採取任何實際行動之前，必須先行決定終極的政治目標或理想的國家。唯有決定了終極目標（至少決定綱領），亦即擬定所要追求的社會藍圖之後，

148

我們才能考慮實現該藍圖的最佳途徑和方法，才能採取實際行動的方案。凡此皆是任何堪稱合理的實際政治運作的必要條件，對社會工程學而言尤其如此。

簡言之，這就是我所謂「烏托邦工程學」[1]的方法學進路。這種進路很有說服力，也很吸引人。事實上，這種進路所吸引的，正是那些沒有受到歷史定論主義的偏見影響，或者反對這些偏見的人。這使得這種進路更形危險，而批判這種進路也就越加迫切了。

在詳細批判烏托邦工程學之前，我想略述另一種社會工程學的進路，即細部工程學。我認為這個進路在方法學上是合理的。採用這種方法的執政者，不一定要預先有一套社會藍圖，也不一定期望人類有一天會實現一個理想的國家、在世上成就幸福和完美。但是他了解，即使完美可以成就，也是極為遙遠的事；他也了解，世世代代的人都有一種要求；這種要求或許不是要使人幸福（因為並沒有使人幸福的制度），而是主張不要使人陷入可以避免的不幸。他們主張在遭遇不幸時可以得到一切可能的援助。因此，這位細部工程師會去探討如何打擊社會的最迫在眉睫的邪惡，而不是追尋社會的究竟至善[2]。這種差異不僅是字面上的。事實上，這是極為重要的差異，是兩種方法之間的差異：其一是改進人類命運的方法，而另一種方法如果付諸實行，卻很可能造成人類無法承擔的苦難；一種是任何時候都可以應用的方法，而另一種方法的提倡卻很可能流為推託解怠的手段，等到各種條件都具足以後才要行動。它們還有個差異是：其一是改進事物的唯一方法，不管何時何地，都有真正成功的個例（包括俄國，詳見後文）；而另一種方法不管用到什麼地方，其結局都只是以暴力代替理性，即使不被時代拋棄，也會被迫放棄原來的藍圖。

149

細部工程師可以根據他的方法主張說，有系統地預防不幸、不義和戰爭，會比追求某個理想的實現更為大多數人民所贊成和支持。各種社會罪惡的存在，也就是使許多人遭受不幸的社會條件的存在，也會相對地得到認可。遭遇不幸的人自己可以做判斷，如果他們不想改變現況，別人也不能否定他們的判斷。要設計一套理想社會的藍圖，在理性上幾乎是不可能的。社會生活如此錯綜複雜，幾乎沒有人（或者說沒有任何人）可以大規模地為社會工程學設計一套藍圖；不管是就它是否可行、是否可以真正得到改善、會有哪些流弊或要用哪種方法來實現，情況都是如此。反之，細部工程師的藍圖往往是相當簡單，它們是為個別制度而設計的藍圖，例如：醫療和失業保險、仲裁法院、防止不景氣的預算[3]或教育改革。如果這些藍圖出了紕漏，損害不會很大，重新調整也不會很困難；它的風險比較小，也就比較不會引起爭執。然而如果說，相對於理想的善及其實現的方法，對於現存的罪惡和克服罪惡的方法，更容易獲致合理的一致意見，那麼我們就有更有機會以漸次的方法（piecemeal method）去克服一切合理的政治改革會遭遇的重重難題，以理性而不是激情和暴力去實行既定的方案。如此，我們便可以透過民主的方法得到合理的妥協而改善現況。（「妥協」一詞是個刺眼的字眼，但學習正確使用這個字眼卻很重要。任何**體制**其實都是和環境、利益等等因素妥協的結果，只不過身為**個人**，我們應該抗拒這種妥協。）

反之，以一套社會整體的藍圖實現理想國家的烏托邦企圖，會要求由少數人實行強人的集權統治，因而容易演變成獨裁（dictatorship）[4]。我認為這就是對於批判烏托邦進路的批評；因為，我在第七章討論領袖原理時指出：威權統治是最應該反對的政府形式。但是該章沒有觸及的若干論點，正是我們反對烏托邦進路的直接論證。一位仁慈的獨裁者會面對一個難題，那就是他很難發現自己的施政效果是否和原本的善意一致。（誠如托克維爾在百年前清楚看到的困難。）這個難題是基於一個事實：威權主義必定使人不敢批評；因此，這位仁慈的獨裁者很難聽到對於種種措施不滿的聲音；而如果沒有這些檢驗，他就無法發現施政是否真的成就了原先的善意。對於烏托邦工程師來說，情況只會雪上加霜。社會重建是個龐大事業，會對許多人造成相當大的不便，而且曠日費時。因此，烏托邦工程師會聽不進任何怨言；事實上，鎮壓不合理的反對言論會成為他工作的一部分。（他會像列寧所說的：「不把蛋打破，怎麼可能煎出蛋捲？」）而他接著也一定會鎮壓合理的批評。烏托邦工程學的另一個難題是「獨裁者的繼承問題」。在第七章中，我提到了這個問題的某些側面。烏托邦工程學會招致類似「仁慈的僭主如何找到同樣仁慈的繼位者」的難題，甚至更嚴重[5]。烏托邦建設的偌大事業，使得社會工程師終其一生也無法看見它的實現。而踵繼者如果不追求相同的理想，那麼人民為這個理想所付出的代價也就枉費了。

我們把這個論證概括化，便可以進一步批評烏托邦進路。顯然，只有認定這套原有的藍圖直到完成時都會是工作的基礎（其間或許有某些調整），烏托邦進路才會有實際的價值。

但這套藍圖的完成之日卻是遙遙無期，其間在政治和文化上會有許多革命，在政治領域裡也會產生許多新的實驗和經驗。因此可以想見，各種觀念和理想都會改變。當初在設計藍圖的人民心中的理想國家，在踵武者心中很可能會走樣。如果承認這點，整個烏托邦進路就會垮台。如果我們承認「目的」在實現的過程中會有相當程度的改變，那麼「先建立一套終極的政治目標，然後才朝著這個目標前進」的方法就徒勞無功了。「目標」隨時會改變，實際採行的步驟可能會不符合新目標的實現。即使我們根據新的目標而改弦易轍，也只是走回相同的路。一切的犧牲都會白費，結果是一無所穫而原地踏步。想要一步登天而不願漸次妥協的人應該隨時記住：如果理想非常遙遠，就很難說所採取的步驟是在接近理想或是遠離它。尤其是迂迴的步驟，或者如黑格爾所說的「辯證地」進行，或是整個行程根本沒有清楚的計畫時，更是難以斷定是接近或遠離了。（這點使人想起一個古老的又有點天真的問題：目的是否可以證明手段是正當的？且不論「目的不可以證明任何方法是正當的」這個主張；我想，具體而可以實現的目標或許可以證成眼下採行的手段，而遙遠的理想則沒辦法。）[6]

151

現在我們看到，要拯救柏拉圖的進路，就只有深入探討柏拉圖對於絕對而不變的理想的信念，以及兩項進一步的假設，即（a）有合理的方法可以一勞永逸地決定這個理想是什麼；以及（b）實現這個理想的最佳方法是什麼？只有深入這兩個影響深遠的假設，才能使烏托邦方法學免於徒勞無功之譏。但是，即使是柏拉圖本人及最狂熱的柏拉圖主義者也會承認：

（a）顯然不為真；並沒有合理的方法可以決定終極目標是什麼，即便有也只是某種直觀而已。既無合理的方法，則烏托邦工程師之間的任何歧見就只有訴諸武力（即暴力）來決定，而不會訴諸理性了。如果在某方面真有什麼進步，那也不會是因為採取了什麼方法。例如，這種成功可能是由於領導者的識見卓越；但我們不能忘記，卓越的領導者並不是合理的方法產生的，而只是碰運氣而已。

適切了解這裡的批評，這是很重要的事；我並不是主張理想永遠不可能實現，認為它永遠只是個烏托邦，而據此批評理想。這種批評不是有效的批評，因為有許多一度被獨斷地宣稱不可能實現的事情（如建立保障國內和平、防止國內犯罪的各種制度），事實上都實現了；而且，像建立防範國際犯罪（即武裝侵略和勒索）的各種對應制度，現在也不是很困難的問題了[7]。我對烏托邦工程學的批判，旨在勸告人們不要將社會當作一個整體去重建，也就是說，我們的經驗有限，而社會生活範圍的變動太大了，其實際的後果難以逆料。烏托邦工程學主張說，雖然我們沒有事實知識可擔保其野心勃勃的要求一定成功，我們還是要就整體社會提出合理的計畫。我們不可能有這種知識，因為在這種設計方面，我們並沒有足夠的實際經驗，而事實知識是必須奠基於經驗的。龐大的社會工程所必需的社會學知識，截至目前尚付之闕如。

有鑑於這項批評，烏托邦工程師也許會承認實際經驗的需求，他們需要奠基於實際經驗

152

的社會技術。但他們會辯稱，只有社會實驗能提供所需的實際經驗，如果我們畏於做這些實驗，就永遠不可能有更多的知識。他還會補充說，烏托邦工程學只不過是把實驗方法應用到社會上。要完成這些實驗，就必須涵蓋大規模的變動。由於現代社會人口龐大，這些實驗因而必須大規模進行。例如，如果把一個社會主義實驗的範圍限於一個工廠、村落甚或行政區，就無法獲得我們迫切需要的實際經驗。

這些替烏托邦工程學辯駁的論證，展現了一種很普及卻站不住腳的成見，認為社會實驗必須是「大規模」的，如果要在實際條件下完成，就必須包括整個社會。但是，細部社會實驗儘管是「小規模」的（亦即不對於整個社會進行革命），卻可以在實際條件下完成於社會中。事實上，我們隨時都在做這類實驗。例如引進新的人壽保險、稅捐、刑罰改革等等，這些都是社會實驗；它們對於整個社會影響甚大，卻不必改造社會整體。甚至某人開一家新店鋪或預訂戲票，都是在進行小規模的社會實驗；而我們所有關於社會境況的知識，就是根據這類實驗取得的經驗。我們要駁斥的烏托邦工程師，當他強調「社會主義實驗在實驗室條件下進行（例如在偏鄉），而我們想知道的卻是在正常社會境況下的社會運作，那麼這種實驗就不會有什麼價值」，他的說法是對的。但這個例子正好暴露烏托邦工程師的偏見所在。他堅信我們進行社會實驗時，必須改造整個社會結構；因此，他只能把比較溫和的實驗想像成改造「小型社會」的整個結構的實驗。但是，我們最能學到東西的那種實驗，卻是整個社會

153

體制的改變。因為只有在這種方式下，我們才知道某些制度是否適合其他制度的架構，以及如何調整這些制度使它如臂使指。只有在這種方式下，我們即使犯錯，也才會從錯誤中學習，而不會有勢必危及未來改革意志的種種反彈聲浪。尤有甚者，烏托邦方法必定會造成對於一套藍圖危險而獨斷的執著，不惜一切犧牲，全心全力投注於實驗的成功。這些對於社會實驗的合理性或科學價值一點貢獻都沒有。但細部工程的方法卻可以不斷重複實驗和調整。事實上，這種方法也可以皆大歡喜，執政者可以察覺到自身的錯誤而不必自圓其說、強辭奪理。這才是真正把科學方法導入政治學，因為，科學方法不外乎隨時準備從錯誤中學習[8]；而烏托邦計畫或歷史定論主義的預言則離此遠矣。

我相信這些觀點都可以從社會工程學和諸如機械工程學的相互比較而得到實證。烏托邦工程師當然會宣稱：機械工程師有時也會設計非常複雜的機器，而他們設計的藍圖可能原本不僅包括這種機器，甚至包括製造機器的工廠。我的答覆是：機械工程師當然可以這麼做，因為他有足夠的經驗（亦即嘗試錯誤得到的理論）可以運用；但是這也意味著他是因為嘗試了所有錯誤才設計出來的，換句話說，是因為他以細部工程的方法累積經驗。他的新機器是無數次細部改進的結果。通常他都是先有個模型，然後經過各個部件無數次細部調整之後，他才會進行下一個步驟，草擬最後的生產計畫。同樣的，他擬定的生產機器計畫也結合了無數次經驗，也就是在舊工廠裡的無數次細部改進。大型或大規模的方法，只有在我們以細部方法獲取大量細部經驗之後才可以使用；即使如此，也只能用在相關經驗的範圍內。很少工廠會只憑著一套藍圖（即使是著名專家設計的）就準備進行生產新引擎，而不預先做個模型，並盡可能做些調整來「改進」這模型。

對照一下我對於柏拉圖理型論的政治學以及馬克思對於所謂「烏托邦主義」的批判，或許會很有用。馬克思的批判和我的批判的共同之處是，我們都更要求現實主義的立場。我們都相信烏托邦計畫絕不可能像烏托邦主義者想像的那樣有實現的一天，因為不可能有任何社會行動剛好導致生他們期望的結果。（我認為，這並不會使細部工程學的進路無效，因為，我們在行動時可以或應該學習並且改變我們的觀點。）但我和馬克思之間卻有許多不同的地方。事實上，馬克思在駁斥烏托邦主義時是反對所有社會工程學的，這點卻很少有人明白。154 他公開指摘說，冀望社會制度有合理的計畫，那是完全不切實際的；因為社會必須遵循歷史法則成長，而不是以任何合理的設計去推進。他斷言說，我們所能做的，就只是減輕歷史過程產生的痛苦。換句話說，他是極端的歷史定論主義的態度，反對所有的社會工程學。但是，在烏托邦主義中，有個元素最能表現柏拉圖進路的特性（它可能是我認為最不切實際的），馬克思卻沒有反對，也就是說，烏托邦主義試圖全面改造社會，堅信如果我們要「導正世界」（馬丹・迪加爾語），就必須澈底剷除社會罪惡，根除迫害人類的社會體制。簡言之，這就是烏托邦主義絕不妥協的**激進主義（radicalism）**。（我所謂的「激進主義」，是指其原始的直接意義，而不是現在習用的「自由派進步主義」（liberal progressivism），是指「追根究柢」的態度。）柏拉圖和馬克思都夢想著一種「末世的革命」，想要澈底改造整個世界。

我相信，這種全面性改造，這種柏拉圖和馬克思都有的極端激進主義，和他們的唯美主義（aestheticism）息息相關，也就是說，他們想要建設一個世界，不僅比我們現在的世界更美好而合理，而且是個沒有任何缺陷的世界：它不是破舊不堪的棉被、縫縫補補的舊衣，而是全新的外套，一個真正美麗的新世界。這種唯美主義是個很容易了解的態度；事實上，我們大多數人多少都會有這種完美的夢想[9]。（下一章會說明我們會有這種夢想的理由。）但這種唯美主義的熱情只有在理性、責任感或人道主義者己飢己溺的條件下才有其價值，否則會是危險的狂熱，難免會演變成神經質或歇斯底里的形式。

這種唯美主義在柏拉圖身上表現得最為強烈。柏拉圖是個藝術家；和許多頂尖的藝術家一樣，他也要構想一套模型，作為作品的「神聖原型」，然後忠實地「複製」它。前一章摘引的許多段落都可以說明這點。柏拉圖所描述的辯證法，主要就是對於純粹美的世界的知性直觀。他所說的「訓練有素的哲學家」，就是「看見了關於美、正義、善的事物之真理」[10]並且把真理落實到人間的人。對柏拉圖說來，政治就是「統治家的技藝」。這種技藝不是個隱喻，例如待人接物的藝術、做工做事的藝術等，而是「art」更直接的意思，指一種組合的技藝（art of composition），例如音樂、繪畫或建築，政治家就是為了美的緣故，而把城邦組合起來。

155

但這裡我必須提出抗議。我不相信為了滿足藝術自我表現的欲望，就可以把人類的生活當作手段。反之，我們必須主張說，每個人（如果他願意的話）都有權形塑自己的生活，只要不妨礙到他人。正因為我很同情美感衝動，所以我極力建議藝術家在其他材料上尋求表現。我主張政治必須維護平等主義和個人主義的原則；所有美夢都必須用於幫助不幸及遭遇不義的人；各種制度的建立都必須為這目的服務[11]。

考察一下柏拉圖要求全面性改革的澈底激進主義和他的唯美主義之間的密切關聯，是一件很有趣的事。以下的引述充分表現了這個關聯。當柏拉圖談到「和神親密交往的哲學家」時，他提說「有某個力量會迫使他運用在彼岸看到的原型塑造公共和私人兩方面的人性……如果不經過那些使用天上的模型的藝術家的描繪，任何城邦都不會幸福。」當柏拉圖被問到這些藝術如何規畫的細節時，他筆下的蘇格拉底答覆說：「他們對待城邦和人的品性就像拿起一塊畫板，首先是把它擦乾淨——這可不是一件易事。但無論如何你要知道這就是他們和別的改革家的第一點差別，在得到一個乾淨的對象或自己動手把它弄乾淨之前，他們不肯動手描繪個人或城邦的品性，也不肯為之立法。」[12]

後來柏拉圖也說明了所謂「清潔畫板」的意思。格老孔問：「怎樣把畫板弄乾淨？」蘇格拉底答道：「他們會把所有十歲以上的居民送到鄉下去，而把那些孩子接收過來，消除他

156

們得自父母的習慣和品性，按照我們前面描述過的那些由這些統治者自己制定的習俗和法律培養他們。」在〈政治家篇〉中，柏拉圖以同樣的語氣談到「政治家的統治科學」時說：「所以我們一定不要考慮任何一種所謂健全的判斷原則，看他們的統治是否依據法律，看被統治者是否自願，或者看統治者本人是貧窮還是富裕。……為了淨化城邦，使其健康發展，統治者可以處死某些公民或流放他們。……只要他們按照基本正義的原則合理地工作，以盡可能改善國家生活為目的，那麼按照我們的標準，我們就應當稱他們為真正的政治家，只有在他們的統治下，國家才能得到良好的治理，才會有真正的政治體制。」

這就是那位「藝術家兼政治家」必須遵行的途徑。這就是所謂「清潔畫板」的意思。他必須根除各種現存的制度和傳統，必須以整肅、下放、流放和處死來進行「清除」。（「清算」是更可怕的現代詞彙。）柏拉圖所說的話，正是對於任何絕不妥協的澈底政治激進主義的真實描述，亦即唯美主義者拒絕妥協的態度。它認為社會應當像藝術品一樣美麗，卻極易導致暴力事件。但所有激進主義的反暴力措施都是不切實際、徒勞無益的。（只要看看俄國的情勢演變就可以明白。在所謂「戰時共產主義」清潔畫板而導致經濟崩潰之後，列寧採行的「新經濟政策」，其實就是細部工程學措施，雖然他並沒有刻意提到其原則或技術。他開始重建畫面的大部分面貌，這些面貌因為生靈塗炭而破壞無遺。貨幣、市場、所得差異、私有財產，都被重新採行，有一段時間甚至准許民營企業生產；只有重建這個基礎之後，才開始一段新的改革期[13]。）

為了批判柏拉圖唯美的激進主義，我們可以區分兩個不同的論點。第一個論點是：當有人說我們的「社會體系」必須以另一個體系取代時，他心中所想的就像是說，畫板上的畫面必須先擦乾淨才能重新作畫。但兩者之間其實有許多重大的差異。其中一點是：畫家和他的合作夥伴以及支持他們生活的各種制度、他追求更美好的世界的夢想和計畫、他的禮節和道德標準等等，都是社會體系的一部分，都是所要擦掉的畫面的一部分。如果他們真要把畫板擦乾淨，就必須也先毀滅自己以及自己的烏托邦計畫。（這樣一來，結果很可能不是一個柏拉圖式理想的美麗複製品，而是一團混亂。）政治藝術家叫嚷著要和阿基米德一樣，在他所能立足的世界之外找個地方，也就是用槓桿撐起整個世界的那個支點。但是這種地方並不存在；這個世界在任何重建期間都必定會繼續運作。這就是為什麼我們必須漸次改革這個世界的各種制度、直到我們有更多社會工程學方面的經驗為止的簡單理由。

157 這個論點使我們推論到第二個論點，即認清了隱含在激進主義裡頭的非理性主義。對一切事物，我們都只能透過嘗試錯誤、犯錯和改進去學習；絕不能依賴靈感，雖然靈感如果得到經驗的印證就會有很大的價值。因此，認定只要全面重建這個社會世界，馬上就會有個可以運作的體系，那是一種不合理的觀點。反之，我們應當預期得到，由於缺乏經驗，我們將會犯很多錯誤，唯有經由長期艱苦的細部調整過程才能消除它們；換句話說，就是要透過我們所提倡的細部工程學的合理方法來除錯。但是，不喜歡這種方法、認為它不夠徹底的人，卻很可能抹煞他們剛剛建立起來的社會，以便有一塊清潔的畫板可以重新開始；然而這個新的開始也同樣無法達到完美。同樣的理由使他們重蹈覆轍而沒有任何進展。有些人承認這點，卻說要等到澈底清潔畫板的初步工作之後，才要採取比較溫和的細部改進方法，他們也難免要遭受批評，因為初步的全面性暴力措施根本就是不必要的。

唯美主義和激進主義必定會使我們捨棄理性，而孤注一擲地冀望政治奇蹟的出現。這種非理性的態度即是我所謂的「浪漫主義」（romanticism）[14]，那是因為醉心於夢想中的美麗世界。這種浪漫主義會到過去或未來裡尋找天上的城邦；會宣揚「回歸自然」或「通往愛和美的世界」；卻永遠是訴諸情感而非訴諸理性。這種浪漫主義即使有想要建立人間天堂的善意，其結果卻都只會造成人間地獄——人類為自己的同類準備的地獄。

602

注釋

本章格言摘自：Roger Martin du Gard, *Les Thibault*, English trans., p. 575。

603

注1：我對烏托邦社會工程的描述似乎和伊斯特曼（M. Eastman, *Marxism: Is it Science?*, pp. 22 ff.）所說的社會工程學一致。我的印象是，伊斯特曼的觀點代表一種在歷史定論主義和烏托邦工程學之間搖擺不定的觀點。不過我也許是錯誤的，伊斯特曼實際所想也許更接近我所謂的細部工程學。龐德（Roscoe Pound）的「社會工程學」概念就明顯是「細部工程學」的概念；見：第三章注9。另見第五章注18（3）。

注2：從倫理學的觀點來看，我相信幸和不幸以及痛苦和快樂之間並不是對稱的。我認為功利主義的最大幸福原理和康德「促進他人的幸福……」的原則，根本上都是錯誤的（至少就其形式說法而言是如此），它們都不是理性的論證。（關於倫理學信仰的非理性面，見：本章注11，至於理性面向則見：第二十四章第二節，特別是第三節）。在我看來（見：第五章注6（2）），人類的不幸遭遇使人有要求援助的直接道德要求；而當個人處境順遂，就不會要求增加其幸福。（對功利主義「最大幸福」公式的進一步批判是，這公式原則上假定有個恆久不變的「苦樂天秤」，而把痛苦程度當作快樂程度的反面。但是，從道德觀點來說，快樂並不會抵銷痛苦，特別是一個人的痛苦，不會被另一個人的快樂抵銷掉。我們不應該追求最大多數的最大幸福，而應更溫和地要求把所有人可以避免的不幸減到最少；進而言之，對於不可避免的不幸，諸如不可避免的糧食短缺期間，應該儘可能地平均分配。）我發覺這種倫理學觀點和我在《科學發現的邏輯》裡的科學方法論觀點有某種類比關係；這種類比關係有助於說明，在倫理學領域裡為什麼要以消極形式來提出主張，即要求減少不幸而不是增進幸福。同樣的，這種類比關係也有

助於把科學研究形容成（從許多暫時的理論裡）消除錯誤的理論，而不是獲得確證的真理。

注3：關於這種細部工程學或相應的細部技術的最佳例證，見：C. G. F. Simkin, *Economic Record*, 1941, pp. 192 ff.; 1942, pp. 16 ff.。我很高興提到這兩篇談論「稅改」的文章，因為它們有意應用我所說的方法論原則；它說明這些原則適用於技術性的研究。

我並非暗示細部工程學漸次的完成工程不可以放手去做，或必須限定在「細部」問題上面。不過我認為我們可以應付的複雜程度，取決於人們在自覺而系統化的細部工程學裡習得的經驗多寡。

注4：海耶克也強調這個觀點（F. A. von Hayek, *Freedom and the Economic System*, Public Policy Pamphlets, Chicago, 1939）。我相信我所說的「烏托邦工程學」，和海耶克所謂的「中央集權化」或「集體主義」的計畫大抵相符。海耶克力主他所謂的「為自由作規劃」（planning for freedom）。我想他會同意，這種計畫具有「細部工程學」的特性。我相信我們可以如此形容海耶克的反對集體主義計畫：如果我們試圖依據一套藍圖來建構社會，就會發現我們的藍圖無法容許個人自由；如果我們容許個人自由，便無法實現這套藍圖。理由是中央集權化的經濟計畫排除個人經濟生活最重要的功能之一，亦即作為產品的選擇者，作為自由消費者的功能。換句話說，海耶克的批評屬於社會技術的領域。他指出某種技術上的不可能，亦即要為社會設計一套在經濟上既是中央集權又是個人主義的計畫，在技術上是不可能的。

補註：海耶克《到奴役之路》（*The Road to Serfdom*, 1944）的讀者，或許會對這個注釋感到困惑；因為海耶克在這本書中的態度非常明確，不容我有這種有點含混的評論。不過我的注釋是在海耶克的書出版以前寫了；雖然他的許多主要觀念可見於在其早期著作，但都不如《到奴役之路》那麼明顯。我在寫這個注釋時，海耶克的許多觀念，我當然是不知道的。就我現在所知道的海耶克的立場，我的結論雖然無疑低估了他的立場，但是應該沒有錯。以下的修正也許會使我的結論更正確。

海耶克本人不會用「社會工程學」指稱他所擁護的任何社會活動。他之所以反對這個語詞，是因為這個語詞和他所謂的「科學主義」（Scientism）有關，亦即天真地相信自然科學方法（或者更正確地說，許多人所相信的自然科學方法）必定會在社會科學的領域中獲致類似的顯著成就。見：*Scientism and the Study of Society*, *Economica*, IX-XI 1942-44; *The Counter-Revolution of Science*, ibid., VIII, 1941。

如果所謂「科學主義」意指社會科學領域中模仿所謂的自然科學方法的潮流，那麼歷史定論主義便可以說是一種科學主義。支持歷史定論主義的一種典型而且影響深遠的科學主義論證，簡單說就是：「我們能夠預測日蝕，為什麼就不能預測革命。」或者更委婉地說：「科學的任務在於提出預測；因此，社會科學也必須提出社會的、歷史的預測。」我曾駁斥這種論證（見：*The Poverty of Historicism*; "Prediction and Prophecy, and Their Significance for Social Theory", *Proceedings of the Xth International Congress of Philosophy*, Amsterdam, 1948; now in *Conjectures and Refutations*）；在這種意義下，我反對科學主義。

但是如果「科學主義」是說，社會科學的方法在相當程度上和自然科學的方法一樣，那麼我就必須為「科學主義」的擁護者這個「罪名」辯護；事實上，我相信社會科學和自然科學之間的相似性，正好可以用來糾正關於自然科學的某些錯誤觀念，而指出那些錯誤觀念比一般所想的更接近社會科學中的錯誤觀念。

由於這個理由，我繼續依據龐德的意義使用「社會工程學」一詞，就我所知，它和我們必須捨棄的「科學主義」風馬牛不相及。

撇開名詞不談，我仍然認為海耶克的觀點可以解釋為贊同我所說的「細部工程學」。另一方面，海耶克對他的觀念的說明比我原來的注釋清楚多了。他和我所稱的「社會工程學」（龐德的意義）相符的那個部分觀點，在於他認為在自由社會裡重建他所謂的「法律架構」（legal framework），是刻不容緩的事。

注5：見：第七章注25。

注6：「好的目的是否能證明壞的手段為正當」這個問題出自以下情況，例如：為了使病人安心，是否應該對病人說謊；或者說，為了使人民快樂，是否應該使人民無知；或者為了建立一個和平美麗的世界，是否應該從事長期的流血內戰。

在這些情況中設想的行動，都是要先產生一個被認為是「惡」的直接結果（即所謂「手段」），然後實現被認為是「善」的結果（即所謂「目的」）。

我認為在這些情況中，會產生三種不同的問題。

605

（a）我們有什麼資格假定手段事實上會導致預期的結果？因為手段是比較直接的結果，在大部分情況中，它們都是設想的行動比較確定的結果，而比較為遙遠的目的則比較不確定。這裡衍生的是個事實問題，而不是道德評價問題：假定的手段和目的之間的因果連結，在事實上是否可以信賴；有人會說，如果假定的因果連結不成立，那麼這種情況就不是手段和目的的情況。

這種說法也許是真的。然而在實際上，此地所設想的論點包含了也許是最重要的道德問題。因為，雖然問題（即：所設想的行動是否會造成所設想的結果）是個事實問題，**但是我們對問題所抱持的態度，卻產生了某些最重要的道德問題**，例如：在這些情況下，我們是否應該相信這種因果連結可以成立；或者換句話說，我們是否應獨斷地信賴因果理論，還是應存疑（特別是行動的直接結果本身被認為是「惡」時）？

在我們三種例子的第一個例子裡，這問題也許不那麼重要，然而在另兩個例子裡卻是非常重要。有些人可能會覺得，在這兩種情況裡假定的因果關係很可能成立；然而，其中的連結卻是非常遙遠的事；他們在情感上對自己信念的確定可能就會想要壓抑心裡的懷疑。（換句話說，這個問題也就是蘇格拉底所說的盲信和與理性主義者之間的問題——蘇格拉底試圖了解自己理性的限制。）「手段」的惡越大，這個問題就更為重要。無論如何，教育自己使自己對於因果理論採取懷疑的態度，並在理智上保持溫和，無疑是最重要的道德責任。

不過，讓我們假定因果連結成立，或換句話說，假定有一種情況，某人可以正當地談論目的和手段；那麼我們就要區分（b）與（c）兩個進一步的問題。

（b）假定因果關係成立，而且我們能合理確定其可靠性，那麼問題就是兩害相權取其輕了——亦即在作為和不作為兩者產生的惡之間作個選擇。換句話說，最好的目的並不是用來證明壞的手段是正當的，而是避免那些可能證成會招致惡果的行動的種種結果。（例如我們大多相信砍掉人的手或腳是壞的結果，但為了挽救他的生命因而砍掉他的手或腳，其正當性則是無人懷疑的。）

當我們對於實際的惡無法評估時，上述的考慮就至為重要了。例如某些馬克思主義者，相信比起在他們所謂的「資本主義」裡長期的惡，暴力的社會革命裡導致的不幸其是小巫見大巫（見：第十章注9）。不過，即使假定這種革命會改善事態，然而他們如何來評估在兩種不同情況中的不幸呢？在此又產生一個事實問題，而且我們也有義務不去高估我們的事實知識。除此以外，即使承認設想的手段會改進情勢；然則我們是否確定沒有其他方法以較小的代價而得到較好的結果呢？

不過同樣的例子又引起另一個至關重要的問題。假定「資本主義」下幾個世代遭受的不幸總和超過內戰所造成的不幸，吾人是否可以要求一個世代要為了後代而承受不幸呢？（為了他人而犧牲自己和為了追求某個目的而犧牲他人或／且自己，兩者之間是有極大差別的。）

（c）第三個重點是，我們不可以認為「目的」（終極結果）比中介的結果（手段）更重要。「結果好，一切都好」的想法是最要不得的。首先要說的是，所謂的「目的」是很難完全實現的。

其次，即使目的達到了，手段也不一定會被接替。例如「壞的」手段（例如新的強力武器），為了勝利而使用於戰爭，一旦達到「目的」後，又產生新的困擾。換句話說，即使某個事物的確是達到目的之手段，但是它往往不是達到目的就功成身退的。它會產生了實際目的以外的後果；我們必須權衡的，並不是（過去或現在的）手段和（未來的）目的孰輕孰重，而是一個行動路線和其他行動路線之間可以預見的全部結果。這些結果要涵蓋一段時期（其中包括中介的結果）；而設想的「目的」並不是最後的考慮。

注7：（一）我相信國內和國際和平機構的問題，兩者之間極為相似。任何有立法、行政、司法以及軍事力量的國際組織，應該和國內類似的機構一樣維持國際之間的和平。不過我認為不能抱太大的期望。我們已經有效減少國內犯罪，但是還不能杜絕。因此為了長治久安，我們需要有隨時待命的警力。同樣的，我相信必須預期到我們可能無法消滅國際性犯罪。如果我們要一勞永逸地消滅戰爭，那麼可能是痴人夢話，而其嚴重的結果是，當希望破滅時，會喪失應戰的武力。（國際聯盟沒有採取行動抵制侵略者，至少在入侵滿洲國的事件上的顢頇，主要原因在於認為國聯的成立就是要消弭一切戰爭而不是掀起戰爭。這點指出結束一切戰爭的主張是自欺欺人的。我們必須結束國際的無政府狀態，並且準備以戰爭來對付任何國際犯罪。（見：H. Mannheim, *War and Crime*, 1941; A. D. Lindsay, 'War to End War', in *Background and Issues*, 1940。）
不過探求國內與國際和平之間的相似性的弱點，亦即相似性被打破的所在，那也是很重要的。就由國家維持的國內和平而言，個人受到國家保護。公民如同「自然的」單位或原子（雖然公

607

民條件有某種「約定的」元素）。另一方面，國際秩序的成員、單位或原子卻是國家。然而國家不能像公民一樣成為「自然的」單位；**對國家來說，並沒有什麼自然而然的國界**。國界只有應用「現狀」（status quo）原則去改變或確定；同時因為每個「現狀」必定涉及任意選定的日期，所以國界的決定就成為約定的了。

企圖為國家尋求某些「自然的」國界，從而將國家視為「自然的」單位，這就形成了「民族國家」（national state）的原則，以及「民族主義」、「種族主義」和「部落主義」等種種浪漫主義的虛構觀念。然而這個原則不是「自然的」，況且認為存在著諸如民族、語言或種族團體的自然單位，這種觀念完全是虛構的。這必須從歷史去理解，因為從有歷史以來，人類一直不斷在混合、統一、分裂而再混合；這是不可避免的。

破壞國內與國際和平的相似性的第二點是：國家必須保護個別公民，亦即其單位或原子；然而國際組織最終也必須保護個人，而不是其單位或原子——即國家或民族。

完全放棄民族國家的原則（這個原則之所以深獲人心，主要基於一個事實，就是訴諸部落的天性，執政者在無技可施時，利用部落天性是最廉價而可靠的方法），承認所有國家都必須約定國界，以及進一步認清，**即使是國際組織的最終關懷對象，也是個人而非國家或民族**，這可以幫助我們理解上述基本相似性的瓦解產生的種種困難並克服之。

（二）我們必須認識到，個人不僅是國際組織、而且是一切（國際、國家或地方性的）政治組織的終極關懷對象，這點相當重要。我們必須理解到，我們要能公平對待個人，甚至當我們決

608

定要解散一個侵略的國家或「民族」的權力組織時，也要公平對待所屬的個人。有個流行的偏見，那就是摧毀及控制國家或「民族」的軍事、政治甚至經濟力量，蘊含著也要對其人民的鎮壓和壓制。然而這種偏見是不當而危險的。

如果說國際組織要保護弱國公民免於淪為軍事和政治敗壞的犧牲品，這是說不過去的。公民個人唯一的損害，是他難免要受傷的民族自尊心；同時，如果我們認定他是侵略國的公民，一旦中止其侵略之後，如此的損害無論如何是無法避免的。

認為對待國家和對待其個別公民兩者之間是不可分割的，這也是非常危險的偏見，因為一旦涉及侵略國的處置問題時，戰勝國必然會產生鷹派和鴿派。通常說來，兩者都忽略了一種可能性，那就是嚴懲國家而寬待其人民。

不過如果忽略這種可能性的話，下列的情形就容易發生。在戰勝之後，會嚴厲地處置侵略國及其人民。然而，由於不願嚴厲對待無辜的個人，亦即由於鴿派的影響，也可能因為不忍嚴厲對待人民而沒有嚴厲處置該國政權。雖然有不忍之心，個人的遭遇還是很容易超過他應得的不幸。因此不久以後，勝利國容易發生反彈。平等主義和人道主義的傾向也會支持鴿派的勢力，直到嚴厲政策取消為止。但是這種發展不僅容易姑息養奸，也會讓被侵略者義憤填膺，而戰勝國也可能會懷疑自己到底是不是做錯了。

這種惡性循環的發展最後一定又會導致新的侵略。要避免這種情形，唯有自始就清楚區分侵略國（要為自其行為負責者）及其人民。嚴厲對待侵略國，甚至徹底瓦解其政權，卻又公正對待其人民，那麼在勝利國就不會產生人道主義的道德反彈。

不過瓦解一個國家的政權，卻又不歧視、傷害其人民，這是否可能呢？為了證明這是可能的，我要以一個政策為例，此政策能摧毀侵略國的政權和軍事力量，而不侵犯其公民的利益。

侵略國的國界（包括海岸）及其水力、煤礦、鐵礦等主要資源（不是全部資源），都應予接管作為國際佔領區而不歸還。港口、原料交由侵略國的人民從事合法的經濟活動，而不造成他們任何經濟上的不便，條件是邀請國際監督委員會監督設施的正當利用。凡意圖利用這些設施重啟戰端者，都應該禁止，有任何證據顯示國際設施可能作此用途，也應立即禁止使用。懷疑的一方應該要求澈查，以安撫正當的使用者。

這種程序沒辦法防範新的侵略，不過會迫使侵略國在重啟戰端之前必須先攻擊國際佔領區。因此，假設其他國家都發展戰力，那麼這個攻擊就是沒有勝算。面對這樣的情勢，以前的侵略國會被迫改變態度，而採取合作的態度。它會被迫邀請國際組織去控制其工業，同時利用國際機構的研究（不是妨礙其發展），因為只有這種態度才能保障其工業設施；這樣的發展也不會妨礙到該國內政。

這些設施的國際化可能被誤用去剝削或羞辱戰敗國的人民，但這種危險可由國際法律加以遏阻，例如上訴法庭等。

這種例子指出嚴厲處置一個國家而寬大對待其人民，並不是不可能的。

（補註）：這個注釋的（一）、（二）部分剛好寫於一九四二年。只有下列（三）的部分是後

609

來增補的。）

（三）然而這種處理和平問題的社會工程學進路符合科學嗎？我相信許多人一定會主張說，處理戰爭與和平真正科學的態度應該完全不同。他們會說我們必須先研究戰爭的原因。我們必須研究導致戰爭的力量，以及恢復和平的力量。例如最近有人主張說：只有充分考慮到社會中可能產生戰爭或和平的「基層動力」，「永久和平才有可能」。為了發現這些力量，我們當然必須研究歷史。換句話說，我們必須用歷史定論主義者的方法來研究和平的問題，而不以技術性的方法。他們認為這是唯一科學的進路。

歷史定論主義者藉著歷史的幫助，可以指出戰爭肇因自經濟利益、階級意識型態（例如自由相對於專制）、種族、民族的衝突，以及帝國主義、軍國主義、仇恨、恐懼、嫉妒、復仇以及諸如此類的因素。因而指出要排除這些原因是極為艱難的工作。他還會指出，在沒有排除戰爭的原因（例如經濟的原因）之前，沒有成立國際組織的空間。

同樣，心理主義可能認為要在「人性」裡發現戰爭的原因，或更特定地說，在人的侵略性裡可以找到戰爭的原因，而和平之路則是替他人準備侵略性的發洩途徑。（有人真的信誓旦旦地提出這種令人震驚的見解，事實上，近來的獨裁者也很著迷於這些見解。）

我不認為這些方法可以處理這麼重要的問題。我特別不相信以下看似合理的論證，認為為了建立和平，我們就必須探討戰爭的種種原因。

誠然，探知某種「惡」的原因然後加以排除，這個方法在若干情況下是可行的。如果我感覺腳痛，

610

可能發現是由於小石子，因而撥掉小石子就行了。但是我們絕對不可以偏概全。拿掉小石子並不能盡除使我腳痛的所有因素。在某些情況中，我可能找不出「原因」；而在其他的情況中，我可能無法排除原因。

一般說來，只有當我們知道若干必要條件（即除非所列的條件〔至少一項〕出現時，事件就不可能發生），而且控制所有這些條件（更精確地說是防止）時，才能排除不想要它發生的事件的原因。（必須注意的是，必要條件幾乎都不是所謂「原因」這個含混的語詞，它們反倒是通常所謂的「促成原因」〔contributing causes〕；一般說來，當我們說到「原因」時，都是指一組充分條件。）不過我並不認為我們有辦法建立戰爭的必要條件。戰爭的發生情況千變萬化。戰爭並不是像雷雨一樣的簡單現象。我們沒有理由相信把形形色色的現象叫作「戰爭」，就可以確定它們都是在同樣的方式下「造成」的。

所有這些指出，以看似沒有偏見而令人信服的科學方法來研究「戰爭的原因」，事實上不僅是一種偏見，而且容易阻礙合理的解決途徑；它其實是假科學。

如果不導入法律和警力，反而主張要「科學地」研究犯罪問題，試圖探究犯罪的真正原因，到底可以有什麼成果？我並不是暗示說不可以探究導致犯罪或戰爭的重要因素，或者不能以此防範其重大傷害；不過，以警力控制犯罪卻是很容易做到的。另一方面，對犯罪在經濟、心理、遺傳、道德方面的種種「原因」的研究並且排除它們，這些企圖幾乎無法使我們發現警力（它並不排除原因）能夠控制犯罪。只要擺脫「戰爭的原因」這類含混的語詞，整個方法就是科學了。這就好像有人堅持天冷時穿大衣是不科學的，而認為我們應該研究天冷的原因並排除它們。或者有人認為潤滑是不科學的，認為我們應該研究造成磨擦的「原因」並且排除之。我相信第二個例子指出表面上的科學批評有多麼荒謬；正如潤滑的確可減少磨擦，這種國際警察機構（或其他諸如此類的武裝團體）也可以消除戰爭的一個重要「原因」，亦即「不想要戰爭」。

注8：我曾在《科學發現的邏輯》試圖指出這點。依據該書所談的方法論，我相信有系統的細部工程學，透過嘗試錯誤的方法，有助於建立一套經驗性的社會工程學技術。我相信只有這樣，才能著手建立一種經驗性的社會科學。事實上，我們還沒有這樣的社會科學，而歷史的方法亦不足以促其進展，這也是反對大規模的或烏托邦的社會工程學的有力論證之一。見：*The Poverty of Historicism*。

注9：類似的論述，見：John Carruthers, *Socialism and Radicalism*, Hammersmith Socialist Society, London, 1894。他以典型的方式反對漸次的改革，他說：「任何緩和的措施都會招致相應的罪惡而往往治絲益棼。除非我們決心要一件新的大衣，否則就只有穿破衣出門，縫縫補補是不能使舊衣服更新的。」（要注意，卡魯瑟斯所謂的「激進主義」和這裡的意思正好相反。他提倡不妥協的清潔畫板計畫，抨擊「激進主義」，亦即抨擊「激進的自由主義者」主張的「進步主義的」改革。這裡的「激進」一詞當然比我所使用的更通俗；不過，這個語詞的原來意義是「追根究柢」，例如追究惡的根柢或除惡至盡；並沒有另一個適當的語詞可以替代它。）

正文中下一段的引文（「神聖的原型」，藝術政治家必須「複製」等），見：*Republic*, 500e,

1501a。另見第八章注25及注26。

我相信在柏拉圖的理型論中有許多對於理解藝術或藝術理論極為重要的觀念。見：J. A. Stewart, *Plato's Doctrine of Ideas* (1909), 128 ff.。無論如何，我相信柏拉圖過度強調純粹觀想的對象（和藝術家不僅要想像而且要在畫上再現的「模式」相反）。

注10：見：*Republic*, 520c。關於「統治的技藝」，見：*Statesman*, 161c；本書第八章注57（2）。

611

注11：一般人會說倫理學只是美學的一部分，因為倫理問題終究是品味的問題。（例如，見：G. E. G. Catlin, *The Science and Methods of Politics*, 315 ff.。）如果這種說法是指倫理學的問題不能用理性科學方法去解決，我是同意的。不過我們不可忽略到，倫理學的「品味」問題和美學的「鑑賞」問題，兩者之間有著極大的差異。如果我不喜歡一本小說、一首音樂或一幅畫，我就不讀、不聽、不看它就好了。美學的問題大多是私人的問題（建築除外），但是倫理學的問題卻關係到眾人及其生活。就這點而言，它們之間有基本的差異。

注12：本處引文見：*Republic*, 500d-501a；另見：第四章注29末尾部分，以及第八章注25、注26、注37、注38，特別是注25、注38。

接下來的兩段引文出自：*Republic*, 541a; *Statesman*,293c-e（另見：第二十四章注15的相同引文。）〈國家篇〉中的這兩段（500d ff.）的「清潔畫板」以及（541a）「整肅」，在它們之前都提到「和神相似的」哲學家，這點相當耐人尋味（因為我相信這是浪漫的激進主義的歇斯底里特性：有如神一般的野心傲慢）。另見：500c-d：「哲學家……，本人就成為神一樣了。」以及540c-d（第八章注37及正文）：「國家將為他們建立紀念碑，像祭神那樣向他們獻祭，否則也會把他們當作神聖的偉人來祭祀。」另一個有趣之處是（基於同樣的理由），在這幾個段落之前，柏拉圖說他盼望作為統治者的哲學家會被「人類」接受（見：498d/e.；第八章注59）。

補註：關於「清算」一詞，現代激進主義者可能會脫口而出說：「如果我們要有社會主義——真正而永久的社會主義——所有基本敵對者都必須加以『清除』（褫奪公權，必要時囚禁而使之無法從事政治活動），豈不是很明顯的嗎？」類似的強烈說法，見：Gilbert Cope, *Christians in the Class Struggle*, 1942, p. 18（由布拉德福主教作序），另見：第一章注4。布拉德福在序中斥責「我們現在的經濟系統」是「不道德且非基督教的」，他說：「當魔鬼所作的事情是那麼明目張膽……教牧們責無旁貸地要摧毀它們。」因此，他推薦說「這本小書是個明白而透澈的分析」。我們可以摘引另一些語句：「兩個政黨可能保障部分的民主，但充分的民主只有一黨才能建立……。」（p. 17）「在過渡階段……，工人……必須由一黨領導和組織，這個黨不容許任何敵對政黨存在……。」（p. 19）「社會主義國家的自由意味著不容許任何人攻擊共同財產制的原則，鼓勵每個人為更有效的運作和實現社會主義而工作……。重要的是如何清除敵對者，這要看敵對者使用什麼方法。」（p. 18）

其中最有趣的，也許是下面的論證（p. 18），很值得仔細一讀：「如果說在社會主義的國家不可能有個資本主義的政黨，那麼何以在資本主義的國家可以有個社會主義政黨呢？答案很簡單：其一是多數人的生產力相對於少數人的反動，而另一者則是少數人以重新剝削多數人去恢復他們的權力地位和特權。」換句話說，統治的「少數」能夠被容忍，而「多數」則是不能容忍「少數」。這個簡單的回答，誠如主教所說的，是個「明白且透澈的分析」模式。

注13：關於這方面的發展，見：第十三章注7正文。

注14：哲學和文學中的浪漫主義似乎都可以溯及柏拉圖。大家都知道盧梭直接受到他的影響（見：第六章注1）。盧梭也知道柏拉圖的〈政治家篇〉（見：*Social Contract*, Book II, chapter VII; Book III, chapter VI），他歌頌早期山區的遊牧部落。但除了這個直接影響外，盧梭在闡述他那放牧的浪漫主義和原始生活，極可能是間接受到柏拉圖的影響；因為盧梭確實受到義大利文藝復興運動的啟發，而這個運動則是重新發現了柏拉圖，特別是他的自然主義及夢想原始遊牧的完美社會（見：第四章注11（3）及注32；第六章注1）。有趣的是伏爾泰立刻理解到盧梭這種浪漫的蒙昧主義的危險性；正如康德在赫德（Herder）的《人類歷史哲學的觀念》（*Ideen zur Philosophie der Menschengeschichte*）裡讀到盧梭的想法時，雖然稱讚盧梭，卻也理解到這種危險性（見：第十二章注56及正文）。

柏拉圖的抨擊的時代背景

第十章

開放社會及其敵人

愛神終有一天會治癒我們的病，使我們回歸原初狀態，生活在快樂與幸福之中。

——柏拉圖

161 我們的分析還缺了些什麼。柏拉圖的政治方案完全是極權主義的，在第六章中，我們提出了反對的理由，從而考察若干道德理念，像是正義、智慧、真理和美在他的政治方案中扮演的角色；考察的結果大致都相同。我們發現這些理念扮演的角色都很重要，但是它們並沒有使柏拉圖超越極權主義和種族主義的範圍。不過，其中有個理念我們還沒有檢視到，那就是「幸福」。也許我們還記得引用過克羅斯曼的話；他相信柏拉圖的政治方案基本上是「計畫建立一個完美的國家」，使國內的每個人都真正的幸福；我認為這種信念是把柏拉圖理想化的一種傾向。如果要證明我的見解有所依據，我可輕易指出：柏拉圖關於「幸福」的探討和「正義」如出一轍；特別是他基於同樣的信念，認為社會「天生」就有階級的劃分。柏拉圖主張，只有透過正義才能成就真正的幸福，亦即各司其職、各安其位[1]。統治者必須在統治中發現幸福，戰士則必須在戰役裡發現幸福；如此一來，我們可推論出，奴隸必須在被奴役的生活中發現幸福。此外，柏拉圖常說他所要成就的，既非個人的幸福，也不是國家中特定階級的幸福，而是全體的幸福；他並且表示，全體的幸福只不過是正義的統治的結果。而他的這種正義是極權主義式的。只有這種正義才能獲得真正的幸福，這正是〈國家篇〉的主要論題之一。

162 整個看來，所有材料似乎形成一個一致且難以辯駁的詮釋，顯示柏拉圖是個極權主義的政黨政治家；雖然他在當時的實際政治活動中毫無成就，但是就其宣揚要阻止且顛覆他憎惡的文明來說，卻產生了長遠的影響[2]。然而，為了理解這種詮釋是否有嚴重過失，我們不得不以直率的態度來正視它。無論如何，當我作此詮釋時，的確有這種感受；或許還不致於感到這個詮釋不真確，卻也感到它是有缺陷的。因此，我開始探求駁斥這種詮釋的證據[3]。然而，除了一點之外，其他各項結論都顯示：駁斥這種詮釋終究會鎩羽而歸；新的資料更顯示出柏拉圖主義就是極權主義。

我唯一找到的足以辯駁的論點，就是柏拉圖對於僭主的憎惡。當然，還是可以用種種解釋把它打發掉，甚至可以輕易地說他對僭主的控訴只不過是個宣傳。極權主義時常宣稱愛好「真正的」自由，而柏拉圖稱讚自由而反對僭主，聽來也像是這種「愛好」。不管這種解釋的結果如何，我想到他對本章將談及的「專制」的某些評論還算誠實[4]。當然，柏拉圖當時的「專制」（僭主）其實是指以群眾支持為基礎的統治形式，這就使得柏拉圖的憎恨僭主和我原來的詮釋一致。不過我覺得這並不能排除修正我的詮釋之必要性。我也覺得只強調柏拉圖的基本忠實，對於修正是不夠的。這並不能抵銷他是極權主義的一般印象；我們需要一個新的形象，以解釋柏拉圖對於自己身為社會病理學家的使命的忠實信念，以及他何以比當時任何人更明白清希臘社會的病灶。由於否定柏拉圖主義是極權主義的企圖無助於改善他的形象，我終於被迫修改自己對於極權主義的詮釋。換句話說，在我企圖把柏拉圖的極權主義拿來和現代的極權主義比較以理解柏拉圖時，我很驚訝自己居然修正了對於極權主義的見解。

163

我對於極權主義並不改敵對，不過，我終於看出新舊極權主義運動的力量都是建立在一個事實上，那就是無論其企圖再怎麼邪惡，它們都是為了迎合非常現實的需要。

依據這種新的詮釋，柏拉圖主張要使其國家和人民幸福，我認為並不只是宣傳。我承認他博施濟眾的仁慈胸懷[5]。在有限的範圍裡，亦即在他根據社會學分析以建立他對幸福的承諾上，我也承認他的正確性。更嚴格地說，我相信柏拉圖擁有深刻的社會學觀察力，看到當時人們處在強大壓力之下，那是肇因於民主主義和個人主義興起以後招致的社會革命。他看到這些極度不幸的主要原因正是社會的變動和分裂；而他也竭力反擊它們。他最強烈的動機是使人民恢復幸福，這是毋庸置疑的。從本章所要討論的幾個理由來看，我相信他主張以政治醫術去防止變動並且回到部落主義，那是無可救藥的錯誤。不過他的提議雖然實際上不足以治病，卻也證明了柏拉圖的診斷力。它說明柏拉圖知道病灶所在，對人民的水深火熱感同身受；雖然如此，他基本上主張回到部落主義以減輕壓力並且恢復人民的幸福，卻是錯誤的。

在這一章裡，我打算略述促使我採取這種見解的歷史材料。至於詮釋歷史的方法則留待最後一章再做批判性的評論。因為檢驗歷史的詮釋沒辦法像一般檢驗假設那樣嚴格，因此我也無法為這種方法的科學地位辯護。詮釋主要是一種**觀點**，其價值在於它的多產性，在於它對於歷史材料的洞察力，促使我們發現新的材料，把新的材料合理化且統整起來。因此，無論我的見解有多麼大膽，我所要說的絕不是獨斷的主張。

1

164

希臘是西方文明的搖籃；希臘人似乎是從部落主義走向人道主義的第一步；我們來看看它代表什麼意義。

希臘早期的部落社會和太平洋群島中的玻里尼西亞人（例如毛利人）大抵相似：他們各自擁有小型軍隊，通常生活在堡壘式的房屋中，由部落酋長、國王或貴族統治，而在海洋和陸地上相互征戰。當然，希臘人和玻里尼西亞人的生活方式仍有許多差異，那是因為部落主義並沒有齊一性可言，沒有標準的「部落生活方式」。然而，我認為在這些部落社會中還是有若干特性，雖不是全部、至少是大部分部落共有的。我指的是他們對於社會生活習慣及其僵化程度抱持的巫術的、不理性的態度。

我以前曾討論到這種巫術態度，其主要的因素是他們無法區別社會生活習慣或約定俗成的規則以及在「自然」中的恆常規則。他們往往把兩者混為一談，而相信它都是由超自然的神意訂定的法則。在大部分的情況中，社會習慣的僵化，都只是這個心態的不同面貌而已（我們有理由相信這個面貌更加原始，而超自然的信仰則只是害怕改變日常習慣的合理化作用，我們小孩子身上就看到這種害怕）。當我說到部落主義的僵化時，並不是說部落的生活方式一成不變，而是說這些輕微的變動都有類似宗教皈依或憎惡的特徵，或者是為了導入巫術禁忌，而不是為了改善社會條件。除了這些些微的變動外，禁忌僵硬地規定並且支配著生活的各個方面而滴水不漏。這種生活方式問題很少，實際上也沒有所謂的道德問題。我並不是說部落的成員在行為上為求符合禁忌而捨棄英雄氣概和容忍，而是說他很少有機會懷疑自己到底該怎麼辦。正確的生活方式總是被決定好的，雖然為了遵守它還是必須克服一些困難；透過禁忌和不可以被批判的巫術部落制度，正確的生活方式被決定了。即使赫拉克里圖斯復生，也無法區分部落生活制度的法則和自然法則的差異；兩者都被視為具有巫術特性。根據集體性的部落傳統，制度不容有個人責任的空間。建立了某個團體責任形式的禁忌，可能就是我們所謂個人責任的先驅，但是它們基本上和個人責任是不同的。它們不是奠基在理性究責的原則上，而是建立在巫術觀念上，例如宿命的觀念。

我們深知這類情形至今仍然多少存在。我們自己的生活方式依舊環繞著種種禁忌：飲食、禮節和其他種種禁忌；不過，這其中又有若干重要的差異。在我們自己的生活方式中，[165]關於國家法律和我們習得的禁忌之間，一直有個寬闊的領域，其中有著個人的決定以及它的種種難題和責任。我們也知道這個領域的重要性。個人的決定可能會導致禁忌的改變，甚至使某些政治法則不再是禁忌了。最大的差別在於能否理性反思。就某方面來說，理性反思始於赫拉克里圖斯[6]。阿爾克邁翁（Alcmaeon）、菲立亞斯（Phaleas）、希波達姆斯（Hippodamus）、希羅多德（Herodotus）以及辯士派，都認為追求「至善體制」本身即假定問題是可以理性討論的。到我們這個時代，關於立法的良窳以及其他制度的變革，我們也都要求理性的決定；也就是說，決定奠基於對於可能結果的評估以及有意識的偏好抉擇。這就是我們所體認的理性的個人責任。

以下我們會把巫術的、部落的或集體主義的社會稱作「**封閉的社會**」（**closed society**），而把個人必須面對決定的社會叫作「**開放的社會**」（**open society**）。

我們不妨把封閉的社會比擬作有機體。所謂國家的有機體或生物學的理論，就有相當程度的適用性。封閉社會也像獸群或部落一樣，都是類似有機的單位，其成員是由類似生物鍊結的東西聚集在一起的：諸如親族關係、共同生活、分享共同的成果、共患難同甘苦等等。封閉社會是由具體的個人組成的具體團體，他們的關係不是分工、貨物交易之類的抽象社會關係；它是具體的有形關係，例如相互接觸、彼此問候等，雖然這樣的社會也許是奠基於奴隸制度，但是蓄奴的問題和蓄畜沒有太大的不同。因此，有機理論之所以不能應用到開放社會，正是因為開放社會缺少這些層面。

我所謂的這些層面和底下的事實密不可分，在一個開放社會裡，許多人都在社會裡力爭上游，以取代其他成員的地位。這點也許就導致階級鬥爭之類重要的社會現象；但是在有機體裡，我們不會看到類似階級鬥爭的東西。有機體的細胞或組織有時會被比擬作國家的成員，

166

為食物而你爭我奪；但是腳絕不會想要變成大腦，身體其他部分也不會想要變成胃部。由於有機體中並沒有任何事物可以對應於開放社會成員為社會地位而競爭的重要特徵，因而所謂的國家有機理論其實是個錯誤的類比。另一方面，封閉社會對於這種社會競爭的傾向也所知不多，包括階級制度在內的種種制度，因而都成了神聖不可侵犯的禁忌；有機體理論應用到它身上，也就不為過了。因此，我們不難發現，大部分企圖以有機體理論應用到我們社會的，原來都是以偽裝的宣傳方式要我們返回部落主義的社會[7]。

由於開放社會缺少有機體的特性，在某種程度上，我應該稱之為「抽象的社會」。它大抵上可以說是喪失了具體或現實團體的特性，或諸如此類現實團體的體系。很少有人理解到這點；我們也許可以誇張地說：我們可以設想一個人們其實沒看過的社會——所有行業都由相互孤立的個人經營，彼此以信件或電報往來，外出也都坐汽車（就連生育都沒有個人元素，而以人工受精來繁衍後代）。這個虛構的社會可以稱為「完全抽象或去人格化（depersonalized）的社會」。現在有趣的是，我們現代的社會在許多方面很像這種完全抽象的社會。雖然我們並不會一直待在汽車裡（成千上萬的人在街上摩肩接踵），結果還是像是關在汽車裡一樣，和同行的人沒有任何個人關係。同樣，某個工會的會員的意思也只是一張會員卡，並且對素不相識的祕書捐繳交會費而已。生活在現代社會裡的人，幾乎沒有有親密的個人接觸；他們孤立而匿名地生活著，結果就是不快樂。因為社會雖然變得抽象，但人的生物性格並沒有多

167

大改變；人有社會性的需要，而開放社會卻不能滿足這些需要。

當然，我們的描述有太過誇張之嫌。以後不會也不可能有個完全或極為抽象的社會。人仍舊會組成現實的團體，也有各種現實的社會接觸，試圖滿足人們的社會情緒需要。不過在現代開放社會裡，大部分現實的社會團體（除了某些幸運的家族外）都是可憐的替代品，因為它們不能提供一種共同生活。而且許多團體在整個社會生活裡也沒什麼功能。

我們的描述還有另一個誇大之處，那就是至今只看到它有百害而無一利。不過，它還是有好處的。它可以建立一種新的人際關係，只要人們不再被偶然的出身決定，而可以自由加入社會各個階層；因此，一種新的個人主義就應運而生。同樣的，隨著生物性和身體的關係漸趨淡薄，精神的關係則可以扮演要角。不論形如何，我們希望以上的例子可以闡明抽象社會和具體或現實社會團體之間的矛盾，也說明我們現代的開放社會的運作大體上是透過抽象關係去進行的，例如交易或合作。（現代的社會理論，例如經濟理論，也正是著眼於這類抽象關係的分析。至今仍然有許多社會學家還不明白這點，就像涂爾幹等人，一直不放棄獨斷的信念，認為社會一定要就現實社會團體的觀點去分析。）

有鑑於此，我們明顯看到，從封閉社會過渡到開放社會，可以說是人類最深層的革命之一。基於上述封閉社會的生物特性，人們對於這種過渡一定感受很深。因此當我們說西方文明源自希臘時，應該理解它的意義是什麼；它的意思是，希臘為我們開始了這個偉大的革命，而這個從封閉社會過渡到開放社會的革命迄今似乎仍然原地踏步。

2

當然，這種革命並不是刻意造成的。古代希臘的封閉社會、部落主義的瓦解可以上溯到統治的地主階級開始察覺到人口成長的那個時代。這意味著「有機體的」部落主義的末日到了。因為它造成統治階級的封閉社會內部的社會壓力。首先出現的是某種「有機體式的」解決方式，也就是衛城的出現。（在派遣殖民者出去的巫術儀式裡也突顯了這個解決方式的「有機體」特性。）不過這種殖民的儀式只是推遲它的瓦解而已。當它造成文化接觸時，甚至產生了新的危機。其結果是導致對於封閉社會最大的危機，也就是商業，以及以貿易和航海為業的新階級。到了西元前六世紀，這種發展已經導致舊有生活方式的部分瓦解，甚至產生一連串的政治革命和反動。它不僅導致像斯巴達那樣企圖以武力去保護和維持部落主義，也造就了偉大的精神革命，發明了批判性的討論，其結果就是擺脫了巫術性的強迫觀念。在此，168 我們看到第一個新的不安定徵候也出現了：那就是**開始感覺到文明的壓力**了。

這種壓力和不安是封閉社會瓦解的結果。甚至在我們這個時代，特別是在社會變動的時候，仍能感覺到它。這種壓力是由於開放和部分抽象的社會生活對我們要求而造成的，它要我們努力合乎理性，至少要摒棄情緒上的社會需求，要照顧自己並且接受種種責任。我認為，我們應該承受這個壓力，作為增進知識、合理性、互助合作以及存活率和人口數所要付出的代價。這是我們身而為人必須付出的代價！

這種壓力和階級衝突的問題息息相關。階級衝突問題是在封閉社會瓦解時第一個出現的。封閉社會自身對這個問題很陌生。至少對統治者來說，他們認為奴隸、階級制度和階級統治是「自然而然的」，哪裡有什麼問題。但是隨著封閉社會的瓦解，這種穩定性頓時消失無蹤，所有的安全感也隨之崩潰。部落社會（後來稱為「城邦」）是部落成員尋求保障之所在。由於四周有敵人、危險甚或敵意的巫術力量環伺，人們在部落裡的經驗就如同幼童在其家庭中的經驗一樣，他在家裡有一定的角色，他很熟悉自己的角色並且扮演得很好。封閉社會的瓦解，導致階級和其他社會地位的問題；對於市民必然產生的相同影響，就像嚴重的家庭爭吵和家庭破碎對於兒童的影響[8]。當然，特權階級也感受到這種壓力，他們遭受到的威脅更甚於原本被壓迫的階級；不過，即使是後者也會感到不安。「自然」世界的瓦解也令他們手足無措；同時，即使他們為了困境而奮鬥，也不願因為勝利而剝削他們的階級敵人，後者有傳統的支持，在現狀裡接受高等教育，並且讓人感覺到天生的威嚴。

從這點來看，我們就必須設法理解斯巴達和雅典的歷史，前者阻止了這些發展，後者卻造就了民主制度。

169

造成封閉社會瓦解的最大原因，也許是海上交通和商業的發展。和其他部落的密切接觸，容易讓人覺得部落制度不再必要；同時，貿易、商業的創造精神也使個人肯定自我的創造力和獨立，即使在部落主義仍然流行的社會裡也是如此[9]。西元前五世紀航海和商業的興盛之後，它就成為雅典帝國主義的主要特徵。同時，寡頭統治者也認為它是最危險的發展，他們是雅典現在或以前的階級特權成員。他們逐漸理解到，雅典的貿易、唯利是圖的重商主義、海權政策及其民主潮流，都是同一個運動的各個部分；若非深入其民主的罪惡根源，並且毀掉海權政策及其帝國，是不能擊敗民主的。但雅典的海權政策是奠基於它的港口，特別是商業中心和民主要塞的港口：庇里猶斯港（Piraeus）。同時，在戰略上，它是奠基於使雅典成為堡壘的城牆，以及後來連接庇里猶斯港和法勒隆港（Phalerum）的長城。因此我們發現，至少有一個世紀以上，雅典的寡頭政黨相當敵視帝國艦隊、港口及城牆等等設施，認為它們是民主的象徵和民主力量的源泉，而想要有一天能摧毀它們。

在修昔底德的《伯羅奔尼撒戰爭史》裡可以看到關於這種發展的許多證據，在雅典的民主和阻止變動的斯巴達寡頭政治的部落主義之間，於西元前四三一到四二一、四一九到四〇三年兩次大型戰爭裡也可以發現許多證據。我們在讀修昔底德的歷史著作時，不可忘記他並不是心向祖國雅典。雖然他顯然不屬於雅典極端派的寡頭政黨，並沒有和他們共謀在戰爭期間勾結敵人。但是他確實是寡頭政治中的一員，既不是雅典人民的朋友（雅典民眾放逐了

170

他）；也不支持雅典的帝國主義政策（我並無意貶低修昔底德，他也許是歷史上最偉大的史學家。但不論在記載事實的真實性上如何，不論他如何努力保持公正，他的評論和道德判斷也只是代表一種詮釋和觀點，而我們未必要同意）。我首先摘引描寫在伯羅奔尼撒戰爭半個世紀以前，即西元前四八二年地米斯托克利（Themistocles）的政策：「地米斯托克利又說服他們（雅典人）完成了庇里猶斯的城牆……他認為如果雅典人成為一個航海部族的話，他們有一切的優勢，可以增加他們的勢力。真的，他是第一個敢於對雅典人說，他們的將來是在海上的。」[10]**（按：引文中譯見：《伯羅奔尼撒戰爭史》，黃文龍譯。）**二十五年以後，「雅典人開始建築他們達到海邊的兩條大長城：一條到法勒隆，一條到庇里猶斯。」[11]這是在伯羅奔尼撒戰爭的二十六年前，寡頭政黨完全明瞭這些發展的意義。我們在修昔底德的歷史裡看到他們就算做出最可恥的背叛行為也不以為意。誠然，寡頭執政者的階級利益猶勝於他們的愛國心。機會到了，虎視眈眈的斯巴達遠征軍在雅典北部操演，他們於是決定和斯巴達私通謀叛自己的國家。修昔底德寫道：「雅典有個黨派，正在祕密地和他們（斯巴達）商談，**希望推翻民主**，阻止長城的建築……但他們（有些雅典人）懷疑有推翻民主政治的陰謀。」忠誠的雅典人於是挺身而出對抗斯巴達，但不幸被擊潰了。無論如何，他們削弱了敵人的氣燄，阻止了敵人和自己城邦裡的第五縱隊裡應外合。幾個月以後，長城完成了，而這就意味著只要維持海軍的優勢，民主就得到了安全。

這個事件使我們理解到雅典階級情勢的緊張，在伯羅奔尼撒戰爭暴發的二十六年前，這種情勢愈演愈烈。它也使我們看到陰謀顛覆並且傾向斯巴達的寡頭政黨所使用的方法。必須注意的是，修昔底德雖然在許多其他地方說到他反對階級鬥爭和黨派之爭，但是對於叛變卻是輕描淡寫而沒有大肆批評。以下引述的對於西元前四二七年柯西拉革命（Corcyraean revolution）的一般反應相當耐人尋味。第一，那是階級鬥爭的生動景象，第二，當修昔底德描述科西拉（Corcyra）相似的民主傾向時，他語句已經相當強烈（要評斷他是否有欠公允，我們必須記住，在戰爭開始的時候，科西拉一直是雅典的民主同盟，叛亂是由寡頭執政者發動的）。尤有甚者，我們引述的這一段話是對於整個社會解體的感受的絕佳表現。修昔底德寫道：「整個希臘世界都受到波動。因為每個國家都有敵對的黨派——民主黨的領袖們設法求助於雅典人而貴族黨的領袖們則設法求助於斯巴達人。……家族關係不如黨派關係的強固……。許多城邦的黨派領袖有似乎可以使人佩服的政綱，一方面主張民眾在政治上的平等，另一方面主張安穩而健全的貴族政治——他們雖然自己冒充為公眾利益服務，但是事實上是為著他們自己謀得利益。在他們爭奪優勢的鬥爭中，沒有什麼事可以阻擋他們；他們自己的行動已經是可怕的了，但在報復時更為可怕。……。這些革命的結果，在整個希臘世界中，品性普遍地墮落了……。每一方都以猜疑的態度對待對方。至於終止這個情況，沒有哪個保證是可以信賴的，沒有哪個誓言是人們不敢破壞的。人人都得到這樣一個結論，認為希望得

171

到一個永久的解決是不可能的。」[12]

如果我們知道，一個多世紀之後的亞里士多德在寫《政治學》時，這種叛變的態度並沒有多大改變；那麼雅典寡頭執政者接受斯巴達的幫助並且阻止建造長城，其整個意義就容易明白了。我們在書裡聽到一位寡頭政治者的誓言；亞里士多德說：「今天他們的誓言是：『我將是人民的對頭，並願將一切可能的禍患加之於人民！』」[13]顯然，如果沒有想到他們有這種仇恨，我們是難以理解那個時代的。

我說過修昔底德自己是反民主的，當我們考慮到他對希臘帝國的描述，以及各個希臘國家都憎恨民主時，就更明白了。他告訴我們說，雅典帝國的治理沒有比僭主政治更好的了，而且希臘所有部落也都畏懼它。他在描寫伯羅奔尼撒戰爭爆發當時的輿論，只是溫和地批評斯巴達，卻非常嚴厲地批評雅典的帝國主義。「輿論的情感大致上是傾向於斯巴達一方的；尤其是因為他們宣布了他們的目的就是解放希臘。希臘各邦和個人都熱烈地在一切可能的範圍以內援助他們……。一般的情緒都是對雅典人感到很氣憤，無論是那些想逃避他們的控制的人們也好，或者是那些恐怕受到他們吞併的人們也好。」[14]最有趣的是，對於雅典帝國的這種判斷，多少成為「歷史」的正式評斷，也就是大多數歷史學家的判斷。正如哲學家很難逃出柏拉圖的觀點一樣，歷史學家也都拘限於修昔底德的判斷。我可以引梅葉（德國學界中對這段歷史最權威的史學家）為例，當他說「整個希臘有教養的文化界的同情……全都背離了雅典」[15]，他只是在重複修昔底德的話而已。

不過這些都只是透露了反民主的觀點。從修昔底德記載的史事來看，比如說我們引述的民主和寡頭黨派領袖們的態度，說明了在希臘人當中，斯巴達不是「得人心的」，只不過符合寡頭執政者以及如梅葉所說的「有教養的人」的希望而已。即使梅葉也承認「具有民主心靈的民眾，在許多地方都希望民主得勝」，亦即希望雅典得勝[16]。同時，修昔底德的敘事也包含了許多例證，說明雅典受到民主派以及被壓迫者的歡迎。然而，誰要理會那些沒有教養的人的意見呢？如果修昔底德和「有教養的人」說雅典是暴政，那麼它就是暴政了。

172

最有趣的是，同一個歷史學家可以歌頌羅馬及其帝國的成就，卻又譴責雅典更上層樓的企圖。羅馬完成了雅典未完成的事，這個事實不足以充分解釋這種心態。他們其實不是在責難雅典的失敗，因為他們不願意看到雅典的企圖可能成功。他們相信雅典的民主一文不值，是個由沒有教養的人治理的地方；這些沒有教養的人憎恨和迫害有教養的人，於是有教養的人反過來憎恨他們。不過，這種觀點（認為民主的雅典人在文化上是不容異己的這種迷思）牴觸了我們已知的事實，尤其是雅典在文明上的驚人多產性。即使梅葉也必須承認這個多產性。他以非常謙遜的態度說：「在這十年間雅典所成就的，比得上德國文獻中最偉大的任何一個十年」[17]。伯里克里斯是這時期的雅典民主領袖，當他說雅典是「全希臘的學校」時，就更說明了這點。

173

我並不是替雅典建立帝國的每件事情辯護。我固然不想替肆意的侵略（如果有的話）和蠻橫行為辯護；我也沒有忘記雅典的民主仍舊建立在奴隸制度上[18]。不過我認為我們必須了解，唯有透過某種形式的帝國主義，才能取代部落主義的排外性和自滿自足。還要說明的是，雅典的若干帝國主義制度仍然相當自由。其中有個有趣的實例是，在西元前四〇五年，雅典要求其盟邦愛琴海的薩摩斯（Samos）說：「從現在開始薩摩斯人應該是雅典人了，兩個城邦應該是一個國家；而且薩摩斯人的內政應該自主並維護自己的法律。」[19]另一個例子是雅典在帝國內的課稅方法。關於這類稅收或納貢已經說得很多，例如有的認為它是剝削小國的無恥而專制的行徑，我相信這種說法是有欠公正的。在企圖評估這些稅收的意義時，我們當然要和貿易的資料作比較，而貿易是受雅典艦隊保護的。修昔底德提供了一些必要的報導，從他那裡我們知道在西元前四一三年時，雅典對於盟邦「不收納貢，轉而規定由海路輸出和輸入貨物均徵收稅金百分之五，他們認為如此更能增加稅收。」[20]在迫在眉睫的戰爭壓力下採用這種措施，相較於羅馬中央集權的方法，我相信是有益的。由於這種課稅方法，雅典人民遂對於發展盟邦貿易大感興趣，同時使帝國內成員擁有主動權和獨立性。雅典帝國原本本來就是起源自平等的聯盟。儘管雅典佔盡一時的優勢，它的若干公民仍然公開批評；似乎其貿易發展的興趣適時促成了某種聯邦政體。至少我們知道雅典並沒有採用像羅馬帝國的方法，把帝國的所有文化資產「移植」到所統治的城市，也就是沒有「掠奪」他們。如果有人反對財閥政權，那最好先反對掠奪者的統治[21]。

如果比較斯巴達處理外交的事務，那會有助於支持雅典帝國主義的觀點。斯巴達的外交政策是取決於支配著斯巴達政策的終極目的，即在於阻止一切變動並且回到部落主義。（正如我在以下主張的，這是不可能的事。天真無邪一旦失去就永不復得，一個由人類設法阻止變動的封閉社會，或者有教養的部落主義，也不可能和原本的部落制度一樣。）斯巴達的政策原則如下：（一）維護一成不變的部落主義：杜絕一切可能危及僵化部落禁忌的外來影響。（二）反人道主義：特別要禁止任何平等主義的、民主的和個人主義的意識型態。（三）經濟上的自給自足：貿易上的孤立。（四）反普世主義，堅持排外主義：維護部落和部落之間的差異，不容劣等部落的混種。（五）唯我獨尊：宰制和奴役鄰邦。（六）不求過度擴充：「城邦的成長但求不損及主權的統一」[22]，特別是不可冒險提倡普世主義。如果把這六種主要的傾向和現代極權主義作比較，我們會看到除了最後一點之外，其他基本上都是一致的。不同的地方是：現代極權主義顯然有帝國主義的傾向。不過，這種帝國主義並沒有寬容的普世主義精神；現代極權主義併吞全世界的野心只是在掩耳盜鈴，其實是違反自己的意志的。這要歸因於兩個因素：第一，所有專制政治的一般傾向，都是以拯救國家抵抗敵人侵略來證明自身存在的正當性，即使原來的敵人完全被征服，這種傾向也不得不再創造或發展出新的敵人。第二個因素是把上述極權主義的第二和第五個原則密切結合在一起。依據第二點，必須杜絕人道主義，然而人道主義已經無所不在，所以為了攻擊國內的人道主義，就必須消滅在全世界的人道主義。再者，我們現在的世界越來越小：每個人都猶如鄰人，因此，為實現第五點，就必須支配和奴役每個人。然而，在古代，對於斯巴達奉行的排他主義來說，沒有比雅典的帝國主義更危險的事，它駸駸然要發展出一個希臘聯邦，甚至發展成普世帝國。

總結以上的分析，我們可以說，當希臘部落主義瓦解，希臘的政治和精神革命就已經萌芽了，在西元前五世紀時，隨著伯羅奔尼撒戰爭的爆發而達到高峰。它發展成為激烈的階級戰爭，也造成希臘兩個位居領導地位的城邦斯巴達和雅典的戰爭。

174

3

然而，像修昔底德這樣傑出的雅典人都要站在反動的一方，反對新的發展，這種事實又如何解釋呢？我認為單用階級利益並不足以解釋。因為我們必須解釋的事實是，許多有抱負的年輕人雖然身在民主黨派中，卻並不一定是民主政黨的忠貞份子，而其中有些卻是最有思想和才氣的。他們成為中堅份子，卻抗拒這種新的發展。重點似乎是，開放社會雖然早已存在，但其實方興未艾的新價值、平等主義的生活標準，仍然有不足之處，特別是對於「有教養的人」來說。開放社會的新信念，也是它唯一可能的信念，也就是人道主義，雖然已經萌芽，卻還沒有正式形成。在這個階段裡，人們只看到階級的戰爭、民主派擔心寡頭政黨的反動以及下一波革命性情勢的威脅；因此，反對這些發展的反動更要站在傳統的一邊，要求保護舊有的道德和宗教。這些潮流訴諸多數人的情感，而在他們獲得人心時就形成一股運動，斯巴達和他們寡頭政黨友人則因勢利導，甚至在雅典，許多正直的人士也參與這個運動。從「回到我們的祖國」或「回歸舊有祖國」的口號運動，衍生出「愛國」一詞。更不用說支持「愛國」運動的群眾信仰被寡頭執政者濫用；寡頭執政者為了得到反民主人士的支持力量，竟不惜把自己的城邦出賣給敵人。修昔底德就是這種「回歸祖國」運動典型的領袖[23]。雖然他也許並不支持極端反民主的叛國行為，卻也公然贊同他們的基本目的，那就是防止社會的變動，以反擊雅典民主普世主義式的帝國主義及其力量的象徵和工具，例如海軍、城牆和商業等等。（從柏拉圖關於商業的理論，可以看出他們有多麼害怕重商主義。當斯巴達的國王李森德〔Lysander〕於西元前四〇四年戰勝雅典且攜回大批戰利品時，斯巴達的「愛國者」，亦即加入「祖國」運動的份子，就企圖阻止黃金進口；雖然最後仍然放行，但所有權被限於國家，任何人一旦被發現擁有黃金就要處以極刑。在柏拉圖的〈法篇〉裡也支持類似的處置方式[24]。）

175

雖然「愛國」運動部分表現了人們渴望回到更穩定的生活方式，恢復宗教、禮節、法律和秩序，然而這個運動本身在道德上卻是不堪聞問。古代的信仰已經淪喪，差不多都被對於宗教情操的虛偽而犬儒的剝削取代[25]。正如柏拉圖在提到卡利克勒和塞拉西馬柯時形容的，在年輕的「愛國」貴族所在之處都可看到無政府主義，只要逮到機會，他們就會成為民主黨派的領袖。這種虛無主義的代表人物，也許就是寡頭政團的領袖，三十僭主的領導人，即柏拉圖的舅舅克里底亞，他暗中協助打擊雅典，使雅典一蹶不振[26]。

但是在這個時候，在修昔底德的世代，興起了對於理性、自由、博愛的新信仰，我相信這也正是開放社會裡唯一可能的信仰。

4

這個世代是人類歷史的轉捩點，我稱之為「大世代」。生活在雅典的這一代，正當伯羅奔尼撒戰爭爆發之前，並經歷了該次戰爭[27]。在他們當中有許多偉大的保守人士，像索福克里斯（Sophocles）或修昔底德等人。也有些過渡時期的代表人物，像是優里庇底斯（Euripides）的隨波逐流，像亞里士多芬尼斯（Aristophanes）的懷疑論主張。但也有偉大的民主領袖伯里克里斯，他建立了法律之前人人平等的原理和政治上的個人主義原理。而在伯里克里斯的城邦受人擁戴的希羅多德，更以著作使這些原理大放光采。原籍阿布德拉（Abdera）的普羅泰戈拉也在雅典成為有影響力的人物；而他的同鄉德謨克里圖斯也是這個大世代的人。他們建

176

立的理論認為，語言、習俗和法律等人文制度，並不是禁忌而是人造的，不是天生自然的而是約定俗成的；他們還主張我們應當對這些制度負責！其次有高爾吉亞學派，包括阿爾西達馬斯、呂哥弗隆以及安提西尼，他們發展出廢奴且理性的保護主義，以及反民族主義，也就是反對建立普世人類帝國的信條。其中最偉大的人物也許就是蘇格拉底；他告訴我們必須忠於人的理性，同時要提防獨斷論；必須放棄「對於辯論的厭惡」（misology），放棄對於理論和理性的不信任，以及放棄把智慧當作偶像的巫術心態；換句話說，他告訴我們：科學的精神就是批判精神[28]。

由於我對於伯里克里斯所說不多，也完全沒有提到德謨克里圖斯，我會引述他們的話來說明這個新興信仰。首先是德謨克里圖斯，他說：「不是由於懼怕，而是由於義務，應該不做有罪的事……。尊敬法律、官長和最賢明的人，是適宜的。……。人是一個小世界。……。應該盡一切力量來保護那身受不義而不聽任不義之舉得逞的人……如果人們留心聽我的箴言，他就會去做許多配稱一個好人的行為，而避免壞的行為……。應該熱心地致力於道德行為，而不要空談道德。……在一種民主制度中忍受貧窮，也比在專制統治下享受所謂幸福好，正如自由比受奴役好……。整個大地對賢智的人是敞開著的，因為一個高尚的靈魂的祖國，就是這個宇宙。」德謨克里圖斯之所以如此，也正因為他是真正的科學家，他說：「我寧願去發現一條簡單的科學法則，勝過作波斯國王。」[29]（**按：引文中譯見：《古希臘羅馬哲學**

資料選輯》。）

在他們強調人道主義和普世主義的精神之下，德謨克里圖斯的斷簡資料雖然早於柏拉圖，卻是直接在反對柏拉圖。至少在〈國家篇〉之前的半個世紀，伯里克里斯有名的國殤演說就強烈地表達同樣看法。在第六章討論到平等主義時[30]，我摘引了這個演說裡的兩句；為了對演說的精神印象更鮮明，我補述幾句：「我們的政治制度不是從我們的鄰人的制度中模仿得來的。我們的制度是別人的模範，而不是我們模仿任何其他人的。我們的制度之所以被稱為民主政治，因為政權是在全體公民手中，而不是在少數人手中。解決私人爭執的時候，每個在法律上都是平等的，讓一個人負擔公職優先於他人的時候，所考慮的不是某一個特殊階級的成員，而是他們有的真正才能。任何人，只要他能夠對國家有所貢獻，絕對不會因為貧窮而在政治上湮沒無聞。正因為我們的政治生活是自由而公開的，我們彼此間的日常生活也是這樣的。當我們隔壁鄰人為所欲為的時候，我們不致於因此而生氣；……法律對所有私人的爭論提供同樣平等公正的服務，但我們並不忽略優越的主張。當公民中有人表現傑出時，就優先徵召他為國家服務；這不是一種特權，而是對資質的一種獎賞；貧窮不是人的障礙……。我們所享受的自由也引申到日常生活上；我們彼此互不猜疑；如果鄰人要自行其道，我們也不會苛責他們……。對於那些我們放在當權地位的人，我們服從；我們服從法律本身，特別是那些保護被壓迫者的法律，那些雖未寫成文字，但是違反了就算是公認的恥辱的法律……。

「我們的城市，對全世界的人都是開放的；我們沒有定期的放逐……。在我們的生活[177]中沒有一切這些限制，但是我們和他們一樣，可以隨時勇敢地對付同樣的危險……。我們愛好美麗的東西，但是沒有因此而至於奢侈；我們愛好智慧，但是沒有因此而至於柔弱……。至於貧窮，誰也不必以承認自己的貧窮為恥；真正的恥辱是不擇手段以避免貧窮。在我們這裡，每一個人所關心的，不僅是他自己的事務，而且也關心國家的事務……。一個不關心政治的人，我們不說他是一個注意自己事務的人，而說他根本沒有事務。我們雅典人自己決定我們的政策，或者把決議提交適當的討論；因為我們認為言論和行動是沒有矛盾的；最壞的是沒有適當地討論其後果，就冒失開始行動。……。你們要下定決心，要自由，才能有幸福，要勇敢，才能有自由。在戰爭的危險面前，不要鬆懈。……。因此，如果把一切都聯合起來考慮的話，我可斷言，我們的城市是全希臘的學校；我可斷言，我們每個公民，在許多生活方面，能夠獨立自主；並且在表現獨立自主的時候，能夠特別表現溫文爾雅和多才多藝。」

（按：引文中譯見：《伯羅奔尼撒戰爭史》，黃文龍譯）[31]

這些話並不只是在歌頌雅典，而是表達這個「大世代」的真正精神。他們形構了偉大的平等主義個人主義者以及民主派的一個偉大政治方案，民主人士都明白，民主絕不僅僅是沒有意義的「民治」原理，民主的基礎一定要奠基於對於理性和人道主義的信仰。他們同時也表現了真正的愛國主義，為了身為表率的城邦感到驕傲。這個城邦不僅是全希臘的學校，且正如我們知道的，它也是人類過去和未來無數世代的學校。

伯里克里斯的演說不僅是個政治方案，而且是個辯護，甚至是個抨擊。正如我暗示的，它讀起來似乎就像是直接指摘柏拉圖。我相信它不僅是針對斯巴達的擁護部落主義，也劍指國內極權主義者或「左派人士」，反對「回歸舊有祖國」的運動，也就是雅典「拉科尼亞黨徒」（Society of the Friends of Laconia）（康培茲於一九〇二年對他們的稱呼）[32]。伯里克里斯的演說是反對這個運動最早的聲明[33]，甚至是最強烈的聲明。柏拉圖理解這個演說的重要性，所以在半世紀後的〈國家篇〉中，遂大肆攻擊民主[34]，並以露骨的諷刺詩，把伯里克里斯的演說稱作**國殤演說**[35]。但是被伯里克里斯攻擊過的拉科尼亞黨徒，卻早在柏拉圖很久以前就已經著手報復。在伯里克里斯演說的五、六年後，一位不知名的作者（也許是克里底亞）就寫了一本小書，叫作《雅典政體》（*Constitution of Athens*），現常被稱作「舊寡頭政治」。[36]這個現存最古老的政治理論論文，或許是關於人類如何被他們的思想領袖背棄的第一部文獻。178 它無情地攻擊雅典，無疑是當時一時俊彥所寫；它的中心觀念後來成為修昔底德和柏拉圖的信仰，認為海軍帝國主義和民主政治密不可分。該書試圖指出民主和寡頭政治兩個世界的衝突是無法調解的[37]；只有以殘忍的暴力，雷厲風行的措施，包括外來盟邦（斯巴達）的干涉，才能結束邪惡的自由統治。這個立場顯明的小書成了無數這類政治哲學著作中的始祖，直到今天，它們都或隱或顯地重複著同樣的題材。人類不可知的未來一定要人類自己去創造；「有教養的人」不願意而且也無力幫助人類走向那艱苦且不可知的未來途徑，於是刻意要人們返回過去；既然沒辦法指出新的途徑，他們就只能扮演**「永遠反抗自由」**的領導人物。用蘇格拉底的話來說，由於他們是厭世者和厭惡辯論者，所以就連激勵人相互信賴、信仰理性和自由等單純而平凡的雅量都不具備，因而就更加必須打擊平等主義以肯定自己的優越。這個判斷也許相當直率，但如果套用到反自由主義的知識份子領袖身上，特別是「大世代」以及蘇格拉底之後的反自由主義的知識份子領袖，這個判斷又顯得相當公正了。現在我們可以從我們所詮釋的這段歷史背景去審視他們。

我想哲學本身的興起可以解釋為對於封閉社會及其巫術信仰瓦解的一種反應。它企圖以一種理性的信仰取代失落了的巫術信仰；它建立一個新的傳統，一個勇於提出挑戰性的理論和信仰並且批判性地討論它們的傳統，以修正傳承理論或神話的傳統[38]。（有趣的是，這種企圖和當時流傳的奧菲斯教派不謀而合，他們試圖以一種新的神祕宗教找回失落了的團結感。）三位偉大的愛奧尼亞哲學家和畢達哥拉斯等早期哲學家也許沒有察覺到使他們如此反應的種種刺激。他們既是社會革命的代表性人物，也是對於這個革命不自覺的反對者；他們建立了學派、教團或教派，也就是建立了新的社會制度或具體的團體，有共同的生活和功能，而且大多是以理想化的部落方式為模型，這個事實證明了他們是社會領域的改革者，也證明

179

他們的確是在反應某些社會性需要。在反應這些需要以及對於變動的感受時，他們並不像赫希奧德那樣發明一套關於命運和衰亡的歷史定論主義神話[39]，而是創造出批判和討論的傳統，連帶產生了理性思考的方法；這是在我們文明開始時難以解釋的事實之一。不過，即使這些理性主義者對於失落了的部落主義式的團結做出反應也大多也是很情緒性的。他們的論證表現出對於變動以及個人主義文明萌芽的壓力的感受。對這種壓力最早的反應，要溯及第二位愛奧尼亞學派哲學家安納西曼德（Anaximander）[40]。對他來說，個人的存在就如同僭越神祇（hubris）、一種不義的不敬行為、不法的篡奪行為，個人必須為此受苦並且要懺悔贖罪。而最先意識到階級鬥爭和社會革命的，則是赫拉克里圖斯。至於他如何開展出第一個反民主的意識型態，及第一個探討變動與命運的歷史定論主義哲學，以合理化他對於變動的感受，在本書第二章已經談過了。赫拉克里圖斯是開放社會的第一個有意識的敵人。

所有這些早期思想家幾乎都在一種悲劇性而絕望的壓力下奮力做先鋒[41]。唯一的例外也許是一神論者贊諾芬，他勇敢承擔自己的包袱[42]。我們不能因他們敵視新的發展而譴責他們，反而要責備他們的繼承者。開放社會的新信仰，對於人性、對平等主義的正義和人類理性的新興信仰也許剛開始成形，不過還沒有蔚為潮流罷了。

5

對於信仰貢獻最大的，要算是蘇格拉底了，他甚至為它奉獻了自己的生命。蘇格拉底不像伯里克里斯那樣作為雅典民主的領袖，也不像普羅泰戈拉那樣成為開放社會的理論家。他比較像是對於雅典及其民主制度的批評者。在這方面來說，他的反應在表面上和反對開放社會的領袖們相似。他雖然批評民主，而且極權主義者也想從民主陣營的分裂謀取利益，因而也想替他貼上這個標籤；但是，批評民主政治和民主制度未必就是民主的敵人。民主主義者和極權主義者對於民主政治的批評有個根本的差異。蘇格拉底的批評是個民主式的批評，而那正是民主生活的方式。（民主派如果看不出對於民主的善意和惡意的批評之間的差異，那麼他們自己就染上極權主義的心態。當然，極權主義是不可能有什麼善意批評的，因為每個對於極權主義權威的批評，都是在挑戰權威原則本身。）

180

我已經談過蘇格拉底學說的若干面向，包括他的主知主義，亦即認為人類理性是相互溝通的普遍媒介的平等主義理論；他強調知識的誠實和自我批評；他的正義平等主義理論，以及他寧可蒙受不義也不願把不義加諸他人的理論。我想最後這個理論有助於理解他的學說、他的個人主義的信條以及認為個人就是目的本身的信念。

封閉社會及其認為部落就是一切、個人則一文不值的信條早已瓦解了。個人的主動權和自我主張也成為事實。把個人視為獨立的個體，而不僅是部落的英雄或救贖者，這樣的觀點也已經興起[43]。不過，以人為中心的哲學，卻直到普羅泰戈拉才開始。同時，相信生命中沒有什麼事比「個人」還重要，從而要求自重和相互尊重，這個信念則是始自蘇格拉底。

巴奈特強調說，蘇格拉底創造了靈魂的概念；這個概念對我們的文明影響深遠[44]。雖然關於它的說法可能有若干誤導，特別是「靈魂」一詞，但是我覺得這個觀點很有意思，因為蘇格拉底似乎盡可能捨棄形上學的理論，而訴諸道德主張；他的個人主義中的個體性（或「靈魂」，如果要用這個語詞的話）理論，我想是一種道德理論而不是形上學。他以這些理論不斷攻擊人的驕矜自滿。他主張個人主義不應該只是瓦解部落主義，個人更要證明他的解放的價值。這就是他為什麼堅持人不只是個血肉之軀的原因。人除了軀體外還有更多事物；人有靈明，有理性；人愛好真理、仁慈、博愛，人也愛美和善。由於這些，人的生命才有價值。不過，如果我不僅是「軀體」，那麼我又是什麼呢？蘇格拉底回答說，重要的是理性。是人的理性使人成為人；理性使人不敢耽溺於嗜慾和私心；理性使人成為自身完足的個體，並且認定自己就是目的本身。蘇格拉底「關心你的靈魂」的箴言，大抵上是在呼籲「知識的誠實」；正如他所說的「認識你自己」是在提醒我們知識的限度一樣。

以上便是蘇格拉底所重視的事物。他對於民主和民主政治家的批評，是因為他們對這些

181

事物的理解不當。他言之有物地批評他們缺乏知識的誠實並且耽溺於權力政治[45]。由於他在政治問題上強調人性面，對制度的改革也就沒有多大的興趣。他感興趣的是開放社會的直接而個人的面向。當他自認為是個政治人物時，他說錯了；他是個導師才對。

然而，如果說蘇格拉底基本上是開放社會的擁護者和民主的朋友，我們也許會問，為什麼他要和反民主派的人廝混在一起？我們知道，他的同伴中不僅有親斯巴達的阿爾西比亞德斯，還有柏拉圖的兩個舅舅：克里底亞，後來成為三十僭主的殘忍領袖；以及查米德斯，他是克里底亞的左右手。

我們沒辦法三言兩語就回答這個問題。首先，柏拉圖告訴我們：蘇格拉底抨擊當時的民主政治人士，部分的目的是要暴露他們的自私，為了貪圖權力而虛偽地諂媚人民。特別是那些自詡為民主派的年輕貴族，為了貪圖權力而把人民當作工具[46]。他的行為一方面吸引了若干民主的敵人；另一方面則使他接觸到野心勃勃的貴族。這裡出現了另一個考慮。蘇格拉底是道德主義者和個人主義者，而不會一味攻擊他們。他對這些人還抱著希望，在沒有改變他們以前，他實在很難放棄他們。柏拉圖的對話錄中多處談到這個抱負。第三個考慮是，我們有理由相信，身兼導師和政治家的蘇格拉底，甚至刻意要吸引年輕人，影響他們，特別是當他認為他們有機會改變自己，有一天會成為城邦的中流砥柱。最顯著的例子當然是阿爾希比亞德斯；他從小就卓犖不群，儼然有未來雅典國王的氣勢。而克里底亞的才華、雄心和勇敢，

182

使得他和阿爾希比亞德斯一時瑜亮。（他和阿爾希比亞德斯合作過一段時期，後來卻轉而反對阿爾希比亞德斯，如果說他和阿爾希比亞德斯當時的合作是受蘇格拉底的影響，這並非不可能。）有鑑於柏拉圖早期和晚期的政治抱負，他與蘇格拉底的關係很可能也是如此[47]。蘇格拉底雖是開放社會的精神領袖，但是他畢竟不想拉幫結派。只要對於城邦有益的，他就會願意到任何圈子裡工作。一旦他對於有前途的年輕人感興趣，他是不會畏於和寡頭家族往來的。

不過這些關聯後來卻成為他的死因。在大戰失敗以後，他被控教導青年出賣民主，勾結敵人而使雅典衰亡。

伯羅奔尼撒戰爭史和雅典的衰亡史，在修昔底德的權威影響下流傳，認為雅典的敗亡證明了民主體系的道德淪喪。不過這種觀點只是刻意的曲解，眾所周知的事實卻道出迥然不同的故事。戰敗的主因在於暗中勾結斯巴達的叛國寡頭政客，他們當中最活躍的就是蘇格拉底以前的三位門徒，阿爾西比亞德斯、克里底亞和查米德斯。在雅典於西元前四〇四年淪陷之後，其中兩人成為三十僭主的領袖；他們托庇於斯巴達，只是個傀儡政府而已。雅典的淪陷以及長城的毀壞，往往被認為是西元前四三一年開始的大戰的終局。不過這種說法對於當時民主人士的奮鬥隱藏著根本的曲解。最初在史拉西布魯斯（Thrasybulus）和阿尼圖斯（Anytus）的領導下，只有七十個強人挺身拯救雅典，而克里底亞卻在同時殺害了無數雅典人；在他恐怖統治的八個月時間內屠殺的人數「多過伯羅奔尼撒戰爭最後十年喪生的雅典人」[48]。但在八個月以後（西元前四〇三年），克里底亞和斯巴達的衛隊終於被在匹拉烏斯集結的民主派擊敗，柏拉圖的兩個舅舅都在該戰役裡喪生。繼位的寡頭仍然在雅典城邦維持一段時期的恐怖統治，不過，他們的勢力處於混亂和分裂狀態。在他們發現大勢已去之後，終於被斯巴達人拋棄，結果斯巴達反而和民主派簽訂和約。和平使雅典重建民主。這樣一來，在極其嚴酷的考驗下，民主政治證明其優越的力量，即使民主的敵人也認識到民主是無法征服的。（九年以後，在克尼杜斯（Cnidus）戰爭以後，雅典人重建長城，民主轉敗為勝。）

正當恢復民主及法律秩序之際，蘇格拉底被起訴了[49]。其意旨昭然若揭；他被控教導國家最危險的敵人：阿爾西比亞德斯、克里底亞和查米德斯。由於在重建民主之前大赦政治犯，使得起訴遭到一些困難。罪名裡因而不能公開涉及這些惡名昭彰的案子。同時，起訴者在過去的不幸政治事件中也找不出足以懲罰蘇格拉底的罪名，他們知道那些政治事件和蘇格拉底的意圖相悖；他們的目的其實是要阻止他繼續教學。他們認為蘇格拉底的教學會危害國家。183 由於這些理由，控訴的罪名既含混而且不知所云，他們說蘇格拉底敗壞青年，說他褻瀆神明，說他企圖把新的宗教引進雅典。（後面兩個控告不論如何笨拙，無疑正好透露了一個感受，那就是在倫理和宗教的領域中，蘇格拉底是個革命者。）由於大赦，「被敗壞的青年」的名字就不能明列；可是，每個人當然知道被敗壞的是誰[50]。在辯護中，蘇格拉底堅持並沒有支持三十僭主的政策，他說他其實寧死也不願和他們同流合污。他還提醒陪審團，在他最親密的同儕和最熱情的學生當中，至少有個人是熱心的民主派，那就是抵死反抗三十僭主（並且死於戰爭中）的查勒方（Chaerephon）[51]。

現在一般都承認，民主領袖阿尼圖斯支持對於蘇格拉底的控訴，卻不想使蘇格拉底成為殉道者，他只想放逐蘇格拉底。但是由於蘇格拉底拒絕出賣自己的原則，使得這個計畫告吹。他要求一死，或者樂於扮演殉道者的角色，但是我不相信事實如此[52]。他只是為了他認為正確的主張而奮鬥，那是他一生的職志。他從來不想顛覆民主。事實上，他試圖為了民主提出它需要的信仰，這便是他一生的工作。他感到民主危殆。他以前的夥伴背叛民主，使得他的工作和他本人深陷困擾。他甚至樂於受審，俾使他有機會證明他對於城邦的至誠。

當他有個逃亡的機會時，他仔細說明了這種態度。如果他伺機逃亡，流亡在外，那麼一般人都會認為他是民主的敵人。因此他決定不走而出庭抗辯。他的陳詞也就是他最後的遺言，可見於柏拉圖的〈克里托篇〉[53]。蘇格拉底的申辯很簡單，他說：如果我逃亡的話，我就違反國家的法律。這種行為會使我和法律對立，也證明了我的不忠。這對國家是有害的。只有不逃亡，才能說明我忠於國家和民主，證明我不是國家和民主的敵人。我的忠誠的最佳證明，莫過於我願意為它犧牲。

蘇格拉底的死亡徹底證明了他的真誠。他的大無畏精神、純樸、虔誠、謙虛、幽默，永

184

遠與他同在。在〈申辯篇〉中，蘇格拉底說：「在我看來，神把我指派給這座城市，就是讓我起一隻虻子的作用，我整天飛來飛去，到處叮人，喚醒、勸導、指責你們中的每一個人，先生們，你們不容易找到另一個像我這樣的人……然而我懷疑你們已經昏昏入睡，你們對我的厭惡會使你們接受阿尼圖斯的建議，一巴掌把我打死，然後繼續昏睡，直到你們生命的終結，除非神出於對你們的眷顧指派另一個人來接替我的位置。」[54]蘇格拉底指出，一個人不僅可為名聲、命運之類的重大事情而死，也可為批判性思想的自由和自尊而死，而自尊和「自大」或「濫情」毫不相干。

6

蘇格拉底只有「一個」可敬的繼承者，那就是安提西尼；他是「大世代」的最後一人。蘇格拉底得天獨厚的門徒：柏拉圖不久就證明他毫無忠誠可言。他背叛了蘇格拉底，正如他的舅舅一樣。除了背叛蘇格拉底以外，他們還試圖把蘇格拉底拉到他們的恐怖統治陣營；但是由於蘇格拉底的抵死不從而告吹。柏拉圖企圖建立防止社會變動的理論，而把扯蘇格拉底下水；因為蘇格拉底死了，柏拉圖的圖謀就沒有什麼困難了。

我知道這種判斷似乎很大膽放肆，即使批評柏拉圖的人也難以接受[55]。不過，如果我們視〈申辯篇〉和〈克里托篇〉為蘇格拉底的遺言，並且把他年老時的遺言和柏拉圖在〈法篇〉裡提到的遺言作比較，就很難不如此推想了。蘇格拉底被處死了，不過他的死並不是審判者的原意；柏拉圖的〈法篇〉卻補足了這個未竟的意圖。他冷酷而細心編造一個宗教審判的理論。自由思想、批評政治機構、對青年灌輸新的觀念、企圖引進新的宗教甚或意見，都要被宣判死刑。如果是在柏拉圖的國度裡，蘇格拉底可能連公開辯護的機會都沒有；他也許會被送至祕密的「午夜法庭」去「處理」他那有病的靈魂，接著懲治這個靈魂。

我無法懷疑柏拉圖的背叛，也無法懷疑他在〈國家篇〉裡利用蘇格拉底為主要發言人是要扯他下水。不過，他是不是故意的，倒是另一個問題。

185

為了理解柏拉圖，我們必然考察當時的整個情勢。在伯羅奔尼撒戰爭以後，大家強烈感受到文明的壓力。過去的寡頭執政者仍舊心存僥倖，雅典的戰敗甚至鼓舞了他們。階級鬥爭不斷延燒；而克里底亞企圖以「舊寡頭」的計畫摧毀民主，到頭來也一敗塗地。他的失敗並不是因為缺少決心；在戰勝的斯巴達的強力支持下，即使是橫行暴桀仍然無法奏效。柏拉圖覺得有必要全面重建。三十僭主在權力政治場域裡受挫，大部分的原因是由於他們侵犯了人民的正義感。這個失敗大抵上是道德的挫敗。「大世代」的信仰證明了它的力量。三十僭主卻沒有這種信仰；他們是道德虛無主義者。柏拉圖感到，如果要復辟寡頭執政者的方案，非得奠基在另一種信仰上、另一套說詞不可；而這套說詞即是重新肯定部落主義的舊有價值，反對開放社會的信仰。他必須讓人知道：正義就是不平等，部落的和集體的標準優先於個人的標準[56]。但是，由於蘇格拉底的信仰著實顛撲不破而無法公開挑戰它，柏拉圖遂把蘇格拉底的信仰重新解釋成為封閉社會的信仰。這是有困難的，但並不是不可能。因為蘇格拉底不是死於民主嗎？難道民主不是喪失聲稱擁有蘇格拉底的權利嗎？蘇格拉底不是一直批評多數大眾及其領袖缺少智慧嗎？如此一來，重行詮釋說蘇格拉底讚賞「有教養的人」、有學問的哲學家的統治，就不會有太多的困難了。在這種詮釋下，柏拉圖很振奮地發現它原來是古代畢達哥拉斯學派的信條。最重要的是，當他在塔倫土的阿奇塔斯（Archytas of Tarentum）身上發現，一個畢達哥拉斯學派的賢哲也可以是個偉大成功的政治人物，更加鼓舞了他。他感到這是解決問題的辦法。難道蘇格拉底沒有鼓勵他的弟子參與政治？這豈不意味著他想要由文明的、有智慧的人來統治國家？雅典暴民統治的粗野和阿奇塔斯統治的尊貴莊嚴，實在是有淵壤之別。那麼，蘇格拉底雖然沒有提出體制問題的解答，心中想的一定是畢達哥拉斯主義。

如此一來，柏拉圖可能為「大世代」的領袖人物的教義逐步賦與若干新的意義；而對於向來不敢直接指摘的強勁對手，則說服自己成為他們的盟友。這其實是最簡單的詮釋，即使柏拉圖和蘇格拉底的學說漸行漸遠，他還是把蘇格拉底當作主要的發言人，結果是誤入歧途，再也欺騙不了自己[57]。這並不是故事的全部。我相信在他的靈魂深處一定感到蘇格拉底的學說和他判然有別。他也知道自己背叛了蘇格拉底。我也想到，柏拉圖之所以不斷努力以蘇格

186

拉底來重新詮釋他自己，正是柏拉圖在努力撫平自己良心的愧疚。他一再設法證明自己的學說只是真實的蘇格拉底理論的邏輯發展，也正是在設法說服自己相信他不是個叛徒。

在讀柏拉圖的著作時，我們可以見證到他的心靈的內在衝突，一種真正強烈的掙扎。甚至他那著名的「一絲不苟的內斂，自己人格的壓抑」[58]，或者說是試圖壓抑（在他的字裡行間不難察覺出來），也都是這種內心掙扎的表現。我也相信柏拉圖的影響力有一部分可由這種心靈內部兩個世界衝突造成的迷惑去解釋。這種掙扎對柏拉圖的鉅大影響，可以從其「一絲不苟的內斂」底層察覺出來。這種掙扎觸動著我們的情感，因為我們內心也有類似的衝突。柏拉圖依然是我們自己的縮影。（我們不可忘記，畢竟美國廢奴只有一個世紀，甚至比中歐廢除農奴更短。）更能透顯這種內在衝突的，莫過於柏拉圖的靈魂理論。渴望統一與和諧的柏拉圖，竟把人類靈魂的結構等同於一個階級分裂的社會[59]；這就指出他的痛苦有多麼深。

柏拉圖最大的衝突，來自於蘇格拉底的典範給他的深刻印象，而他自己是傾向於寡頭政治，因而奮力反對這種典範。在理性論證的領域中，這種掙扎就是以蘇格拉底人道主義論證自身來反駁人道主義。最早的例子可見於〈歐緒弗洛篇〉[60]。柏拉圖信誓旦旦地說：我不會像歐緒弗洛那樣，我絕不會指控自己的父親，指控自己尊敬的先人違犯法律或是只是一種愚忠的人道主義道德。即使他們剝奪了人的生命，那也只不過是農奴的生命，那些農奴和罪犯沒有什麼兩樣；評判他們也不是我的職責。難道蘇格拉底不是說過，分辨是非對錯、虔敬和不虔敬是多麼困難的事嗎？蘇格拉底自己不就是由於不虔敬而被所謂人道主義者定罪的嗎？關於柏拉圖內心掙扎的其他線索，幾乎可見於他的所有反人道主義的觀念，特別是在〈國家篇〉。他的種種遁辭以及對於平等主義正義理論的嘲諷；他在開場白裡欲迎還拒地為「撒謊」辯護，主張種族主義，重新定義正義，都在前幾章說過了。但是最能透顯他的衝突的，或可見於〈美涅克塞努篇〉。在這一篇中，他對伯里克里斯的國殤演說冷嘲熱諷。在此，我感到柏拉圖是弄巧成拙了。儘管他刻意以諷刺和嘲笑隱藏他的感受，還是不自覺地透露了伯里克里斯的情操給他的深刻印象。這是為什麼柏拉圖要讓蘇格拉底惡意地描述伯里克里斯的演說給他的印象：「這種尊嚴感會在我身上延續三天，直到第四天、第五天，我才回神過來，明白自己是誰，而在此之前，我好像生活在福島上。」[61]柏拉圖透露了開放社會的信條著實讓他印象深刻，而他好不容易才回過神來明白自己是誰，明白自己置身於開放社會的敵人陣營裡。關於這點，有誰能夠懷疑呢？

187

7

我相信柏拉圖在掙扎中提出的有力論證都是很認真的：他推論說，依照人道主義的信條，我們應該樂於幫助鄰人。人民亟需援助；他們是不幸福的，他們要在嚴重的壓力下和變動的不安感覺中工作。當每個事物都在流變中，生活就沒有確定感和安全感[62]。我要幫助他們。但不消除惡的根源，我又怎能使他們幸福。

就這樣，他發現了惡的根源，那就是「人的墮落」和封閉社會的瓦解。這個發現使得他相信，舊寡頭及其追隨者擁護斯巴達而反對雅典，並且倣效斯巴達防止社會變動的政治方案，基本上是正確的。不過他們做得不夠澈底；他們的分析不夠深刻。他們不理解也不喜歡一個事實，那就是斯巴達雖然在防止變動上大刀闊斧，卻也顯示出衰亡的徵象。斯巴達甚至對於為了消除墮落的根源而控制生育的這件事推拖敷衍，「變異」和「不規則」的品質和數量充斥於統治階級的貴族中（柏拉圖明白到人口增加是墮落的原因之一）[63]。舊寡頭及其追隨者也膚淺地認為，如果求助於三十僭主之類的專制者，或許能保有往日美好的光景。柏拉圖也很清楚這點。這個偉大的社會學家看到，這些專制者得到當時革命潮流的支持，也反過來鼓吹革命；他們被迫向渴望平等主義的人民讓步；而對於部落主義的瓦解，他們確實也扮演了重要的角色。柏拉圖憎惡僭主政治；雖然只有在他有名的描寫僭主時，才能看到這種尖銳的憎惡。只有僭主政治的死敵才會說僭主「為了使人民感到需要一個統帥」、一位解救極端危險的救主，必須「挑起一個接一個的戰爭」。柏拉圖堅信僭主政治不能解決問題，即使當時的寡頭政治也不能解決問題。雖然使人民各安其位是必要的，然而鎮壓本身並不是目的本身，它必須是完全回到自然，猶如一塊潔淨無瑕的畫板。

188

柏拉圖的理論以及舊寡頭和三十僭主的理論，這兩者間的差別，是由於「大世代」的影響。個人主義、平等主義、信仰理性、愛好自由，都是嶄新而有力的情操；在開放社會的敵人眼裡，這些危險的情操都必須摧毀。柏拉圖個人也感受到它們的影響，在內心和它們交戰良久。他對於「大世代」的回答確實是費了一番工夫。那就是關閉被打開的門，而努力以在內容和深度上都無可匹敵的誘人哲學去防堵社會的變動。在政治領域裡，對於過去伯里克里斯反對的寡頭政治方案，他沒有多少補充[64]。不過他無意間發現了背叛自由的天大祕密，用現代政治學家帕累托的說法就是[65]：「**要利用人的情緒，不要白費力氣去摧毀它們。**」柏拉圖並不顯露自己對理性的敵意，反而以他的才華去迷惑所有知識份子，用他那套應該由有學問的人治國的理論去逢迎他們、威脅他們。他所論的種種雖然違反正義，卻說服所有正直的人，認為他是正義的鼓吹者。他甚至不承認是在打擊蘇格拉底為之獻身的自由思想；他把蘇格拉底塑造成為他的鬥士，說服所有其他人說他是為自由而奮戰。這樣一來，柏拉圖就不經意地成了許多宣傳家的開路先鋒。他們為了反人道主義的、不道德的目的，而發展出煽動道德和人道主義情緒的技術。柏拉圖甚至意外說服了偉大的人道主義者相信他們自己的信條是自私而不道德的[66]。我相信他也說服了他自己。他把自己對於個人主動性的憎惡以及杜絕任何變動的願望，偽裝成愛好正義和中庸；他要建立個天堂式的國家，讓每個人都滿足而幸福；野蠻的聚斂錢財[67]會被慷慨和友好的規則所取代。這種幻想團結、完美和圓滿的夢，這種唯美主義、全體主義和集體主義，是失落了的部落主義團體精神的產物和症候[68]。這是遭受文明壓力的人的情緒流露，而且是訴諸情緒的。（這種壓力的一部分是，我們越來越痛苦地理解到生活有多麼不完美：包括個人和體制；理解到原本可以避免的不幸、種種浪費以及不必要的醜陋。同時也理解到，事實上我們不是不可能改善的；不過這些改善雖然很重要，卻也同樣難以實現。這個理解增加了個人責任的壓力，也增加了人類揹負的十字架的壓力。）

8

189

蘇格拉底拒絕妥協，因而使得他的人格完整。反倒是柏拉圖以自己那套頑強的清潔畫板的功夫，一步步地割裂了自己完整的人格。他不得不打擊自由思想和對於真理的追求，反而要替撒謊、政治奇蹟、禁忌主義的迷信、對真理的鎮壓辯護，最後還為殘酷的暴力辯護。雖然蘇格拉底再三反對厭世主義和厭惡辯論的心態，柏拉圖還是不信任人也害怕辯論。雖然他聲稱憎惡僭主，卻還是向僭主求助，而為最暴虐的種種措施辯護。透過他的反人道主義目標的內在邏輯，他不自覺地推論出和三十僭主、他的朋友迪奧、以及其他許多僭主的門徒相同的觀點[69]。他要防止社會的變動，卻沒有成功（只有在後來的黑暗時代，因為柏拉圖和亞里士多德的本質主義的符咒，才阻擋了社會的變動）。相反的，他用自己的符咒，把自己和那些他曾經深惡痛絕的強權結合在一起。

這樣，我們從柏拉圖那裡學到的教訓，剛剛好和他要教導我們的相反。我們不可忘記這個教訓。雖然柏拉圖的社會病理診斷極為優越，然而其自身的發展卻證明了他開立的處方比他要打擊的惡更加不堪聞問。防止政治的變動並不足以治療病症且獲得幸福。我們不可能回到他所主張的封閉社會的天真爛漫。[70]我們的天國之夢沒辦法在人間實現。一旦我們依靠我們的理性，使用批判的力量，一旦我們感到個人責任的呼喚，從而認定我們有責任去增長我們的知識，我們就不可能回頭對於部落主義的巫術狀態俯首稱臣。對於曾經嚐過知識果子的人來說，樂園是失落了的。我們越是試圖回到部落主義的英雄時代，就越會碰到「宗教裁判」、「祕密警察」以及浪漫化的大規劃屠殺。若以鎮壓理性和真理為起點，必然以極為野蠻而暴力地摧毀一切人性收尾[71]。**我們絕不可能回到和諧的自然狀態；如果要走回頭路，我們就必須一路走到底，那就是回到野獸的世界**。

這是我們必須嚴肅面對的問題。如果希望回到孩童的時代，如果只想依靠他人得到快樂，如果要拋下肩上的十字架，慈悲為懷、理性和責任的十字架，如果喪失承受壓力的勇氣並且逃避壓力，那麼我們就必須清楚認識到眼前問題的簡單抉擇以鞏固我們自己。我們可能會回到野獸的世界。但是如果我們仍然想要保有人性，那就只有一條路，也就是走向開放的社會。我們必須堅定走向那不可知的、不確定的、不安全的世界，用我們所有的理性，盡己所能地為安全以及自由作規畫。

注釋

612

本章題詞引自：*Symposium*, 193d.

注1：見：*Republic*, 419a ff., 412b, 465c ff., 519e.，另見：第六章第二、四節。

注2：我想到的不僅是中世紀企圖防止社會的變動，其企圖以柏拉圖的理論（以及柏拉圖在〈國家篇〉與〈法篇〉論及的實際方針）為基礎，亦即統治者要對人民的靈魂以及被統治者的心靈幸福負責；我也想到許多後來的發展。

注3：換句話說，我盡量應用拙著《科學發現的邏輯》裡描述的方法。

注4：見：*Republic*, 566e。另見：本章注63。

注5：在我所述說的故事中，不應有「壞人……，不引起人犯罪……，人人懷著好意，盡其所能……，這些都是我們所關心的。」我盡可能應用這種方法論上的原理來詮釋柏拉圖（在本注釋裡的原

理形式，見：G. B. Shaw, *Preface to Saint Joan*：〈悲劇，不是通俗劇〉一節中前幾句）。

613

注6：關於赫拉克里圖斯，見：第二章。至於阿爾克邁翁及希羅多德的法律平等理論，見：第六章注13、注14、及注17。關於菲立亞斯（Phaleas of Chalcedon）經濟平等主義，見：Aristotle, *Politics*, 1266a; Diels, *Die Vorsokratiker*, chapter 39。關於希波達姆斯（Hippodamus），見：Aristotle, *Politics*, 1267b22；本書第三章注9。在最早的政治理論家中，我們當然必須計及辯士普羅泰戈拉、安提芬、希庇亞、阿爾西達馬斯、呂哥弗隆、克里底亞以及舊寡頭者（好像有兩人）、德謨克里圖斯。見：Diels, *op. cit.*, fr. 6, 30-38；本書第八章注17、注30至注38。

關於「封閉社會」與「開放社會」的意義，和柏格森（Bergson）略有雷同，見：本書緒論中的注釋。我將封閉社會視作巫術的社會，開放社會視作理性而可以批評的社會，當然如果不把這些社會理想化，其實是不能應用這些語詞的。巫術的心態絕未在我們的生活中消失，即使在現今最「開放」的社會中也沒有，而且我並不認為它會完全消失。不管如何，替封閉社會到開放社會的過渡找出一些判準，似乎是可能的。只要認識到社會制度是人為的，且認識到為了達成人類的種種目的而可以透過適切的討論作出選擇時，這個過渡就發生了。或者用比較不抽象的話來說，以積極參與社會秩序的建立，且有意識地追求個人和團體的利益，克服對超自然的恐懼，封閉的社會就會瓦解了。顯然，透過文明的文化接觸，可能導致封閉社會的瓦解，並發展出一種貧無立錐之地的統治階級。

我並不喜歡概括地談論「社會的瓦解」。我所描述的封閉社會的瓦解，是個相當清楚的事件，不過對我說來，「社會的瓦解」一詞只是意味著觀察者不喜歡他所描述的發展。我認為這個語詞被極端誤用了。然而我承認，某個社會中的成員不知怎的會有一種「一切都在瓦解」的感覺。無疑的，對於古老政權或俄國貴族來說，法國或俄國的革命，一定是在社會完全瓦解的情形下出現的，但是對新的統治者來說，情形卻非常不同。

湯恩比在《歷史研究》（Toynbee, *A Study of History*, V, 23-35; 338）裡說「社會中的思想分裂」是為社會瓦解的判準。由於階級分裂早在伯羅奔尼撒戰爭以前就出現在希臘社會了，他何以認為該戰爭（而不是部落主義）是希臘文明的瓦解，實是令人費解（另見：第四章注4（2），本章注8）。

巴奈特也談到希臘和毛利族（Maoris）之間的相似性。見：Burnet, *Early Greek Philosophy*, pp. 2, 9。

注7：我對國家有機體理論的批評以及其他許多暗示，是受波普・林科斯（J. Popper-Lynkeus）的影響，他說（*Die allgemeine Nährpflicht*, 2nd edn, 1923, pp. 71 f.）：「傑出的阿格里巴（Menenius Agrippa）……說服造反者回到羅馬，告訴他們身體構成的比喻，他們的謀叛是反抗身體的腸胃……，其中何以沒有人說：『對的，阿格里巴！如果有所謂國家的腸胃，從此我們平民願作腸胃！你……可扮演成國家的成員！』」（關於這個比喻，見：*Livy*, II, 32; Shakespeare, *Coriolanus*, Act I, Scene I）有趣的是，即使是現代明顯進步的運動，如「群眾觀察運動」也利用社會有機體理論作宣傳（見：*First Year's Work*, 1937-38；另見：第五章注31）。

另一方面，必須承認的是，部落的「封閉社會」由於缺乏社會張力而有點像「有機體」的性質。

事實上，這種社會既然以奴隸制度為基礎（例如希臘），就不能為自身創造一種社會的張力，因為奴隸在社會裡只不過是牛馬而已。奴隸的渴望和問題既不會被統治者重視，也不致於造成任何社會問題。然而，**人口的增加**卻會造成現實問題，不實行殖民的斯巴達，為了擴充領土而征服鄰近的部落，然後刻意防止任何變動，而其中種種控制人口的措施包括殺嬰、生育控制、同性戀等。柏拉圖很清楚這點。也許是希波達姆斯的影響，他一直認為人口必須維持固定的數目，在〈法篇〉中建議以生育控制、殖民、同性戀作為維持人口數目的方法。（見：*Laws*, 740d-741a, 838e.；亞里士多德（*Politics*, 1272a23）也作了相同的解釋。至於柏拉圖在〈國家篇〉建議殺嬰以及類似的種種問題，見：第四章注34；第十章注22及注62，第五章注39（3）。）當然，所有具體的實踐，很難用理性的觀點完整解釋；特別是多利安人的同性戀和現實的戰爭以及遊牧生活中重拾情感的滿足有關，但是它已經因為部落主義的瓦解而摧毀了。見：*Symposium*, 178e（稱讚「由情侶組成的軍隊」）。在柏拉圖則在〈法篇〉（*Laws*, 636b f., 836b/c）駁斥同性戀（另見：838e）。

注8：我所稱的「文明的壓力」類似於佛洛伊德的《文明及其不滿》（*Civilization and Its Discontents*）中所說的現象。湯恩比（*A Study of History*, V, 412 ff.）也談到「漂泊感」，不過他著眼於「時代的分裂」，而我所看到的文明的壓力，則明顯表現在赫拉克里圖斯的思想中（事實上赫希奧德的思想也有這種情形），比湯恩比在《歷史研究》所說的希臘社會的「分裂」要早得多。梅葉（Meyer）談到下述情形已不再出現：「出生身分決定了每個人的生活地位、公民和社會權利和

責任，以及生活安全保障等。」（見：*Geschichte des Altertums*, III, 542）它貼切地描述了西元前五世紀之前希臘社會文明的壓力。

注9：使知識份子比較獨立的另一種職業是遊吟詩人。在此我想到的，主要是提倡改革的人：贊諾芬（Xenophanes）；見：第五章注7（論普羅泰戈拉主義）。荷馬也可能是獨立的知識份子。顯然這類職業只有極少數人才能從事。

我個人對商業事務或有商業頭腦的人沒有什麼興趣；不過商業活動的影響卻是相當重要的。據我們所知，最古老而著名的蘇美文明是重商文明，具有強烈的民主特徵、書寫與算術的技巧、科學的肇始都和商業密切相關。（見：本章注24正文）。

注10：見：Thucydides, I, 93。（我大部分依據喬韋特〔Jowett〕的翻譯）。關於修昔底德的偏見問題，見：本章注15（1）。

615

注11：本段引文及下一段引文，見：*op. cit.*, I, 107。修昔底德的叛國寡頭的故事，很難以梅葉（Meyer）的辯解觀點（*Gesch. d. Altertums*, III, 594）來理解的，雖然事實上他沒有其他更好的資料來源；梅葉的說法根本是一種曲解而無法苟同。（關於梅葉的偏見，請見：本章注15（2）。）西元前四七九年，普拉塔亞（Plataea）戰役前夕有同樣的賣國事件。見：Plutarch, *Aristides*, 13。

注12：見：Thucydides, III, 82-84。該段落隨後的結論是修昔底德著作中的個人主義和平等主義的典型表現，修昔底德是大世代的成員之一（見本章注27），如上所述，他也是溫和派的：「不錯，在對他人復仇的時候，人們開始預先取消那些人類的普遍法則——這些法則是使所有受痛苦的人

有得救的希望的——他們不讓這些法則繼續存在，以準備他們在危急時也可能需要這些法則的保護。」關於修昔底德的偏見進一步的討論，見：本章注15（1）。

注13：見：Aristotle, *Politics*, VIII, (V), 9, 10/11; 1310a。亞里士多德不同意這類公開的敵對，他認為「寡頭們聲稱自己是在為平民著想」會比較聰明一點；同時他殷殷告誡他們說：「他們應該有完全相反的主張及判斷，表現在誓言中就是：『我不會加害於平民。』」

注14：見：Thucydides, II, 9。

注15：見：E. Meyer, *Geschichte des Altertums*, IV (1915), 368。

（一）為了判斷修昔底德所稱的公正性，或者說判斷他的無意的偏見，我們必須把他處理普拉塔亞戰役的重要事件——此事件引發伯羅奔尼撒初階段的戰爭，梅葉依據萊西亞斯（Lysias）的看法，把該階段的戰爭稱為阿基達米亞戰爭（Archidamian War）（見：E. Meyer, *Geschichte des Altertums*, IV, 307, and V, p. vii）——及其處理梅里安事件（Melian affair）作比較，梅里安事件是雅典戰爭第二階段的侵略行動，又叫作阿爾西比亞德斯戰爭（War of Alcibiades），入侵民主的普拉塔亞，爆發了阿爾西比亞德斯戰爭，極權主義的斯巴達之夥伴底比斯（Thebes）祕密發動了閃電戰爭，底比斯的友人作間諜，在晚上打開了普拉塔亞城門讓敵人進入，雖然該事件是戰爭最重要的直接原因，修昔底德卻三言兩語帶過（見：Thucydides, II, 1-7）。他除了稱「普拉塔亞事件為明顯違反三十年的休戰」外，沒有任何道德方面的評論；不過他有責難普拉塔亞的民主人士嚴酷的對待入侵者，甚至懷疑他們是否遵守諾言（II, 4-5）。這種表現的方法，和可能是假造

616

的著名的梅里安對話（Melian Dialogue）形成強烈的對比（見：Thucydides, V, 85-113）。他在對話中試圖把雅典說成帝國主義；雖然梅里安事件使人震驚（阿爾西比亞德斯可能要負責任，見：Plutarch, *Alc.*, 16），但是雅典人並沒有在無預警情況下發動攻擊，而且也在進犯之前試圖談判過。另一個案是修昔底德讚揚寡頭和演說家安提芬的態度問題。柏拉圖在〈美涅克塞努篇〉（236e）提到安提芬是蘇格拉底的老師；見：第六章注19末尾）。

（二）梅葉是近代理解該時期最偉大的權威。不過要評斷他的觀點，必須讀一讀底下對民主政府的嘲諷評論（他有許多內容是屬這種評論）：「比力量更為重要的是，建立黨派爭論之娛樂遊戲，保障依每個人的特殊利益所解釋的毫無限制的自由。」（V, 61）。但當梅葉寫道「民主的奇妙自由，以及民主領袖們所展現的，證明了他們的無能」，是否不只是**梅葉「依據他們的特殊興趣所做的詮釋**」？（V, 69）關於雅典的民主領袖在西元前四〇三年拒絕向斯巴達投降的問題（後來證明拒降是成功的，雖然沒有證明的必要），梅葉說：「這些領袖可能是誠實的狂熱份子……，他們對於雅典不可投降一事，可能完全沒有合理的判斷。」（同本章注15；IV, 659。）梅葉大加譴責其他歷史學家的偏差，例如：V, 89, 102。他為舊僭主戴奧尼索斯辯護，反駁若干偏見的攻擊；他也為某些「鸚鵡般的歷史學家」反對戴奧尼索斯的說法而感到憤怒（113-114）。因此他說葛洛特（Grote）是「英國的激進派領袖」，並認為他的著作不是「一種歷史」，而是「為雅典的一種辯解」，同時他驕傲地把自己和這類人對比：「我們不可否認地在政治問題上顯得更為公正無私，同時我們也做出了更正確而周延的歷史判斷。」（III, 239）

站在梅葉觀點身後的是黑格爾，這點就解釋了一切（我希望本書第十二章會使讀者們清楚這點）。在下列評述中，梅葉的黑格爾主義在以下評論裡顯露出來，它不經意地引用了黑格爾（III, 256）；梅葉說：「如果用民眾的道德尺度這種平面化而道德化的評價來判斷大規模的政治事務（黑格爾說到『一長串的私德』〔Die Litanei von Privattugenden〕），而忽略了國家的真正道德元素及歷史責任。」（這點剛好和本書第十二章中引述的黑格爾內容相符；見：第十二章注75。）我希望再次藉此機會明白表示，在我的歷史判斷中，我不會假裝公正無私。當然，我會儘可能探求相關事實。不過我理解我和任何其他人一樣，我的評價必須完全依賴我的觀點。總而言之，我承認我有我的觀點，我也相信我的觀點，亦即相信我的評價是對的。

注16：E. Meyer, *Geschichte des Altertums*, IV, 367。

注17：E. Meyer, *Geschichte des Altertums*, IV, 464。

注18：必須記住的是，如反動派所抱怨的，奴隸制度在雅典瀕臨瓦解。見：第四章中注17、注18及注29所提的證據；另見：本章注27至注37，及第八章注48，第五章注13。

注19：見：E. Meyer, *Geschichte des Altertums*, IV, 659。梅葉評論到雅典的這種民主動機時說：「當為時已晚的時候，他們有趨向一個政治體制，後來它幫助了羅馬……建立了偉大的基礎。」換句說，梅氏對於雅典人發明的政治體制的發明不屑一顧而嗤之以鼻；反而稱讚羅馬，而羅馬的保守主義正符合梅葉的胃口。在羅馬史裡，梅葉提及的事情是羅馬和加比（Gabii）的聯盟或聯邦，不過就在本段落之前，梅

617

葉（V, 135）在描述該聯盟時說：「所有併入羅馬的城邦都失去了它們的存在……，就連阿提卡（Attica）的『村社』（demes）型態的組織也未能維持。」其後（V, 147）又提到加比，並將羅馬寬大的「自由」和雅典的自由作比較；不過在同頁末尾及次頁起始部分，梅葉不加批評地報導羅馬的掠奪和摧毀韋伊城（Veii），那意味著伊特拉斯坎文明（Etruscan）的結束。

羅馬的滅城行徑當中，最令人髮指的也許是毀滅迦太基（Carthage），那時候迦太基不再對羅馬產生威脅，而使羅馬以及我們失去了迦太基人原本對文明可能提供的寶貴貢獻。我只要提一下被摧毀的偉大地理寶藏即可明白。（迦太基沒落的故事，不同於西元前四〇四年雅典的陷落，本章下部分會討論雅典的陷落；見注48。迦太基的寡頭們寧肯讓城市淪陷也不願意讓民主勝利。）

後來，在斯多噶學說（Stoicism）影響之下（間接來自安提西尼），羅馬開展一種相當自由派和人道主義的景象。這種發展在奧古斯都之後的幾世紀和平中達到巔峰（見：Toynbee, *A Study of History*, V, pp.343-346）；不過，某些浪漫的歷史學家認為那是羅馬衰亡的開端。

關於沒落本身，仍有許多人天真浪漫地相信是由於承平太久導致墮落、道德腐敗，或者是由於新興的蠻族的優越，簡言之，是腦滿腸肥所致（見：第四章注45（3））。主要原因似乎應該是可怕的傳染病（見：H. Zinsser, *Rats, Lice and History*, 1937, pp. 131 ff.）以及資源的揮霍無度，連帶使羅馬整個經濟系統的農業基礎崩潰。見：V. G Simkhovitch, 'Hay and History', 'Rome's Fall Reconsidered', *Towards the Understanding of Jesus*, 1927。另見：W, Hegemann, *Entlarvte Geschichte*,

1934。

注20：Thucydides, VII, 28;；見：E. Meyer, *op.cit.*, IV, 535。重要的評論「這會將產生更多」當然有助我們理解以前的稅率和貿易額之間的比率。

注21：影射一個冷酷的雙關語，出自米爾福德（P. Milford）的：「財閥政治勝過掠奪政治。」

注22：*Republic*, 423b。關於保持人口數量一定的問題，見：注7。

注23：見：E. Meyer, *op.cit.*, IV, 577。

注24：*op. cit.*, V, 27。另見：本章注9，第四章注30。至於引自〈法篇〉的內容，見：*Laws*, 742a-c。柏拉圖闡述斯巴達的態度。他頒布一條「法律，任何人都不能擁有金銀……，我們要規定一種本國的貨幣，在國內有用，而到了國外就沒用了……。為了滿足一些人旅行和探險的需要，比如派遣駐外使館人員和組織必要的使團……，國家必須擁有一些流通的希臘貨幣……如果某個人不得不去國外旅行，那麼他在啟程前要獲得執政官的批准，旅行回來後手頭若還有外國貨幣，他應當把外弊交給國家，兌換成地方貨幣。如果發現有人私藏外幣，那就要沒收充公，上繳國庫，對私藏外幣者要給予和偷運外幣者同樣的詛咒和譴責，再加上罰款，數額不低於偷運進來的外幣總額。」讀到這段內容後，把柏拉圖說成反動派，是否錯怪了柏拉圖：他模仿斯巴達管理轄區的極權主義法則；因為他看到了兩千多年以後的原則和現實，而今天西方歐洲最進步的民主政府幾乎普遍認為這個政策是合理的（他們像柏拉圖一樣，希望某些其他政府也採用「全希臘金元制」）。

然而在其後的內容中（*Laws*, 950d），就沒有那麼多西方自由派的語氣了。「首先，任何四十歲以下的人在任何情況下不得出訪國外；第二，這樣的旅行不能出於私人目的，而只能是公務旅行，包括派遣大使、公使、參加各種宗教儀式的代表團等等……。在勝利回國時，他們要向年輕人解釋，與我們的國家相比，其他國家在哪些方面不如我們。」接待外國人也訂了與此相同的法律：「不同國家之間不能有自由往來，因為這樣做會產生各種混合性格，就像由於互相訪問而造成瘡疥的傳染一樣……，這樣的自由往來會產生有害的後果……。」（見：*Laws*, 949e/950a）

注25：梅葉同意這點（見：*op. cit.*, IV, 433），他在一個很有趣的段落裡談到兩方黨派：「每一方都聲稱其維護『祖國』，聲稱對方感染了當時的自私精神和革命的暴亂，實際上雙方都被感染了……。傳統的風俗和宗教深植於民主的黨派中；其貴族的敵人在恢復古代的旗幟下戰鬥……，完全是現代化的精神。」見：*op. cit.*, V, 4, 14。

注26：引自：Aristotle, *Athenian Constitution*, ch. 34, sec. 3。我們在該節中得知三十僭主首先頒布亞里士多德所認為的「溫和」計畫，亦即「祖國」的計畫。關於虛無主義及克里底亞的現代精神，見：在第八章討論的宗教理論；另見：該章注37，以及本章注48。

注27：最有趣的是把索福克里斯對新信仰的態度和優里庇底斯作比較。索福克里斯抱怨（見：E. Meyer, *op.cit.*, III, IV）說：「錯誤的是……出身寒微的卻得榮耀，而出身高貴和勇敢的卻遭不幸。」優里庇底斯回答安提芬（見：第五章注13）說，出身高貴和低錢（特別是奴隸），純是

語詞的區別：「只是在名稱上羞辱奴隸。」關於修昔底德思想裡的人道主義元素，見：本章注12的引文。至於「大世代」和世界主義的傾向的關連究竟有多大的問題，見：第八章注48所提出的證據——特別是敵對的見證人，亦即舊寡頭、柏拉圖和亞里士多德等人。

注28：蘇格拉底把憎惡辯論的人（misologist）比擬為「厭惡或不信賴人類的人」（misanthropist，厭世主義者）；見：*Phaedo*, 89c。另見：*Republic*, 496c-d。對憎惡人類的人（厭世主義者）的評論，見：第八章注57及注58）。

注29：本段引文出自德謨克里圖斯的殘篇，見：Diels, *Vorsokratiker5*, fr. 41; 179; 34; 261; 62; 55; 251; 247; 118（迪爾斯與塔恩質疑斷簡274的真偽，見：第八章注48。）

注30：見：第六章注16正文。

619

注31：見：Thucydides, II, 37-41。另見：第六章注16的評論。

注32：見：T. Gomperz, *Greek Thinkers*, Book V, ch. 13, 3 (Germ. Edn, II, 407)。

注33：大約在伯里克里斯演說兩年以後，出現了有著民主傾向的希羅多德的著作（見：Meyer, *op.cit.*, IV, 369。）

注34：例如：康培茲（T. Gomperz, *Greek Thinkers*, Book V, ch. 13, 2 (Germ. edn, II, 406 f.) 就指出這點，他注意到〈國家篇〉的段落有557d和561c, ff.。其相似性無疑是刻意作成的。見：Adam, *Republic*, vol. II, 235 note to 457d26。另見：*Laws*, 699d/e ff., 704d-707d。關於希羅多德（III, 80）的同樣觀察，見：第六章注17。

注35：有些人認為〈美涅克塞努篇〉是要存疑的，我相信這只是顯示他們要把柏拉圖想理化的一種傾向。亞里士多德引用該對話錄，認為那屬於「蘇格拉底的喪禮對話錄」（見：Aristotle, *Rhetoric*, I, 9, 30=1367b8; III, 14, 11=1415b30）。另見：第六章注19末尾；第八章注48，本章注15（1）及注61。

注36：舊寡頭（或偽名贊諾芬）的《雅典政體》（*Constitution of Athens*）出於西元前四二四年（依據祁爾契霍夫〔Kirchhoff〕的說法，見：T. Gomperz, *Greek Thinkers*, Germ. edn, I, 477）。涉及克里底亞部分，見：J. E. Sandys, *Aristotle's Constitution of Athens*, Introduction IX, note 3；另見本章注18及注48。從在本章注10及注14的引文內容來看，我想其對修昔底德的影響是極為明顯的。至於對柏拉圖的影響，另見：第八章注59；*Laws*, 704a-707d; Aristotle, *Politics*,1326b-1327a; Cicero, *De Republica*, II, 3 and 4。

注37：我提到的是：M. M. Rader, *No Compromise: The Conflict between Two Worlds*, 1939。這本書對於法西斯主義的意識型態的批評極為精湛。

在本節後半部又提到蘇格拉底警告憎恨合理的論證並且反對憎惡人類的人，見：注28。

注38：（一）關於包含在新的傳統基礎中之「批判性思想的發明等問題——新傳統的精神係要對傳統的神話和理論進行批評的討論」，請見拙作：'Towards a Rational Theory of Tradition', *Rationalist Annual*, 1949; now in *Conjectures and Refutations*。只有這種新傳統才能解釋在愛奧尼亞學派裡最早的三位哲學家的三種不同哲學。

620

（二）許多學校（特別是大學）一直保留著部落主義若干面向。不過，我們不僅要想到他們的象徵或校友關係網（Old School Tie）及其階級的社會意義，更要想到許多學校的威權和家父長特性。當柏拉圖沒有辦法建立部落主義時，他便創設一個學院，這不是偶然的；學院往往是反動的堡壘，學校的老師也成了袖珍版的獨裁者，這也不是偶然的。

為證明這些早期學派的部落主義特性，我列出早期畢達哥拉斯學派的若干禁忌（見：Burnet, *Early Greek Philosophy*, 106; Diels, *Vorsokratiker5*, vol. I, pp. 97 ff.; Aristoxenus, op. cit., p. 101）。巴奈特談到「型態相當原始、貨真價實的禁忌」：不准撿錢；不准撿掉落的東西；不准碰白色公雞；不准撕麵包；不准越過橫木；不准用鐵棒撥火；不准吞食大塊食物；不准摘花環上的花；不准坐四分之一的椅子；不准吃心臟；不准在馬路上走；不可讓燕子在屋內築巢；當鍋子離開火的時候，不可在灰燼裡留下痕跡，要把灰燼撥亂；不要在燈火旁照鏡子；從被褥起床時，要把破褲捲起來，抹掉身體睡過的痕跡。

注39：類似發展則是波斯人的統治摧毀了部落主義。如梅葉所指出的（見：*op.cit.*, III, 167），這種社會革命導致一些預言的出現。用我們的術語來說，就是出現了歷史定論主義式的宗教的宿命說、墮落和救贖，其中還包括「被揀選的民族」即猶太人（見：第一章）。

這些宗教理論也有個特徵，那就是世界的創造還沒有結束；它仍在進行中。這點必須和早期希臘把世界當作龐大的建築物以及第二章的赫拉克里圖斯如何摧毀這個概念拿來作比較。在此值得一提的是，就連安納西曼德也懷疑起世界的構造。他強調建築的材料特性是沒有界限的、沒有定義的、不確定的，而這點可能表示了一種感受，那就是世界的建築並不具個確定的結構；世界可能是在流變中（見：下一個注釋）。

希臘的酒神崇拜以及奧菲斯神祕教派的發展或許是源自東方宗教的發展（見：Herodotus, II, 81）。大家都知道畢達哥拉斯學派和奧菲斯教義有著許多共同點，特別是靈魂理論（見注44）。不過和代表「無產階級」觀念的奧菲斯教義相比，畢達哥拉斯學派有著貴族的氣息。梅葉說哲學肇始自以理性反對神祕主義的運動，這也許是對的（見：E. Meyer, *op.cit.*, III, 428）。赫拉克里圖斯在這方面的態度，見：Frag. 5, 14, 15; 40, 129; Diels5, 124-129; 16-17; Bywater。他憎惡神祕教派和畢達哥拉斯；畢達哥拉斯學派的柏拉圖則輕視神祕教派（見：*Republic*, 364ef.；Adam, *Republic*, Appendix to Book IX, vol II, 378 ff.）。

注40：關於安納西曼德，見：Diels5, fragm. 9：「存在物的始基是『無限』，因為萬物都從無限中產生，而又消失復歸於無限；因此有無窮個世界連續地從它們的始基中產生，又消失復歸於它們的始基。」依據安納西曼德的說法，個體的存在是不義的，這是康培茲的解釋（見：Gomperz, *Greek Thinkers*, Germ. edn, vol. I, p. 46；注意柏拉圖正義理論之相似性）；不過這種解釋遭到嚴厲的批評。

注41：巴門尼德（Parmenides）是第一位尋求自這種壓力中解脫的，而他的方法是把他的防止世界變動的夢詮釋為真正實在的一個啟示；把他生活的流動世界當作夢。「存在物也不可分，因為它的每個部分都是完全同樣的，決不會有一個比較強大的存在物，能夠妨礙它的聯繫；也決不會有

一個比較細的存在物。」（見：D5, fragm. 4。）關於於巴門尼德，另見：第三章注22及正文。

621

注42：見：本章注9；第五章注7。

注43：見：E. Meyer, *op.cit.*, III, 443; IV, 120。

注44：見：Burnet: 'The Socratic Doctrine of the Soul', *Proceedings of the British Academy*, VIII (1915/16), 235 ff.。我等不及要強調我部分的同意，因為我不能同意巴奈特其他大多數的理論，特別是關於蘇格拉底與柏拉圖的關係；尤其是他認為蘇格拉底在政治上比柏拉圖更反動（見：Burnet, *Greek Philosophy*, I, 210）。我根本不認為這種說法能夠成立。見：本章注56。

關於蘇格拉底的靈魂說，巴奈特說「關心你的靈魂」是蘇格拉底說的；我相信巴奈特的看法是對的；因為這種說法彰顯了蘇格拉底的道德關懷。然而，認為蘇格拉底主張任何關於靈魂的形上學理論，那是極不可信的。〈斐多篇〉、〈國家篇〉裡的理論，我認為無疑是畢達哥拉斯學派的（關於奧菲斯和畢達哥拉斯學派的「肉體是靈魂的墳墓」的理論，見：Adam, *Republic*, Appendix IV to Book IX；另見本章注39）。就蘇格拉底在〈申辯篇〉(19c)的明白說法來看，「他不論及這類事情」（亦即冥想自然；見本章注56（5）），我極不同意巴奈特認為蘇格拉底是畢達哥拉斯學派的；也不同意他認為蘇格拉底主張過關於靈魂「性質」的特定形上學理論。

我相信蘇格拉底說「關心你的靈魂」是他的道德（和知識）上的個人主義的一種表現。在他的理論中處處可見有德行者在道德上的自身完足的個人主義理論。（見第五章注25，第六章注36。）然而這是和「關心你的靈魂」的概念密切相關的。在強調道德自足時，蘇格拉底會更願

622

意說：他們可以毀滅你的身體，但不能毀滅你的道德正直。如果道德正直是你最關心的事，那麼他們就不能對你造成任何實際嚴重的傷害。

當柏拉圖熟習了畢達哥拉斯學派的靈魂理論之後，似乎認為蘇格拉底的道德態度需要一個形上學的基礎，特別是關於生活的理論。因此他遂以靈魂不朽替代了「不能毀滅你的道德正直」。（見：第七章注9。）

形上學家和實證論者都可能反對我的主張，而認為蘇格拉底並沒有我說的那種道德和非形上學的靈魂觀念；因為任何形式的靈魂說都必定是形上學的。我並不期待說服柏拉圖主義的形上學家；不過，我要試圖向實證論者或唯物論者指出，他們關於靈魂的說法正是我所說的蘇格拉底的理論。他們大部分人也認為「靈魂」的價值高過肉體。

首先要說的是，即使實證論者也可能承認有「身體」和「心靈」的疾病，兩者之間的區分即使不怎麼嚴格，卻還是有經驗性的而「有意義的」區分。事實上，這種分辨對於醫院的組織是極為重要的（有一天也許會有更嚴格的區分，但那是另一個問題）。現在我們大部分的人寧願在生理上生個小病，而不願有絲毫的心理障礙。實證論者寧可接受長期甚至到頭來不治的生理疾病（假若不太痛苦的話），而不願得到心理的痼疾，即使是可以療癒的。依此途徑，我相信我們可以說，他們關心自己的「靈魂」甚於身體。（見：*Phaedo*, 82d：「關心他們的靈魂，不願使靈魂屈從於肉體的人」；另見：*Apology*, 29d-30b。）這種說法是和「靈魂」理論完全無關；即使他們要主張說它終究屬於身體的一部分，而任何精神疾病都只是身體疾病之一，我們的結論仍是站得住腳。（我們可以說，他們重視自己的頭腦甚於身體的其他部分。）我們現在開始考慮一個和蘇格拉底非常相近的靈魂觀念。我們許多人會為了知識的目的而寧可忍受身體某種程度的煎熬。例如為了增進科學知識而受苦；為了促進知識的發展，例如「智慧」，也是這種情形。（關於蘇格拉底的主知主義，見：*Crito*, 44d/e, 47b。）為了促進種種道德的目的，例如平等主義的和平、正義等，也是這種情形。（見：*Crito*, 47e/48a，蘇格拉底釋靈魂，認為「靈魂」是我們的一部分，「正義使靈魂受益，不義會敗壞靈魂。」）我們許多人都會和蘇格拉底一樣說，即使我們重視健康，但這些事實比健康重要。甚至許多人會同意蘇格拉底，認為採取這個態度的可能性，正是人之所以為人而不是動物的關鍵所在。我相信這些主張都可以不涉及任何關於「靈魂本性」的形上學理論。而蘇格拉底自己也清楚說過他根本沒有想過那種東西；我看不出有任何理由要把這種理論硬塞給他。

注45：〈高爾吉亞篇〉有一部分是蘇格拉底的思想，我相信是柏拉圖用蘇格拉底的口吻來攻擊雅典的「港口、船塢及城牆」，以及攻擊雅典接受盟邦的捐獻及稅捐（雖然康培茲指出這篇對話錄裡具有畢達哥拉斯學派元素，但是我仍然相信它是柏拉圖的思想；見：本章注56）。這些指摘透露了柏拉圖的思想，這可以解釋何以其說法極像寡頭們的說法。不過我想蘇格拉底可能也有相同的評論，而這是因為他急於要強調若干事實，在他看來，這些事情是極為重要的，不過我相信他會反對把他的道德批評變成替賣國的寡頭宣傳，以反對開放的社會，特別是反對雅典所代表的開放社會。（關於蘇格拉底對雅典的忠誠問題，見：本章注53及正文。）

623

注46：在柏拉圖著作中，卡利克勒和塞拉西馬柯是兩個典型人物。而歷史上最具接近的人物也許是齊拉曼尼斯（Theramenes）和克里底亞兩人，阿爾西比亞德斯雖也算得上，然而其性格和事蹟卻很難評斷。

注47：下述評論的臆測程度很高，因此不在我討論之列。我認為〈阿爾西比亞德斯篇〉（Alcibiades）可能是柏拉圖藉由蘇格拉底所作的轉變，亦即柏拉圖可能在對話錄中以阿爾西比亞德斯這個人作為偽裝。柏拉圖可能有個強烈的動機，那就是說出他的轉變故事；就蘇格拉底來說，當他被控要為阿爾西比亞德斯、克里底亞、查米德斯（Charmides）的惡行負責時，他在法庭的辯護裡以柏拉圖為例，證明他也教出好學生。柏拉圖有可能是感到他要說出蘇格拉底和他個人關係的故事，而他又不能在法庭陳述，就只好用文字來說明（見：Taylor, *Socrates*, note 1 to p. 105）。以阿爾西比亞德斯的名義及其特殊環境（例如他的政治野心，柏拉圖在轉變以前極有可能也有這種野心），證明蘇格拉底在道德上的一般影響，特別是對於阿爾西比亞德斯，和控告者對他的指摘完全不同（見：注49至注50正文。）。我認為〈查米德斯篇〉（Charmides）的大部分也是他的自述（有趣的是柏拉圖本人也經歷同樣的轉變，不過就我們的判斷來說，他的轉變方式不同；他不是訴諸直接的個人道德，而是受到畢達哥拉斯學派的數學訓練，而這種訓練是辯證性地理解善的理型的先決條件。見：柏拉圖的企圖改變年輕的戴奧尼索斯（Dionysius）的故事。至於阿爾西比亞德斯的相關問題，見：Grote, *Plato*, I, esp. pp. 351-355。

注48：見：Meyer, *Geschichte des Altertums*, V, 38。另見：Xenophenes, *Hellenica*, II, 4, 22。同前揭書裡（pp. 19-23, 36-44; esp. 36）可以發現支持正文中所說的一切證據。《劍橋古代史》（*The Cambridge Ancient History*, vol. V; cp. esp. pp. 369 ff.）對這類事件也有相同的解釋。

可以再說一點的是，在八個月的恐怖時期內，三十僭主殺了大約一千五百個公民，據我們所知，不會少於戰後公民的十分之一（也許是百分之八），或每個月殺掉百分之一，即使在我們這個時代也是難以超越的。

泰勒談到三十僭主時說（見：Taylor: *Socrates, Short Biographies*, 1937, p. 100, note 1）：「要記得，這些人的『掉腦袋』是由於情勢所迫。克里底亞以前是個著名學者，他的政治教養根本就是民主派的。」我認為這種解釋是在替傀儡政府的失敗責任開脫，特別是柏拉圖叔叔的責任。我們很清楚年輕貴族當時於適當的場合中所表現的短暫民主情緒。除此以外，克里底亞的父親，甚至克里底亞本人，都是四百寡頭之一（見：Meyer, *op. cit.*, IV, 579）。克里底亞的殘篇指出他賣國倒戈斯巴達及其寡頭政治（見：Diels, 45），以及他露骨的虛無主義（見：第八章注17）和野心（見：Diels, 15; Xenophon, *Memorabilia*, I, 2, 24; *Hellenica*, II, 3, 36 and 47）。不過關鍵在於他只是試圖指出「舊寡頭」的方案的一致性結果，偽名贊諾芬的《雅典政體》（見：本章注36）指出：如果要打敗雅典，那就要消滅民主，堅定地透過斯巴達的幫助消滅民主；訴諸武力是這種情境的邏輯結果。它沒有提到克里底亞的掉腦袋；不僅如此，他很清楚其中的種種困難，亦即民主仍有難以抗拒的力量。

624

梅葉相當同情戴奧尼索斯，而我認為他對於僭主的指摘是沒有偏見的；在他說完克里底亞令人驚異的機會主義政治生涯以後（見：op. cit., V, 17），他說：「克里底亞和斯巴達統治者李森德（Lysander）一樣狂妄。」因此是李森德傀儡政府的適當首腦。我認為克里底亞的性格——軍人、詩人、和蘇格拉底一樣的懷疑主義者——很類似普魯士「大帝」腓特烈二世（Frederick II）的性格有極大的相似性，腓特烈二世也是個軍人、詩人以及伏爾泰（Voltaire）懷疑主義的信徒，他也是近代史上最殘忍的迫害者和最壞的專制者。（關於腓特烈二世，見：W. Hegemann, *Entlarvte Geschichte*, 1934, esp. 90）（在談到腓特烈二世對於宗教的態度時使人想到克里底亞）。

注49：泰勒（Taylor: *Socrates, Short Biographies*, 1937, p. 103）清楚解釋了這點，他是根據：Burnet, *Euthyphro*, note to 4c, 4。泰勒精闢地探討了蘇格拉底的審判文獻，其中有一點我不太同意的是（見：*op. cit.*, p. 103, 120）對於罪名問題的詮釋，特別是指控蘇格拉底引進「新興宗教習俗」（見：*op. cit.*, p. 106-111）。

注50：關於這點的證據，見：Taylor: *Socrates, Short Biographies*, p. 113, 115, esp. note 1to p. 115。他摘引了《艾斯基尼斯》（*Aeschines*, I, 173）：「你把辯士蘇格拉底處死，因為他被控教導克里底亞。」

注51：恐怖主義想盡方法羅織許多人的罪狀，這也是三十僭主的政策。見：Taylor: *Socrates, Short Biographies*, p. 101, esp. note 3。至於查勒方，見本章注56。

注52：例如克羅斯曼和其他的一些學者就是如此。見：Crossman, *Plato To-Day*, 91/ 92。。在這點上，我同意泰勒的看法，見：Taylor: *Socrates, Short Biographies*, p. 116。另見該頁注1及注2。

至於起訴的計畫不在使蘇格拉底成為殉道者；假使蘇格拉底準備妥協，亦即離開雅典或承諾緘默，就可以免於受審，或者處置就不同；柏拉圖在〈申辯篇〉及〈克里托篇〉中似乎說得很明白。（柏拉圖的觀點或蘇格拉底的觀點，見：*Crito*, 45e, esp. 52b/c.；蘇格拉底說，假使他在受審時照他們的話做，他會被允許移居他地。）

注53：特別見：*Crito*, 53b/c。蘇格拉底解釋說，如果他接受逃亡的機會，他就證實了法官的想法：他敗壞法律，也就是敗壞青年。

〈申辯篇〉和〈克里托篇〉也許是寫在蘇格拉底處死後不久。〈克里托篇〉（可能是上述兩篇中較早的）也許是在寫出蘇格拉底的要求，讓大家知道蘇格拉底之所以不願逃亡的動機。事實上這個希望可能是蘇格拉底的對話錄最初的旨趣所在。康培茲則認為〈克里托篇〉比較晚出，是柏拉圖要強調他的忠誠（見：T. Gomperz: *Greek Thinkers*, V, 11, 1, Germ. edn, II, 358）。康培茲寫道：「我們不知道這個短篇對話錄當時出現的情形。不過，不可否認的印象是，柏拉圖極力為他自己及其團體辯護，防人懷疑他們有革命性的觀點。」雖然康培茲的說法和我的觀點大抵相符，不過我認為〈克里托篇〉是蘇格拉底的辯護而不是柏拉圖的。然而我同意康培茲對於這篇對話錄的傾向的詮釋。蘇格拉底確實很想替他自己辯護，不想讓人們的懷疑危及他的人生使命。關於〈克里托篇〉的這種詮釋，我也完全同意泰勒的說法（見：Taylor, *Socrates*, 124 ff.）。泰勒和巴奈特認為〈國家篇〉是蘇格拉底的思想，並認為蘇格拉底比柏拉圖更反對民主，然而〈克里托篇〉的忠誠，以及〈國家篇〉公然倒戈斯

625

巴達而反對雅典的這種不忠誠，兩者形成明顯對比，似乎駁斥了泰勒和巴奈特的看法（見：本章注56）。

關於蘇格拉底肯定他忠於民主的問題，請見：*Crito*, 51d/e。它強調法律的民主特性，亦即人民可以透過理性討論而不是以暴力改變法律（如蘇格拉底所說的，他會全力遵從法律）；蘇格拉底堅持他對雅典體制沒有異議（52b f.）；在，蘇格拉底不僅認為道德和正義是人間至善，也特別認為雅典體制和法律是人間至善（53c/d）；他說他可能是人們的犧牲品，但不會是法律的犧牲品（54c）。

從所有內容來看（特別見：*Apology*, 32c；見第七章注8），我相信必須排除看來內容迥異的段落（52e），也就是聲稱蘇格拉底讚揚斯巴達和克里特的制度。我們應特別考慮到蘇格拉底說（52b/c）他並不想好奇地理解其他國家或他們的法律。有人也許會說對於斯巴達和克里特的評論（52e）是竄改過的，企圖調和〈克里托篇〉和後來的對話錄，特別是〈國家篇〉。不論是否如此，不論是不是柏拉圖加上去的，它決不會是蘇格拉底的思想。我們只要記住一點就行了，即蘇格拉底一點也不想說自己為有任何傾向斯巴達的地方，贊諾芬也提到蘇格拉底的想法（Xenophon, Anabasis, III, 1, 5）。我們看到「蘇格拉底擔心他（指蘇格拉底友人，年輕的贊諾芬，另一個年輕的敗家子）被指控為不忠；大家知道在戰爭時期，塞魯斯（Cyrus）曾經幫助斯巴達反抗雅典」。（這個內容比《回憶錄》更可靠；在此沒有柏拉圖的影響，贊諾芬實際上自責沒有對國家盡責，應該遭到流放，見：*op. cit.*, V, 3, 7; VII, 7, 57。）

626

注54：*Apology*, 30e/31a。

注55：泰勒（見：*Socrates*：書末最後一句話）說：「蘇格拉底只有一個繼承人——柏拉圖。」柏拉圖學派當然會同意這種說法，只有葛洛特（Grote）似乎有時抱持本文的觀點。例如在本書第七章注21摘引（另見第八章注15），至少可以解釋他何以懷疑柏拉圖出賣了蘇格拉底。葛洛特說，不僅在〈法篇〉，而且包括〈國家篇〉，都在斥責〈申辯篇〉中的蘇格拉底的理論基礎；在蘇格拉底的最好國度裡不能容忍〈申辯篇〉中的蘇格拉底的思想。他甚至指出柏拉圖的理論和三十僭主實際處置蘇格拉底的方法一致（有個例子指出，即使老師仍然活著，在有名的公開辯護上，學生還是有辦法曲解老師的學說，第十二章注58可以發現該例。）

關於本節後半部對於〈法篇〉的評論，請特別見：第八章注19至注23所提及的〈法篇〉內容。即使泰勒對這些問題的意見恰好牴觸他在此的意見（另見下一個注釋），也不得不承認：「第一個誣指神學會侵犯國家的，就是柏拉圖在〈法篇〉卷十所提出的意見。」（見：Taylor, *op. cit.*, 108, note 1。）

我在正文中特別比較柏拉圖的〈申辯篇〉、〈克里托篇〉和他的〈法篇〉。理由是幾乎每個學者，包括泰勒和巴奈特（見下一個注釋），都同意〈申辯篇〉和〈克里托篇〉代表蘇格拉底的理論，而〈法篇〉則可以說是柏拉圖的理論。因此對我來說，我難以理解巴奈特和泰勒怎麼替他們自己的意見辯護，即蘇格拉底比柏拉圖更仇視民主（Burnet, *Greek Philosophy*, I, 209 f.; Taylor, *Socrates*, 150 f.。）我看不出有任何理由要為蘇格拉底的這種觀點辯護；他為自由而奮鬥，且為自由而獻身，而柏拉圖卻寫了〈法篇〉。巴奈特與泰勒之所以持這個觀點，因為他們認為〈國家篇〉是蘇格拉底的思想而不是柏拉圖的；同時可以說是因為〈國家篇〉不像〈法篇〉和〈政治家篇〉那麼反民主。不過〈國家篇〉和〈法篇〉以及〈政治家篇〉之間的差異實在微乎其微，不僅〈法篇〉前幾個段落如此，就是最後一段也和〈國家篇〉沒有多大差異；事實上，這兩篇對話錄的寫作時間相差至少有十年，甚至三十年或更長的時間，然而其中的理論卻比我們所預期的更加一致，只是在氣質和風格上不相同（見第四章注6，書中提到〈法篇〉和〈國家篇〉理論內容的許多其他相似性，雖然不完全等同）。認定〈國家篇〉和〈法篇〉都是柏拉圖的思想，並沒有什麼內在困難；不過巴奈特和泰勒自己承認他們的理論會導致一種結論，就是蘇格拉底不僅是民主的敵人，甚至是比柏拉圖更大的民主敵人，而這樣一來，他們認為不僅〈申辯篇〉和〈克里托篇〉是蘇格拉底的思想，〈國家篇〉也是蘇格拉底的，這種看法雖不致荒謬，至少也難以自圓其說。（關於這一切問題，見下一個注釋。）

注56：不消說，這句話是企圖總結詮釋蘇格拉底正義理論所扮演的歷史角色（關於三十僭主的道德敗壞，見：**Xenophon, *Hellenica*, II, 4, 40-42**）；特別是詮釋理想國的主要政治理論；而其中一種說明是試圖解釋早期對話錄之間的矛盾，特別是〈高爾吉亞篇〉和〈國家篇〉之間的矛盾，而這些矛盾是蘇格拉底的觀點和後期柏拉圖的觀點之間的基本差異所致。問題主要的關鍵通常稱為「蘇格拉底的問題」，這可以說明我何以要冗長地、部分涉及方法論的討論它。

627

（一）以前解決「蘇格拉底的問題」，旨在認定柏拉圖若干對話錄（特別是〈申辯篇〉和〈克里托篇〉）是蘇格拉底的思想（亦即在歷史上大抵是正確的，意圖也的確如此），而大部分對話錄是柏拉圖的思想，其中包括許多以蘇格拉底為主要發言人的對話錄，例如〈斐多篇〉和〈國家篇〉。以前的權威人士用以證實這個意見的方法，會提到所謂「獨立的見證人」：贊諾芬，同時指出贊諾芬筆下的蘇格拉底以及屬於蘇格拉底思想的對話錄裡的蘇格拉底之間的相似性，並且指出贊諾芬筆下的蘇格拉底和柏拉圖的對話錄裡的「蘇格拉底」之間的差異性。特別是理型說的形上學理論，一般咸認是柏拉圖的思想。

（二）巴奈特曾經抨擊這個觀點，泰勒則支持巴奈特。巴奈特不認為「從前的解答」（如我所稱的）是奠基於循環論證而沒有說服力。他認為只因為對話錄裡的「理型說」不怎樣顯著，就挑出來說它們是蘇格拉底的思想，更說「理型說」是柏拉圖的而非蘇格拉底的，這種作法是站不住腳的。把贊諾芬視為獨立的見證人也不盡合理，因為我們沒有理由相信他的獨立性，反而更有理由相信他在寫《回憶錄》時一定知道柏拉圖的許多對話錄。巴奈特認為我們應該假定是「柏拉圖所說的確是真心話」，當他用蘇格拉底的口吻宣稱某種理論，他的確相信且希望讀者相信該理論是蘇格拉底的思想。

（三）雖然我認為巴奈特有關「蘇格拉底的問題」的觀點是站不住腳的，但是相信那些觀點極具價值且有啟發性。一種大膽的理論，即使是錯誤的，也永遠意味著進步；巴奈特的主題觀點往往是大膽而引起人爭議的。尤其是一個歷史主題往往淪為陳舊的時候，巴奈特的作風就更值得欣賞了。不過雖然我承認巴奈特精闢而大膽的理論，以及欣賞它們的令人尊敬的成效，然而，就我所想到的若干證據來說，它並不能說服我自己相信這些理論是站得住腳的。我相信在巴奈特難以形容的熱情中，他的觀念並沒有經過充分的批判；這就說明何以許多其他人要批判這些觀念。

關於蘇格拉底的問題，我和許多其他的人一樣，相信上述「以前的解答」的觀點基本上是正確的。這個觀點後來得到很好的支持，而反駁巴奈特和泰勒；特別見：G. C. Field, *Plato and His Contemporaries*, 1930; A. K Rogers, *The Socratic Problem*, 1933；許多其他學者似乎也都附議。雖然就現有論據來說似乎已經令我信服，但我仍要就本書的結論多說幾句話。不過在著手批評巴奈特之前，我要指出正是因為巴奈特，我們才看到下述方法的原則。「柏拉圖的證據是對我們有用的唯一主要證據」，而其他證據都是次要的。巴奈特曾把這個原則應用到贊諾芬上；不過我們也必須應用到亞里士多芬尼斯（Aristophanes），蘇格拉底在〈申辯篇〉中拒絕了他的證據，見以下第五點。

（四）巴奈特解釋說，他的方法是假定「柏拉圖所說的確是真心話」。依據這個方法學原則，柏拉圖筆下的蘇格拉底必須被視為歷史上的蘇格拉底。（見：Burnet, *Greek Philosophy*, I, 128, 212 f., note on p. 349/50；另見：Taylor, *Socrates*, 14 ff., 32 f., 153。）我承認巴奈特的方法學原則是個合理的起點，但我要試圖在以下第五點裡指出迫使他們放棄其觀點的若干事實，而其中包括巴奈特和泰勒。他們像其他許多學者一樣，被迫要詮釋柏拉圖所說的話。不過當其他學者意識

628

到這種事實，同時細心和批判地從事詮釋時，那些傾向於相信他們不是詮釋柏拉圖而只是全盤接受他的，就難免無法再批評性地考察他們的詮釋了。

（五）巴奈特方法之所以不可行而不得不附和其他學者的詮釋，那正是因為柏拉圖筆下的蘇格拉底有自相矛盾之處。即使我們相信除了柏拉圖的證據外沒有更好的證據的這個原則，由於他自己說法並不一致，其著作中充滿內在的矛盾，我們被迫放棄「柏拉圖所說的確是真心話」的假定，如果見證自身就是矛盾的，那麼我們就不能不加詮釋地接受該見證，即使他是最好的見證。我首先指出這種內在矛盾的三個例子。

（a）在對話錄〈申辯篇〉中，三次令人印象深刻地說（見：18b-c; 19c-d; 23d），蘇格拉底對自然哲學沒有興趣（因此不是畢達哥拉斯學派的）。「我不知道這類事情，既不知道很多，也不知道很少。」（19c）他說：「我身為雅典人，對這類事情沒有興趣。」（即冥想自然。）蘇格拉底斷言法庭中有許多人都可以證明他所說為真；他們都聽到他這樣說，不過沒有任何人聽到他談論過自然哲學（*Apology*, 19c-d）。另一方面，我們得到（a'）的資料，即〈斐多篇〉（特別見：108d ff.；涉及〈申辯篇〉的內容）及〈國家篇〉。在這些對話錄中，蘇格拉底以畢達哥拉斯學派的「自然」哲學家面貌出現；這樣，巴奈特和泰勒就可以說，他其實是畢達哥拉斯思想學派的健將（亞里士多德說到畢達哥拉斯學派時說：「他們的討論……，全是關於自然的。」見：Aristotle, *Metaphysics* 989b。）

現在我認為（a）與（a'）顯然相互矛盾；而雪上加霜的是，〈國家篇〉比較早出，而〈斐多篇〉

卻比〈申辯篇〉晚出。假定蘇格拉底在晚年（介於〈國家篇〉和〈申辯篇〉之間的年代）放棄了畢達哥拉斯學說，或認為在其人生最後幾個月改變了他對畢達哥拉斯學說的態度，都沒辦法調和（a）與（a'）的矛盾。

我並不認為沒辦法用某些假定或詮釋來排除這種矛盾。巴奈特和泰勒也許有理由，甚至有好的理由相信〈斐多篇〉和〈國家篇〉，而不相信〈申辯篇〉。（不過他們也應理解，如果認定柏拉圖的描述為真，則任何懷疑蘇格拉底在〈申辯篇〉中的真實性的看法，都會使蘇格拉底成為一個為了保全自己的面子而撒謊的人。）無論如何，目前我不關心這類問題。我的重點論旨是，接受證據（a'）及反對（a），使得巴奈特和泰勒被迫放棄他們基本方法上的假定，也就是柏拉圖所說的確是真心話；他們必須加以詮釋。

但不自覺的詮釋必定不具批判性的；這點可經由巴奈特和泰勒使用亞里士多芬尼斯的證據得到說明。他們認為如果蘇格拉底從來都不是自然哲學家，那麼亞里士多芬尼斯的嘲弄就未免無的放矢了。不過蘇格拉底對這類論說卻往往有先見之明（我和巴奈特和泰勒一樣，一直認為〈申辯篇〉是基於史實的）。在蘇格拉底的辯護裡，他正好警告他的法官不要採用亞里士多芬尼斯的這種詮釋，而亟欲表明自己和自然哲學完全無關（見：*Apology*, 19c ff.; 20c-e）。蘇格拉底感到在這方面好像是在反擊幽靈，在反擊過去的幽靈（*Apology*, 18d-e）；不過我們現在能夠說他也是在反擊未來的幽靈。因為當他挑戰那些夥伴（那些相信亞里士多芬尼斯的話而膽敢說蘇格拉底是說謊者之流），要他們應戰時，沒有任何人敢於趨前。這是在某些柏拉圖學派的人決定

629

回答他的挑戰前兩千三百年的事了。

值得一提的是，亞里士多芬尼斯這位溫和的反民主主義者，他指摘蘇格拉底說他是個「辯士」，然而大部分的辯士卻都是民主人士。

（b）在〈申辯篇〉（40c ff.），蘇格拉底對生存的問題採取不可知論的態度；（b'）：〈斐多篇〉主要的是極力證明靈魂的不朽。巴奈特討論了這種困難（在其所編《斐多篇》中），其方式不能令我信服（見：第九章注9，本章注44。）不過，不管他是對是錯，他自己的討論證明了他被迫要放棄他的方法學原則和他對於柏拉圖的詮釋。

（c）〈申辯篇〉中的蘇格拉底認為即使是最有智慧的人，其智慧也在於理解他所知相當有限，這麼一來，德爾菲（Delphi）神諭說「認識你自己」就必須詮釋為「認識自己的種種限制」；同時蘇格拉底的意含也就是說，統治者應該比任何人更加認識自己的種種限制。在其他早期對話錄都可以發現相似的觀點。然而在〈政治家篇〉和〈法篇〉中，主要的發言人卻主張一種理論，亦即智者應該掌權；智慧已不再意味著認識自己種種限制，而是深入辯證哲學的至深奧祕（直觀世界的理型），或者是統治技藝的訓練。〈斐萊布篇〉（Philebus）也說明相同的理論，甚至作為討論德爾菲神諭的一部分討論（見：第七章注26）。

（d）撇開這三種公然的矛盾不談，我可提出兩種進一步的矛盾，認為〈第七封信〉是偽作的人，很容易疏忽這兩個矛盾，而我認為這兩個矛盾對巴奈特來說是致命傷；他堅持〈第七封信〉是真實的。巴奈特的觀點認為理型說是蘇格拉底的思想，而非柏拉圖的（即使我們疏忽這封信，這個觀點也不能成立，關於整個的問題，請見：第三章（注26（5））。這個說法和這封信（342a）中所說的矛盾；他更為特別的觀點是他說（326a；見第七章注14）理想國是蘇格拉底的。當然，這一切困難都可以排除，但是必須透過詮釋。

（e）以前特別在第六、七、八章論及細微和重要的矛盾，現在我摘述其中最重要的矛盾總結如下：

（e1）在柏拉圖的描述中，蘇格拉底對人的態度，特別是對青年人的態度是有所變化的，而那不可能是蘇格拉底的發展。蘇格拉底的死是爭取和青年自由交談的權利，他喜歡青年。但是在〈國家篇〉中，我們發現他有一種虛矯和不信任的態度，這種態度就好像是〈法篇〉裡的「雅典的陌生人」那種討人厭的態度（柏拉圖本人公然承認這點），以及在其著作中處處可見對人的普遍不信任。（見：第四章注17、注18；第七章注18至注21；第八章注57至注58。）

（e2）蘇格拉底對真理和言論自由的態度也是如此。他是為真理和言論自由而犧牲性命。然而在〈國家篇〉中，「蘇格拉底」卻主張可以說謊；在〈政治篇〉中，柏拉圖公然主張說謊就是真理，而在〈法篇〉中則主張以「審訊」壓制自由思想。（見：上引同注釋；第八章注1至注23、注40至注41；本章注55。）

（e3）在〈申辯篇〉和某些其他的對話錄中，蘇格拉底在知識上是謙虛的；在〈斐多篇〉中，他肯定形上學之思辨為真理；而在〈國家篇〉中卻成為獨斷論者，其態度和〈政治家篇〉和〈法篇〉一樣，都是僵硬的威權主義。（見：第七章注8至注14正文及注26；第八章注15及注33；

630

本注釋（c）。）

（e4）〈申辯篇〉中的蘇格拉底是個人主義者；相信個人的自足性。在〈高爾吉亞篇〉中，他仍是個人主義者。〈國家篇〉中的蘇格拉底則變成為激進的集體主義者，和柏拉圖在〈法篇〉中的立場非常相似。（見：第五章注52及注35；第六章注26正文，注30及注48至注54，本章注45。）

（e5）有關蘇格拉底的平等主義，也可以說情形相同。在〈美諾篇〉中，他承認奴隸也具有人類共有的智力，甚至可學習純粹數學；在〈高爾吉亞篇〉中，他為平等的正義理論辯護。然而在〈國家篇〉中，他卻輕視工匠和奴隸，而且如柏拉圖在〈蒂邁歐篇〉及〈法篇〉中一樣，反對平等主義（見：（e4）；另見：第四章注18及注29；第七章注10；第八章注50（3）摘引了〈蒂邁歐篇〉中的內容。）

（e6）〈申辯篇〉和〈克里托篇〉中的蘇格拉底忠於雅典的民主，但在〈美諾篇〉及〈高爾吉亞篇〉（見：本章注45），卻顯示出對民主的**惡意**批評；在〈國家篇〉中（我相信在〈美涅克塞努篇〉中亦然），他是民主的公敵，柏拉圖在〈政治家篇〉和〈法篇〉開頭小心翼翼地表達自己的看法，而在〈法篇〉後半部，他的政治傾向卻是公然地等同於〈國家篇〉中的蘇格拉底（見：第六章注32，本章注53及注55，第四章注7及注14至注18。）

下述內容更支持最後一點。在〈申辯篇〉中，蘇格拉底似乎不僅效忠雅典民主，而且直接投向民主派，指出他最忠實的弟子查勒方（Chaerephon）屬於該階層。查勒方在〈申辯篇〉中扮演關

631

鍵要角，因為藉著神諭，他讓人明白蘇格拉底的人生使命，以及蘇格拉底何以不願意和德謨斯（Demos）妥協。在〈申辯篇〉（20e/21a），蘇格拉底在介紹查勒方時，強調查勒方不僅是他的朋友，而且也是人民的朋友；他同那些人一道流放，並和那些人一起歸來（想必他也參與過對抗三十僭主的戰役）；這也就是說，蘇格拉底選擇查勒方為他對於民主的忠誠作證（有些獨立的證據說明查勒方對民主的同情，例如在亞里士多芬尼斯的劇本《雲》〔Aristophanes, *Clouds*, 104, 501 ff.〕。在〈查米德斯篇〉裡的查勒方可能旨在營造一種平衡；不然的話，克里底亞和查米德斯的突出性，可能會給人倒向三十僭主宣言的印象。）蘇格拉底為什麼強調他和民主派鬥士的親密關係呢？我們不能假定它只是某個辯解，旨在使法官大發慈悲。他的辯解的整個精神就在反駁這種假定。最可能的假設是，蘇格拉底指出民主陣營中有他的門徒，而否認他們控告說他是貴族派的附隨者及僭主的老師（這是唯一的暗示）。〈申辯篇〉排除了一種假定，亦即蘇格拉底只是訴諸他和民主領袖的友誼，而不是真正同情民主的使命。從〈申辯篇〉（32b-d）可以得出相同的結論；蘇格拉底強調他對民主合法性的信仰，同時斥責三十僭主的目無法紀。

（六）單單由柏拉圖的對話錄內在的證據，就足以迫使我們認定它們並不完全符合歷史。因此我們必須使用試誤的方法，提出一些理論和種種證據作批判性的比較以解釋它們。現在我們有強烈的理由相信〈申辯篇〉大體上是符合史實的，因為它是唯一描述那個重要的公開場合、許多人都知道的對話錄。另一方面，我們知道〈法篇〉是柏拉圖最晚期的著作──撇開疑偽的〈伊庇諾米篇〉（*Epinomis*）不談──它們明顯是「柏拉圖的思想」。因此對話錄是否符合史實或屬於蘇格拉底的思想，取決於是否符合〈申辯篇〉的傾向，而屬於柏拉圖思想的對話錄則和這些傾向矛盾。（這個設定使我們實際上回到上述的立場：「以前解答」蘇格拉底問題的方式。）如果我們考慮上述（e1）至（e6）的傾向，就可以依據下述方式排列最重要的對話錄：和蘇格拉底的〈申辯篇〉的相似性越少，就和柏拉圖〈法篇〉的相似性越大。它們依序是：

〈申辯篇〉和〈克里托篇〉；〈美諾篇〉；〈高爾吉亞篇〉；〈國家篇〉；〈政治家篇〉、〈蒂邁歐篇〉；〈法篇〉。

依據（e1）至（e6）的所有傾向排列的對話錄本身就印證了柏拉圖思想的發展。不過我們可以得到相當獨立的證據。「文體」的考察顯示我們的序列符合柏拉圖對話錄著作的年代順序。最後要說的是，上面排列的次序，至少至〈蒂邁歐篇〉為止，也顯示這些對話錄和畢達哥拉斯以及伊利亞學派（Eleaticism）學說的關係拾級而上。這應該又是柏拉圖思想發展中的另一種傾向。有個大相逕庭的論點如下：從柏拉圖自己在〈斐多篇〉的說明可知，安提西尼是蘇格拉底最親密的友人；我們也知道安提西尼聲稱要保存蘇格拉底的真正信條。我們很難相信安提西尼居然會是〈國家篇〉中的蘇格拉底的朋友。因此關於安提西尼和柏拉圖的理論，我們必須找出共同的出發點；在〈申辯篇〉和〈克里托篇〉則發現了他們的共同起點，在〈美諾篇〉、〈高爾吉亞篇〉及〈斐多篇〉的蘇格拉底的言論裡也可找出共同的理論。

那些論證完全獨立於柏拉圖疑偽的著作，例如〈阿爾西比亞德斯一世篇〉（*Alcibiades I*）〈塞亞革斯篇〉（*Theages*）或《書信》（*Letters*）。它們也獨立於贊諾芬的說明；它們完全奠基於

632

柏拉圖最有名的對話錄的內在證據。不過它們也和次要的證據一致，特別是〈第七封信〉（325 f.），柏拉圖概述其思想發展，甚至明確地提到〈國家篇〉的主要內容作為他的中心探索：「因此我被迫宣布……，除非真正的哲學家獲得政治權力，或者出於某種神蹟，政治家成了真正的哲學家，否則人類就不會有好日子過。」（見：326a；第七章注14以及本注）。巴奈特認為這封信完全是柏拉圖的思想，但沒有承認〈國家篇〉中的中心理論是柏拉圖的而非蘇格拉底的，我看不出其理由何在；這也就是說，我們沒有理由認為柏拉圖在〈國家篇〉中描述的蘇格拉底有歷史根據。（關於更多的證據，見：Aristotle, *Sophist. El.*, 183b7：「因為這就是蘇格拉底何以經常提問而從不作答的原因，因為他自認無知。」這段話和〈申辯篇〉一致，但是很難和〈高爾吉亞篇〉一致，當然和〈斐多篇〉和〈國家篇〉更加扞格不入。進一步見：亞里士多德對「理念說」的發展史的著名陳述，費爾德相當精闢地討論這方面的問題，見：Field,*op. cit.*；另見：第三章注26。

（七）由於與上述證據特性相反，巴奈特和泰勒所提的證據類型就不值一哂了。下面便是個例子。巴奈特認為柏拉圖家裡有人的名字叫「德謨斯」（Demos），所以說他的家庭是很「輝格黨的」（Whiggish，自由主義的），因此柏拉圖的政治態度應該比蘇格拉底更中庸（見：*Gorgias*, 481e, 513b）。有一點可能但不太能確定的是，不知在此所提德謨斯的父親畢里蘭普斯（Pyrilampes），是否就是在〈查米德斯篇〉（158a）及〈巴門尼德篇〉（126b）裡的柏拉圖的叔叔，亦即他的繼父，也就是說不知德謨斯是不是柏拉圖的親戚。如果對照柏拉圖兩個僭主叔叔的歷史記錄以及克里底亞的政治事蹟（即使巴奈特是對的，克里底亞仍是柏拉圖叔父執輩，很難把他歸於祖父輩（見：Burnet, *Greek Philosophy*, I, 338, note 1）、〈查米德斯篇〉（157e, 162d）（提到僭主克里底亞的詩才）、克里底亞的父親（四百寡頭之一）、柏拉圖自己的著作（其中有著家族驕傲、既反民主也反雅典），這裡的論證的重要性在什麼地方呢？見：*Timaeus*, 20a（對諸如雅典的敵人，老戴奧尼索斯的岳父，西西里人赫莫克拉斯〔Hermocrates〕的稱頌）。這些論證背後隱藏的目的，當然是要佐證說〈國家篇〉是蘇格拉底的思想。在泰勒的著作中可以看到另一個例子，說明他們的方法有多麼差勁。他主張說（Taylor, *Socrates*, note 2 on p. 148 f.; p. 162）〈斐多篇〉是蘇格拉底的思想（另見：*op.cit.*, p. 162；本書第七章注9）：「在〈斐多篇〉中……，提出了一種理論『學問即是正當的認知』，這是西米亞斯（Simmias）對蘇格拉底說的（這是泰勒的筆誤；說話者應該是賽比斯〔Cebes〕才對），這是『你時常重複的理論』。除非我們打算將〈斐多篇〉當作巨大而難以阻擋的神祕，這似乎向我證明了一點，那就是該理論實在是屬於蘇格拉底的思想。」（關於同樣的論證，見：Burnet, *Phaedo*, p. xii, end of chapter ii。）我想就這點提出以下評論：（a）在此假定柏拉圖在寫這段話時，把自己當作歷史學家，否則他所說的就不會是一種「巨大而難以阻擋的神祕」；換句話說，先行肯定了該理論最可疑且重要的論點。（b）然而即使柏拉圖認為自己是個史學家（我並不以為他是），「巨大的……」的說法似乎太強烈了，是泰勒而不是柏拉圖插入「你時常重複的理論」裡的「你」。柏拉圖可能只想指出他假定對話錄的讀者熟悉該理論。或者他可能有意提到〈美諾篇〉，因而就談到他自己。

633

就〈斐多篇〉（73a f.）影射的圖表而言，我認為這是最能接受的解釋。或者是由於其他理由，使他的筆調走樣。即使是對歷史學家來說，也會發生這種情形。巴奈特在寫到贊諾芬時，就確實把自己當作歷史學家（Burnet, *Greek Philosophy*, I, 64）：「他建立伊利亞學派的故事，似乎是從柏拉圖的戲劇性評論推測的，這也就證明荷馬是赫拉克里圖斯學派的。」巴奈特加注說：「見：Plato, *Sophist*,242d；拙著：Burnet, *Early Greek Philosophy*, p. 140。」我現在相信這位歷史學家的這個說法蘊含了三件事：一、柏拉圖提及贊諾芬的內容只是遊戲之作，不是認真的；二、這個遊戲性的內容涉及到荷馬；三、把荷馬說成赫拉克里圖斯學派的，當然是鬧著玩的，因為荷馬的時代比赫拉克里圖斯古老許多。然而這三件事情沒有一個能夠成立。因為我們發現：一、提到贊諾芬的地方（*Sophist*,242d）不是在鬧著玩的，而是巴奈特本人在《早期希臘哲學》方法附錄中所提出的，他認為是重要且極具價值的歷史性資料；二、它完全沒有提到荷馬；三、在另一個段落中（*Theaetetus*,179e）也提到，但巴奈特在其《希臘哲學》卷一把它和〈辯士篇〉（*Sophist*,242a）混為一談（《早期希臘哲學》沒有這種錯誤）；〈泰阿泰德篇〉既未提到贊諾芬，也沒有說荷馬是赫拉克里圖斯學派的，而且剛好相反，他是說赫拉克里圖斯有些觀念和荷馬一樣古老（當然不是在開玩笑的）。四、在提奧弗拉斯特（Theophrastus）一個清楚而重要的段落裡（*Phys. op. cit.*, fragm. 8= Simplicius, *Phys.*, 28, 4），把許多意見都歸於贊諾芬，而我們知道巴門尼德斯和他意見相同，兩人也被相提並論。更不用說，D. L. ix, 21-3；或者：Timaeus ap. Clement *Strom* 1, 64, 2。這一大堆誤解、錯誤的詮釋以及誤引，都可以在如巴奈特如此傑出的專業歷史學家獨特的歷史評論中發現。我們從這個事件學習到：即使最好的歷史學家，也會發生這樣的事情：所有人都會犯錯。（在第三章注26（5）討論過更為嚴重的錯誤。）不過，如果真是如此，忽略掉柏拉圖在敘述時的小錯（他也許可想到他的戲劇性的對話錄會當作歷史證據），或者推論說這種錯誤是「巨大而難以阻擋的神祕」難道不對嗎？這種特別的抗辯並不是合理的方法。

（八）在上述討論中依年代排列柏拉圖的對話錄，很接近路托斯拉夫斯基（Lutoslawski）依文體排列的對話錄序列（見：*The Origin and Growth of Plato's Logic, 1897*）。在該書第三章注5中列舉對話錄的次序，依此方法得出一個結論，那就是每一組對話錄日期的不確定，遠超過各組對話錄之間日期的不確定。依文體排列的對話錄，略有出入的是〈歐緒弗洛篇〉（*Euthyphro*）的位置，從其內容來看（本章注60正文）我認為比「克里托篇」晚出；不過這點不太重要。（見：本章注47。）

注57：在〈第二封信〉中有個著名而令人困惑的內容（314c）：「這些事情都不會成為柏拉圖著作的內容。而現在所謂的柏拉圖著作實際上就是經過修飾的、現代化的蘇格拉底的著作。」解決這個困惑最可能的方法，是把該信的這個部分內容視為偽作。（見：G. C. Field, *Plato and His Contemporaries*, 200 f.。他提供了令人稱讚的結論性理由去懷疑該信，特別是懷疑「312d-313c，甚至到314c」的內容；關於314c的內容，也許可以另外加上一點理由，那就是偽造者可能提及〈第七封信〉341b/c 相似內容（摘引在第八章注32），或是要解釋該內容。不過如果我們和巴奈特一樣暫時假定該內容是真實的（見：*Greek Philosophy*, I, 212），則是蘇格拉底對「青年

634

人和漂亮高雅之士」的話，就實在有問題了，因為蘇格拉底以又老又醜的形象出現在柏拉圖的所有對話錄中，我們就不能當作文字問題了（唯一的例外是〈巴門尼德篇〉；巴門尼德雖然年輕，但是絕談不上是高雅人士）。如果該資料是真的，令人困擾的評註就意味著柏拉圖極力把蘇格拉底理想化，而不是對蘇格拉底的歷史說明；同時，如果理解柏拉圖其實是要把蘇格拉底重新詮釋為年輕俊雅的貴族（當然是柏拉圖本人），就相當符合我們的詮釋了。（見：第四章注11（2），第六章注20（1），第八章注50（3）。）

注58：摘引自：Davies and Vaughan, *Republic*, introduction；另見：Crossman, *PlatoTo-Day* (1937), 96。

注59：（一）柏拉圖靈魂的「分割」和「分裂」，是他的著作最令人印象深刻的，特別是〈國家篇〉，只有為自制而艱苦奮鬥的人，或努力以理性克服動物天性的人，才會像柏拉圖一樣強調這點。見：第五章注34，特別是有關人的獸性的故事（*Republic*, 588c），這個故事也許是奧菲斯祕教之起源。另見：第三章注15（1）至（4）、注19。它們不僅指出了一種類似心理分析的驚人理論，更顯示了壓抑的強烈徵候。見：*Republic*, Book IX, 517d, 575a（好像是戀母情結的闡釋）。柏拉圖也透露了對他母親的態度（*Republic*, 548e-549d, esp. 548e），其實他把弟弟格老孔（Glaucon）當兒子看待。克爾森（H. Kelsen, *The American Imago*, vol. 3, 1942, pp. 1-110）對於柏拉圖的心理衝突作了極佳的說明，並對其權力意志的企圖作了心理分析。

柏拉圖學派不承認柏拉圖渴望和力求統一、和諧與一致，我們可以推論說，他本人就是不統一且不和諧的，同時也提醒我們，這種論辯方式原本就是柏拉圖發明的。見：*Symposium*, 200a

635

ff.。蘇格拉底說：一個人熱愛和渴望某物，就表示這個人並不擁有所熱愛和渴望的，這是必然而非或然的推論。

我所謂柏拉圖的「靈魂政治理論」（見第五章注32），即依照社會階級來劃分靈魂，長久以來一直是大部分心理學的基礎。它也是心理分析的基礎。依據佛洛伊德的理論，柏拉圖所說的靈魂統治部分，藉著「審查」維持其專制，而叛逆的無產階級動物天性，則和下層社會相符，它其實在背後扮演獨裁的角色，因為它們決定了統治者的政策。因為赫拉克里圖斯的「流變」與「戰爭」說、社會經驗的範圍等，大大影響了這些理論、比喻及象徵，而以用來詮釋物理世界的理論應用到我們身上。達爾文在馬爾薩斯《人口論》影響之下採用的社會競爭理論即為一例。

（二）此外還有「神祕主義」（mysticism）的問題，亦即關於神祕主義和封閉社會以及開放社會，以及它和文明之間的緊張關係。

麥克塔加特（McTaggart, *Philosophical Studies*, edited by S. V. Keeling, 1934, esp. pp. 47 ff.）指出，神祕主義的基本觀念是：一、**神祕合一**（**mystic union**）的理論，即斷定除了我們所認識的日常經驗世界之外，在種種實在世界中，有個更大的統一體，二、**神祕直觀**（**mystic intuition**）的理論，即斷定除了日常經驗中所知道的能知主體和所知客體的關係外，有個進路「使能知主體更貼切而直接地接近所知客體」。麥克塔加特（p. 48）正確地認為：「這兩種特徵中，神祕合一更加根本」，因為神祕直觀是「神祕合一的例證」。我們可以加上第三個特性，但是不那麼重要：三、**神祕的愛**（**mystic love**）；它是神祕合一和神祕直觀的例證。

現在有趣的是（麥克塔加特未看到這點），在希臘哲學史中，巴門尼德在其「一」的全體主義理論中，首先明白主張神祕合一（見：本章注41）；其後才是柏拉圖，他極力加上一種神祕直觀以及和神往來的理論（見：第八章），而這個理論是始自巴門尼德哲學；再就是亞里士多德，他說（*De Anima*, 425d30 f.）：「現實的聽覺和現實的聲音合而為一」；又說（430a20, 431a1）：「現實的知識是和其所知同一」（另見：*De Anima*, 404b16: *Metaphysics*, 1072b20, 1075a2; *Timaeus*, 45b-c; 47a-d; *Meno*, 81a ff.; *Phaedo*, 79d）；接下來是新柏拉圖主義，他們極力提倡神祕的愛的理論，其起點只有在柏拉圖哲學中才找得到（*Republic*, 475 ff.；認為哲學家「愛」真理，這和全體主義理論有關，也和哲學家與神往來的觀點有關）。

從這些事實和我們的歷史分析來看，不得不把神祕主義詮釋為封閉社會瓦解的典型反動；而原來的這種反動是直接反對開放社會的，同時也可以說是逃避到樂園的夢裡：在其中，部落的統一表現為一種不變的實在。

這種解釋和柏格森的《道德與宗教的兩個根源》相互衝突，因為柏格森斷言：神祕主義會使封閉社會躍進到開放社會。

（補註）不過，我們當然必須承認（正如同韋納〔Jacob Viner〕在一封信中的友善提醒），神祕主義是多變的，足以影響任何政治方向；即使在開放社會的使徒當中也不乏信奉祕教和神祕主義的。不僅是柏拉圖，就是蘇格拉底也無疑受到渴望更好而沒有分裂的世界的神祕主義啟發。

值得一提的是，在十九世紀，特別是在黑格爾和柏格森的哲學中，我們發現有種「演化的神祕主義」（evolutionary mysticism），這種神祕主義歌頌變動，似乎和巴門尼德以及柏拉圖的憎惡變動針鋒相對。兩者都強調變動的事實，其神祕主義形式的基礎經驗也都一樣。兩者都是對社會變動的可怕經驗的反應；其一是想要防止變動，另一個卻是歇斯底里似的（無疑是雙重矛盾）接受和歡迎變動，把變動當作實在和本質。見第十一章注32至注33，第十二章注36，第二十四章注4、注6、注29、注32及注58。

636

注60：〈歐緒弗洛篇〉（*Euthyphro*）是早期的對話錄，通常被詮釋為蘇格拉底想要定義虔敬是什麼卻未成功。歐緒弗洛是當時流行「敬虔派」的縮影，彷彿知道神要什麼。他回答蘇格拉底「什麼是虔敬和不虔敬」的問題時說：「虔敬是……起訴殺人犯或偷竊聖物的盜賊，或者任何類似的罪犯，無論犯罪的是你的父母還是其他人。不控告他們就是不虔敬。」（見：*Euthyphro*,5 d/e。）歐緒弗洛曾出庭控告他的父親殺死一個奴隸。葛洛特（*Plato*, I, note to p. 312）說，依據雅典法律，犯此類罪的任何人都要被起訴。

注61：*Menexenus*, 235b。見：本章注35，第六章注19末尾部分。

注62：要安全就必須放棄自由的這個主張，成為反對自由的主要論據。沒有任何說法比這種主張更虛妄的。生活中當然不會有絕對的安全。然而我們可以得到什麼樣的安全，取決於我們自己藉助體制去防微杜漸，也就是**民主制度**，它是用來替主人看管和審判他們的看門犬（用柏拉圖的話來說）。

注63：關於「變異」和「不法」，見：*Republic*, 547a；摘引在第五章注39中。柏拉圖擔心繁殖和生育控制的問題，部分事實也許是由於他理解人口成長的意義。事實上（見：本章注7正文），所謂「墮落」，亦即部落樂園的不再，是由於人的「自然的」、「原始的」錯誤造成的：由於自然生育率的處理不當。見：第五章注39（3），第四章注34。下一個引文，見：*Republic*, 566e，以及第四章注20正文。克羅斯曼對於希臘歷史裡的僭主政治的探討很精采（見：Crossman, *PlatoTo-Day* (1937), 27-30），他說：「因此，實際創造希臘城邦的是那些僭主。他們瓦解了原始貴族的舊有部落組織……。」（見：*op. cit.*, 29。）這點解釋何以柏拉圖憎恨僭主制甚於自由：見：*Republic*, 577c；另見本章注69。柏拉圖談到僭主（esp. *Republic*, 565-568）的部分，是對於一貫的權力政治的傑出社會學分析；我認為它是首次企圖解釋「權力的邏輯」（Logic of Power）。（我選擇這個名詞，就像海耶克為了純粹經濟理論而使用「選擇的邏輯」〔Logic of Choice〕。）權力的邏輯十分簡單，而且已經時常被應用。權力政治的反面要困難得多；部分原因是由於「反權力政治之邏輯」，亦即「自由的邏輯」，幾乎還沒有人理解。

注64：大家都知道柏拉圖大部分的政治主張，其中包括共同擁有妻子兒女，而這在伯里克里斯時代其實是「空中樓閣」；見：Adam, *Republic*, vol. I, p. 354 f.；（補註）以及：A. D. Winspear, *The Genesis of Platos's Thought*, 1940。

注65：見：V. Pareto, *Treatise on General Sociology*, section 1843; Englsih edition: *The Mind and Society*, 1935, vol. III, pp. 1281；另見：第十三章注1。

637

注66：格老孔提到的呂哥弗隆的理論也影響了卡尼亞德斯，見：第六章注54以及後來的霍布士，許多馬克思主義者的「道德敗壞（a-morality）」也是如此。左派也時常相信他們自己的道德敗壞。（這點雖然難登大雅之堂，但相較於許多反動的衛道人士獨斷的利己主義，其實要中庸且和善得多。）

注67：金錢是開放社會的象徵，也是開放社會的難題之一。我們無疑沒有合理地控制金錢的使用；而其中最大的誤用，就是用錢收買政治權力（這種誤用最直接的形式是奴隸市場的制度；而〈國家篇〉（*Republic*, 563b）卻在為這種制度辯護；見：第四章注17；在〈法篇〉中，柏拉圖並不反對以財富影響政治；見：第六章注20（1）。根據個人主義社會的觀點，金錢顯然是重要的。它是（局部）自由市場機制的一部分，自由市場給消費者某種措施來控制過度生產。沒有諸如此類的制度，生產者就可以控制市場，例如停止為消費而生產，而消費者的消費大部分卻是為了生產。有時看到金錢的誤用，使得我們非常敏感；柏拉圖把金錢和友誼對立起來，只是為了政治宣傳，是最早有意識或無意識地利用這情緒的人。

注68：部落主義的團體精神當然並未完全消失。在最有價值的友誼和同志之間就展示了這種精神；宛如青年的部落主義的運動，而童子軍（或德國青年運動）也表現了這種精神；而某些俱樂部或成人社會，例如路易士（Sinclair Lewis）在小說《白璧德》（*Babbitt*）中所描述的，也是這種精神。這種在一切情緒中最普遍的美感經驗情緒，其重要性不可低估。幾乎所有社會運動，無論是極權主義或人道主義的運動，都受到這種精神的影響。它在戰爭中扮演重要的角色，而且成為反

擊自由的最有威力的武器；在和平時期和反對專制方面，這種精神也是公開承認的，不過在這種情況中，人道主義精神卻受其浪漫主義傾向的威脅。英國的私校企圖永久保存一種階級統治，為了防止社會的變動而企圖恢復這種浪漫主義的意識，並不是不成功的。〈國家篇〉（*Republic*, 558b）說：「除非使人在幼年時玩高貴遊戲，沒有人長大後會成為好人。」）

部落團體精神喪失後的產物和症候，當然是強調政治和醫術之間的相似性（見：第八章注4），這透露了一種感受，那就是社會生病了而感受到壓力和動盪。卡特林（G. E. G. Catlin）說：「從柏拉圖的時代以降，政治哲學家似乎又把政治比擬為醫術。」（見：*A Study of the Principles of Politics*, 1930, note to 458；他摘引了聖多瑪士〔Thomas Aquinas〕、桑塔耶拿〔G. Santayana〕以及英格〔Dean Inge〕支持他的說法。另見：op. cit., note to 37；引述穆勒的《邏輯系統》）。卡特林也大談「和諧」（見：op. cit., 459）以及「受母親或社會保護的欲望。」（見：第五章注18。）

注69：關於柏拉圖這類弟子的名稱，其中包括年輕的戴奧尼索斯以及迪奧，見：第七章注24。我想柏拉圖一再堅持不僅要使用權力，而且要使用「說服與武力」（見：*Laws*, 722b，第八章注5、注10以及注18），意味著對於三十僭主戰術的批評，實在說來，三十僭主的宣傳是很原始的。不過這蘊含著柏拉圖很清楚帕累托所謂的利用情緒而不打擊情緒的祕訣。柏拉圖的友人迪奧（見：第七章注25）以僭主身分統治敘拉古，他為迪奧作辯護，梅葉也承認這點。梅葉在解釋迪奧的下場時說，雖然他欣賞身為政治家的柏拉圖，然而「柏拉圖在理論與現實之間有一條鴻溝」。（見：*op. cit.*, V, 999）。梅葉談到迪奧時說（*op. cit.*）：「外在的說來，理想的國王變成

638

令人輕視的僭主。」不過梅葉相信，內在地說，迪奧仍是個理想主義者，政治情勢迫使他殺人（特別是他的盟友赫拉克里德斯〔Heraclides〕），而且自己也遭到同樣的手段，他就深受其害。無論如何，我認為迪奧是信奉柏拉圖的理論的；根據權力的邏輯，柏拉圖在〈法篇〉中不得不承認僭主政治是善的（見：*Laws*, 709e ff.；暗示三十僭主的瓦解是由於他們成員過多：如果只有克里底亞一個人，那就沒問題了。）

注70：部落的樂園當然是個神話（雖然有些原始民族，例如愛斯基摩人，他們似乎很快樂）。在封閉的社會中，可能沒有動盪的感覺，卻有另一種恐懼，害怕大自然背後的邪惡力量。企圖恢復這種恐懼，用它來反對知識分子及科學家等，是後來許多反對自由者的特徵。蘇格拉底的弟子柏拉圖，他從不在敵人前面表現為罪惡的、黑暗的魔鬼的子孫。在這點上，他仍舊是開明的。他很少有把惡理想化的傾向；對他來說，惡是令人輕視的、墮落的或貧困的善。（只有在〈法篇〉〔*Laws*, 896e, 898c〕才有一點把惡抽象化的理想化傾向。）

注71：關於回到野獸世界的問題，可以作為本章最後一個注釋。因為達爾文學說侵入人類事務領域（這不能責備達爾文），有許多「社會動物學家」證明了人類種族註定在形體上會退化，而這是因為沒有充分的身體競爭關係；同時由於心智足以保護身體，而妨礙了我們身體的天擇作用。首先提出這種觀念的是巴特勒（Samuel Butler，並不是說他相信這個觀念）；他說：「這位作者（一個來自烏有之鄉〔Erewhonian〕的作者）所理解的嚴重危機是，機器（可以加上說：一般的文明）……減輕殘酷的競爭；許多在身體上低能的人會逃避偵測，把自己的

639

低能傳給後代。」（見：*Erewhon*, 1872, cp. Everyman's edition, p. 161。）就我所知，首先就這個論題長篇大論的是夏邁爾（W. Schallmayer，見：本書第十二章注65），他是現代種族主義建立者之一。事實上，巴特勒的理論不斷地被重新挖掘（特別是本書第五章所說的「生物學的自然主義者」）。依據某些現代作者的說法（例如：G. H. Estabrooks, *Man: The Mechanical Misfit*, 1941），當人類變成文明人以後，特別是當他開始幫助弱者的時候，他就犯了關鍵性的錯誤；在此以前，人幾乎完全是野獸人；但文明以及保護弱者的人為方法使人退化，終究要自我毀滅。我認為要回答這類討論，首先必須承認總有一天人會在世界中消失；但是我們也必須說，即使最完美的野獸也有一天會在從世界消失，更不用說只是「幾近完美者」。認為人類如果沒有犯下致命的錯誤去幫助弱者，可能會活得久一點，這種理論是很可疑的；即使這個理論為真，只是活得長久些，是我們真正需要的嗎？或者說野獸人是幾近完美和極具價值的人，所以我們要選擇長久的存在（無論如何，人實在活得夠久了），而不試圖幫助弱者？我相信人不會這麼邪惡。儘管某些知識領袖的變節，儘管柏拉圖在教育方法上的麻痺效果和宣傳的可怕結果，人類已經有許多驚人的成就。許多弱者得到了幫助，而實際廢奴也已經將近一百年了。有些人說不久又會有奴隸。我是比較樂觀的；再怎麼說，一切都要靠我們自己。然而，即使這一切都會消失，即使我們要再回到幾近完美的野獸人之世界，也不能改變一種事實：奴隸曾經一度在地球上消失（即使是短時間的）。我相信這種成就和記錄，可以彌補我們的不當處置，不論是機器上或是其他方面，它甚至可以彌補我們祖先的重大錯誤，他們喪失防止一切變動的絕佳機會：回到封閉社會的洞穴，建立一座幾近完美的猴子的動物園。

附錄

190

一、柏拉圖和幾何學（一九五七年）

在本書第二版中，我對於第六章注9，增補了一段相當長的資料。在該注釋中提及的歷史假設，也在我的另一篇論文〈哲學問題的本質及其科學根源〉（'The Nature of Philosophical Problems and Their Roots in Science', *British Journal for the Philosophy of Science*, 3, 1952, pp. 124 ff.; now in *Conjectures and Refutations*）裡加以詳述。該篇文章內容可以擇要略述如下：一、畢達哥拉斯企圖把幾何學和宇宙論（甚至包括所有知識）化約成算術，但是二的平方根（$\sqrt{2}$）這個無理數的發現導致這個企圖為之瓦解，並使希臘數學產生危機。二、歐幾里得的《幾何原本》並不是幾何學教科書，而是柏拉圖學派解決該危機的最後一個企圖；它想以幾何學為基礎去重建整個數學和宇宙論，以便有系統地而不是暫時地解決無理數的問題。如此一來，就改變了畢達哥拉斯原來的計畫。三、柏拉圖是第一個預見歐幾里得這個方案的人；他最早看出有重建整個系統的必要；他選擇幾何學作為新的基礎，並以比例幾何學方法作為新的方法；他擬定了一個把數學予以幾何學化的方案，包括算術、天文學、宇宙論；他是以幾何來描摹世界的第一人，也是哥白尼、伽俐略、克卜勒和牛頓等近代科學學說的先驅。

我認為，柏拉圖「學院」門上的那句銘言，正暗示了這個幾何學化的方案（見本書：p.248

（2））。（從迪爾斯和克朗茲〔Diels and Kranz〕所輯的阿奇塔斯〔Archytas〕的殘簡A來看，這句銘言似乎等於是宣告要**翻轉畢達哥拉斯的計畫**。）

191 在該注釋中，我提到「柏拉圖是最早開展特殊幾何學方法的人士之一，其目的在拯救畢達哥拉斯算術的瓦解」；當時我把這種看法稱作「一種不確定的歷史假設」。現在，我對這假設的確定性已減低了許多懷疑；相反的，我們只要從這個假設的角度重讀柏拉圖、亞里士多德、歐幾里得以及普羅克魯斯（Proclus）的著作，就可以發現許多有利證據。我們在該注釋列舉了若干這類的證據，現在我想再補充一項資料，即在〈高爾吉亞篇〉（451a/b; 451c; 453e）就以「奇數」和「偶數」的討論作為算術的特徵，進而清楚認為算術就是畢達哥拉斯的數之理論，而那些運用比例方法的人則被稱為幾何學家（465b/c）。此外，在〈高爾吉亞篇〉（508a）中，柏拉圖除了提到幾何的平等外，還暗示了一種原理：宇宙的秩序是一種幾何的秩序。這種原理在其後的〈蒂邁歐篇〉中有充分闡述。附帶一提，從〈高爾吉亞篇〉可以證明，在柏拉圖的哲學裡，「alogos」一字和無理數無關，因為在〈高爾吉亞篇〉（465a），柏拉圖說，即使是一種技藝也不會是「alogos」的，更何況是像幾何學這種科學。我想我們可以將「alogos」直接譯作「不合邏輯的」（alogical）（見：*Gorgias*, 496a/b, 522e）。我也提到德謨克里圖斯的一部散佚著作，認為上述論點對於解釋該書的書名很重要。

在〈哲學問題的本質及其科學根源〉論文中，我對於柏拉圖的**算術和一般宇宙論的幾何**

學化（柏拉圖翻轉了畢達哥拉斯計畫）以及柏拉圖的理型論，也都提出了進一步的看法和建議。

一九六一年增補

自從在一九五七年本書第三版中增補了這個附錄後，我偶然又發現了若干有趣的資料，可以用來支持本附錄第一段第二點裡的歷史假設。這些資料出自普羅克魯斯對於歐幾里得《幾何原本》卷一（ed. Friedlein, 1873, Proclus, ii, p. 71, 2-5）的評論，從這段話可以很清楚看出，當時歐幾里得《幾何原本》被視為柏拉圖式的宇宙論，旨在處理〈蒂邁歐篇〉中提出的問題。

二、〈泰阿泰德篇〉的年代問題（一九六一年）

192

在本書第八章注60（6）中，我暗示說：「對話錄〈泰阿泰德篇〉也許比〈國家篇〉早出（和一般的看法相反）。」這是已故的艾斯勒教授（Robert Eisler）在過世（一九四九年）不久之前的一次閒聊中對我提及的。不過因為他只說，在〈泰阿泰德篇〉（174e）可以找到部分的證據；但是這一段註明的年代比〈國家篇〉晚出，則和我的理論又不符；所以我覺得它並不是充分的證據；不過，我現在這麼說，似乎有點事後歸咎於艾斯勒教授。

然而，自那次談話之後，我自己也發現了若干獨立的論證，可支持〈泰阿泰德篇〉更早出的說法，因此在此我得感謝艾斯勒教授原先的建議。

沙克斯（Eva Sachs, cp. *Socrates*, 5, 1917, 531 f.）確定〈泰阿泰德篇〉中已知的那些詩篇是寫於西元前三六九年，其中關於蘇格拉底的部分和寫得較早的部分（柏拉圖在泰阿泰德死後有所修訂）也有人推測其年代。有數位學者各自提出該篇年代較早的推測，甚至還有人在手抄本（ed. by Diels, Berlin, *Klassikerhefte*, 2, 1905）發現之前就提出了。手抄本中提到〈泰阿泰德篇〉的兩種版本，此外它還包括了部分對〈泰阿泰德篇〉的註釋。現在，我想列舉一些論據來支持前述的兩項推測：

一、亞里士多德的著作中有若干段落似乎影射到〈泰阿泰德篇〉；它們和〈泰阿泰德篇〉的正文完全相符，同時還說它語出蘇格拉底而不是柏拉圖。這些段落有的提到蘇格拉底發明了歸納法（*Metaphysics*, 1078b17-33; 987b1; 1086b3），我想這裡的歸納法指的是蘇格拉底的助產術詰問方法（maieutic）（在〈泰阿泰德篇〉中有相當充分的闡述），也就是他催促學生祛除心中的成見，用來幫助學生認識事物的真實本質的方法；〈泰阿泰德篇〉也再三強調，這是蘇格拉底的態度：「蘇格拉底慣於問問題而不解答，因為他總是自承無知。」（這些段落在我另一篇講詞有更詳細的討論，見：*On the Sources of Knowledge and of Ignorance, Proceedings of the British Academy*, 46, 1960, p.50），另見：*Conjectures and Refutations*, Oxford

University。）

193

二、〈泰阿泰德篇〉沒有結論就戛然而止，雖然現在我們知道這幾乎是它一開始就計畫好的，但它的草率結束仍然令人驚訝（這篇優美的對話錄表面上企圖解決知識的問題，但事實上它完全失敗了）。而一些早期對話錄也都是這樣，沒有什麼結論就結束。

三、在〈申辯篇〉中，「認識你自己」這話被解釋成「認識你自己知道的是多麼少」。蘇格拉底在他最後一次談話中說：「從今以後，泰阿泰德……你也會對你的同伴更加溫和，與他們更加融洽，因為現在你明白了，自己不知道的時候不要想像自己知道。我的技藝（接生婆技藝）所能產生的結果就是這些，沒有別的，我也並不擁有古代和我們這個時代的所有那些令人敬佩的偉大人物所擁有的知識……。」

四、現存的〈泰阿泰德篇〉似乎是柏拉圖修訂過的第二版。理由是對話錄中的引文（142a至143c末）和其中某段似乎沒有修訂的內容相互矛盾，而這引文又似乎是為了紀念某個大人物而添加的。在這沒有修改的段落末尾，就像其他早期的對話錄一樣，提到了蘇格拉底的審判迫在眉睫。但矛盾就出在這裡；在引文中，主角之一的歐幾里得談到這篇對話錄是如何完成的，並告訴我們（142c/d, 143a），他數次到雅典向蘇格拉底請教有關注釋的問題，且作了若干「修正」。他的口氣透露了這篇對話錄至少在蘇格拉底接受審判並且處死之前的數個月就開始了；但是，這和對話錄的末尾並不相符（這方面的參考資料我還沒有見過，但我難以想像何以柏拉圖的信徒不曾討論這點）。甚至，在143a提到的「修正」，和143b-c描述的「新風格」（見：C. Ritter, *Plato*, vol. I, 1910, pp. 220 f.），都有可能是用來解釋修訂版和原版的若干差異（如此一來，修訂版就可能比〈智者篇〉晚出）。

三、答辯（一九六一年）

有人要求我對於本書遭致的批評說幾句話，不過，在沒有答辯之前，我得先感謝建設性的批評，因為它們使本書在各方面都有所改進。

但是我已經回答過的，我實在不願再多說。我知道我對於柏拉圖的指摘觸怒且傷害了許多柏拉圖信徒，對此我感到抱歉。不過，其中若干反應的激烈程度仍然令我驚訝。

我認為，大部分柏拉圖的辯護者否認了許多在我看來難以否認的事，連其中最優秀的人也不例外。例如，羅納德・李文遜（Ronald B. Levinson）教授就寫了一部（六百四十五頁的）《為柏拉圖辯護》（*In Defense of Plato*）。

為了回答李文遜教授所提的問題，我有兩件事要做。其一是澄清對我的許多指控，這沒有那麼重要，但是得先解決（見答辯一）。因為第二件事是答覆李文遜教授的質疑（見答辯二），而我不希望這些答覆夾雜了太多個人的辯白。

答辯一

看過李文遜教授對我的描繪後，我不禁懷疑自己對於柏拉圖的描述是否正確。因為對一個一息尚存的作者的思想和意圖的描述竟然可歪曲到這種地步，那麼我們還能奢望對於一個兩千四百年前的人物有更真實的描繪嗎？

但是，我要怎麼辯白我不是如李文遜教授作品所說的那樣？我想我只能指出李文遜教授指摘我對於柏拉圖的誤解、誤引、歪曲等等，其實並無此事。

但是要這麼做，也得從數以百計的例子裡抽取幾個代表性的實例，因為李文遜教授對我的指控幾近罄竹難書，所以我只能挑出其中最嚴重的若干指控，證明它們是毫無根據的。

我希望這麼做不要再被控以「引用不當」之類的罪名，但是這顯然是不太可能；我深知李文遜教授和其他柏拉圖信徒不僅認為我的作品令人髮指，甚且是該遭到天譴。既然我被他們認定是這樣的人，那麼我的答辯即使再遭到他們嚴厲譴責，我也沒什麼好抱怨的了。

195

現在就讓我們來看看一些相關的段落。李文遜教授寫道（p. 273, note 72）：「正如波普不以為然的其他人物，在這裡的克里底亞，波普也是誇大其辭地醜化他的個性。因為他引用的克里底亞的詩文是在表現一種宗教，雖然它是虛構的，但其目的絕不是為了虛構者自身的利益，而是為了整個社會的善……」。這段話顯然是說，我在李教授所引的段落中，主張或至少暗示說，克里底亞的詩文不僅代表一種虛構的宗教，而且「……是為了虛構者自身的利益……」。

我否認我做過這種主張或暗示。相反的，我只是要指出「社會的共善」是柏拉圖心中的要務之一，而且他在這方面的態度，「實際上和克里底亞一致」。我這個批評的根據清楚寫在第八章的開頭：「柏拉圖的主張是：『為了國家的利益』。我們再度發現，集體效益的原則是他終極的倫理考量。」

我主張的是：定立「社會的共善」作為道德目標的這種道德原理，還不足以作為倫理學的基礎；例如說，有人可以撒謊說是是「為了整體社會的善」、或「為了國家的利益」。換句話說，我想指出倫理學的集體主義（ethical collectivism）是有害的且容易敗壞人心。但是我從來沒有如李文遜教授聲稱的那樣詮釋克里底亞的詩文。如果不是因為我的猛烈攻擊觸怒了李文遜教授，我實在很想問：「是誰誇大其辭地醜化誰的個性？」但這種指控不會因此就成立。

另一個例子是，李文遜教授說（pp. 354 ff.）：「波普最過分的主張是認為柏拉圖主張『那是個適當的機會』引斯巴達大軍進犯雅典，以鞏固三十僭主及其不當的統治；柏拉圖滿腦子想的，只是讓斯巴達統治雅典。波普告訴我們，柏拉圖如果認為斯巴達軍隊能幫他成就他的新寡頭革命，他還會再要求他們入侵雅典。但是在柏拉圖著作中，絕對找不出波普

196

用以支持他的指控的正文。這個指控完全是子虛烏有；波普除了自創『舊寡頭和克里底亞』為雙頭怪物之外，還虛構柏拉圖是這雙頭怪物新生的第三個頭。這是「因人致罪」（guilt by association，聯想定罪），正是迫害思想家最常用的技倆。」

對此，我的回答是：如果這是我「最過分的主張」之一，那麼我就不可能有什麼過分的主張了。因為我從來沒有提出這種主張；也不符合我心中所想的而且試圖傳達（我顯然沒有說清楚）的柏拉圖形象。

我相信，由於柏拉圖不信任販夫走卒，由於他的倫理集體主義，因而贊成暴力。但我從來沒有說過李教授在此所指控的那些話，連類似的都沒有，反倒是李教授的主張有點過分了。而且李教授在我文中絕對找不到可以支持他所指控的語句；這完全是出於他自創的三頭怪物的圖像：奧圖‧紐拉特（Otto Neurath）、勞爾思（J. A. Lauwerys）再加上波普。至於「因人致罪」，我提一下李文遜在該書四四一頁的說法就行了，他說他要找出「為什麼波普長期耽溺於邪惡的想像」的原因；於是把我和另一個人扯在一起，他是「比波普年長的同胞，已故的多才多藝的奧地利哲學家兼社會學家奧圖‧紐拉特」。（事實上，我們彼此的哲學觀大不相同，從紐拉特和我的著作中可以清楚看出來。舉例來說，紐拉特為黑格爾辯護，抨擊康德的思想，而我則對康德讚譽有加。至於紐拉特攻擊柏拉圖，我是在李文遜教授的著作裡首次看到，紐拉特相關的文章我還沒有看過。）

不過，我們回到李文遜教授所說的「過分的主張」。事實上，我在該處提到關於柏拉圖的感覺，和李文遜教授所說的幾乎相反。我根本沒有提到柏拉圖贊成斯巴達軍隊入侵雅典，也沒說柏拉圖只想讓斯巴達統治雅典，我盡力表達的是，三十僭主「即使在斯巴達有利的支持下」也失敗了，同時，我認為柏拉圖把這個失敗歸咎於三十僭主的道德敗壞。我原文是：「柏拉圖覺得有必須全面重建方案。三十僭主在權力政治場域裡受挫，大部分的原因是由於他們侵犯了人民的正義感。這個失敗大抵上是道德的挫敗。」（見：p.185）

這就是我提到的對於柏拉圖的感覺（其中我用了兩次「柏拉圖覺得……」）。我認為三十僭主的失敗多少導致柏拉圖道德觀念的改變。除此之外，李文遜教授認為我對於柏拉圖的感覺的揣測，我則從來沒說過；我也想不到有人會在我的著作讀到這個暗示。

我的確提到柏拉圖有些同情三十僭主及其親斯巴達的作風，但是這絕不同於李文遜教授指控於我的「過分的主張」。我只能說，我暗示過柏拉圖讚賞他的舅舅克里底亞，他是三十
197
僭主的領袖；我也暗示過柏拉圖贊同他舅舅的若干目標和觀點。但是我也說過，柏拉圖認為三十僭主的寡頭政治是道德上的失敗，而導致他修正他的集體主義道德觀。

讀者會看到我的答辯篇幅幾乎等於李文遜教授對我指控所用的篇幅。我不得不如此。我只能再提兩個例子（這種例子數以百計），它們都是說我誤譯了柏拉圖的原文。

在第一個例子裡，李文遜教授說我醜化或誇大了柏拉圖的原文。李文遜教授說（見：p.

349, note 244）：「但是波普又和以前一樣，把它譯為『deport』而不譯為『send out』。」但這是李文遜教授自己搞錯了，如果他再看一次我的原文，他就會發現我譯為『deport』的地方，他或福勒（Fowler）把它譯為『banish』（至於福勒譯為『send out』的段落，我並沒有引用，而是以刪節號代之）。

由於這種錯誤，李文遜教授的評論「和以前一樣」就很恰當了。因為在上述內容之前，李文遜教授認為我（見：p. 348, note 243）：「波普再度以輕微的誤譯去解釋柏拉圖的段落（見：*Republic*, 540e/541a），想讓柏拉圖的態度看起來更尖銳或更暴烈。因此把『apopempō』譯為『expel』和『deport』……。」首先，這又是李文遜教授的筆誤（在連續兩個注釋裡犯了兩個同樣的筆誤）。因為柏拉圖在該處用的不是「apopempō」而是「ekpempō」。當然這兩個字沒有太大差別，但「ekpempō」至少有「expel」的「ex」字首，它在辭典中有兩個意思，其一是「to drive away」，另一個則是「to send away in disgrace」。「ekpempō」是比「pempō」（to send off, to dispatch）更強烈的形式，如果和地獄（Hades）連用（「to send to Hades」），通常的意思就是「把活人送到地獄，也就是殺死某人」（我現在是引用李德爾〔Liddell〕和史考特〔Scott〕的看法。現在甚至更直接解釋為『殺死他』。李文遜教授在該書三四八頁引用了一段柏拉圖〈會飲篇〉〔179e〕，內容是斐德羅〔Phaedrus〕訴說阿基里斯〔Achilles〕的事蹟。因為阿基里斯的勇敢和對於佩脫克拉絲〔Patroclus〕的愛慕，諸神決定要拯救且賞報他，『把他送往福島』，但是荷馬卻要把他送到地獄）。顯然，不管是譯為「expel」或「deport」應該沒有可議之處才對。不過李文遜教授說我用了「expel and deport」，但是我並沒有這麼用，所以他的說法才是可議的吧。（如果他的引文是：「must be expelled...and deported」，那麼至少在技術上是對的：刪節號造成某個差別，因為「expel and deport」連寫的話，的確會有誇大的效果，它們會「相互補強語氣」。於是，這個不起眼的誤差更加坐實了我的過失，說我以不起眼的誤譯來詮釋柏拉圖的段落。）

不過，這些都沒什麼用。因為我們只要看看蕭瑞（Shorey）的譯文（李文遜教授認為蕭瑞是柏拉圖權威，這點是對的）：「All inhabitants above the age of ten, they [the 'philosophers' who have become 'master of the state'] will send out into the fields, and they will take over the children, remove them from the manners and habits of their parents, and bring them up in their own customs and laws which will be such as we have described。」這些不正是我所說的嗎？因為「sending out of all the inhabitants above the age of ten」，不就是暴力的驅逐和流放的意思？如果沒有統治國家的哲學家的威脅和逼迫，難道人們會棄幼兒於不顧，而順服地被「sent out」？（李文遜教授暗示說〔p. 349〕「they are sent to their...country estates, outside the city proper」。相當諷刺的是，他自己以柏拉圖〈會飲篇〉（179e）和阿基里斯被諸神送往福島來支持他的看法：更確切地說，阿基里斯應是被阿波羅或帕利斯（Paris）王子的箭送走的。〈高爾吉亞篇〉526c 應該是更適合的引證。）

這裡有個重要的原則。我是說**我不認為有所謂直譯這回事**。所有的翻譯都是詮釋，我們總是必須考慮到前後文甚至類似的段落。

我把這段話和剛才引用的另一段引文（p.166E=p.162A）拿來對觀，可以從蕭瑞的注釋得到佐證，他特別談到我所謂的「清潔畫板」和「處死及流放」的段落（Statesman296c-e）：「Whether they happen to rule by law or without law, over willing or unwilling subjects;...and whether they purge the state for its good, by killing or by deporting（或者如李文遜教授及福勒所譯的「by killing or banishing」）some of its citizens...this form of government must be declared to be the only one that is right.」

199

李文遜教授這個段落的引文（p.349）更完整，**但是他省略了我引用來作為開頭的部分**：「Whether they happen to rule by law or without law, over willing or unwilling subjects」。這點很耐人尋味，因為這麼一來，李文遜教授就可以使「處死和流放」的這個段落看起來幾乎無罪。李文遜教授在引述了這段話以後接著說：「要持平地詮釋上述原則，至少要就整個對話錄的一般格式有個簡短的說明。」（我倒是沒看到有什麼『原則』，如果有的話，那就是說：**為了國家的利益**，什麼事都可做。）李文遜教授絲毫未引用柏拉圖的話，就對柏拉圖的目的和傾向作了以下的「簡短說明」：「傳統和現在採用的若干判準，例如『**統治是否必須順應民心，是否要依法而治**』，在此都是不相關或不重要的，因而不予採用。」雙引號中的句子即李文遜教授在引述柏拉圖著作時省略的開頭部分，現在出現了，但是這裡就變得無傷大雅了，不再像我所指出的，統治者**不管是否合法**，都可以「處死和流放人民」。而李文遜的讀者更會覺得這個省略的部分只是「**不相關**」的細枝末節而已。

但是柏拉圖的讀者，甚且柏拉圖對話錄中的人物，他們的感覺就不同了。在李文遜教授省略的那段話之後，「年輕的蘇格拉底」震驚地插嘴說：「真出色！」。而在提出「處死和流放」的原則之後（姑且把它當作一種「原則」），他說（我們用福勒的譯文，斜體字是我強調的）：「Everything else that you have said seems reasonable; but that government [and such hard measure, too, it is implied] *should be carried out without laws is a hard saying*.」

我認為這段話正足以證明，李文遜教授省略的開頭部分，的確是柏拉圖「處死和流放」的原則的一部分；我引了這段是對的，而李教授認為它無關宏旨而省略掉，則是錯了。

李文遜教授在詮釋柏拉圖的「處死和流放」時顯然頗為困擾。他拿我們和他的譯文做比較之後，刻意為柏拉圖辯護說：「從上下文來看，柏拉圖筆下的政治家雖然表面上隨時準備處死、流放和奴役人民，但我們其實應該在他的血腥鎮壓底下看到獄政和心理治療的社會工作的成效不彰。」

200

看了這段話，我確信李文遜教授是個真正的人道主義者，也是民主派和自由派。可是看到一個不折不扣的人道主義者為了替柏拉圖辯護，竟然把我們不完美的刑罰及社會服務制度，拿來和柏拉圖所謂「真正的政治家」為了國家的利益「得違法」處死和流放（以及奴役）

人民的原則做類比，不會令人不安嗎？柏拉圖的符咒迷惑讀者的魔力不會讓人惶惑震驚嗎？柏拉圖主義的危機不正由此可見一斑？

這類的例子不勝枚舉，而且往往夾雜著對於他們想像中的波普的指控。不過我要說，李文遜教授的這本書不僅是熱切地為柏拉圖辯護，也是從新的角度去審視柏拉圖。雖然在他的著作裡，我只發現一段話，不很重要的一段話，使我自覺在該處對於柏拉圖的詮釋太過隨興了（但不是李教授所指控的），不過我並不想讓讀者以為李教授的著作算不上是有趣的好書——撇開他談到「波普」引喻失義和極端誤解的段落不論的話。

不過更重要的問題是：李文遜教授為柏拉圖的辯護究竟有多少成效？

答辯二

我認識到面對替柏拉圖辯護的人在指摘對我的作品時，我最好不要理會枝節的問題，而要著眼於下列五個要點的解答：

要點一：我認為〈國家篇〉和〈法篇〉對於〈申辯篇〉裡的蘇格拉底的指摘（見：本書第十章第六節第二段），這個主張何以成立？我在該章注55裡說明了這個主張其實是葛洛特提出的，泰勒也予以支持。如果這個主張合理（我相信是），那麼它就可以支持我的下一個觀點。

201

要點二：我認為以「當時他不知道有更好的觀念」或者「他是當時比較傾向自由派和人道主義的人士」這類說法，企圖掩飾柏拉圖的反自由和反人道主義的態度是徒勞無功的，這個主張何以成立？

要點三：我認為柏拉圖鼓勵他筆下的統治者（〈國家篇〉的「清潔畫板」或是〈政治家篇〉的「處死和流放」）為了國家的利益而使用殘忍的暴力，這個主張何以成立？

要點四：我認為柏拉圖主張哲人王為了城邦的利益，有撒謊、欺騙的責任和特權，尤其在優生育種方面。所以我認為他是種族主義的始作俑者之一；這點何以成立？

要點五：我引用〈法篇〉的一段文字作為「柏拉圖的符咒」這個標題下的題詞，這個主張何以成立（見：第六章開頭的注以及注33、注34）？

我時常提醒我的讀者，我談到的柏拉圖，只是而且必然是我對他的詮釋，如果有一天我碰到柏拉圖，而他說我錯怪了他，我也不會吃驚。但是我相信柏拉圖必定得費一番口舌來澄清他說過的話。

上述的五個論點，李文遜教授有滿意的回答嗎？我認為沒有。

關於要點一：對於第一點有疑問的人，我建議他們仔細看看〈法篇〉卷十裡一個雅典陌生人的演說（907d-909d）。該處討論的立法問題就是蘇格拉底被處決的罪名。我的看法是，雖然蘇格拉底事實上有一條生路（從〈申辯篇〉的線索來看，大部分的批評家都認為，只要蘇格拉底接受流放就可以免於一死），但是柏拉圖的〈法篇〉顯然排除了這種可能。該段演講很冗長，我只引述貝利（Bury）的一小段譯文（李文遜教授似乎可以接受這個譯本）。他先是歸類「罪犯們」（指的是犯了「不敬神的罪」、「無神論之病」：這是貝利的譯文，見：908c），這個雅典的陌生人接著討論說：「those who, though they utterly disbelieve the existence of gods, possess by nature a just character...and...are incapable of being induced to commit unjust actions.（因為一個人儘管可以完全不相信諸神的存在，但若他仍舊具有天生公義的氣質……會躲避不義而走向正義。）」（見：908b-c）（這裡就是蘇格拉底的寫照——當然是不自覺地談到；雖然蘇格拉底不像是無神論者，且他被控訴的罪名是不敬神和違反正統）。關於這點，柏拉圖說：「...those criminals...being devoid of evil disposition and character, shall be placed by the judge according to law in the reformatory for a period of not less than five years, during which time no other of the citizens shall hold intercourse with them save only those who take part in the nocturnal assembly, and they shall company with them（我應該譯為：「they shall attend to them」）to minister to their soul's salvation by admonition...（……那些僅僅由於愚蠢而不信神的人……，把他們送到感化所去，判處不少於五年的徒刑。在監禁期內，除了午夜法庭的成員，他們不能與任何公民交談，而這些成員探視他們著眼於對他們進行告誡，使他們的靈魂得到拯救。）」這麼一來，就是說那些不敬神當中比較善良的人，最少要判單獨監禁五年，惟有午夜法庭的成員要照護他們患病的靈魂時，

[202] 他們才得以放風。柏拉圖又說：「...and when the period of their incarceration has expired, if any of them seems to be reformed, he shall dwell with those who are reformed, but if not, and if he be convicted again on a like charge, he shall be punished by death.」

我不想再多說什麼了。

關於要點二：李文遜教授或許會認為第二個論點是最重要的。他主張說我誤以為在「大世代」當時有比柏拉圖更偉大的人道主義者。他更認為我不實誇大了蘇格拉底和柏拉圖在這方面的形象的差異。對於這個「蘇格拉底的問題」，我已經提出一個長篇大論的注釋，幾乎算得上一篇論文了（見：第十章注56）。我找不出理由要改變我自己的觀點。不過我要說的是，我在這個問題上的歷史臆測，得到一個優秀的柏拉圖學者支持，那是李查‧羅賓遜教授（Richard Robinson）。由於羅賓遜教授對於我的指摘柏拉圖大加撻伐，所以他的佐證就更有意義了。讀過他對於拙作的評論（*Philosophical Review*, 60, 1951）的人，應該不會認為他在偏袒我。李文遜教授也同意他批評我說「狂怒地指摘柏拉圖」並加以引用。但是，雖然李文遜教授說「羅賓遜教授對於《開放社會及其敵人》的長篇評論有褒有貶」，雖然他也說羅賓遜教授是「關於柏拉圖從蘇格拉底初期到中間階段的邏輯形式的開展」的權威，但是他從來沒告訴他的讀者說，羅賓遜教授不僅同意我對於柏拉圖的主要批評，尤其同意我對於**蘇格拉底的問題**的臆測性解答。（附帶一提，羅賓遜教授也同意我在以下第五點的引文是正確的。）

既然李文遜教授說羅賓遜教授的書評對我有褒有貶，他的讀者們「為了狂怒地譴責波普」，可能忽略了以下讚許的部分。以下引自書評中鏗鏘有力的最後一句話：「波普博士認為柏拉圖背棄了蘇格拉底的教導，……在他看來，柏拉圖是政治上極為有害的力量，而蘇格拉底卻是有益的。蘇格拉底為了和青年自由交談的權利而死。但是在〈國家篇〉裡，柏拉圖卻把他變成一個不信任青年、對年輕人擺架子的人；蘇格拉底為了真理和言論自由而死，但是在〈國家篇〉裡，『蘇格拉底』卻宣揚撒謊的必要；蘇格拉底在知識上是謙虛的，但是在〈國家篇〉裡，他卻是個獨斷論者；蘇格拉底是個人主義者，但是在〈國家篇〉裡，他卻是個極端的集體主義者等等。

「波普博士有什麼證據可以分辨真假蘇格拉底呢？他只是依據柏拉圖的著作去分辨，依據早期的對話錄，尤其是〈申辯篇〉。於是他使柏拉圖這個魔鬼現形的天使光輝，完全來自這個魔鬼的自述！這會很荒謬嗎？

「我認為一點也不荒謬，相反的，它完全正確。」

這段話證明了，至少有個學者，而且是李文遜教授視為柏拉圖權威的學者，認為我關於「蘇格拉底問題」的觀點並不荒謬。

203 但是，即使我對於「蘇格拉底問題」的解答有誤，還是有許多證據足以證明當時存在著人道主義的潮流。我們看看〈普羅泰戈拉篇〉（337e）裡希庇亞的演講（李文遜教授似乎破例不反對我的譯文），李文遜教授說（p. 147）：「首先我們必須假定，柏拉圖在此忠實反映了眾所皆知的希庇亞的情操。」到這裡為止，我和李文遜教授的看法一致，但是對希庇亞演說相關的問題，就和他背道而馳了，現在的我比當年書裡的觀點更加強烈。（附帶一提，我不認為我說過有證據證明希庇亞是反對蓄奴的，我說的是：「這種精神和雅典的廢奴運動息息相關。」所以李文遜教授長篇大論地抨擊我不應該「把他列為反蓄奴者」是在捕風捉影的。）

現在，我認為希庇亞的演說是人道主義的信仰宣言，甚或是第一篇宣言；它鼓舞了啟蒙運動和法國大革命的觀念：四海之內皆兄弟；約定俗成的、人為的法律和習慣，才把人類做了區分，而這個區分是許多原本可以避免的不幸的來源，所以要從立法的改革著手改善情況，並不是不可能的。這些觀念也鼓舞了康德。席勒說過，約定俗成的法律是把人類「嚴厲」（streng）劃分開來——貝多芬則說是「厚顏無恥的」（frech）劃分——的「風氣」（Mode）。

關於蓄奴的問題，我認為在〈國家篇〉裡有證據顯示，雅典有所謂廢奴的潮流。我們看到〈國家篇〉裡的「蘇格拉底」在一篇諷刺雅典民主的演說中說道（在第四章引述過，不過我現在用的是蕭瑞的譯文）：「And the climax of popular liberty…is attained in such a city when the purchased slaves, male and female, are no less free than the owner who paid for them.（大眾的自由在這種城邦裡達到頂點，你看花錢買來的男女奴隸與出錢買他們的主人同樣自由。）」

204 蕭瑞附加了許多參考資料（見注2），但這段話本身已經說得很清楚了。李文遜教授也在它處提到這段話（**p. 176**）：「我們可以用這段話填滿關於柏拉圖的社會罪愆極其有限的清單。」在下一頁他又提到：「柏拉圖式傲慢的另一例。」但這些都沒有回答我的問題，我認為這段話加上我書中引述的〈國家篇〉的另一段（上一段是〈國家篇〉563b，下一段是 563d），可以看出這段話裡有廢奴運動的證據。蕭瑞的譯文是：「**And do you know that the sum total of all these items…is that they render the souls of the citizens so sensitive that they chafe at the slightest suggestion of servitude**（我譯作「**slavery**」）**and will not endure it?**」（你注意到了嗎？所有這些事情總起來使得這裡的公民變得非常敏感，只要有誰建議要稍加約束〔奴役〕，他們就會覺得難以忍受。）

對於這些證據，李文遜教授怎麼處理呢？首先，他將這兩段話拆開來；關於第一段，他是在撕碎我的廢奴運動的證據之後（**p. 153**），才加以引用（**p.176**）。第二段則在他捨棄我怪誕的翻譯的地方引用到的。他寫道：「但這是個錯誤；即使柏拉圖用了『**douleia**』（奴役或勞役）一詞，那也只是一般的比喻用法。」當然，這兩段前後緊接著的話語，被隔得那麼遠（分隔了近二十頁，然後才以柏拉圖式的傲慢來詮釋它）以後，這種說法聽起來也就言之成理了。不過從前後文來看——柏拉圖還抱怨這些奴隸的行為太隨便——除了李文遜教授提到的意見之外，這段話無疑還有另一個意見，就是「**douleia**」（奴役）一詞的字面意思。因為它說這些自由的、民主的公民無法忍受任何形式的奴役——他們不僅不會順從這類暗示，而且他們的心敏感到「就連最輕微的奴役的暗示都無法忍受」——例如「買賣奴隸（不論男女）」的奴隸制度。

李文遜教授（p.153）（在討論柏拉圖的第二段話之後）問道：「從這些內容中，可以找出什麼支持波普的論據嗎？如果每個語詞都按照字面來解釋，那麼答案當然是沒有。」但是就在這前面幾行，李文遜教授卻不按字義去解釋「douleia」，反而認為那是比喻的用法，以支持他自己的論點[2]。

不僅如此，李文遜教授還認為就字面意思去解釋「douleia」，是荒誕的「錯誤」：「這個誤讀也可見於薛伍德・安德生（Sherwood Anderson）的劇本《赤足行在雅典》（*Barefoot in Athens*）的序文。這位劇作家完全是依據波普的解讀。」（李文遜教授在二十四頁中說：「這種對於柏拉圖的安德生式的翻譯，正好說明了波普對於柏拉圖的褊狹解讀。」不過，對這種怪異的指控，他沒有提出任何證據。）他又說：「他雖然平鋪直敘，卻對每個讀者影射說，公然宣稱柏拉圖自己說過『雅典人鼓吹釋放所有的奴隸』……」

這種麥思威爾・安德森（Maxwell Anderson）（不是薛伍德・安德生）式的評論，是有點誇張了。不過，我倒底在哪裡說過這種話呢？同時，誇大對手的觀點，或以若干「溫順」的讀者的過失來醜化這些觀點，又有什麼好處呢？

關於要點三：我認為柏拉圖鼓勵統治者使用殘忍而非法的暴力；關於這點，李文遜教授雖然提出批評，卻也從未真正否認它。從附錄第一節關於〈政治家篇〉裡的「處死和流放」的討論就看得出端倪。他要否認的是蕭瑞和我一致認為的，在〈國家篇〉裡還有許多這類的內容。此外，他想從柏拉圖和當代的殘忍暴行的比較中盡力找到安慰和道德上的支持。不過，如果他把〈政治家篇〉重讀一遍，尤其不要再漏掉開頭的那段話而認為它無關緊要，那麼他的安慰恐怕就要落空了。

206

關於要點四：關於柏拉圖的種族主義以及訓諭他的統治者們為了國家的利益應該撒謊和欺騙。我想，在討論李文遜教授的觀點之前，要再請讀者回想一下康德說過的一句話：「『誠實是最好的政策。』這句話固然有待商榷，但是若改成『誠實好過任何政策』，應該是毋庸置疑了。」

李文遜教授很持平地寫道（p. 434）：「首先，我們同意在〈國家篇〉中有些地方的確**鼓吹**為了政府的目的，可以撒謊……。」（粗體字是我加的。）而這正是我主要的論點；這點是無法以任何藉口掩飾的。在同一處，李文遜教授也同意：「無疑需要若干說服的藝術，使那些較差的男子在每次不能得到婚配時只能怪自己運氣不好而不能責怪統治者，而這事實上是統治者基於優生學的考慮而操縱的。」

這是我的第二個主要論點。

李文遜教授繼續說（p.434，粗體字是我加的）：「這是柏拉圖唯一認可的，為了仁慈的理由而可以撒的謊（也只有為了這種理由，柏拉圖才准許說謊）[3]。不過它也只是謊言而已；我們和波普一樣，也覺得這個策略令人反感。這個謊言，**以及其他諸如此類的**柏拉圖**原則上認可**的東西，可能被波普拿來作為批評柏拉圖在他的城邦裡『鼓吹撒謊』的基礎。」

這難道還不夠嗎？即使我其他論點有誤（我當然否認），這些難道還不足以支持我懷疑柏拉圖鼓吹說謊嗎？甚至李文遜教授自身都承認柏拉圖事實上「鼓吹撒謊」。

此外，這裡的謊言和優生學密切相關，或更精確地說，是**培育主人種族**（國家守護者的種族）。

李文遜教授不同意我指責柏拉圖是種族主義，他試圖拿當代惡名昭彰的、極權主義的種族主義和柏拉圖做比較，以襯托後者仍然比較可取。這些惡徒的名字我一直不願讓它們在我書中出現（此後亦然）；李文遜教授認為他們「主要目的是要保持**主人種族的純淨**；但我們

207

已經盡力指出，柏拉圖沒有這種目的」。

是嗎？難道我引自〈國家篇〉（460c）裡討論優生學問題的段落又是誤譯嗎？我的原文是：「在開展種族主義的論證、聲稱我們細心養育動物卻疏忽了自己時；柏拉圖說（為弒嬰辯護）：『**為了保持衛士這個等級的品種純潔**。』這種論證在歷史上屢見不鮮。」

我的譯文錯了嗎？我說它們是自柏拉圖迄今的種族主義者和優生育種主人種族採用的主

要論點，這說法有什麼錯嗎？或者說國家守護者不是柏拉圖觀念裡最好的國家的主人？

蕭瑞的譯文略有不同，在此我摘引一段他的譯文（論及弒嬰罪）：「...the offspring of the inferior,and any of those of the other sort who are born defective, they [the rulers] will properly dispose of in secret, so that no one will know what has become of them. That is the condition, he said, *of preserving the purity of the guardian's breed.*（而那些卑劣者生了孩子，或其他人生下有先天缺陷的孩子，這些官員會祕密地對孩子作專門的處置，這樣就不會有其他人知道他們的下落了。他說，為了保持衛士這個等級的品種純潔，就需要這樣做。）」

可以看得出來，蕭瑞最後一句話的語氣比較我的弱了一點，不過差別微不足道，不影響我的論點。而且無論如何，我堅持我的譯文。用蕭瑞的話說，「at all events the breed of the guardians must be preserved pure.」以及「If at all events [as we agree] the purity of the breed of the guardians must be preserved.」這兩種譯法和我在書裡的譯法意思完全相同。

所以，在李文遜教授提出的「惡名昭彰的極權主義者……的育種計畫」，和柏拉圖自己訂定的計畫之間，我看不出有什麼不同。不論它們之間有什麼細微的差異，都不影響我們的中心問題。

至於柏拉圖是否允許——在特殊的情況下——種族的混合（這是因為較低等的種族數量增加所致），這個問題的看法就可能有所不同。我仍然認為我沒錯；不過我看不出例外的存在有何不同（即使李文遜教授提到的極權分子也允許例外的存在）。

208

關於要點五：我再三遭到嚴厲攻擊，說我引用（或誤引）了〈法篇〉中的一段話，拿它作為〈柏拉圖的符咒〉的兩句題詞之一（另一個是來自伯里克里斯的國殤演說）。這些題詞印在A版的封面上，E版則無。關於封面設計，出版社通常都沒有徵詢我的意見。（不過，我當然沒有反對E版出版商的選擇；只是，他們為什麼不把我的題詞或書裡別處的話放在封面上呢？）

如上所述，對於這段題詞，羅賓遜教授說過我的翻譯和詮釋都是對的。但是有些人質問我是否刻意隱藏這些段落的出處，使讀者無法核對原文？我想，我已比其他作者更盡力方便讀者核對引文。對於這兩段題詞，我在注釋開頭也列了出處，雖然替題詞列出處是不常見的事。

對我引這段題詞的主要指責是，我沒有說明或充分強調它是和軍事有關的。不過，從李文遜教授這裡，我就得到了有利的證據。他說（p. 531 footnote）：「波普在書中一〇二頁（相當於E版一〇三頁）引用這段話時，『充分強調了』它與軍事的關係。」

現在，這指控已有人替我回答了。不過，李文遜教授繼續寫道：「但是波普同時又抗議說，柏拉圖把軍事的原則一併用在戰時及平時，抗議它們不僅用於軍事訓練的課程，也用於一切和平的事務領域。因而，波普是刻意誤解了這個段落，使得它和軍事的關連模糊不清……。」

這裡的第一個指控是，我「同時又抗議」柏拉圖把軍事的原則一併用到戰時及平時。我確實這麼說過，套句柏拉圖的話：「柏拉圖如是說過。」但是我應該祕而不宣嗎？我們看看貝利的譯文，這是李文遜教授也認可的（不過我還是喜歡我自己的譯文。我想請讀者比較一下兩種譯文之間有什麼**意義上**的不同？柏拉圖說：「…nor should anyone, whether at work or in play, grow habituated in mind to acting alone and on his own initiative, but he should live *always*, both in war and *peace*, with his eyes fixed constantly on his commander…」（*Law*, Loeb Library, vol. ii, p. 477, my italics）（男女武士都不能沒有上級的監管，任何武士無論在遊戲中還是在正式場合都不能按自己的意願自行其是，他們無論在戰時還是平時都要與長官住在一起。）

接著又說（p. 479）：

「This task of ruling, and of being ruled by, others must be practiced in *peace* from earliest childhood…」

209

至於所謂的誤譯，我只能說貝利和我的譯文之間實際上沒有什麼差異，只不過我把柏拉圖兩個很長的句子拆開。李文遜教授說我（p. 531）「不當濫用這個段落」，又說「他在這一段，以常見於新聞記者的誤用手法，斷章取義地用於書封及第一部扉頁上。這點我們會在本書注釋詳加批評，該段的原文也會全文引述。」

李文遜教授所謂的詳細批評，除了若干我無法苟同的譯文修改之外，也還是在說我不該把它們放在書封和其他重要地方。李文遜教授寫道（p. 532，粗體字是我加的）：「但是，這些微不足道的不公平還比不上波普在別處對於該段內容所做的。在書封和第一部的扉頁，**他印了**一段特地挑選的話；而且在旁邊印了伯里克里斯國殤演說中的一段話作為對照……，**這是把一個政治理想和假想的軍事準則並列印在一起**。但是，波普不僅沒有讓讀者知道這段摘言是和軍事有關的，而且由於同樣的誤譯，使得原本可以顯示出這事實的內容完全不見了。」

我的回答很簡單：（a）我並沒有誤譯，（b）我已花了若干篇幅盡力指出，柏拉圖那段話雖然談的是軍事，卻也和伯里克里斯的演說一樣，都透露了一種**政治理想**——柏拉圖的理想。

我看不出有任何理由必須改變我的看法，我認為這段內容就像〈法篇〉許多類似的段落一樣，都透露了柏拉圖的政治理想。不論我的看法對或錯，我當然是有堅強的理由（這是李文遜教授無法抵賴的）。而且既然我已經這樣做，李教授也知道我在這樣做，那麼，我按照自己看法來談論柏拉圖這個段落，就談不上什麼「濫用」或「有點不公平」。我的看法是：這段內容是柏拉圖自己在描述他的政治理想，一個極權主義的、軍國主義的理想國家。

至於指控我誤譯的部分，我也只討論李文遜教授在書中提到的那段。他說（p.533）：「我們更是反對波普使用『上級』（leader）一詞。『archōn』這個字，柏拉圖也用來意指政府官員和軍隊指揮官，而在此顯然是指後者，或是運動競技的指導者（director），這才是柏拉圖心裡的意思。」

210

我顯然沒有必要回答這個指摘。（難道要我譯成「director」嗎？）不過，只要查一下任何一本希臘文詞典，就可發現『archōn』基本的意思正是英文的『leader』（或拉丁文的「dux」，義大利文的「il duce」）。李德爾（Liddell）和史考特（Scott）認為它是動詞「archō」的分詞，根據這兩位權威的看法，它的基本意思是：在「時間點」、「位置或地位」第一的。就第二種意義而言，這兩位權威列舉的第一個意思是：**領導、統治、管理、命令，成為領導者或指揮者**。依此，我們發現『archōn』的意思是：**一位領導者、指揮官、隊長**；至於在雅典，則是指**兼管行政和司法的長官**，人數有九員。這些足以說明我把它譯為「上級」（leader），並不是誤譯。如果讀者還記得的話，在貝利的譯文中也可以看到類似的譯法：「but he should live *always*, both in war and *peace*, with his eyes fixed constantly on his commander…」。事實上，「leader」一詞完全吻合原文。就因為太吻合了，才使得李文遜教授要抗議。因為他看不出柏拉圖是個倡議極權主義領導的人，所以他覺得這一定是我「刻意誤譯」而應該口誅筆伐。

但是我認為，可怕的是柏拉圖的文章、柏拉圖的思想。我和李文遜教授一樣被這個「leader」及其所有意含嚇到了。不過若要了解柏拉圖的理想國家駭人聽聞的涵蘊（implications），就不可忽視這些意含（connotations）。所以，我儘可能地使這些意含顯現出來。

211

雖然我說過這段話是論及軍事出征，但我也確實強調過，柏拉圖毫不猶疑地要將這些軍事原則運用到他的軍民一體的整個生活中。如果說希臘公民都必須成為軍人，這無助於回答問題，因為在伯里克里斯以及他發表國殤演說的時代，這種現象並不下於柏拉圖和他書寫〈法篇〉的時代。

這就是我的題詞盡可能要表達清楚的要點。為此，我必須從該段內容中刪掉一個短句（代之以刪節號），捨棄它和軍事的關係，以免模糊我的主要論點：我認為柏拉圖的這段內容一體適用於戰時及平時；許多柏拉圖信徒誤解並忽略了這點，這是因為這段內容冗長又不清楚，更因為柏氏的信徒們急於把柏拉圖理想化。這就是整個事情的原委。不過，李文遜教授又指控我使用「戰術」（tactics）一詞，說這使他「必須嚴厲地詳細檢視波普所引用的每一段柏拉圖的話」，以便「揭露波普究竟有多麼偏離客觀和公正」。

面對這些指控、辯解和懷疑，我只能盡力為自己辯護。但是我知道，沒有人能以自己的觀點為自己提出完美的辯護，所以我想引述羅賓遜對於柏拉圖這段內容以及我的譯文的看法（見：*The Philosophical Review*, 60, p.491）。讀者一定記得羅賓遜教授這篇書評中對我「有褒有貶」，而且部分的責難是認為我在翻譯柏拉圖文章時有所偏執。儘管如此，他還是寫道：「雖然是有些偏執，卻不可輕視，它使我們注意到柏拉圖思想中向來被忽視的、真正重要的東西。尤其，波普博士把〈法篇〉（942）關於『絕不可擅自行動』的可怕內容正確地翻譯出來了。（有人或許要說柏拉圖只是要把這些原則運用到公民的戰備活動上，確實，這段內容起初是描述一些軍事的紀律，但是在最後，柏拉圖清楚希望把它擴展到整個生活領域中。見：『the anarchy must be removed from all the life of the men.』〔*Laws*, 942d 1〕。）」

我覺得，對羅賓遜的陳述，我沒有必要再補充了。

總結說來，李文遜教授對我的指控不勝枚舉，即使是一小部分，也都多到我無法完全回答；我只能盡力回答一些我記得的；重要的問題是，我對柏拉圖的看法是否被推翻了，而不是對誰是否公平的問題。我已盡力列舉出我相信它們並沒有被推翻的理由。不過，我重述一遍，沒有人能用他自己的標準來評判自己：我必須留給我的讀者來做決定。

不過，在結束這冗長的討論之前，我要重申我承認柏拉圖在思想上的驚人成就。我認為他是最偉大的哲學家，這個看法仍然沒變；即使是他的道德和政治哲學，從思想上的成就來看，也是無可比擬的，雖然我發現它在道德上令人厭惡、而且確實很可怕。至於他的自然宇宙論，我在第一版和第二版意見已經有了改變。我也盡力提出理由說明，為什麼我認為他是**世界的幾何學理論**（the geometrical theory of the world）的創始者，這理論的重要性與時俱增。至於他在文學上的功力，我則不敢妄加恭維。在我的批評中充分顯示，正因為他的偉大，所以我更要批判他的道德和政治哲學，以警告人們不要落入他的魔咒。

四、一九六五年增補

212

在第三章注31，我提到許多關於柏拉圖的觀點和我雷同的早期著作。在書寫這個注釋時，我恰好讀完戴安娜・史畢爾曼（Diana Spearman）抨擊姑息者及獨裁者的《現代獨裁政治》（*Modern Dictatorship*），其中一章〈專制獨裁的理論〉，是我所看過對於柏拉圖的政治理論最深入、透徹而簡要的分析。

注釋

注1：A版指一九五〇年和一九五六年的美國版，E版則是指目前一九五二年以來的英國版。

注2：一九六五年補增。由蕭瑞處也可證實「douleia」（*Republic* 563d）除了李文遜教授正確描述的引申義外，還有字面的直接意義。蕭瑞教授是最偉大的柏拉圖信徒、民主的公開敵人、李文遜教授眼中的柏拉圖權威（我大致同意蕭瑞的柏拉圖譯文，因為他很少把柏拉圖的著作人道主義化、

自由派化）。因為在蕭瑞為「奴役」（douleia）的注釋裡，他提到兩段內容，一是〈高爾吉亞篇〉（491e），另一為〈法篇〉（890a）。〈高爾吉亞篇〉部分，若用蘭伯（W. R. M. Lamb）的譯文，則為：「For how can a man be happy if he is a slave to anybody at all?（一個人要是成為任何人的奴隸怎麼還能幸福呢？）」此處的「奴隸」，和〈國家篇〉一樣，不僅有比喻的意思，而且有直接的意思。事實上是兩種意思都有。至於〈法篇〉（是對「大世代」一些辯士的繁複指摘），貝利的譯文是：「these teachers [who corrupt the young men] attract them toward the life...according to the nature which consists in being master over the rest, in reality [al ē theia], instead of being a slave to others, according to legal conventions.（這些老師〔誤人子弟者〕把他們誘入生活中：……『根據自然的本性』，人在實在界中，應當做他人的主人，而不是按照法律的規定，成為他人的奴隸。」）柏拉圖在此所指的就包括那些辯士，因為這些辯士告訴人們說，人不是天生的奴隸，更不是本來就該做奴隸，這都是「法律制訂的」（法律虛構的）。所以，蕭瑞將〈國家篇〉中的那段內容和這最偉大的、古典的「奴隸理論」連結在一起（奴隸一詞乃用其原意）。

注3：這絕不是唯一的例子，從本書第八章就可見一斑。第八章注2所引的內容（*Republic*, 389b），就是和李文遜教授所引（*Republic*, 460a）不同的另一個例子；還有其他的例子，見：*Republic*, 415d; esp. *Timaeus*, 18e，可以證明柏拉圖發現他自己的謊言教義十分重要，遂將它納入〈國家篇〉簡短的總結中（另見：*Laws*, 663d-664b）。

國家圖書館出版品預行編目資料

開放社會及其敵人（上冊）／卡爾・波普（Karl R. Popper）著／莊文瑞、李英明譯／林宏濤、梁燕樵校訂 . – 初版 . -- 臺北市：商周出版：家庭傳媒城邦分公司發行，民 109.04
面；　公分
譯自：The Open Society and Its Enemies
ISBN 978-986-477-812-6（全套：平裝）
1. 社會哲學
540.2　　109003132

開放社會及其敵人（上冊）

原著書名／The Open Society and Its Enemies
作　　者／卡爾・波普（Karl R. Popper）
譯　　者／莊文瑞、李英明
企畫選書／林宏濤
責任編輯／林宏濤、梁燕樵

版　　權／黃淑敏、林心紅
行銷業務／莊英傑、周丹蘋、黃崇華、周佑潔
總 經 理／彭之琬
事業群總經理／黃淑貞
發 行 人／何飛鵬
法律顧問／元禾法律事務所　王子文律師
出　　版／商周出版
臺北市中山區民生東路二段 141 號 9 樓
電話：(02) 2500-7008　傳真：(02) 2500-7759
E-mail：bwp.service@cite.com.tw
發　　行／英屬蓋曼群島商家庭傳媒股份有限公司城邦分公司
臺北市中山區民生東路二段 141 號 2 樓
書虫客服專線：(02)2500-7718；(02)2500-7719
24 小時傳真專線：(02)2500-1990；(02)2500-1991
服務時間：週一至週五上午 09:30-12:00；下午 13:30-17:00
劃撥帳號：19863813　戶名：書虫股份有限公司
E-mail：service@readingclub.com.tw
歡迎光臨城邦讀書花園 網址：www.cite.com.tw
香港發行所／城邦（香港）出版集團有限公司
香港灣仔駱克道 193 號東超商業中心 1 樓
電話：(852) 25086231　傳真：(852) 25789337
E-mail：hkcite@biznetvigator.com
馬新發行所／城邦（馬新）出版集團 Cité (M) Sdn. Bhd.
41, Jalan Radin Anum, Bandar Baru Sri Petaling,
57000 Kuala Lumpur, Malaysia.
電話：(603) 90578822　傳真：(603) 90576622
E-mail：cite@cite.com.my

封面設計／兒日
排　　版／辰皓國際出版製作有限公司
印　　刷／韋懋實業有限公司
經 銷 商／聯合發行股份有限公司
電話：(02) 2917-8022 傳真：(02) 2911-0053
地址：新北市 231 新店區寶橋路 235 巷 6 弄 6 號 2 樓

■ 2020 年（民 109）4 月初版 1 刷
■ 2023 年（民 112）12 月初版 2.3 刷
Printed in Taiwan
定價／ 1400 元（上下冊不分售）
ORIGINAL TITLE: The Open Society and Its Enemies
Author: Karl R. Popper